Arkadiusz C
Phe

MW00965604

PHENOMENOLOGY & MIND

Herausgegeben von / Edited by

Arkadiusz Chrudzimski • Wolfgang Huemer

Band 1 / Volume 1

Arkadiusz Chrudzimski
Wolfgang Huemer

Phenomenology and Analysis

Essays on Central European Philosophy

ontos
verlag
Frankfurt • Lancaster

Bibliographic information published by Die Deutsche Bibliothek

Die Deutsche Bibliothek lists this publication in the Deutsche Nationalbibliographie; detailed bibliographic data is available in the Internet at http://dnb.ddb.de

This Publication is sponsored by the

Alexander von Humboldt Foundation

©2004 ontos verlag
P.O. Box 15 41, D-63133 Heusenstamm nr Frankfurt
www.ontos-verlag.com

ISBN 3-937202-36-6 (Germany)

2004

Table of Contents

Introduction

The history of philosophy of the twentieth century is most commonly characterized by the opposition of its two main movements: analytic philosophy and phenomenology (including the latter's successor movements, commonly – and misleadingly – referred to as continental philosophy). This simplistic view overlooks an important historical fact: in their early days the two movements were quite close to one another, as various recent studies have pointed out. Also, it has been shown that they have common roots in a tradition that is referred to as "Austrian" or "Central European Philosophy". Often, philosophers in this tradition were significant as forerunners or founders of both movements. Consequently, a re-evaluation of the history of philosophy of the last century would do well to begin with a re-evaluation of the Central European tradition.

Moreover, when analytic philosophy and phenomenology started to diverge, it became unfashionable in both movements to do metaphysics or philosophical psychology. Indeed, in continental circles there are still philosophers who believe that a person who seriously thinks of doing metaphysics must have missed a lesson in the history of philosophy. There is, it is sometimes claimed, no metaphysics after Kant: the true philosophical method is transcendental. It concerns neither being nor mind taken as such, but instead something that is supposed to generate both terms of the intentional relation: the transcendental conditions, the transcendental subjectivity, the structures of intersubjective communication, etc. A parallel development took place among analytic philosophers who, impressed by the Vienna Circle's critique of metaphysics, held that the only legitimate way of doing philosophy consisted in an analysis of language. The only possible form of metaphysics, according to this tradition, is thus an investigation into the linguistic constructions we use to describe the world, and the only possible philosophy of mind can be an exegesis of ways we describe our mental states. Traditional metaphysics and philosophical psychology (at least in so far as this involves an ontology of mind) has been relegated to the philosophical museum.

This anti-metaphysical approach to philosophy is no longer as dominant as it once was. Recent years have seen a welcome revival of in-

Phenomenology and Analysis: Essays on Central European Philosophy.
Arkadiusz Chrudzimski and Wolfgang Huemer (eds), Frankfurt: ontos, 2004, 7–10.

terest in metaphysics and philosophical psychology. Ironically, the central European tradition is not only a precursor of the two movements; it is also particularly attractive to those philosophers who advocate a revival of metaphysics and philosophical psychology. This tradition is associated with the names of Bernard Bolzano, Franz Brentano, Alexius Meinong, Edmund Husserl, the Vienna Cirle and their followers. It emerged in Germany and Austria and spread quickly to the Czech Republic, Poland, Italy and Slovenia. At its beginning it was distinguished by an anti-Kantian and broadly descriptive-psychological attitude. Nowadays it constitutes an interesting bridge between the so-called "continental" and "analytic" philosophy, as it takes seriously both descriptive psychology and traditional ontological issues as well as the postulates of "scientific philosophy" and the logical and mathematical tools.

This volume presents contributions by philosophers from Central Europe, Great Britain and North-America that provide characterizations of both the history and present state of this philosophical tradition. The first two papers, by Peter Simons and by Barry Smith, reflect on the nature and distinctive features of Austrian philosophy; thus they provide a general introduction to the field that does not only set up the historical background, but also brings to the fore those aspects of this tradition that make it relevant for contemporary research.

The papers in the following group focus on one or more prominent figure(s) of the central European tradition. The first three of them center on the philosophy of Bernard Bolzano. Dagfinn Føllesdal introduces Bernard Bolzano's main achievements for philosophy, Christian Beyer discusses systematically Bolzano's and Husserl's views on singular existential statements, and Edgar Morscher shows how Bolzano's theory of objects might have led to Meinong's *Gegenstandstheorie*. In the following contribution, Arkadiusz Chrudzimski presents an interpretation of the latter that avoids ontological extravagancies.

The essays in the next group focus primarily on Brentano and Husserl: Wilhelm Baumgartner explores why Brentano's philosophy fitted well within the cultural climate of Austria at the time. Dieter Münch reflects on the roots of Brentano's philosophy in the reception of Aristotle among Catholic circles in South Germany. Wolfgang Huemer traces the relations between Husserl and the Brentano School, focusing on the debate concerning psychologism. Gianfranco Soldati discusses Husserl's theory of abstraction and abstract objects and contrasts it with Frege's, and Tommaso Piazza compares Husserl's and Schlick's views on the synthetic *a priori*. The group of papers that focus on particular central European philosophers ends with Robin Rollinger's contribution, which outlines and compares Bolzano's, Brentano's, Meinong's, and Husserl's theories of judgment.

The essays in the final group develop further some of the themes that were dominant in the Central European tradition in philosophy, and thus show the relevance and importance of this tradition for a systematic approach to philosophical problems. Roberto Poli focuses on Brentano's theory of categories; Dale Jacquette shows how Meinong's views on assumptions could inform the debate in the philosophy of artificial intelligence; and Jan Woleński discusses Brentano's critique of the scholastic negative theory of evil, based on which he develops a generalized logical square of axiological modalities.

First and foremost, we would like to thank all of the contributors who have made this collection possible. Our particular thanks go to Phillip Meadows for his valuable help with proofreading the English contributions.

Most papers were written for this volume. Barry Smith's article "Austria and the Rise of Scientific Philosophy" has been previously published (in: K. Lehrer and J. C. Marek (eds.), *Austrian Philosophy Past and Present*, Dordrecht/Boston/London: Kluwer Academic Publishers 1996, pp. 1–20). We would like to thank *Kluwer Academic Publishers* for the kind permission to reprint this material. An English translation of Dagfinn Føllesdal's "Bolzanos bleibende Leistungen" (which was originally written in German) was published under the title "Bolzano and Analytic Philosophy", in: Wolfgang Künne, Mark Siebel, and Mark Textor (eds), *Grazer philosophische Studien* **53** (1998), pp. 1–11. We would also like to thank Rodopi for the kind permission to print this article. A French version of Dieter Münch's contribution appears in D. Thouard (ed.), *Aristote au XIXe Siecle (Cahiers de Philologie*, série: *Apparat Critique)*, Villeneuve d'Ascq et Lille: Presses Universitaires du Septentrion. Our thanks go to Dieter Münch for his kind permission to print the German version of the text.

We would also like to thank the *Alexander von Humboldt-Foundation* and the *Stiftungs- und Förderungsgesellschaft der Paris-Lodron-Universität Salzburg* for their kind financial support, which has made the publication of this volume possible.

The editors

Salzburg and Erfurt,
November 2003

Open and Closed Culture: A New Way to Divide Austrians

PETER SIMONS

By Way of Introduction

This paper is not about the specific doctrines of Austrian philosophers, or rather those who may count as Austrian philosophers (as we know, the membership conditions for this elite band are by no means straightforward). Rather it is a reflection on the way in which philosophy may be done as a social intellectual activity, what one might call the *culture* of philosophy. The respect in which I intend to divide Austrian philosophers is one which receives occasional informal attention, especially in the social interstices of conferences, but which has not to my knowledge received more than a cursory study in print.[1] There are two intellectually respectable reasons for raising the issue. One is the general one that the difference between the two cultural modes, which I shall call, as my title indicates, *open* and *closed* culture, is of some significance for the aspirations of philosophy to be in the broad sense scientific, or rather, to use the more apt German term, *wissenschaftlich*. Roughly speaking, and oversimplifying, while not all good and scientific philosophy is done in an open culture, open culture tends to foster good philosophy, whereas bad philosophy tends to be fostered by a closed culture.

The other reason is specific to the study of the history and character of Austrian philosophy. Austrian philosophy has long been a thorn in the side of those who wish to draw a neat dividing line between analytic and continental philosophy, a division which is wrong for very many reasons. Austrian philosophy is both geographically continental in being neither British nor Scandinavian nor American etc., but also in good part in content and tenor analytic, or at any rate close to the standard analytic virtues. If, oversimplifying again, we say that analytic philosophy tends to have an open culture, and continental philosophy tends to have a closed

---

[1] A similarly underconsidered "cultural" subject was the extent to which different philosophical cultures are based in textual commentary. This gap was filled by Smith 1991.

Phenomenology and Analysis: Essays on Central European Philosophy.
Arkadiusz Chrudzimski and Wolfgang Huemer (eds), Frankfurt: ontos, 2004, 11–32.

culture, then we begin to have a general reason (not the only one of course) for expecting analytic philosophy to be more *wissenschaftlich* than continental philosophy is.

But now, having aired my view about the relative merits of the two main streams of 20th century philosophy, let me indicate in advance that Austrian philosophy, maybe because of its bridging status, actually shows a marked dichotomy between those Austrians who have open culture and those who have closed culture. Furthermore, this opposition fails to align neatly with the opposition between scientific and non-scientific or analytic and continental or indeed outstanding and not so outstanding philosophy. There are surprises in the company kept.

Open versus Closed Culture

The difference between open and closed culture has to do with the tolerance that a philosopher has towards differences of doctrinal opinion with his students, pupils, acolytes, followers, or whatever they might be called. I shall call them 'students'. A philosopher has *closed* culture if he is intolerant of such differences. This may take several forms. He may merely strongly deplore and disapprove of the differences. He may seek to convince and convert his student. He may write critical reviews or articles. He may in other ways publicly criticise, attack, belittle or undermine his student. He may humiliate or disown his student. He may in extreme cases refuse to have anything more to do with him and even use his seniority, prestige and influence to impede or obstruct his student's career advancement. If his student recants and changes his mind to agree with his master, he may welcome the student as the Prodigal Son, or the Lost Sheep returning to the fold. Closed culture philosophers do not like differences of opinion within their following: they like the master to set the agenda and the rest to follow, agreeing with the main points and working to supplement and propagate the master's views. The closed culture philosopher is, in a word, *Bolshevik*, and his school is in terms of its culture of (non-)criticism (though not in other ways of course) like the Partiya Lenina.

A philosopher with open culture on the other hand is tolerant of differences of professional and doctrinal opinion between himself and his students. He may regret them but he will not hold them against his students. He may try to persuade his students that they are wrong, but will accept genuine, grounded and sincerely held differences of opinion. He may in some cases be persuaded by his student of the falsehood or incompleteness of his own position, and change his mind as a result. He will tend to welcome differences of opinion not for the sake of mere pluralism but because the existence of such differences better motivates people, himself included, in the search for truth, than does unruffled harmony or grudging assent. The open culture philosopher is, in a word, *liberal*, and his students tend not to form a school or a movement, but a mere distributed *succession*, which tends to be internally disparate in its views, and that without undue rancour on anyone's part.

Whether a philosopher has open or closed culture is relatively independent of his views on and tolerance of differences with peers and contemporaries who are not his students. One may be very tolerant of differences with one's peers but intolerant of differences "in house"; conversely, one may (perhaps with more cognitive and affective difficulty) be tolerant of in-house differences but intolerant of external ones. Both forms of selective intolerance are tribal, the former stressing group cohesion, the latter stressing group defence against attacks from without.

Obviously because tolerance is a concept admitting of degrees, and because one may be tolerant of some kinds of deviation and not of others, the opposition between open and closed culture is a polar one rather than a binary opposition. Nevertheless, the fact that it is vague does not render it useless, provided we can find clear-cut exemplars towards either end of the polar opposition.

Philosophers who, for whatever reason, whether by historical accident or personal preference, are "lone wolves", cannot be calibrated on the scale of open and closed culture. Questions as to their tolerance may never be put to the test, or rarely so. At best one may extrapolate counterfactually from other biographical data and suggest what their cultural *disposition* may have been.

The Table

Here is my table of some prominent Austrian philosophers or near-philosophers divided according to whether, in my opinion, they practised open or closed culture.

Culture Phase[2]	Open	Closed	Indeterminate
1806–1874			Bolzano
1874–1918	Meinong, Ehrenfels, Masaryk, Twardowski	Brentano, Marty, Husserl, Freud	Mach, Boltzmann
1918–1938	Schlick, Carnap	Wittgenstein, Kraus, Kastil, ?Hildebrand	Neurath
1938–present	?Coreth, Freundlich, Frey, Haller, Weingartner, Kamitz, Morscher, Runggaldier	Popper, Heintel, Schwarz, ?Gabriel	

I propose the classification scheme and the issue for discussion. The assignment of individual names to categories is revisable. My judgement is founded on varying amounts and weights of evidence: hearsay evidence in some cases, direct or personal evidence in others, where I know or knew the individuals concerned, or have read their works and biographies extensively. Where I definitely know too little to offer a judgement, I have left a name out, as for such figures as Zimmermann, Weininger, Riehl, Höfler, Reininger, Kelsen, Topitsch, Frank. I have tentative opinions in some cases, where I have put queried entries, but lack enough evidence, and await enlightenment from anyone interested in helping me decide these and other cases. I am certain but sanguine that in exposing my subjective judgements in this way I am going to annoy and irritate some people and merely reinforce the prejudices of others. Anyone who knew or had dealings with or was a student of any of these gentlemen and who thinks I have radically misrepresented him is welcome to put me right by any medium and I will listen attentively. The point however is not so much whether you agree in detail with my judgements. The point is that one may judge and divide according to this characteristic, and that the groupings cut across the divisions according to quality and influence of philosophical

---

[2] For the reasoning behind the phases of this Austrian chronology, see Simons 2000.

ideas. So for example two of the twentieth century's most prominent philosophers, both Viennese, namely Wittgenstein and Popper, are closed culture philosophers. There can be no doubting this. They are also reckoned among the archetypical analytical philosophers. I find this fascinating. The quality and influence of one's own philosophy bears no obvious correlation to one's openness or closure in culture. Brentano, Husserl, Freud, Wittgenstein and Popper are all figures of first rank, and the "Closed" column is clearly the weightiest. So now to some individual remarks by way of justification.

Individual Cases up to 1918

Bolzano, in my extreme minority view not only the greatest of Austrian philosophers but indeed the greatest all-round philosopher since Leibniz, was deprived of students by his political removal from office. He did have followers, who strove to publish his work, and he did invest considerable hopes in Robert Zimmermann as a channel by which his ideas could be made more widely available. These hopes were confounded both by Zimmermann's turn to Herbartian philosophy, and by the unconscionable way in which Zimmermann sat on Bolzano's *Nachlass*, yea even unto his own death. But one suspects that with his mild and conciliatory nature, which comes out in the correspondence with Exner as well as in the political and religious tolerance of the *Erbauungsreden*, Bolzano would have been an open culture philosopher. On the other hand, in view of his Communist Utopia he might have been more authoritarian had he had more power. It is hard to know, but I like to think of him as having had liberal dispositions.

    Brentano was by far the most influential Austrian (originally German of course) of the 19th century, and one of the best and most innovative. A sizeable part of the table contains his students. Brentano's charisma and brilliance as a teacher is more than adequately documented, as is his passion for the scientific objectivity of philosophy. However this very passion and conviction made him extremely intolerant of "deviation" of his students from what he considered the right way of doing philosophy. It is no accident that when Brentano and his closest disciples Marty, Kraus and

Kastil exchanged opinions about others, they use quasi-religious terminology about orthodoxy, falling by the wayside, deviating from the true path, returning to the fold and so on. With very little imagination one can conjure up a whole panoply of names of heresies consisting in this or that deviation from the Brentanist Creed. The correspondence with Marty and other collected in *Die Abkehr vom Nichtrealen*[3] reveals a Brentano revelling in his prophet-like status and accepting letters from Kraus with such cringingly subservient forms of address as "Most respected Teacher and Master". It also reveals that Brentano, who by this time had, like Bolzano before him, been removed from positions of real power, would probably have wielded power in an autocratic and partial manner. This is notwithstanding that the bulk of the correspondence is about matters of philosophical doctrine. It is the flavour of the asides which is revealing. We know of course that Brentano was most at odds with Meinong and the Graz School, which he fancied had taken some of his discarded ideas and turned the world upside down, playing Plato to Brentano's Ockham. And doctrinally, there is something in this. But the acidity with which Brentano deplores the "aberrations" of the Grazers is distinctly distasteful. His disavowal of Husserl and phenomenology is scarcely less extreme. Husserl's *Habilitationsschrift, Die Philosophie der Arithmetik* (1891) was dedicated to Brentano "in inniger Dankbarkeit", but Brentano failed to notice or acknowledge the dedication until years later. Husserl did indeed owe much to Brentano's ideas in this work, especially ideas expounded in Brentano's 1884 Vienna logic lectures, but Husserl, like Meinong, had had the temerity to go his own independent way, and furthermore, both being fired by the same monomanical passion for truth and method that fired Brentano, they inherited his ingrained tendency to think that those who disagreed with them were wrong, even, perhaps most especially, when they held to opinions that the philosopher in question had once held but since abandoned. They also, and no doubt this was a source of envy amounting perhaps to jealousy for Brentano, had conspicuous success in founding their own schools, gaining international recognition and attracting good students, something which Brentano was unable to do after resigning his professorship in 1880 and failing to be reinstated.

---

[3] Brentano 1952.

Of Brentano's famous students, I count Twardowski, Masaryk and Meinong as open, but Husserl, Marty and Freud as closed in culture. Let's work backwards through this list.

Freud, though not a philosopher, and not in a close sense a follower of Brentano, was notoriously intolerant of differences with his students Jung and Adler, accusing them of disagreeing with him not for doctrinal or intellectual reasons but because of being in the grip of psychological complexes. Such an intellectually base rejection of difference of opinion has become a by-word for how not to treat one's students, and I include it mainly to give us a negative baseline for comparison.

Anton Marty (along with Stumpf, who however was never Austrian) was a very early student of Brentano, who flourished in Prague as a philosopher of language. Marty for the most part played the role of the *braver Schüler*, following Brentano's lead and applying the results in an area that Brentano did not open up, namely philosophy of language. Marty also remained personally close to Brentano throughout. They did come to disagree on the existence of abstract states of affairs, which Marty believed in, calling them (following Brentano himself) *Urteilsinhalte*. Brentano's adherence to the theory of judgement contents, which Meinong went on to call *Objektive* and Husserl *Sachverhalte*, was a temporary episode in the middle of his career[4], and he rejected them with increasing vehemence in his later philosophy. That Husserl, Meinong and Marty stubbornly refused to see the light and be persuaded seemingly drove Brentano to fury, and much of his invective against the Graz and phenomenological schools is based on their acceptance of such "irreal" objects, which they not only retained after he had "demonstrated" their absurdity, but they compounded the offence by having "stolen" the idea from him with scant acknowledgement in the first place. Marty's offence was least because he remained true in other ways. But Marty had the unfortunate experience of seeing his *own* students, Emil Arleth (who died young), Alfred Kastil and Oskar Kraus, take up the cudgels for Brentano's later, reistic view against his own. It may be that Marty's difference of opinion with Kraus and co. was more amicable than some others, so he is not an extreme closed culture philosopher, but he would be bound to temper his negative opinion

---

[4] See Chrudzimski 2001, 58ff.

of their views by his admiration for his own teacher, from whom they derived. We do however know from his own writings, notably the *Untersuchungen*, that Marty was a largely polemical philosopher, developing his own ideas in counterpoint to often intemperate and nowadays hugely boring ranting critiques of other contemporaries. It seems to me that Marty was thus by philosophical nature illiberal and that his relatively greater tolerance of student dissent was tribal.

Husserl is perhaps the least closed of these three, but only relatively so. Husserl inherited from Brentano the conviction that philosophy could be *wissenschaftlich, streng*, in a purer form than any of Brentano's students. Like Meinong, he trod his own path, and like Meinong he paid for it in earning Brentano's disaffection. Yet in many ways he was simply doing what Brentano told his students any good philosopher should do, finding a subject area to which the master's theory could be applied. In Husserl the mathematician's case the field was mathematics. In Brentano's ideal philosophical universe, Brentano would have been the master laying down the central doctrines, with loyal students going out and applying the doctrines in divers areas of application: history for Meinong, mathematics for Husserl, language for Marty, and so on. Unfortunately all of these students came to encroach on the master's own territories of psychology and metaphysics, and in Meinong's (as Ehrenfels's) case of ethics and value theory. That they should then have the gumption to disagree was anathema to Brentano. It says something for the respect and even adulation that Brentano could inspire in his followers that Husserl and Meinong could later write about him with genuine affection and gratitude, while knowing that he had been actively working against their views by whatever limited means at his disposal.

Husserl however more or less repeated the pattern that Brentano had established, though he transposed it to German soil. The phenomenon of *Schulbildung* was more strongly established in Germany than in Austria, chiefly because Germany for historical reasons had a much larger number of universities and therefore more philosophers than Austria, and had already had a much longer time to play the game, being the first country to professionalize philosophy. Any Brentanian tendencies in Husserl would have been reinforced by the prevalent academic culture in Germany. Husserl in fact went through a long period as a lone wolf, essentially from the time he went to Halle in the mid-1880s to 1902, when he attracted his first enthusiastic follower, Johannes Daubert from Munich. Daubert's famous cycle-ride from Munich to Göttingen to converse with the author of the *Logische Untersuchungen* marks the inception of the phenomenological movement, and at Daubert's behest a stream of highly talented students migrated from Munich to Göttingen. They were enthused by Husserl's robust realism and his method of eidetic variation, promising objective convergence and the possibility of scientific teamwork among philosophers. It seemed a new Academy had been born and that Brentano's vision would be realized. But once again the worm in the bud was that the brightest of the next generation disagreed with the master over matters of central doctrine. This was compounded by Husserl's own radical conversion to the method of reductions, and to transcendental idealism. The brightest: Daubert, Max Scheler, Adolf Reinach, Roman Ingarden and others, refused to be persuaded, and in the end Husserl moved away to Freiburg. Here he thought at last to have found a true successor in Martin Heidegger, but in Heidegger he hatched a cuckoo's egg, and Husserl, by now reluctant to read contemporary work, recognized only too late that the person whom he had commended as his successor in 1928 had, in the previous year's *Sein und Zeit*, turned against his predecessor in a way far more radical than any difference between Husserl and Brentano. I imagine that Husserl was broken-hearted not to have found a worthy crown prince for the phenomenological movement, and maintained until the end of his life that those who did not follow his transcendental turn either would not or simply could not see the plain truth of his view. He thus became, against his will, but not without fault of his own, a lone wolf again.

The tragedy of Husserl is that he believed with firm conviction, as did Brentano, in the ideal of scientific cooperation among philosophers, that by possession of a suitable method the millennia of stubborn and unmethodical wrangling about doctrine could be replaced by cool mental experiment, and that all men of goodwill and clear thought would come to agree. That he was bound to be disappointed lay not in his naïvety with regard to ambition and human nature, a forgivable and loveable other-worldly fault he shared with Brentano and Meinong. Rather it lay in a drastic misconception of the nature of science and the scientific enterprise. Husserl's scientific ideal, like Brentano's, was not Baconian but Cartesian.

Introspective method and a modern variant of sceptical caution or *epoché* would guarantee an unshakeable foundation for all knowledge. Philosophy (of the right kind) would secure that foundation for certain. There is no doubt that this ideal was a powerful attractor to students, but it meant any *Schulbildung* was bound to end in tears. More empirically minded philosophers from Bacon through the British and French empiricists to Mill and Whewell saw that the rationalist ideal of a deductive science was misguided from the start. At best it would work for mathematics, Husserl's own discipline. Science works because of adherence to social norms of experimental rigour, method and criticism, not convergent harmony of views. Transposed to the more abstract and less immediately testable realm of abstract philosophy, the group enterprise is promoted by debates involving differences of opinion, in which anyone, including the most gifted and respected, may make mistakes and be successfully challenged.

Make no mistake: Brentano and Husserl were great philosophers and contributed hugely to the subject. They were able to fire the enthusiasm of more than one generation of students. But, and this is the crucial symptom of a closed culture, their best students were the ones who disagreed with them, not the *brave Schüler* who wrote up their lectures and edited their works. Further, the tradition of *brave Schüler* stifled innovation and petrified the achievements of the masters. Adherents of Brentano and Husserl today are, with few exceptions, historians, museum curators, trying to interpret the brilliant past, perhaps trying to understand why the world of philosophy took a different direction. In the museum, originality takes the form of an original interpretation. The subject lives elsewhere.

Meinong is, like Husserl, somewhere in the middle between extreme open and extreme closed culture. Like Husserl, he held to his own philosophy with conviction. Like Husserl he paid the price of a break with Brentano. Like Husserl, he inspired his students to cooperative work and to become a cohesive school. Like Husserl, and the two fell out permanently about this, he was extremely jealous of what he saw as his own innovative contributions, and was stiffly concerned to establish and see documented his own priority. But in the end Meinong is more open than Husserl. His two oldest and truest students from his Vienna days, Höfler and Ehrenfels, disagreed with him but they remained on friendly terms. In the case of Ehrenfels, this had to survive an irreconcilable difference in musical tastes, about which both were passionate: Meinong a classicist, Ehrenfels a Wagnerian. Ehrenfels audited Meinong's lectures on value theory and ethics, which based value on feeling. Ehrenfels scooped his teacher by publishing his own desire-based value-theory and ethics first. Meinong responded, Ehrenfels responded, and in the printed exchange they converged, but only partly. It was, especially among students of Brentano, an object lesson in constructive disagreement.[5] Ehrenfels contrasted Brentano's brilliant but sometimes showy rhetoric with Meinong's gauche and uncharismatic struggle to get to the truth, and it is clear he valued Meinong's scientific mores above Brentano's. Meinong was the initiator of the Graz School of object theory and psychology, in which he justifiably took great pride, but he could tolerate disagreements, and his own mature object theory adopted innovations critically suggested by students from this school: Mally, Witasek, Ameseder and others. Meinong was able to hold his own in debate with the most open-cultured philosopher of the age, Bertrand Russell. Again hard but constructive debate ensued, but it was Russell, not Meinong, who terminated the exchange. I think that the experience of being rejected by Brentano may have made Meinong wary of repeating the mistake with his own students. He could be crusty, stubborn and proud, so he is no open angel, but overall he falls to the left, whereas Husserl falls to the right.

Ehrenfels has lesser stature as a philosopher than the two previously mentioned, though he was still a considerable figure. Ehrenfels was simply a person of genial, forgiving character, and one cannot imagine him bearing a grudge for long. He alone of Brentano's students was able to maintain amicable relations both with Brentano and Meinong. He also seems to have managed to get on in a reasonable way with the otherwise unreasonable Marty, his colleague in Prague. Those achievements bespeak a sunny temperament. He seems to have been genuinely proud of the successes of his student Max Wertheimer in founding the Berlin School of Gestalt psychology, starting from Ehrenfels's own idea of *Gestaltqualitäten*, an idea which must somehow have been latent in Brentano, because Meinong and Husserl also came up with it independently, though Ehrenfels with his Wagnerian love of Teutonic mystery won the terminology war.

---

[5] On the exchange see Fabian and Simons 1986.

Ehrenfels was nothing if not eccentric. His practice of writing ghastly neo-Wagnerian libretti, and his bizarre eugenic theory proposing polygamy, must have tested his relationships, as did the extended depression into which he fell during the First World War and which he cured by becoming obsessed with prime numbers. That his family and friends remained sympathetic and rallied round is evidence of considerable affection for him.

Thomas Masaryk is of course best known as a statesman and founder of Czechoslovakia rather than as the academic he was by training. Best known academically for his sociological study of suicide, he wrote one philosophically interesting book, *Versuch einer concreten Logik* of 1887. His gratitude to his teacher Brentano extended beyond the latter's death: Masaryk ensured that money was forthcoming in the 1920s and 1930s for Kraus in Prague and Kastil in Innsbruck to edit and publish Brentano's writings. Masaryk admitted to not enjoying teaching,[6] so he did not build up an academic following, but he did evince genuine tolerance towards "metaphysicians", and despite his tendency to pontificate, his unwavering adherence to liberal democracy convince me that he would have been a fairly open-cultured philosopher had he followed that path instead of a political one.

Twardowski is in many ways the most remarkable of Brentano's philosophy students. Whereas Meinong and Husserl built up schools by publishing research and attracting good students in the standard way, Twardowski built up the philosophy of a whole nation by sacrificing his own research career to a career of academic organisation, founding the Lwów School of philosophy after going there from Vienna in 1895, and thoroughly vitalizing Polish philosophical life. The principal Polish philosophy journals *Pregląd Filozoficzny* and *Ruch Filozoficzny* were founded by him, and his students from Lwów before the First World War when it was still in Austria went on to populate many chairs of philosophy in the interwar Second Republic of Poland. The most considerable philosopher among his students, Kazimierz Ajdukiewicz, died as recently as 1963. Twardowski held true to Brentano's ideal of intersubjective and rigorous group philosophizing with a strong emphasis on psychology, but

---

[6] See his conversations with Karel Čapek: Čapek 1995, 137.

he did not fight his students Łukasiewicz and Leśniewski when they depsychologized logic and adopted the mathematical approach of Frege and Russell. Twardowski's seminars attracted many talented students, including striking numbers of female and Jewish students. His emphasis on absoluteness of truth laid the ideological foundation for Tarski, while his practising of the virtues of 'small philosophy', with painstaking attention to the detail of problems rather than sweeping systematic visions, ensured that his students were able to integrate themselves readily into the emerging analytic movement in the 1920s and 1930s and while retaining healthy divergence of opinion were able to propagate the virtues of Polish anti-irrationalism long enough into the twentieth century to see off the ideological challenge of Marxism in the 1950s and his grandstudents witnessed the end of Communism in the 1980s. Polish analytic philosophy, while integrated into the mainstream, retains a distinctive flavour and so, ironically, Twardowski, who was the most tolerant of Brentano's students and gave up the most personally in the pursuit of philosophy as a science, generated the non-school succession with the greatest longevity.

Finally, of this period, the two physicists-turned-philosophers *Ernst Mach* and *Ludwig Boltzmann* were lone wolves, certainly *qua* philosophers. In Prague and Vienna Mach did not attract students of philosophy, although his anti-metaphysical philosophical works in the philosophy of science attracted admirers around Europe, and his works were to inspire among others, Einstein, Russell, and the Vienna Circle. Mach's activity in Vienna as Professor of the History and Theory of Inductive Sciences was cut short by illness so he had no time to build up a philosophical following. Boltzmann, who succeeded Mach and was so keen to enter into philosophy in his last years that he went to stay with Brentano in Florence in 1905, the year before his death, certainly inspired admiration, but his numerous anticipations of much later developments in the philosophy of science remained unknown even among those who thought well of him.[7]

---

[7] "Although Boltzmann is perhaps in fact one of the major sources of the philosophy of the twentieth century, it is a largely undiscovered source, and may even have remained unknown to the world of philosophy for most of the time." Bouveresse 2001, 153f.

Individual Cases 1918–1938

The Vienna Circle's nucleus predated the First World War. It consisted of Hahn, Frank and Neurath discussing Mach, Poincaré and Duhem. After the war, the appointment in 1922 of the established philosopher of science *Moritz Schlick* as a mediate successor to Mach's chair vitalized the group. The Vienna Circle's official organ, the *Verein Ernst Mach*, lasted from 1928 until 1934 when it was banned by the Austro-Fascist authorities. Schlick is a paradigm open culture philosopher. He was the person who organised the Circle's principal meetings, and he presided without autocratic direction. Schlick was patient enough to put up with Wittgenstein's temperament, and he seems to have been in general tolerant. His assassin was a former student of his, Johann Nelböck. I have seen the work for which Nelböck was given his degree. It is a work so slight that it would hardly count as an essay today. To have passed the work Schlick must have either not expected much, or have been an easygoing marker. I do not know which. Another factor making it more likely that Schlick (and other Circle members) would be tolerant was their admiration for Russell's way of doing philosophy. Russell, having been deprived of his academic position during the war, would count as a lone wolf, except for Wittgenstein, who while not technically a student of Russell's did initially have Russell as his mentor. The ability of Russell to put up with Wittgenstein's rudeness and abrupt mood changes was remarkable, although it did not last for long beyond the war. That Russell could indeed revel in Wittgenstein's innovations and look forward to passing the torch to him is indicative of tolerance, at least tolerance of the foibles of genius. Schlick, who brought Wittgenstein into contact with the Circle, was the one who was best able to handle Wittgenstein's "artistic" way of working. Finally we have Carnap's first-hand testimony from his autobiography: "Characteristic for the Circle was the open and undogmatic attitude taken in the discussions. ... The congenial atmosphere ... was due above all to Schlick's personality, his unfailing kindness, tolerance, and modesty."[8]

It was Schlick who brought his fellow-German *Carnap* to Vienna. Carnap's principal following of students came to him not in Vienna or later

---

[8] Carnap 1963, 21.

in Prague but in America, and among them his tolerance is legendary. He even formulated a *Principle* of Tolerance concerning, of all things, logic. Carnap was Quine's mentor, and their correspondence reveals that Carnap was very willing to discuss strong differences of opinion without any personal rancour.[9] When Wittgenstein came to the Circle he quickly took a strong dislike to Carnap and refused to allow him into meetings, preferring the affable Schlick and subordinate Waismann. By contrast Carnap's description in his autobiography of the encounter with Wittgenstein manifests a good-natured tolerance verging on saintliness.[10]

The main architect and driving force of the Vienna Circle was Otto Neurath. Because of Neurath's position as a Museum Director he had no students and so must count as a lone wolf. Counterfactually, I suspect he would have been rather insistent and dominating as a teacher, because of his firmly held convictions against metaphysics in philosophy and for Marxism in politics. He was certainly tenacious in debate with his peers: even Carnap admits he was insistent. Whether his otherwise cheerful temperament would have made him more tolerant of student dissent I cannot say with any strong conviction.

In this period, the most famous Viennese philosopher (as distinct from philosopher teaching in Vienna) is *Wittgenstein*. He did have students, though in Cambridge, where the academic system was not Austrian. Nevertheless, there is plentiful documentation and participant reports to show that Wittgenstein took a close and dominating interest in his students, advising them strongly *against* a career in philosophy and reacting badly in many cases where the advice was not heeded. My PhD supervisor Wolfe Mays, who wrote his doctorate under Braithwaite, but had attended some of Wittgenstein's classes, was treated somewhat contemptuously by the great man on obtaining his degree. Wittgenstein was also notorious for tolerating only such note-taking as he sanctioned, and was known to expel students who did not follow his orders. So although in his dealings with students (as in so many other things) definitely out of the ordinary, Wittgenstein was extremely intolerant of disagreement, a closed-culture

---

[9] "Alongside and throughout the controversy [*about analyticity*] there remained an abundant affection and respect on both sides." Thus Richard Creath, in Quine and Carnap 1990, 2.

[10] Carnap 1963, 25ff.

philosopher. It is ironic that he was able to make his way into philosophy because of his supremely open-cultured mentor Russell (and to some extent the famously tolerant Moore). Wittgenstein's inability to stay on good terms with talented peers such as Carnap and Popper is also notorious, so it took talent and/or nerve to withstand him as a close influence.

Other Austrian philosophers in my table for this time are the Brentanists Kraus and Kastil. Both were students of Marty who had been converted to the views of their teacher's teacher, and took pains in the publication of both Marty's and Brentano's works after their respective deaths. Of the two, Kraus was the weightier as a philosopher, writing interestingly about Bentham and about value theory. Kastil on the other hand wrote an introduction to Brentano's work which is remarkable in consisting mainly of linked excerpts and paraphrases taken from around the master's voluminous but chaotic writings, in itself an impressive feat. I frankly do not know anything about Kraus's relationships to his own students, though if the shrill tone of his polemics with the non-Brentanian outside world is anything to go by (they include an extremely ill-judged critique of Einstein on relativity), then I would imagine he was extremely closed. Kastil's teaching at Innsbruck was definitely so, as I have heard from former students of his. So we can safely count the two Ks as following in the closed-culture footsteps of their Brentanian and Martian teachers.

Catholic conservativism was the party line in the Austrian Clerico-Fascist regime's four-year existence. Philosophers broadly sympathetic to this world view and antipathetic to socialism or freethinking could publish in the ideological journal *Vaterland*. More obviously ideological was the weekly journal *Der christliche Ständestaat*, edited by a German exile from National Socialism and former student of Husserl's, Dietrich von Hildebrand (1889–1977). Hildebrand took Austrian citizenship and so counts as Austrian by our tolerant standards. He was a prominent intellectual anti-Nazi, publishing numerous articles against that movement. Hildebrand was forced into exile again in 1938, and while his ideological backing of the Dolfuss–Schuschnigg regime shows him to have had a weaker sense of democracy than of Catholicism, this was not uncommon for his time. I cannot judge Hildebrand's philosophical culture because the only student of his I know is Balduin Schwarz, whose views were so similar to Hildebrand's that they provide no basis for testing tolerance of dissent. If I had to bet, I'd bet he was more closed than open, because being a strong Roman Catholic but not a strong democrat would not be conducive to an open culture towards one's students – but I might be wrong.

Individual Cases 1938–present

The modern period of Austrian philosophy starts not in 1945 but in 1938 with the *Anschluss*.[11] By this time Schlick had been murdered, Feigl, Carnap, Neurath, Popper and others had sought exile, and there were jobs for the taking, provided one could be regime-compliant. One philosopher who rose to prominence during Austria's time as part of the Third Reich was Erich Heintel, who gained his *Habilitation* in Vienna in 1940 and is stated by Fischer and Wimmer[12] to have been a Nazi Party member from about this time. Heintel remained in post after the war, when Austria's educational politics were in the hands of conservatives. He was strongly antagonistic to analytical philosophy, so it seems likely to me that he would not have tolerated much difference of opinion from students. At any rate his presence set back considerably the process of re-opening Viennese philosophy.[13]

---

[11] On the reasons for this and the role of politics in Austrian philosophy in this period see Simons 2000.

[12] In their 1993 they state that Heintel was a member of the Nazi Party. Heintel maintains in that volume that he never joined, but in their foreword Fischer and Wimmer give his membership number and the date he joined (1 July 1940) and state that he paid his dues regularly up until April 1945.

[13] Cf. Wegeler 1993, 194: "Is it a coincidence that in the Vienna Philosophy Department up until Heintel's retirement, i.e. into the 70s, neither analytic philosophy nor the Vienna Circle were taught? Is it a coincidence that no analytic philosopher was appointed in Vienna, and that over a period of around thirty years after the end of the war?"

After Wittgenstein, the most famous Austrian of this period is *Karl Popper*.[14] Popper, as is well known, acquired his interest in philosophy during his time in birthplace Vienna and while close in general methodological outlook to the Vienna Circle he differed from them over verifiability and other doctrines. Popper's career took him from Austria into exile to New Zealand (1937–46) and later to London, though late in life he returned to Austria several times as an honoured guest. Now it would seem grossly odd that someone who propounded at great length the virtues of revision, refutation and lack of dogma in science and philosophy should be classified by me as a closed culture philosopher. I am afraid however that there can be no doubt on this score. Popper decidedly did not practise what he preached. In discussion with others, including his students, he was highly autocratic and intolerant of differences of opinion. I draw not only from reports by others but also from my own experience of Popper at conferences and television appearances in Austria, which support this view of him as a despot. Small wonder that he and his fellow Viennese Wittgenstein could not get on: one stage is too small for two *prime donne*.[15] It is ironic that Popper's intellectual successors Kuhn, Lakatos and Feyerabend took his ideas to successively greater heights of irrationality that infuriated Popper himself, but it may be argued that they were only following the master's lead. Popper has inspired great admiration, even adulation, among scientists rather than philosophers. He was able to appeal to scientists in terms they understood. Adulation (as distinct from respect and admiration) is however a wholly inappropriate attitude for one *philosopher* to take towards another, and Popper has largely been spared it from among fellow-professional philosophers.

With the exception of *Coreth*, whose tolerance and open culture I have from hearsay and also from the fact that he was open-minded to philosophy of a sort he was not himself trained in, all the other philosophers on the

---

[14] I have placed Popper here although his work started in Vienna before the war, because his widespread fame and influence date from the post-war period.

[15] The infamous but interpretationally highly underdetermined poker incident is only the most obvious mark of this mutual antipathy. In addition to their doctrinal differences, they came from disparate social *milieux* in Vienna: Wittgenstein from the ultra-wealthy industrial *nouveaux riches*, Popper from a more modest *bourgeois* background. Maybe there were tinges of class antagonism in the antipathy.

table are people I know or have known personally and I can vouch for their status myself. Of these the only one whom I would classify as closed in culture is *Balduin Schwarz*. Schwarz like Hildebrand his teacher was a conservative Catholic realist phenomenologist. He was the first *Ordinarius* for Philosophy at the newly reconstituted University of Salzburg in the 1960s. Though a native German who like Hildebrand was a vehement anti-Nazi, and had seen exile after 1933 in France then the USA, he counts as Austrian because of his chair and the citizenship he automatically acquired therewith. I actually co-taught courses on Aristotle and Kierkegaard with him so my experience of him was as a kind and learned elder statesman. He was however when I knew him a lot milder in his attitude to other-thinking people than he had been earlier. During his time in office in Salzburg he took a strong line on his philosophical and religious views and his most faithful students remained very close to his views. Disagreements were not taken kindly, and Schwarz was not at all pleased about the advent of analytic philosophy in Salzburg, which he tried to obstruct, though he became reconciled to it late in life.

The political climate in Austrian education – until recently the illegitimate plaything of politicians – began to lighten in the 1960s, and outside Vienna a number of younger and more open-minded philosophers were or had been appointed, such as Rudolf Freundlich and Rudolf Haller in Graz, Paul Weingartner in Salzburg, Gerhard Frey in Innsbruck, and others. They and their younger colleagues Edgar Morscher, Reinhard Kamitz and Edmund Runggaldier are relatively much more tolerant of differences of opinion than their teachers of the previous generation, and subscribe wholeheartedly to the analytical way of doing philosophy which emphasizes that such differences are fully compatible with equal rigour of argument on both sides.

It is notable that this more open culture has come to those departments in which analytic philosophy is prevalent. Whereas earlier Austrian philosophers such as Gabriel, Heintel, Hildebrand and Schwarz, who had confronted analytic philosophy, had seen it as monolithic, positivist, atheist and philistine, the later pluralism within and without Austria discloses as broad a spectrum of opinion as one can find elsewhere within analytic philosophy. It is no accident that Vienna is not represented on the list, even though there are good philosophers there such as Herbert Hrachovec.

Vienna, being the prestige university in the Austrian capital, was for much longer under the watchful eye of conservative education ministers, whereas the provinces were able to develop more freely. What has latterly emerged in Vienna, as to some extent in Innsbruck, is a free-for-all of different ways of doing philosophy which has tended to encourage coexistence of different views, not wholly concordant, but less stridently contending than in the past.

In Place of a Conclusion

I usually like to end an historical essay with some kind of moral or conclusion, if possible a mildly surprising or unexpected one. In this case I am perhaps myself a little too close to the later end of the action to have the right kind of detachment. It will be obvious that in general I am in favour of an open culture in philosophy. I think it is best for the students as well as showing that respect for differences which is characteristic of a liberal society. I think it benefits the subject as a whole, which is a broadly utilitarian point. Open culture comes easily for someone raised philosophically in Britain, where students are positively encouraged to disagree with their teachers and examiners. The last remnants of *Schulbildung* have thankfully now more or less disappeared from Austrian philosophy, though of course differences remain about suitable methods and what counts as good philosophy. In Austria, where analytic philosophy had to fight hard to establish itself, there is still something of a *Lagermentalität* about it by comparison with the Anglophone world, where the boundaries between analytic and other types of philosophy are now blurring.

It may be noted that the open-cultured philosophers, at least before 1938, tended to be empiricists or have a higher respect for empiricism than those of closed culture. One of the signal differences between Meinong and Husserl is that Husserl like Brentano was attracted to the rationalists such as Descartes, while Meinong was happier with Locke and Hume. Brentano was a great admirer of British philosophy, so he seems not to fit this generalization. But empiricism stresses the fallibility of individuals and the revisability of most or all opinions, whereas rationalism stresses the fixity and infallibility of certain basic beliefs. In his strong adherence to the self-evidence of inner perception and various analytic principles Brentano, like Husserl, is ultimately closer to Descartes than to Hume.

Perhaps the most interesting generalization to emerge from looking at open versus closed culture in Austria is that the most famous and influential philosophers of the past tended to have a *closed* culture. I wish I were wise enough to discern some deep pattern in this. All I can conjecture are commonplaces: that good philosophers care passionately about the truth and so if they have any tendency at all to autocracy the strength of their conviction turns easily to intolerance of differences of opinion among their students. But this does not fit all cases, Meinong's for example. Conversely, it may be that the stress on rational debate in modern analytic-inspired philosophy tends to leave philosophers without the same kind of strong directive influence that formed schools in former times. I have read quotations from supposedly wise men to the effect that tolerance is basically indifference. This is, to put it politely, hogwash. Tolerance is allowing other people their right to hold and express opinions that you *disagree* with. Indifference is no virtue, tolerance (within the obvious limits) is. The passionate commitment of a Brentano, a Husserl or a Dietrich von Hildebrand makes for passionate followers eager to continue the master's work, but that very strength of conviction tends to inhibit tolerance. If students are rewarded not for continuing their teacher's work but for trying independently to advance the subject, then the average level of achievement and quality may be higher, but the peaks and troughs will be less pronounced then when monomaniac geniuses are teaching. It could be seen as democratization, or as levelling, according to one's view. I leave it to the reader to decide for him- or herself whether it is a good thing or not.

References

Bouveresse, Jacques 2001. "Ludwig Boltzmann et la philosophie", in: Jean-Pierre Cometti and Kevin Mulligan (eds.), *La philosophie autrichienne de Bolzano à Musil*. Paris: Vrin, 139–69.

Brentano, Franz 1952. *Die Abkehr vom Nichtrealen.* F. Mayer-Hillebrand (ed.), Bern: Francke. Reprinted Meiner: Hamburg, 1977.

Carnap, Rudolf 1963. "Intellectual Autobiography", in: Schilpp, P. A. (ed.), *The Philosophy of Rudolf Carnap*. La Salle: Open Court, 3–84.

Chrudzimski, Arkadiusz 2001. *Intentionalitätstheorie beim frühen Brentano.* Dordrecht: Kluwer.

Cometti, Jean-Pierre and Kevin Mulligan (eds) 2001. *La philosophie autrichienne de Bolzano à Musil.* Paris: Vrin.

Čapek, Karel 2001: *Talks with T. G. Masaryk.* North Haven, CT: Catbird Press.

Fabian, Reinhard and Peter M. Simons 1986. "The Second Austrian School of Value Theory", in: B. Smith and W. Grassl (eds), *Austrian Economics: Historical and Philosophical Background.* Beckenham: Croom Helm, 37–101.

Fischer, Kurt R. and Wimmer, Franz Martin (eds), 1993. *Der geistige Anschluß. Philosophie und Politik an der Universität Wien 1930 – 1950.* Vienna: WUV.

Quine, Willard V.O. and Rudolf Carnap 1990. *Dear Carnap, Dear Van. The Quine–Carnap Correspondence and Related Work*, R. Creath (ed.), Berkeley: University of California Press.

Simons, Peter M. 2000. "The Four Phases of Philosophy: Brentano's Theory and Austria's History", in: *The Monist* **83**, 68–88.

Smith, Barry 1991. "Textual Deference", in: *American Philosophical Quarterly,* **28**, 1–13.

Wegeler, Cornelia 1993. "Österreichische Wissenschaftsgeschichte – Erkenntnisprozeß oder Verdrängung?", in: K.R. Fischer and F.M. Wimmer (eds), 1993, 179–205.

Austria and the Rise of Scientific Philosophy[*]

BARRY SMITH

1. "The Philosophy of the Twentieth Century"

It will be useful to begin by considering that peculiar creature of the North-American university which goes by the name of "Continental philosophy". There are many hundreds of courses with this title taught each year in universities throughout the United States and Canada – a practice that is questionable, to say the least, given that such courses prove on examination to deal not with philosophy on the continent of Europe as a whole, but rather with a highly selective slice of *Franco-German* philosophy, a slice which sometimes seems to include Heidegger as its sole fixed point. Around him is gathered a slowly rotating crew of currently fashionable, primarily French thinkers, each successive generation of which claims itself the "end" of philosophy (or of "man", of "reason", of "the subject", of "identity") as we know it, and competes with its predecessors in the wildness of the antics with which it sets out to support such claims. The later Husserl, Heidegger's teacher, is sometimes taken account of in courses of this Continental philosophy; not, however, Husserl's own teacher Brentano, and not, for example, such important twentieth-century German philosophers as Ernst Cassirer or Nicolai Hartmann. French philosophers working in the tradition of Poincaré (or Bergson or Gilson) are similarly ignored, as, of course, are Polish or Scandinavian or Czech philosophers.

What, then, is the moment of unity of this "Continental philosophy"? What is it that Heidegger and, say, Derrida or Luce Irigaray have in common which distinguishes them from phenomenologists such as Reinach or Ingarden or the famous Daubert? The answer, it seems, is: *antipathy to science*, or more generally: antipathy to learning, to scholarly and investigative activity, to all the normal bourgeois purposes of the

---

[*] First published as: Barry Smith, "The Neurath-Haller Thesis: Austria and the Rise of Scientific Philosophy", in: K. Lehrer and J. C. Marek (eds), *Austrian Philosophy Past and Present* (Boston Studies in the Philosophy of Science), Dordrecht/Boston/Lancaster: Kluwer Academic Publishers, 1996, 1–20. With kind permission of the Kluwer Academic Publishers.

modern university. This is combined – in the case, certainly, of all French thinkers accredited as "Continental philosophers" – with a substitution of politics for science (the former understood, again, in a somewhat generalized sense). Philosophy, since Heidegger, who all but terminated the previously healthy scientific line in phenomenology, becomes an only lightly disguised form of ideologically motivated social criticism, the disguise taking the form of styles of writing which – in their heady mixture of elements derived from near pornography and pseudo-scientific jargonizing inspired by sociology and psychoanalysis – have to be seen to be believed.[1]

2. Austrian Philosophy

Here, however, it is the fate of philosophy in *Austria* which is our primary concern, and the first thing which strikes us on turning to this topic is the extent to which philosophers from Austria have fared so badly as concerns their admission into the pantheon of "Continental philosophers". Why should this be so? Why, to put the question from the other side, should there be so close an association in Austria between philosophy and science? Bernard Bolzano, Ernst Mach, Ludwig Boltzmann, Ludwig Wittgenstein, Ludwik Fleck, Vienna Circle, Karl Popper, Michael Polanyi, Paul

---

[1] Consider the following characteristically pretentious passage, chosen at random from Derrida's *Spurs*, in which Derrida seems to be arguing that the concepts of *truth* and *castration*, hitherto commonly held to be distinct, are in fact identical: "The feminine distance abstracts truth from itself in a *suspension* of the relation with castration. This relation is suspended much as one might tauten or stretch a canvas, or a relation, which nevertheless remains – suspended – in indecision. In the *epoché*. It is with castration that this relation is suspended, not with the truth of castration – in which the woman does [not*] believe anyway – and not with the truth inasmuch as it might be castration. Nor is it the relation with truth-castration that is suspended, for that is precisely a man's affair. That is the masculine *concern*, the *concern* of the male who has never come of age, who is never sufficiently sceptical or dissimulating. In such an affair the male, in his credulousness and naivety (which is always sexual, always pretending even at times to masterful expertise), castrates himself and from the secretion of his act fashions the snare of truth-castration. (Perhaps at this point one ought to interrogate – and "unboss" – the metaphorical fullblown sail of truth's declamation, of the castration and phallocentrism, for example in Lacan's discourse)" (1978, 59f).
*The "not" is left out by the translator, to no apparent consequence.

Feyerabend, Wolfgang Stegmüller, Rudolf Haller, is after all an impressive list, however much one might disagree with the views and platforms of some of the individual figures mentioned.

Before canvassing an answer to this, our principal question, it is necessary to point out that even in Austria – and even in the innermost thickets of the Vienna Circle – the strictly scientific orientation was not without admixtures of a political sort. Indeed when the Vienna Circle manifesto was published in 1929 under the title "Scientific Conception of the World", Moritz Schlick, to whom the work was dedicated, was dissatisfied with the result precisely because he was not taken by the conception of the circle as a "movement" of any sort, favouring a more modest and more strictly scientific approach. As Heinrich Neider puts it in his interview with Haller and Rutte of 1977: "Schlick hated everything that smacked of agitation, was against it all". And in Schlick's own words:

> It is not necessary for us to agitate: that we can leave to the political parties: in science we say what we have found, we hope to say the truth; and if it is the truth, then it will win out. (quoted in Haller and Rutte 1977, 31)

Or, as Thomas Masaryk expressed it in the words he chose in 1918 as the State Motto of the new Czechoslovak Republic: *the truth shall prevail!*

Neurath, on the other hand, someone who would one year later serve in the central planning office of the erstwhile Bavarian Soviet Republic, propounded *agitation*. He, it seems, was a person who

> looked at everything – ideas as well as facts – through an often distorting lens of socialist philosophy and with an eye to the possible effects of the ideas and facts on a socialization of society. I have never seen a scholar as consistently obsessed with an idea and an ideal as Neurath. (Menger 1994, 60)

For the "proletarian front", as Neurath puts it, "military technique and propaganda-interest coincide with the holding high of science and the overcoming of metaphysics". (Neurath 1981, vol. I, 355, quoted by Haller 1993, 157)

3. Truth vs. Agitation

There is indeed a subtle tension by which the practice of scientific philosophy in Austria has been marked since its inception in the work of Bolzano, the tension between *science*, on the one hand, and *politics*, on the other; between *truth* and *agitation* – or between *Schlick* and *Neurath*, as we might also say – a tension whose subtlety derives from the fact that it is *truth* or *science* on whose behalf such agitation is incited. The tension is present in the very system of higher education in Austria, under which successive Ministers of Science (and even, most strikingly in the case of Brentano, the Emperor himself) have played an important role in appointing – and disappointing – university professors in their posts. But the tension is present also, and more importantly for our purposes, in the very talk of "Austrian philosophy" – as also in talk of "Continental" or "French" or "Polish" or even "women's" philosophy – talk which smacks not a little of earlier talk (of "Aryan" chemistry, and the like) of a sort which should surely be anathema to those who have embraced the scientific conception of the world and who believe that it is the truth that we should be striving to find, and that, if it is the truth, then it will win out. Some, however, have defended the thesis that Viennese positivism ought to be viewed precisely in a political light. In particular the Viennese socio-logist-historian Friedrich Stadler has provided a large body of documen-tation to support a case along these lines. Stadler suggests that we see the University of Vienna in the interwar period as split into "two camps":

> on the one side, in the realm of scientific philosophy, there dominated democratic (enlightenment, liberal, socialist) tendencies; on the other side there was a spec-trum of almost all forms of anti-democratic feeling, from neo-romantic conserva-tism to fascist-totalitarian outgrowths. Thus it is tempting to see philosophical life [*in interwar Vienna*] as part of the fierce party-political *Kulturkampf* of the time, between the bourgeois camp and the workers' movement (Stadler 1979, 42).[2]

A similar thesis is defended by Ayer, who encountered the Vienna Circle on his honeymoon in Austria in 1932:

---

[2] We note hereby the regrettable shift from the careful statement in the first sentence of this passage to the convenient ideological simplification of the second sentence.

The members of the Vienna Circle, with the notable exception of Otto Neurath, were not greatly interested in politics, but theirs was also a political movement. The war of ideas which they were waging against the Catholic church had its part in the perennial Viennese conflict between the socialists and the clerical reaction. (Ayer 1977, 129)

And as Dvorak formulates the matter, citing Neurath:

In light of the fact that the bourgeoisie – especially in Central Europe – had discharged itself of all enlightenment traditions and paid homage rather to the cults of irrationalism, while the proletariat struggled for a rational formation of society, the hope certainly prevailed that "It is precisely the proletariat which will become the carrier of a science without metaphysics". (1985, 142)[3]

In regard to Austrian society in general between the wars, the "two camp" thesis has a certain plausibility. It can on no account, however, be translated into a thesis according to which the flowering of scientific philosophy in interwar Vienna might be accounted for by regarding the work of the Schlick circle as a manifestation of Austrian socialism, or of anti-clericalism, or as a part of "a non-capitalist socialization of science, a radical democratization of science".[4] Socialist anti-clericalism did not, after all, lead to similar phenomena in France, or Spain, or Italy. Moreover, the too slavish adherence to the two camp thesis has led on the part of its adherents to an undervaluation of the role, discussed at greater length below, of the Brentanists and other groups far from socialism in preparing the ground for scientific philosophy in Vienna and elsewhere in the decades preceding the founding of the Vienna circle. More importantly still, the thesis is not able to cope with the fact that so few important Austrian philosophers of science, and not even a majority of the members of the Vienna Circle, were

---

[3] Compare also the passages from Neurath cited by Wartofsky 1982, 94: "the fight against metaphysics and theology meant the destruction of the bourgeois world-order"; "Whoever joins the proletarlat can say with justification that he joins love and reason." "It is precisely Marxism that uncovers indirect relations and detours, and thus might ascertain that cultivating pure logic and the most general problems of mathematics and physics is especially favorable to revolutionary thinking."
[4] Dvorak 1985, 134. On pp. 139f. of this work Dvorak puts forward a derivation of the idea of unified science from the Marxist doctrine of historical materialism.

of socialist persuasion.[5] Indeed as far as the philosophers in interwar Vienna are concerned we must be careful to distinguish three groups: the left (Neurath and his brother-in-law Hahn), the right ("Christian socialists", Othmar Spann, *et al.*, otherwise dominant in the University, especially in the medical and legal faculties), and those of an English-style liberal persuasion (Schlick, Mises, Popper, Hayek) in between.[6] This third group, as history proved, enjoyed under the then obtaining circumstances a highly tenuous position. (When, in 1936, Schlick was shot by a paranoiac former student on the steps to the auditorium of the University of Vienna, newspapers close to the government saw the incident as a response to Schlick's "corrosive" philosophy.) Yet its ideas have shown themselves in the longer run to be of first importance.

It was Neurath's conspicuous advocacy of crackpot schemes for "international planning for freedom" associated with the project of an "economy in kind" as a substitute for prices and markets which dissuaded Hayek from making overtures to the Schlick group after his interest had been sparked by his friend and fellow member of the Ludwig von Mises circle Felix Kaufmann.[7] As already the case of Schlick himself makes clear, however, it would be overly simplistic to see the circle in particular or Viennese scientific philosophy in general as in any sense a part of the Austrian socialist movement. Certainly it is interesting that Austrian scientific philosophy (and above all the thought of Mach) exerted some influence upon Austro-Marxists such as Friedrich Adler. Another Austro-Marxist, Otto Bauer, came to value the work of the Vienna circle enough to view logical positivism as pointing the way forward for Marxist materialism itself. But the idea of a two camp theory which would align all honest, scientifically-minded thinkers in Vienna with progressivism, positivism

---

[5] Apart from Neurath and Hahn (the *Vorsitzende des Bundes der sozialistischen Professoren*), Frank, Carnap and Zilsel were strong socialists, and even Gödel for some time wondered if he should support the Communists. Socialists were represented, too, in the institute of Karl Bühler, for example by Lazarsfeld and Jahoda.

[6] As Heinrich Neider puts it: "Schlick was a man who had no sympathy at all for politics and the state; he was a liberal in the old sense, for whom the fire brigade and the police were admitted as at best a necessary evil. Otherwise one did not need the state at all." (Haller and Rutte 1977, 24)

[7] Personal communication of Professor Hayek.

and the Viennese socialist city government, and would have them standing opposed to Catholicism, fascism and other dark forces, breaks down precisely when confronted with liberal or conservative intellectuals such as Schlick, Kraft, Waismann, Menger, Kaufmann and even Wittgenstein.

4. The Late Flowering of Liberalism

How, then, are we to explain the dominance of an analytic, scientific orientation of philosophy in Austria, and especially in Vienna between the wars? One answer to this question, due to J. C. Nyíri, might read as follows. Austria, by the end of the nineteenth century, clearly lagged behind its more developed Western neighbours in matters of intellect and science. The Empire, it is often held,[8] had witnessed a relatively late process of urbanization, bringing also a late development of those liberal habits and values which would seem to be a presupposition of the modern, scientific attitude. It therefore lacked institutions of scientific research of the sort that had been founded in Germany since the time of von Humboldt. On the other hand, as more liberal ways began to be established in Austria – effectively in the second half of the nineteenth century – the desire to enjoy the trappings of a modern enlightened culture made itself felt. The Austrians were not of course in a position to summon forth the means to create reputable institutions and traditions of science in the narrow sense, and this, as Nyíri puts it, created "a vacuum which the *theory* of a practice so attractively pursued elsewhere could then fill" (1986, 143).

Nyíri's thesis might be held to be illustrated particularly clearly by the case of Boltzmann, whose lack of funds for serious experimental work seems to have constrained him to turn instead to the (cheaper) field of theoretical physics, as also to work in philosophy. (A variant of the thesis may be used to explain the comparative advantage of smaller countries in certain fields not requiring vast research expenditures – for example of Finland and Hungary in the field of mathematics.)

The Nyíri account has its problems, however. The liberal, scientific, enlightenment revolutions in England, France and Holland came *before* massive urbanization, which was indeed to no small degree a *product* of

---

[8] For another view see Good 1984.

science and liberalism (having been made possible, *inter alia,* by Pascal's invention of the omnibus). It will not do, moreover, to provide an explanation of developments in the intellectual or cultural sphere exclusively by appeal to underlying social or economic factors. Explanations of this kind have been found tempting by Marxist thinkers and by other advocates of a broadly economic approach to human behaviour. Where, however, we are dealing with complex movements of thought and doctrine, such explanations can be at best only partial. For they rarely give us the needed insight into the precise intellectual content of the movements in question. Why should the Austrians' initial substitute for true scientific development have taken precisely these (phenomenalist and physicalist) forms, rather than those? What is to account for the peculiar blend of British empiricism and Russellian logic which provided the basic framework within which, in their various ways, the members of the Schlick circle would operate?

Clearly, and for all the dominance of schools and movements in any particular case, we must point to the influence of specific *individuals* if we are to be in a position to provide satisfactory answers to questions such as these. And there are a number of candidate individuals who come to mind in this connection, including Boltzmann (whose vision of a unitary science made itself felt not only among physicists but also in the wider intellectual community in Vienna) and Wittgenstein (whose *Tractatus* exerted a not inconsiderable influence on both Schlick and Carnap in precisely the formative years of the Vienna Circle). We may presume, reasonably, that no social or economic explanation of the genius of Boltzmann or Wittgenstein (or Gödel, or Einstein) would be forthcoming. Equally we may presume that no social or economic explanation will be forthcoming of the peculiar *longevity* of Brentano (1838–1917) and the members of his wider circle – Marty (1847–1914), Stumpf (1848–1936), Meinong (1853–1920), Höfler (1853–1922), Husserl (1859–1931), Ehrenfels (1859–1932), Twardowski (1866–1938) – who did so much to spread the gospel of scientific philosophy throughout the Empire and beyond.

5. The Neurath Thesis

Even when all of this is granted, however, it would still be insufficient to look at individuals in abstraction from the wider social and institutional context in which they worked. This is not only because the individual is shaped by his surrounding culture. It is also, and more importantly, because his ideas will be able to take root in this culture only to the extent that they strike a congenial chord in the thinking of those to whom they are addressed.

More importantly, however, an individual, even an individual of genius – and even an individual of genius of great longevity – will be able to exert an influence upon his contemporaries only to the extent that there are *institutions* which can facilitate the dissemination of his ideas.

Hence there is a need, in regard to our specific problem of the rise of scientific philosophy in interwar Vienna, to provide a mixed explanation, one that makes room both for institutional and economic and sociopolitical factors of the kind so far considered and also for the serendipitous role of individuals. A forceful and coherent explanation along exactly these lines has been provided by Neurath himself, in the section labelled "Prehistory" of the Vienna circle manifesto.

Vienna, Neurath argues, provided especially fertile soil for the development of the scientific conception of philosophy because of the growth of liberalism in Vienna in the second half of the nineteenth century, and of an anti-metaphysical spirit which stemmed from the enlightenment, from empiricism, utilitarianism and the free trade movement of England. Mach, too, was a product of this Viennese liberal enlightenment, and the same anti-metaphysical attitudes manifested themselves in Mach's attempt to "purify" empirical science of metaphysical notions:

> We recall his critique of absolute space which made him a forerunner of Einstein, his struggle against the metaphysics of the thing-in-itself and of the concept of substance, and his investigations of the construction of the concepts of science from ultimate elements, namely sense data. (Neurath 1929, 302 of translation)

The influence of Mach and of his successor Boltzmann, Neurath now argues, "makes it understandable" why there was in Vienna "a lively dominant interest in the epistemological and logical problems that are linked with the foundations of physics". Thus Hayek, for example, reports that he and his contemporaries, upon arriving in Vienna to take up their studies in the immediate post-war years, "found in Mach almost the only arguments against a metaphysical and mystificatory attitude" such as was manifested by the dominant philosophers in the University at the time.[9]

Neurath mentions further a number of Viennese social thinkers, from both the Marxist and the non-Marxist camps, who had "served consciously in the spirit of the enlightenment" in the late nineteenth century.[10] Thus "in the sphere of political economy, too, a rigorously scientific method was cultivated by the school of marginal utility" which Carl Menger (father of Karl) had founded in 1871.

Neurath mentions in his account of the Viennese prehistory of logical positivism also the role of Franz Brentano. As Neurath himself puts it, the ground was cleared for the endeavours of the Vienna circle in the direction of a reform of logic and of a concern with problems of foundations also by Brentano:

> As a Catholic priest Brentano had an understanding for scholasticism; he started directly from the scholastic logic and from Leibniz's endeavours to reform logic, while leaving aside Kant and the idealist system-philosophers. Brentano and his students showed time and again their understanding of men like Bolzano and others who were working toward a rigorous new foundation of logic. (*Op. cit.*, 302)

Brentano, too, was marked by the Austrian liberalism of the nineteenth century. Thus for example he played an instrumental role in commissioning the young Sigmund Freud to translate one of the volumes – a collection of writings on female emancipation, socialism and Plato – in the Gomperz edition of the works of Mill. (Freud was himself for a time a devoted admirer of Brentano's work, though his youthful devotion seems to have been quashed, for reasons as yet unexplained, on a trip to Man-

---

[9] Hayek continues, "from Mach one was then led on to Helmholtz, to Poincaré and to similar thinkers, and of course, for those who went into the matter systematically such as my friend Karl Popper, to all the natural scientists and philosophers of the period" (Hayek 1966, 42f.).

[10] *Op.cit.*, 303. A comprehensive discussion of this aspect of the development of positivism in Austria is provided by Stadler 1982.

chester during the early period of his studies in Vienna.) It is remarkable, finally, in support of Neurath's contention as to the importance of Brentano, to consider the degree to which the centres of scientific philosophy in Europe – Vienna, Prague, Lemberg, Graz, Berlin, Göttingen – were precisely those cities in which Brentano's most distinguished students had held chairs in philosophy from the 1890's onwards.

6. The Neurath–Haller Thesis

Brentano was not only sympathetic to the idea of a rigorously scientific method in philosophy; he also shared with the British empiricists and with the Vienna positivists an anti-metaphysical orientation, manifesting an especially forceful antipathy to the "mystical paraphilosophy" of the German idealists and stressing in all his work the unity of scientific method. Brentano's writings involve the use of methods of language analysis similar in some respects to those developed later by philosophers in England. Moreover, he and his students encouraged teamwork amongst themselves as well as an active collaboration with logicians, psychologists and the representatives of other extra-philosophical disciplines.

Rudolf Haller, now, has developed Neurath's account of the rise of Viennese positivism along the lines set forth above, and transformed it into a thesis to the effect that these and certain related features – which were shared in common not only by the Brentanists and the logical positivists but also by thinkers as diverse as Mach and Wittgenstein – serve to constitute a separate Austrian line of *regional or national philosophy.* Haller's writings on the history of this "Austrian philosophy",[11] have extended and clarified, and even institutionalized,[12] the Neurath doctrine.

But now, if this Neurath-Haller thesis can be accepted, if, in other words, it can truly be accepted that there exists a separate and internally coherent tradition of *Austrian philosophy*, then it follows that the Vienna

---

[11] Collected as Haller 1979; see also his 1981, 1986a, 1988, 1993 and the (in many respects definitive) essay "Zur Historiographie der österreichischen Philosophie" of 1986. On the "Neurath-Haller thesis" see also Uebel 1994, 632.

[12] Through the foundation of the *Forschungsstelle und Dokumentationszentrum für österreichische Philosophie* in Graz.

Circle itself comes to be linked, via Brentano, to Catholic scholasticism.
And one could go further, and point to the *method* of communal philosophy – of philosophizing by means of a sometimes ritualized process of discussion and argument – as something that is shared, not merely by Brentano and the medieval schoolmen, but also by Schlick, with his Thursday-
evening discussion-circle, and by Wittgenstein in his cell in Cambridge.[13]

7. Problems with the Neurath–Haller Thesis

Haller's own formulation of what I have called the Neurath-Haller thesis is
to be found in his paper "Wittgenstein and Austrian Philosophy":

> I wish ... to defend two theses: first, that in the last 100 years there has taken place
> an independent development of a specifically *Austrian philosophy*, opposed to the
> philosophical currents of the remainder of the German-speaking world; and
> secondly that this development can sustain a genetic model which permits us to
> affirm an intrinsic homogeneity of Austrian philosophy up to the Vienna Circle
> and its descendants. (1981, 92)

The thesis, however superficially convincing, is not without its problems.
Thus, to take just one example, while it seems that the works of Brentano,
like those of Meinong and Husserl, were mentioned in discussions of the
Vienna Circle, in the case of Brentano, at least, these writings were
discussed primarily because Brentanian ethics was chosen by Schlick as a
special object of scorn.

The Neurath-Haller thesis has been attacked, too, by Friedrich Stadler,
who is reluctant to accept the running together of the "two camps" of
Catholic reaction and progressive socialist neopositivism (of darkness and
light) which the thesis implies. Thus Stadler has pointed out, correctly, that
– in contrast to the picture of the typical Austrian philosopher painted by
Neurath and Haller – the influence of logical positivist ideas, or of scientific philosophy in general, was in fact rather small, at least as concerns the
official life of the University of Vienna in the period from 1918 to 1938.
He has pointed out also that what predominated in this period, both in

---

[13] From various sources we learn that it was the possibility of *genuine discussion*
which was the reason why Wittgenstein so often felt the need to return to Cambridge.

lecture courses and in dissertation topics, was the history of philosophy of a rather old-fashioned sort, dealing in Kant, Schopenhauer, Spinoza, Plato, Nietzsche. (Stadler 1979, 43. Compare also Menger 1994, 17) The circle around Schlick can be seen from this perspective to have consisted largely of philosophical cranks and dabblers, or of mathematicians, fashioners of "ideal languages", individuals who would be taken seriously as *philosophers* only later, and then initially only outside the borders of Austria itself.

A somewhat different sort of criticism turns on the fact that the suggestion that there exists a separate line of "Austrian philosophy" must surely constitute a sort of insult to the good citizens of Austria. For it amounts to the thesis that philosophy in Austria is something outside of and apart from the tradition of German-language philosophy as a whole. The educated Austrian surely wants to believe, after all, that the intellectual tradition of his motherland is allied with, is indeed part and parcel of, the great tradition of Kant, Goethe, Fichte, Lessing, Schiller – of the *Land der Dichter und Denker*. To ask young Austrian philosophers to concentrate their energies on native tributaries in the suggested fashion – the tributaries of Otto Neurath or Otto Weininger – for reasons of national pride or loyalty – would surely imply a restriction on their interests as radical as that which would be involved if young literature students in Canada or Wales were forbidden to read Chaucer or Shakespeare or Milton.

8. Language and Style

The attitude I have in mind, a still widespread attitude of dismissal at the very idea of a special "Austrian philosophy", can be illustrated very clearly in the case of Edmund Husserl, the great German-speaking Jewish-Austrian philosopher from Habsburg Moravia, whose newly published correspondence reveals a thinker who conceives himself precisely as the legitimate heir of the *German* culture of Lessing, Herder, Schiller and Goethe, and who takes it for granted that it is the historical mission of the German people "to light the way for all other peoples in philosophy". Husserl, like his teacher Brentano, at no stage conceives his own philosophy in light of any putative distinction between "Austrian" and

"German" traditions, and when he refers to "my old Austria" he does so in purely geographical terms. Indeed like Meinong and Frege, Husserl was from at least around 1910 a self-styled "National-Deutscher" (though unlike Meinong and Frege he was not an antisemite). Like almost all German academics he became caught up in the furore of German nationalism at the start of the First World War, and he looked forward at its close to the "longed-for unification of German-Austria and Germany".[14]

Yet as everyone can testify who is familiar with Husserl's early logical writings or with the work of Bolzano, Brentano or Mach, there are radical differences of *style* and of mode of philosophizing as between these Germanophone philosophers standardly associated with Austria and those, such as Hegel, Heidegger, or Habermas, associated with Germany proper. (See Smith 1991 and Mulligan 1993) Most simply put: the former employ a sober, scientific style, and shun pretentions. There are also other striking and systematic differences, for example in the degree to which the German, but not the Austrian, line is marked by a sort of philosophical *hagiography*. (Thus there are Kant- and Hegel-"breviaries" which one can buy in German bookshops, alongside similar compilations of gnomic or uplifting sayings drawn from the writings of Goethe or Lutheror Jacob Boehme.) There are also the differences adverted to already above – pertaining to the differential role of science and logic as opposed to that of politics in the two traditions – differences which serve to explain why it is (certain selected) German and not Austrian philosophers who have been taken up into the bosom of "Continental philosophy" in North America. These are differences which, as we shall see, are deeply and historically rooted, and they do much to explain why Germany – in spite of the fact that it has brought forth such giants of mathematical logic as Frege, Hilbert and Gentzen – has taken so long to develop a community of analytic philosophers on its home-territory, and why not a few of those most centrally responsible for this development – above all Wolfgang Stegmüller – have hailed from Austria.[15]

Haller himself expresses it thus:

---

[14] Husserl's views in this connection are presented in more detail in Smith 1995.
[15] More precisely, in Stegmüller's case, from the South Tyrol.

as we could easily confirm at every stage, academic geography has played an extensive role in determining the historical dispersal of ideas. Whilst in Germany it was the influence of Husserl, and later of Heidegger which grew, and remained dominant right up until the '60s of this century, neither the remaining Brentano School nor the philosophy of the Vienna Circle [*has*] been able to establish a foothold in German universities; empiricism just does not seem to flourish in every climate. (1981, 97)[16]

9. The Sick Man of Europe

Perhaps, then, we should reformulate our initial question as to why scientific philosophy should have taken root in (Catholic) Austria and ask instead why such philosophy should have to such a great extent failed to flourish in (Protestant, northern) Germany. And here again we might turn first to Neurath, who provides an explanation of this failure in religious terms:

> Catholics accept a compact body of dogma and place it at the beginning of their reflections, [*thus*] they are sometimes able to devote themselves to systematic logical analysis, unburdened by any metaphysical details. ... Once someone in the Catholic camp begins to have doubts about a dogma, he can free himself with particular ease from the whole set of dogmas and is then left a very effective logical instrument in his possession. Not so in the Lutheran camp, where ... many philosophers and scholars from all disciplines, while avoiding a commitment to a clear body of dogma, have retained half-metaphysical or quarter-metaphysical turns of speech, the last remnants of a theology which has not yet been completely superseded. ... This may explain why the linguistic analysis of unified science prevailed least in countries where the Lutheran faith had dealt the hardest blows to the Catholic church, despite the fact that technology and the sciences that go along with it are highly developed in these countries. (Neurath 1933, 277 of translation)

Hence, Neurath claims (somewhat over-optimistically), the "revolt against the metaphysical tradition is succeeding outside Lutheran countries in Calvinistic as well as in Catholic ones" and he notes with pride that there are in Austria "no such metaphysical autocrats as Heidegger, Rickert or others" (*loc. cit.*).

---

[16] For a more forceful expression of this point, see Duhem 1991, 16ff., 67.

Unfortunately for Neurath, however, Heidegger himself was steeped rather in Catholic than in Lutheran metaphysics as a young man; and as we have already noted, there are many Catholic countries in other respects comparable to Austria where logical empiricism and analytic philosophy have failed to take substantial root, just as there are Lutheran countries (Finland is here the most striking example), and of course countries of Anglican-Episcopalian filiation – not mentioned at all by Neurath – which have served as the veritable bastions of the analytic tradition.

One must clearly look elsewhere; and from this perspective it seems that features not of religion but of the political history of the Germans (as contrasted to that of the English or the Austrians) are of particular relevance. For philosophy has come to play a role in the political consciousness of the German state in a way that it has not in that of England or Austria. Just as England has its National Theatre, we might say, so Germany has its own National Philosophy: Kant, Fichte and Hegel, like Goethe and Schiller, are national monuments of the German people, whose memory is held sacred not least because they are seen, retrospectively, as having been involved in creating that unified national consciousness which made possible Germany itself as a unified nation state. Philosophers and philosophical master-texts have thus acquired a role in the history of Germany that is analogous to the role of Homer in the history of Greece or of Shakespeare and the Magna Carta in the history of the English.

The characteristic property of such master texts, now, be they master texts of a religion, a sect, a people or a culture, is their tendency to spawn a commentary literature, with all that this implies by way of association with the commentary literatures on, for example, Aristotle, the Bible, or the writings of Marx and Engels. (See Smith 1991a.) It cannot be emphasized too often that German philosophers have for at least a century been schooled systematically in the habits of a philosophical culture in which the most important textual models have that sort of status, and that sort of density and obscurity, which is associated with the need for commentaries. They grow up further in a philosophical culture which is sealed off by firm disciplinary boundaries from the empirical sciences and which places a high value not on consistency and clarity but rather on "depth" and "authenticity". The work of the philosopher – as of the poet – is after all an expression of the national spirit (as Herder, long before Heidegger, and in much the same tone, insisted); hence also it should not be seen as subject to revision, or to second, more carefully considered thoughts on the part of its author, nor (*a fortiorissimo*) to criticism on the part of others; rather it should be conveyed to the reader as far as possible in the "authentic" form in which it was first put down, as a direct expression of the author's soul or "spirit". Consider, in this context, the mind-deadeningly repetitive stream-of-consciousness rantings of Derrida, who shows how, in this as in so much else, French philosophy (or more precisely: that part of French philosophy that is dubbed "Continental"), has become little more than a parody of its German model.[17] Teamwork and the exercise of mutual criticism and persistent argument, and indeed the search for any sort of "truth" in philosophy, are in French and German C.P.-philosophy simply out of place. (See Puntel 1991.)

In the wider world, however, it is not classical German idealism, with its political and historical associations, but rather empirical, or at least scientifically oriented, philosophy that has for a long time come to constitute the contemporary mainstream. The latter is, for reasons not altogether accidental, a philosophy which values logic, argument and technical competence more highly than those literary, ideological and historical qualities which are at a premium in certain philosophical circles in Germany and France. Moreover it seems likely to be the case that (whether for good or ill), as the discipline of philosophy becomes ever more a creature of the modern university, it will come to be marked to increasing degrees by the factor of professionalization, so that respect for technical competence and for the scientific method, and the rejection of hagiography and the use of a mystificatory style, will come increasingly to characterize the discipline of philosophy as a whole.[18]

---

[17] Thus consider Derrida (in a typically repetitive nonsense-passage) on the theory of relativity: "The Einsteinian constant is not a constant, not a center. It is the very concept of variability – it is, finally, the concept of the game. In other words, it is not the concept of some thing – of a center from which an observer could master the field – but the very concept of the game." (1970, 267)

[18] This prognosis may be over-optimistic: in American C.P.-circles hagiography is explicitly embraced, as an element in the contemporary "critique of the discursive politics of truth"; see, for a representative sample, Halperin 1995, 6, 15f., 25ff.

The most prominent Austrian philosophers have accordingly, as we might put it, been speaking prose all along without knowing it. Or to put the point another way: Haller's institutional account of the rise of regional or national philosophies in Europe ought most properly to be seen as applying not to Austria at all, but rather to Germany (and France), where the political and literary associations of philosophy have had, from the perspective of the disciplinary mainstream, serious negative consequences in holding back the development of philosophy in ways which have become ever more striking in recent decades.

If, now, we return to our question as to how we are to explain the rise of scientific philosophy in *Austria*, then we can see that this question in fact needs no answer. In Austria, exactly as in Poland and Scandinavia, and exactly as in England and the rest of the Anglosaxophone world, the rise of scientific philosophy is an inevitable concomitant of the simple process of modernization.[19] "Austrian philosophy", for all its usefulness in combining together in a single unity the philosophies of Vienna, Graz and Lemberg, of Bolzanians, Machians and Brentanists, is thus a misnomer to the degree that it suggests, erroneously, that there is a corresponding sectarian or regional or ethnic philosophy. For Austrian philosophy is philosophy *per se,* part and parcel of the mainstream of world philosophy: it is that part of German-language philosophy which meets international standards of rigour, professionalism and specialization.[20]

In this respect, to repeat the point, it is Germany, not Austria, which is the special case, Germany which is *the philosophical sick man of Europe.*

Austrian philosophy after the Second World War could of course have very easily gone either way. It could have become, like German, or Bulgarian, philosophy, a backwater, shipwrecked on the reef of history

---

[19] On this whole issue see my forthcoming paper: "Why Polish Philosophy Does Not Exist", in J. J. Jadacki and J. Paśniczek (eds), *The Lvov-Warsaw School: The Second Generation,* Dordrecht: Kluwer.

[20] Dahms reveals his misunderstanding of the relevance of the last-mentioned feature when he expresses his regret that the "academization" which befell the Vienna Circle through the emigration of its members above all to the United States "had as a consequence also the neglect of questions concerning the social circumstances and consequences of science of a sort which for Neurath, Zilsel and Frank had been a matter of course." (1987, 106. See also Dahms 1985, 25, 354.)

(and such was indeed for a time the fate of philosophy in Vienna). That it did not in this fashion get stranded on the paraphilosophical fringe; that it did not go the zany way of French (Parisian) philosophy and become reduced to the level of a mere sect, is due primarily to one individual – an individual, as we all hope, of great longevity – it is due to Rudolf Haller. In this respect it may be said that one signal contribution of Rudolf Haller to the philosophy of the twentieth century has been to ensure that there is no such thing as "Austrian philosophy".

10. The Law of Conservation of Spread

In analogy with the physicist's law of conservation of matter (and with Robert Musil's law of the conservation of happiness), one might venture to formulate also a law of conservation of the various branches of intellectual concern which have traditionally, in the West, been grouped together under the heading "philosophy". If one or other of these branches is in one way or another suppressed, or so we might hazard, then it will somehow find a way to force itself through in some new, unexpected territory, or in some other, perhaps bastardized, form. (To paraphrase Bacon on matter and its protean nature: should we drive it to extremities with the purpose of reducing it to nothing, then it will, finding itself in these straits, turn and transform itself into strange shapes, passing from one change to another till it has gone through the whole circle.[21]) If Marxist philosophy, broadly conceived, is no longer able to be taken seriously in the fields of economics or political theory, then it will rise again in the field of, say, comparative literature (T. Eagleton *et al.*) or of linguistic pragmatism (J. Habermas, K.-O. Apel). Something like this, I suggest, has been the fate of many of the classical philosophical concerns now customarily dealt with by those pleased to call themselves "Continental philosophers", many of whom are of course assembled not in philosophy departments but in women's studies and "humanities" centres, in departments of film studies, and so forth.

But now, one reason for the explosive growth of C.P.-philosophy in these extra-philosophical environs in recent decades lies in the fact that the philosophers proper have too often ignored the corresponding issues and

---

[21] "Proteus", Myth 13; see Bacon 1905, 838.

areas of concern, having devoted their primary energies rather to logic and to other, more technical branches of our discipline. Other fields of traditional philosophical concern have in this way been left clear for fools, knaves, and others, who have rushed in to fill the vacuum thereby created. Part of the blame for the excesses of the latter is, accordingly, to be laid squarely at the door of Carnap and Ryle.

How, now, should those – the contemporary heirs of Schlick and Masaryk, be they in Providence or Canberra, in Helsinki or Graz – who believe in truth in philosophy, react to these developments? Should they simply ignore "Continental philosophy" and the text- and commentary-based traditions of philosophizing in Germany and France from out of which it grew, in the hope that they will simply go away? Should they, as is now all too customary, allow the inhabitants of the C.P.-ghetto of Heideggerians, Derridians and Irigarians to perform their antics undisturbed, whether in the spirit of pluralistic tolerance or in that of scornful disdain? To react in this fashion would, I believe, be a great mistake. This is not, be it noted, because I believe that the proper reaction to the cynicisms, relativisms and irrationalisms which predominate in so many corners of our "postmodern" world would be to form a new "movement" charged with agitation on behalf of the scientific world-conception along the lines promulgated by the *"linker Flügel"* of the Vienna Circle. For as Schlick, however dimly, saw, the formation of a movement of "scientific philosophy" – to be ranked alongside "women's philosophy", "Australian regional philosophy", and the like – can only contribute to the widespread confusion of supposing that there are *different sorts of truth*: scientific truth, women's truth, aboriginal truth, Kiwi truth, and so on.

Rather, we should orient ourselves more steadfastly around the idea that it is the proper business of philosophy to search for truth simpliciter, including truth in the various fields of the history of philosophy. This, surely, must imply also a search for truth even in relation to those byways of philosophical history and of philosophical concern which do not fit well into the customary and rather narrow picture of philosophical history that has been favoured by analytic philosophers hitherto. It must imply, indeed, a search for truth in the history of German and even of French philosophy in all its breadth. Here, too, something like rigour and technical competence is possible, as the best scholars in the fields of the history of philosophy and of textual scholarship have demonstrated.

It would be one incidental benefit of the study of the history of philosophy along these lines that it would help to make clear to philosophers and others that in former times, too, which is to say in previous dark ages of philosophical development, generations of philosophers have repeatedly been wont to declare themselves as constituting the "end" of philosophy as we know it and have engaged in competition with their predecessors in the wildness of the antics with which they set out to support such claims.[22] On the other hand, however, it will become clear also to the student of this catholic history of philosophy that such dark periods in philosophical history were in each case succeeded by new and healthier phases, in which truth and reason were once more, and with renewed vigour, given their due.

References

Ayer, Alfred J. 1977. *Part of My Life*, London: Collins.

Bacon, Francis 1905. *The Philosophical Works of Francis Bacon*, J. M. Roberton, ed., London: Routledge.

Brentano, Franz 1968. *Die vier Phasen der Philosophie*, Hamburg: Felix Meiner. Eng. trans. as "The Four Phases of Philosophy and Its Current State" in: Balàzs M. Mezei and Barry Smith, *The Four Phases in Philosophy*, Amsterdam, Rodopi, 1998.

Dahms, Hans-Joachim 1985. "Versuch einer Charakterisierung des Wiener Kreises", in: Dahms (ed.), 1–29.

Dahms, Hans-Joachim 1985a. "Vertreibung und Emigration des Wiener Kreises zwischen 1931 und 1940", in Dahms (ed.), 307–64.

Dahms, Hans-Joachim 1987. "Die Emigration des Wiener Kreises", in: F. Stadler (ed.), *Vertriebene Vernunft*, I, 66–123.

Dahms, Hans-Joachim (ed.) 1985. *Philosophie, Wissenschaft, Aufklärung. Beiträge zur Geschichte und Wirkung des Wiener Kreises*, Berlin/New York: Walter de Gruyter.

Derrida, Jacques 1970. "Structure, Sign, and Play in the Discourse of the Human Sciences", in: R. Macksey and E. Donato (eds), *The Structuralist Controversy*. Baltimore: The Johns Hopkins University Press.

Derrida, Jacques 1978. *Spurs. Nietzsche's Styles*, trans. by Barbara Harlow, Chicago and London: The University of Chicago Press.

---

[22] See, on this cyclic character of the history of philosophy, Brentano 1968.

Duhem, Pierre 1991. *German Science*, trans. J. Lyon, La Salle: Open Court.

Dvorak, Johann 1985. "Wissenschaftliche Weltauffassung, Volkshochschule und Arbeiterbildung im Wien der Zwischenkriegszeit. Am Beispiel von Otto Neurath und Edgar Zilsel", in: Dahms (ed.), 129–43.

Engel, Pascal 1994. "The Decline and Fall of French Nietzscheo-Structuralism", in: Barry Smith (ed.), 1994, 21–41.

Good, David F. 1984. *The Economic Rise of the Habsburg Empire: 1750-1914*, Berkeley: University of California Press.

Haller, Rudolf 1979. *Studien zur österreichischen Philosophie*, Amsterdam: Rodopi.

Haller, Rudolf 1981. "Wittgenstein and Austrian Philosophy", in: Nyíri (ed.), 91–112. (Originally published in 1975.)

Haller, Rudolf 1986. "Zur Historiographie der österreichischen Philosophie", in: Nyíri (ed.), 41–53. English translation in: Uebel (ed.), as "On the Historiography of Austrian Philosophy", 41–50.

Haller, Rudolf 1986a. *Fragen zu Wittgenstein und Aufsätze zur österreichischen Philosophie*, Amsterdam: Rodopi.

Haller, Rudolf 1988. *Questions on Wittgenstein*, London: Routledge.

Haller, Rudolf 1993. *Neopositivismus. Eine historische Einführung in die Philosophie des Wiener Kreises*, Darmstadt: Wissenschaftliche Buchgesellschaft.

Haller, Rudolf and Heiner Rutte 1977. "Gespräch mit Heinrich Neider: Persönliche Erinnerungen an den Wiener Kreis", in: *Conceptus* 1, 21–42.

Halperin, David M. 1995. *Saint Foucault. Towards a Gay Hagiography*, New York/Oxford: Oxford University Press.

Hayek, Friedrich August 1966. "Diskussionsbemerkung über Ernst Mach und das sozialwissenschaftliche Denken in Wien", in: *Symposium aus Anlass des 50. Todestages von Ernst Mach*, Freiburg I. Br.: Ernst-Mach-Institut, 41–4.

Husserl, Edmund 1994. *Briefwechsel* (Husserliana Dokumente III), edited by Karl Schuhmann in collaboration with Elisabeth Schuhmann, Dordrecht/Boston/London: Kluwer, in ten volumes.

Menger, Karl 1994. *Reminiscences of the Vienna Circle and the Mathematical Colloquium*, L. Golland, B. McGuinness and A. Sklar (eds), Dordrecht/Boston/London: Kluwer.

Mulligan, Kevin 1993. "Post-Continental Philosophy: Nosological Notes", in: *Stanford French Review*, 17, 133–50.

Neurath, Otto, Rudolf Carnap, and Hans Hahn 1929. *Wissenschaftliche Weltauffassung: Der Wiener Kreis*, Vienna: Wolf; Eng. trans. as "The Scientific Conception of the World", in: Neurath, *Empiricism and Sociology*, Dordrecht: Reidel, 1973, 299–318.

Neurath, Otto 1933. *Einheitswissenschaft und Psychologie*, Eng. trans. as "Unified Science and Psychology", in: Brian McGuinness (ed.), *Unified Science. The Vienna Circle Monograph Series originally edited by Otto Neurath, now in an*

English edition, Dordrecht/Boston/Lancaster/Tokyo: D. Reidel, 1987, 1–23 and
274–8.

Neurath, Otto 1942. "International Planning for Freedom", in: *The New Common-
wealth Quarterly*, April 1942, 281-292 and July 1942, 23-28, reprinted in:
Empiricism and Sociology, M. Neurath and R. S. Cohen, (eds), Dordrecht/Boston:
D. Reidel, 1973, 422–40.

Neurath, Otto 1981. *Gesammelte philosophische und methodologische Schriften*, R.
Haller and H. Rutte, (eds), 2 vols., Vienna: Hölder-Pichler-Tempsky.

Nyiri, J. C. (ed.) 1981. *Austrian Philosophy. Studies and Texts*, Munich: Philosophia.

Nyíri, J. C. (ed.) 1986. *From Bolzano to Wittgenstein: The Tradition of Austrian
Philosophy*, Vienna: Hölder-Pichler-Tempsky.

Nyíri, J. C. 1986. "The Austrian Element in the Philosophy of Science", in: Nyíri (ed.),
141–6.

Puntel, Lorenz B. 1991. "The History of Philosophy in Contemporary Philosophy: The
View from Germany", in: *Topoi* **10**, 147–54.

Smith, Barry 1991. "German Philosophy: Language and Style", in: *Topoi* **10**, 155–61.

Smith, Barry 1991a. "Textual Deference", in: *American Philosophical Quarterly* **28**,
1–13.

Smith, Barry 1992. "Thesen zur Nichtübersetzbarkeit der deutschen Philosophie", in:
D. Papenfuss and O. Pöggeler (eds), *Zur philosophischen Aktualität Heideggers*,
vol. 3, *Im Spiegel der Welt: Sprache, Übersetzung, Auseinandersetzung*, Frankfurt:
Klostermann, 125–47.

Smith, Barry 1993. "The New European Philosophy" in: Barry Smith (ed.),
Philosophy and Political Change in Eastern Europe, La Salle: The Hegeler
Institute, 165–70 and 191–2.

Smith, Barry 1994. *Austrian Philosophy: The Legacy of Franz Brentano*, La Salle and
Chicago: Open Court.

Smith, Barry 1994a. "Über die Grenzen der Übersetzbarkeit", in: Armin Paul Frank,
Kurt-Jürgen Maass, Fritz Paul and Horst Turk (eds), *Übersetzen. Verstehen.
Brücken bauen. Geisteswissenschaftliches und literarisches Übersetzen im internationalen Kulturaustausch* (Göttinger Beiträge zur Internationalen Übersetzungs-
forschung, 8/1), Berlin/Bielefeld/Munich: Erich Schmidt Verlag, 295–301.

Smith, Barry 1994b. "Philosophieren und Kommentieren: Überlegungen zu ihrem
Verhältnis", in: H. F. Fulda and Rolf-Peter Horstmann (eds), *Vernunftbegriffe in
der Moderne. Stuttgarter Hegel-Kongress 1993*, Stuttgart: Klett Cotta, 857–68.

Smith, Barry 1995. Review of Husserl 1994, *Husserl Studies* **12**, 98–104.

Smith, Barry (ed.) 1994. *European Philosophy and the American Academy*, La Salle
and Chicago: Open Court.

Stadler, Friedrich 1979. "Aspekte des gesellschaftlichen Hintergrunds und Standorts
des Wiener Kreises am Beispiel der Universität Wien", in: H. Berghel (ed.)
Wittgenstein, the Vienna Circle, and Critical Rationalism, Vienna: Hölder-Pichler-

Tempsky, 41–59. English translation as "Aspects of the Social Background and Position of the Vienna Circle at the University of Vienna", in: Uebel (ed.), 51–80.

Stadler, Friedrich 1986. *Vom Positivismus zur "Wissenschaftlichen Weltauffassung":* *Am Beispiel der Wirkungsgeschichte von Ernst Mach in Österreich von 1895 bis 1934,* Vienna and Munich: Löcker.

Stadler, Friedrich (ed.) 1987. *Vertriebene Vernunft* (Veroffentlichungen des Ludwig Boltzmann-Institutes fur Geschichte der Gesellschaftswissenschaften. Sonderband, vol. 2), Vienna: Judgend und Volk.

Sylvan, Richard 1985. "Prospects for Regional Philosophies in Australasia", in: *Australasian Journal of Philosophy* **63**, 188–204.

Uebel, Thomas E. (ed.) 1991. *Rediscovering the Forgotten Vienna Circle. Austrian Studies on Otto Neurath and the Vienna Circle,* Dordrecht/Boston/London: Kluwer.

Uebel, Thomas E. 1994. "The Importance of Being Austrian", *Studies in the History and Philosophy of Science* **25**, 631–36.

Wartofsky, Marx W. 1982. "Positivism and Politics. The Vienna Circle as a Social Movement", in: R. Haller (ed.), *Schlick und Neurath – Ein Symposion (Grazer Philosophische Studien* **16/17**), Amsterdam: Rodopi.

Bolzanos bleibende Leistungen[1]

Dagfinn Føllesdal

Bernard Bolzano (1781–1848) hatte ein merkwürdiges Schicksal. Er war einer der bedeutendsten Denker seiner Zeit und der am vielseitigsten begabte Philosoph, den ich kenne. Doch er wurde vergessen, so gründlich vergessen, dass er lange Zeit auch in den größten Nachschlagwerken, wie etwa in der *Encyclopedia Britannica*, nicht einmal erwähnt wurde. Bolzano war seiner Zeit so weit voraus, dass der große schwedische Philosoph Anders Wedberg, der Lehrer Jan Bergs, den dritten Band seiner *Geschichte der Philosophie*, der den Titel „Die Philosophie des 20. Jahrhunderts" trägt, mit einem eigenen Kapitel über Bernard Bolzano beginnt.

Dass Bolzano so sehr in Vergessenheit geraten ist, beruht zum Teil auf Zufall. Nach dem Studium der Philosophie, Theologie und Mathematik an der Universität Prag, seiner Dissertation über Geometrie 1804, sowie seiner Priesterweihe 1805 bewarb sich der 24-jährige Bolzano 1805 gleichzeitig für drei Stellen: einen Lehrstuhl für Mathematik, und einen für Religionslehre an der Universität Prag, sowie für eine Stelle als Gymnasiallehrer. Zum Unglück für seine späteren Publikationsmöglichkeiten, aber zum Glück für die Vielfältigkeit seines Nachlasses, erhielt er den Lehrstuhl für Religionslehre. Dieser Lehrstuhl war von der Habsburger Verwaltung *expressis verbis* eingerichtet worden, um von dort aus die aufkommende Freigeisterei unter der Jugend zu bekämpfen. Aber das eigentliche Ziel war es, die Jugend von den Einflüssen der französischen Revolution abzuhalten, wofür Bolzano allerdings sicherlich nicht besonders geeignet war. Es war eine von Bolzanos Aufgaben, in Vorlesungen und Sonntagspredigten die Jugend geistig und moralisch zu erbauen. Bolzano kam dieser Aufgabe besonders durch seine von 1805 bis Januar 1820 vor zeitweilig durchschnittlich 1000 Studenten und Prager Bürgern gehaltenen Erbauungsreden

[1] Eine englische Übersetzung dieses ursprünglich auf Deutsch verfassten Aufsatzes ist in einem Sonderband „Bolzano and Analytic Philosophy" (Hg. von Wolfgang Künne, Mark Siebel und Mark Textor) der *Grazer philosophischen Studien* 53 (1998), 1–11 erschienen. Der Verfasser möchte gern Edgar Morscher, Solomon Feferman, Edward Zalta und Wolfgang Huemer seinen herzlichen Dank aussprechen für die Erteilung wertvoller Ratschläge zur Verbesserung des Manuskriptes.

Phenomenology and Analysis: Essays on Central European Philosophy.
Arkadiusz Chrudzimski and Wolfgang Huemer (eds), Frankfurt: ontos, 2004, 57–68.

nach. Einige dieser Erbauungsreden wurden 1813 veröffentlicht; sie waren der Hauptgrund für seine Entlassung von der Professur 1819. Diese Reden sowie seine Abhandlung *Vom Besten Staate* machen das erste von den vier Gebieten aus, die ich erwähnen werde, zu denen Bolzano bleibende Leistungen gemacht hat. Die übrigen drei sind Ethik und Religionsphilosophie, Logik und Semantik, und Mathematik.

Wie Wedberg bemerkt, steht Bolzano in all diesen Gebieten in scharfem Kontrast zu der herrschenden philosophischen Mode seiner Zeit. Man findet bei ihm nicht die großen Wörter und phantasievollen Überblicke, die die so kennzeichnend für die Romantiker sind, sondern stattdessen minutiöse Überlegungen, schrittweise fortschreitende Untersuchungen (Wedberg, 1966, 62). Bolzano war ebenso sehr Mathematiker wie Philosoph, und in beiden Gebieten ist die Strenge in der Begriffsbildung und in der Argumentation charakteristisch für seine Arbeit. Bolzano verdankt seine Erfolge der ihm eigenen Fähigkeit zur Begriffsbildung, und er hat durchaus recht, wenn er sich selbst folgendermaßen beurteilt:

> Nur dadurch, nur auf dem Wege der genaueren Begriffsbestimmung, kam ich zu all den eigenthümlichen Lehren und Ansichten, die Sie in meinen Schriften (selbst in den mathematischen) antreffen. (Brief an Romang, 1. Mai 1847, zitiert nach Berg 1962, 12b)

Seine charakteristische Stärke war eine ungewöhnliche Kombination von kritischer Problemsensitivität und sicherer konstruktiver Intuition. Die erstere gab ihm intellektuelle Unabhängigkeit: wo andere blind traditionellen Routinen folgten, sah er Probleme und unausgesprochene und unhaltbare Voraussetzungen. Letztere machte ihn zu einem großen und originellen Systematiker. Er hatte nicht nur separate Einsichten, sondern auch einen sicheren Blick für deren Zusammenhang. Dies wird besonders deutlich in der *Wissenschaftslehre*, wo er von Grund auf ein ganz neues semantisch-logisches Fundament für die Wissenschaften schaffte.

1. Politische Philosophie

Zuerst aber zu Bolzanos Leistungen innerhalb der politischen Philosophie. Bolzano selbst betrachtete die Erbauungsreden und das staatsphilosophische Werk *Vom besten Staate*, das daraus entstand, als sein wichtigstes Werk. Er schreibt, *Vom besten Staate* sei, ich zitiere, „das beste, wichtigste Vermächtnis, das er der Menschheit zu hinterlassen vermag, wenn sie es annehmen wolle" (Bolzano 1975, 22).

Der wichtigste Aspekt von *Vom besten Staate* und von den Erbauungsreden ist, dass er, hier wie in den anderen Gebieten, seiner Zeit weit voraus war, und klare und wohlbegründete Ideen entwickelt hat, die erst viel später bei anderen Denkern wieder auftauchten und langsam zum Gemeingut unserer Zivilisation geworden sind.

Bolzano argumentiert folgerichtig und leuchtend klar gegen den Krieg, zumindest gegen jeden Krieg, der nicht ein reiner *Wehrkrieg* ist. Er argumentiert für die Gleichheit der Menschen, sowie für dasselbe Wahlrecht für Männer und Frauen. Zudem spricht er sich für eine vollständige Religionsfreiheit aus. Im besten Staate sind Kirche und Staat klar getrennt, es gibt keine Staatsreligion. Außerdem diskutierte er Themen wie rechtmäßige und unrechtmäßige Obrigkeiten, Gehorsamspflicht und Widerstandsrecht, Gerechtigkeit, die Verbesserung der Verfassung und die Elimination von Klassenprivilegien. Er argumentiert für eine radikal neue Regelung des Eigentums. Sein oberster Grundsatz des Eigentumsrechts im besten Staate lautet:

> daß ein jeder Gegenstand nur dann, dann aber auch immer, für das Eigentum einer gewissen Person erklärt werden dürfe, wenn es dem Wohle des Ganzen zuträglicher ist, daß man derselben dieß Eigenthumsrecht einräume, als daß man es ihr verweigere. (Bolzano 1975, 74)

Auf der Basis dieses Grundsatzes argumentiert er gegen das Erbrecht sowie für eine Reihe von Veränderungen bezüglich der Festsetzung der Preise und Löhne. Damit ist er sehr viel radikaler als die französischen Aufklärungsphilosophen, deren Deklaration der Menschenrechte von 1789 dekretierte „La propriété, étant un droit inviolable et sacré, nul ne peut en être privé..." (Salz, 1910, 505, Fn. 7).

2. Ethik und Religionsphilosophie

Bolzanos Ethik und Religionsphilosophie stehen in enger Verbindung mit seiner politischen Philosophie. In der Ethik formuliert Bolzano das folgende oberste Sittengesetz, „...aus der sich jede andere praktische Wahrheit (also auch jede Pflicht, die den Menschen betrifft)... ableiten lässt" (Herrmann 1977, 156):

> Wähle von allen dir möglichen Handlungen immer diejenige, die, alle Folgen erwogen, das Wohl des Ganzen, gleichviel in welchen Theilen, am meisten befördert. (Bolzano 1834 I, 236)

Bolzano diskutiert in interessanter Weise sechs Einwände gegen das oberste Sittengesetz sowie eine Reihe von anderen verwandten ethischen Themen, wie etwa die Bedeutung der gerechten Verteilung der Güter, die ein Problem für eine semi-utilitaristische Ethik wie seine aufwirft. Er diskutiert auch die Rolle der Gesinnung, und den Einwand, dass wir nur einen kleinen Teil der Welt übersehen und nur die nächsten, nicht aber die entfernteren Folgen einer Handlung kennen. Er antwortet auf diesen Einwand, dass es nicht auf die Folgen, die in der Wirklichkeit stattfinden, sondern bloß auf diejenigen, die sich der Handelnde als wahrscheinlich vorgestellt hat, ankommt (Bolzano 1834, I 240f).

Ich kann an dieser Stelle Bolzanos eingehende Diskussion dieser und anderer Einwände und Schwierigkeiten leider nicht weiter verfolgen, möchte aber kurz etwas über seine Religionsphilosophie sagen. Eine ausführlichere Darstellung kann zum Beispiel in Eberhard Herrmanns Dissertation *Der religionsphilosophische Standpunkt Bernard Bolzanos unter Berücksichtigung seiner Semantik, Wissenschaftstheorie und Moralphilosophie* (1977) gefunden werden. Bolzano versteht unter Religion nicht eine bloße Lehre von Gott, sondern den „Inbegriff aller derjenigen Meinungen eines Menschen ... die einen ... Einfluss auf seine Tugend oder auf seine Glückseligkeit äußern" (Bolzano 1834 I, 60f). Diese einzigartige Auffassung reflektiert den schweren religiösen Zweifel, den Bolzano in seinen Studienjahren hatte. Bolzano berichtet darüber in seiner *Lebensbeschreibung*:

Erst in dem letzten meiner theologischen Studienjahre waren es einige von dem Professor der Pastoral, Marian Mika, einem Manne, den ich ungemein hochschätze, zufällig hingeworfene Worte, „daß eine Lehre schon gerechtfertigt sey, sobald man nur zeigen könne, daß uns der Glaube an sie gewisse sittliche Vortheile gewähre," – wodurch mir ein Licht aufging, welches allmälig alle noch übrige Dunkelheiten zerstreute. Nun wurde mir nämlich mit Einem Male klar, daß es sich in der Religion, besonders in einer göttlichen Offenbarung so gar nicht darum handle, wie eine Sache *an sich* beschaffen sey, sondern vielmehr nur darum, was für eine Vorstellung von ihr für uns die erbaulichste sey. (Bolzano, 1836, 26)

Auf dieser Grundlage schafft Bolzano eine originelle und tiefdringende Religionsphilosophie, über die ich hier nur sagen kann: „*Nimm und les*".

3. Die Wissenschaftslehre

Dieser Ausdruck, „*Nimm und les*", ist früher von Heinrich Scholz benutzt worden. Er sagte dies über die *Wissenschaftslehre*, die seines Erachtens das wichtigste Werk Bolzanos war. Dies ist auch meine Auffassung, und ich werde jetzt einige der wichtigsten Leistungen Bolzanos in diesem Werk besprechen.

Die vier Bände und mehr als 2000 Seiten der *Wissenschaftslehre*, die 1837 veröffentlicht wurde, enthalten eine Reihe von neuen Ideen in Semantik und Logik, die, präzise und klar ausgedrückt, systematisch und sehr pädagogisch organisiert sind, so dass sie auch als Einführungswerk in die systematische Philosophie benutzt werden kann. Als wesentlichsten Beitrag in diesem Werke will ich den Aufbau einer systematischen Semantik erwähnen, die die moderne Semantik von Tarski und anderen Denkern der letzten fünfzig Jahren antizipiert. Es ist kein Zufall, dass es so viele Ähnlichkeiten zwischen Tarski und Bolzano gibt; wie Peter Simons und viele andere bemerkt haben, waren drei von Tarskis Lehrern in Lwów Studenten von Twardowski, der von Brentano, und noch mehr von seinem Doktorvater, dem Bolzano-Schüler Robert Zimmermann, sehr stark beeinflusst war.

Tarskis Begriff der logischen Folgerung ist trotz wichtiger Unterschiede Bolzanos Begriff der Ableitbarkeit sehr ähnlich. Die Grundidee ist die der Variation, und es ist nicht unwahrscheinlich, dass dieser Begriff, und auch die verwandten Begriffe der logischen Wahrheit von Ajdukiewicz und Quine von Bolzanos einhundert Jahre früher erschienenen *Wissen-schaftslehre* stammen.

Besonders interessant finde ich es, dass Bolzano, so wie später Tarski und Quine, die Abgrenzung der logischen Konstanten als ein Problem sieht. In dem berühmten §148 der *Wissenschaftslehre* schreibt Bolzano über den Unterschied zwischen logischen und nicht-logischen Begriffen:

> Dieser Unterschied hat freilich sein Schwankendes, weil das Gebiet der Begriffe, die in die Logik gehören, nicht so scharf begrenzt ist, daß sich darüber niemals einiger Streit erheben ließe. (Bolzano 1837 II, 84)

Es scheint mir ganz natürlich, dass Bolzano diesen Unterschied nicht als wesentlich betrachtet; sein Begriff der Analytizität ist von Anfang an relativ zu einem „Vokabular" von Begriffen. Diese Relativität ist wohl geeignet, die verschiedenen Teile der Logik – Aussagenlogik, Prädikatenlogik, Mengenlehre, und die verschiedenen Arten der Modallogik – zu definieren, und ich finde, wie Quine, dass die Suche nach einem festen logischen Vokabular auf einer Fehlauffassung des Verhältnisses zwischen Sprache und Wirklichkeit beruht.

Bolzanos ganze Diskussion von Sätzen und Vorstellungen an sich ist eine Manifestation seines Problembewusstseins: er sah die Probleme des Psychologismus fünfzig Jahre vor Frege und Husserl, er zeigt durch einfache und überzeugende Beispiele die Unhaltbarkeit vieler populärer Ansichten über Vorstellungen und Begriffe, wie etwa die Reziprozität von Umfang und Inhalt, die unkritisch angenommene Korrelation zwischen Teilen einer Vorstellung und *Teilen* ihres Gegenstandes oder zwischen Teilen einer Vorstellung und *Eigenschaften* ihres Gegenstandes. Bolzano ist sich auch des Problems der Identitätskriterien für Begriffe sehr bewusst und schlägt vor, dass Begriffe identisch sind, wenn sie in derselben Weise aus denselben Teilen aufgebaut sind, und dass einfache, nicht-leere Begriffe gleich sind, dann und nur dann wenn sie den gleichen Umfang haben. Diese Definitionen sind sicherlich nicht ganz ohne Probleme, Bolzanos Versuch ist aber besser als (soweit sie mir bekannt sind) die von anderen Philosophen, die über Begriffe sprechen, und das sind die meisten Philosophen des zwanzigsten Jahrhunderts.

Von besonderem Interesse finde ich Bolzanos Diskussion von Anschauungen und deren Rolle in Verbindung mit Referenz und referierenden

Ausdrücken. Sein Anschauungsbegriff ist präziser als derjenige von Kant, und ich betrachte seine Ideen von einer Brücke zwischen Wahrnehmung und sprachlichem Sinn als eine bleibende Leistung.

Auch Bolzanos Methode der Variation scheint mir eine bleibende Leistung zu sein. Er benutzt diese Methode in konstruktiver Weise in mehreren Gebieten, und ich glaube, dass Carnaps Arbeit über Wahrscheinlichkeit indirekt von Bolzano inspiriert ist. Die Methode hat große Flexibilität und, wie Jan Berg (1987) gezeigt hat, kann man mit dieser Methode auch einige Grundbegriffe der Situationssemantik von Barwise und Perry definieren.

4. Mathematik

Zum Abschluss will ich auf Bolzanos bleibende Leistungen innerhalb des letzten der vier Gebiete, auf die ich mich konzentriert habe, der Mathematik, eingehen.

Bolzanos Beiträge zur Mathematik berührten zwei Hauptgebiete, die Lehre von den unendlichen Mengen und die Grundlage der mathematischen Analyse. In beiden Gebieten sind Bolzanos Arbeiten von dem geprägt, was ich als seine Fähigkeit zur Begriffsbildung charakterisiert habe. Bolzano erklärt in der Vorrede der *Beytrage zu einer begründeteren Darstellung der Mathematik*, die Mathematik sei

> immer eines von meinen Lieblingsstudien gewesen; doch vornähmlich nur nach ihrem speculativen Theile, als Zweig der Philosophie und Uebungsmittel im richtigen Denken. (Bolzano 1810, Xf)

In seinen *Paradoxien des Unendlichen* (1851) hat Bolzano vielen von Georg Cantors Ideen zur Mengentheorie vorgegriffen, vor allem durch seine Ansichten über die Existenz unendlicher Mengen und durch die Einsicht, dass eine Menge unendlich ist, genau dann wenn sie einer ihrer echten Teilmengen ein-eindeutig zugeordnet werden kann. Bolzano hat daraus die Konklusion gezogen, dass Gleichmächtigkeit nicht eine befriedigende Definition der Größe unendlicher Mengen sei. Er hat die Idee der Gleichmächtigkeit allerdings nicht weiter verfolgt, und es blieb Cantor zu entdecken, dass es unendliche Mengen mit verschiedener Kardinalität gibt. Cantor hat aber Bolzanos Beiträge in diesem Gebiet sehr hoch geschätzt. Er nennt ihn „einen höchst scharfsinnigen Philosophen und Mathematiker unseres Jahrhunderts, der seine betreffenden Ansichten in der schönen und gehaltreichen Schrift ‚Paradoxien des Unendlichen, Leipzig 1851' entwickelt hat" (Cantor 1932, 179; s.a. 180, 194)

In der mathematischen Analyse war Bolzano ein früher Repräsentant der Bemühungen, eine sichere begriffliche Grundlage für sie zu schaffen, und den Appell an geometrische Anschauung zu eliminieren.

1817 publizierte Bolzano, was später das Bolzano-Weierstrassche Theorem genannt worden ist, in der Schrift *Rein analytischer Beweis des Lehrsatzes, dass zwischen je zwei Werten, die ein entgegengesetztes Resultat gewähren, wenigstens eine reelle Wurzel der Gleichung liege.* In dieser Schrift formuliert er, vier Jahre früher als Cauchy, eine Definition der Stetigkeit von einer Funktion von reellen Variablen, die in der Hauptsache dieselbe ist wie die heutige (Berg, 1962, 15).

Später, in den dreißiger Jahren, präsentierte Bolzano eine Reihe weiterer wichtiger Beiträge für die Grundlagen der mathematischen Analyse: Er verfeinerte die Definition der Stetigkeit, indem er rechte und linke Stetigkeit einer Funktion in einem Punkt definiert (Berg, 1962, 23).

Sein wichtigster Beitrag ist der Beweis, dass es stetige Funktionen gibt, die in keinem Punkt differenzierbar sind. Jan Berg (1962, 23f) hat gezeigt, dass Bolzano diese Entdeckung schon 1833 oder spätestens 1834 gemacht hat, und dass er also dem wichtigen Resultat, das Weierstrass etwa ab 1861 mündlich zirkuliert und 1875 publiziert hat, um etwa dreißig Jahre vorgreift. Cellerier hat 1860 auch ein Beispiel gefunden. Was besonders interessant ist, ist dass Bolzanos Beispiel einer stetigen Funktion, die in keinem Punkt differenzierbar ist, viel einfacher ist als das spätere Beispiel von Weierstrass. Bolzanos Beispiel enthält nur das, was für das Resultat nötig ist und nichts Überflüssiges; es demonstriert dadurch die Klarheit seines Gedanken. Bolzanos Beispiel ist so einfach, dass ich es hier ganz kurz präsentieren will.

Mathematisch wird die Differenzierbarkeit einer Funktion $f(x)$ in einem Punkt a wie folgt ausgedrückt:

$$(1) \quad \lim_{\delta \to 0} \frac{f(a+\delta) - f(a)}{\delta}$$

existiert (und ist eindeutig bestimmt).

Wenn die Funktion differenzierbar sein soll, ist es offensichtlich notwendig, dass sie stetig ist. Bolzano hat bewiesen, dass das Umgekehrte nicht der Fall ist: Stetigkeit ist keine hinreichende Bedingung für Differenzierbarkeit. Er bewies das mit einem Gegenbeispiel, das geometrisch folgendermaßen aussieht: Beginnen wir mit einer geraden Linie *AB* und teilen wir sie in zwei gleiche Teile *AP* und *PB*, und dann nochmals jeden dieser Teile in vier gleiche Teile:

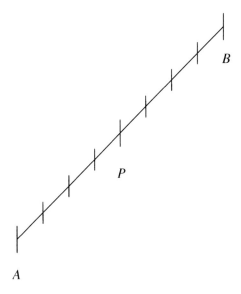

Nun spiegeln wir das Achtel vor *B* und das Achtel vor *P* durch die Horizontale durch *B* und *P* und verbinden ihre neuen Endpunkte mit *P* beziehungsweise *A*. Dadurch erhalten wir eine gebrochene Zickzacklinie:

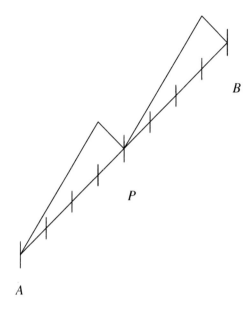

Diese fundamentale Operation wird nun auf jeder der vier geradlinigen Teile der Figur, und dann immer wieder auf den resultierenden Figuren wiederholt. Bolzanos Kurve ist jetzt die Grenze, gegen die die Serie der Konstruktionen konvergiert. Sie wird zu einer Kurve mit unendlich vielen unendlich kleinen Zickzacks, klein genug, um die Kurve stetig zu machen, aber ausreichend eckig, um zu vermeiden, dass sie in einem Punkt eine wohldefinierte Tangente haben könnte (nicht einmal in den Endpunkten).

Die besonderen Eigenheiten von Bolzanos Kurve, die sie nicht-differenzierbar machen, ist, dass der Grenzwert des Ausdrucks (1) davon abhängt, wie wir uns dem Wert *a* nähern, das heißt, es hängt davon ab, welche gegen *a* konvergierende Sequenz wir herausgreifen, um den Grenzwert zu ermitteln. Bolzano hat *bewiesen*, dass diese Kurve diese Eigenschaft hat. Und das ist natürlich ein zentraler Aspekt seiner Entdeckung. Nicht jede Zickzack Kurve erlaubt es uns, das zu zeigen. (Bolzano hat nicht bewiesen, dass diese Kurve stetig ist. Offensichtlich ging er davon aus, dass der Grenzwert einer Sequenz von stetigen Funktionen eine stetige Funktion sei. Das ist allerdings nicht immer der Fall.)

Bolzanos Funktion blieb bis 1921 unveröffentlicht, als sie von einem jungen tschechischen Mathematiker, M. Jasek, entdeckt wurde, der von der Böhmischen Akademie der Wissenschaften beauftragt wurde, Bolzanos mathematische Manuskripte durchzusehen.

Ich möchte betonen, dass dieses wichtige Resultat, mit dem Bolzano Weierstrass vorgreift, nicht mit dem berühmten Bolzano–Weierstrasschen Theorem, das ich oben erwähnt habe, verwechselt werden darf.

Es gibt auch viele andere bleibende Leistungen von Bolzano, die ich gern erwähnen möchte, etwa seine Ideen über Physik, wo er zum Beispiel sehr früh die Bedeutung der Arbeiten von seinem Kollegen Doppler anerkannt hat, und Dopplers Resultate generalisiert hat.

Ich möchte diese Übersicht über einige von Bolzanos wichtigsten bleibenden Leistungen mit ein paar Worten über Bolzano als *Philosophiehistoriker* abschließen. Bolzano war nicht nur ein großer systematischer Denker, er hat sich auch eingehend mit anderen, älteren und zeitgenössischen Denkern beschäftigt und ging in seinen Erörterungen auf sie ein. Immer wieder versuchte er, sie in wohlwollender Weise zu interpretieren, weshalb seine Kritik an diesen Denkern meistens sehr treffend ist. Seine Diskussionen sind von ruhiger Sachlichkeit geprägt. Wie Anders Wedberg es in dem Kapitel über Bolzano in seiner Philosophiegeschichte, die ich anfangs erwähnt habe, ausdrückt: „Die *Wissenschaftstheorie* zu lesen ist nicht nur ein *intellektuelles*, sondern auch ein *moralisches* Erlebnis" (Wedberg, 1966, 64).

Bibliographie

Berg, Jan 1962. *Bolzano's Logic*, Stockholm.

Berg, Jan 1987. „Bolzano and Situation Semantics", in: *Philosophia Naturalis* **24**, 373–7.

Bolzano, Bernard 1810. *Beyträge zu einer begründeteren Darstellung der Mathematik*, Prag.

Bolzano, Bernard 1813. *Erbauungsreden für Akademiker*, Prag.

Bolzano, Bernard 1817. *Rein analytischer Beweis des Lehrsatzes, daß zwischen je zwei Werten, die ein entgegengesetztes Resultat gewähren, wenigstens eine reelle Wurzel der Gleichung liege*, Prag.

Bolzano, Bernard 1834. *Lehrbuch der Religionswissenschaft*, F. Schneyder (Hrsg.), Sulzbach.

Bolzano, Bernard 1836: *Lebensbeschreibung des Dr. B. Bolzano*, J. Fesl (Hrsg.), Sulzbach.

Bolzano, Bernard 1851. *Paradoxien des Unendlichen*, F. Pryhonsky (Hrsg.), Leipzig.

Bolzano, Bernard 1975. *Sozialphilosophische Schriften*, in: *Bernard Bolzano Gesamtausgabe* II A, Bd. 14, J. Berg und J. Louzil (Hrsg.), Stuttgart/Bad Cannstatt.

Cantor, Georg 1932: *Gesammelte Abhandlungen*, Berlin.

Herrmann, Eberhard 1977. *Der religionsphilosophische Standpunkt Bernard Bolzanos unter Berücksichtigung seiner Semantik, Wissenschaftstheorie und Moralphilosophie*, Uppsala.

Russ, Steve B. 1980. *The Mathematical Works of Bernard Bolzano between 1804 and 1817*, Diss. Open University, Milton Keynes.

Rychlík, Karel 1957. „Theorie der reellen Zahlen in Bolzanos handschriftlichem Nachlasse", in: *Cechoslovackij matematiceskij zurnal* **7**, Prag.

Salz, Arthur 1910. „Bernard Bolzanos Utopie ‚Vom besten Staate'", in: *Archiv für Sozialwissenschaften und Sozialpolitik* **31**, 498–519.

Wedberg, Anders 1966. *Filosofins historia*, Band 3, *Från Bolzano till Wittgenstein*, Stockholm. Englische Ausgabe, 1984: *A History of Philosophy*, Volume 3, *From Bolzano to Wittgenstein*, Oxford.

Bolzano and Husserl on Singular Existential Statements

CHRISTIAN BEYER

1. Introduction: Singular Existential Statements

What do we say – which kind of statement (proposition) do we express – when we utter (S1) through (S3)?

(S1) Holmes does not exist
(S2) Baker Street does exist
(S3) This bloody dagger does not exist

It depends, of course, on how the respective singular term is used. For instance, in the (sentential) context of (S1) there may be several uses of the term "Holmes", depending on whether the speaker refers to some real person or other, to a fictional character, or whether he merely (like Conan Doyle when reading from one of his "Sherlock Holmes" stories) *quasi-refers* to a real person, using "Holmes" in order to pretend to refer (rather than to refer) to someone without, however, intending to deceive his audience (cf. Künne 1983, 291–4). Similarly, in the context of (S3) "this bloody dagger" may be used both to refer to a real dagger, to a hallucinatory or illusory dagger, and to quasi-refer to some dagger. Thus, I might point at a bloody dagger, quite obviously believing that I am visually confronted with such a dagger, and utter (S3) in order to assert, of the dagger I am pointing at, that it does not exist – which of course would be trivially false. In contrast, when it seems to me as if I were seeing a bloody dagger, but I take my visual experience to be hallucinatory or illusory, then I might utter (S3) in order to assert, of a hallucinatory or illusory dagger, that it does not really exist (cf. Kripke 1973, Lecture 4). In the latter case my utterance will express an informative statement. (Think of cases where someone believes himself and his companion to be involved in a shared perceptual illusion, uttering (S3) in order to invoke a corresponding belief in his companion; cf. Evans 1982, 352.) Also, similarly, I may utter (S2) both to express a trivial truth, to express an informative statement, and to quasi-assert something – i.e. to pretend to assert something without

Phenomenology and Analysis: Essays on Central European Philosophy.
Arkadiusz Chrudzimski and Wolfgang Huemer (eds), Frankfurt: ontos, 2004, 69–88.

intending to deceive my audience. In what follows, I shall confine myself
to those uses of sentences like (S1) through (S3) in which they can be
uttered in order to state something informative. I will refer to such
statements under the heading of *singular existential statements*. As Gareth
Evans has pointed out, the word "really" seems to function as an operator
that, when prefixed to a sentence that can be used to quasi-assert something, produces a sentence an assertive utterance of which is to be evalua-
ted as true (relative to the actual world w_0) if and only if (=: iff) the respective quasi-assertion expresses a true statement (relative to w_0).[1] Thus, a
given assertive utterance of "Really (Baker Street does exist)" or "Baker
Street really does exist", where "Baker Street" is used to refer to the well-
known Baker Street in London that is described in Doyle's "Sherlock
Holmes" stories, will be actually true, and in the context of a given
"Sherlock Holmes" story any corresponding quasi-assertion will express a
statement that is true relative to the actual world. (The way I use the phrase
"... expresses a statement", both assertions and their non-committal
counterparts, including quasi-assertions, can be said to express a
statement.) It is a distinctive fact about what I call "singular existential
statements", as opposed to those "existential statements" that can be expressed by (utterances of) sentences such as (S1) through (S3) in their non-
informative uses, that they may be asserted by sentences composed of a
sentence of the sort "*a* does (not) exist" and a prefixed "really" (where "*a*"
stands for a given singular term). Statements which can be asserted by
sentences such as (S1*) through (S3*) are cases in point:

(S1*) Really (Holmes does not exist)
(S2*) Really (Baker Street does exist)
(S3*) Really (this bloody dagger does not exist)[2]

---

[1] See Evans 1982, 369ff. Evans says "absolutely true" rather than "true relative to the
actual world".

[2] Evans would paraphrase "This bloody dagger does not (really) exist" as (S3**) "Not
(Really (this bloody dagger does exist))" (see Evans, 1982, 370). This is fine from my
point of view, since (S3*), "Really (Not (this bloody dagger does exist))", and (S3**)
seem to be equivalent. Accordingly, I believe that the embedded sentence in (S3*),
"this bloody dagger does not exist", can be used to quasi-assert something; after all,
we can pretend to pretend to assert something regarding, say, a particular bloody
dagger (without intending to deceive our audience). And in order to make clear, by my

I take it that singular existential statements are the (possible) propositional contents of certain (mental) judgements that can be given voice to [*kundgegeben*] by assertive utterances of sentences like (S1*) through (S3*). The question I am concerned with, then, is this: Which form does the propositional content take that is judged when a given speaker sincerely utters a sentence in order to assert a singular existential statement? Bernard Bolzano and Edmund Husserl, when commenting on Bolzano's proposal, have proposed thought-provoking answers to this question. In Section 2 I shall sketch Bolzano's proposed analysis. Then I will briefly describe Husserl's early conception of "logical reflection" and draw upon it to explain why Husserl, around 1900, subscribed to Bolzano's proposal (Section 3). Following this, I will reconstruct and consider in detail Husserl's later discussion of that proposal and his own mature theory of singular existential statements as manifested in a 1917/18 lecture series, both of which shed light upon a conception that is of central importance for Husserlian phenomenology: the conception of "noematic sense" (Section 4). Let me begin, then, with Bolzano's proposal.

2. Bolzano

In his major work on logic, *Theory of Science* (1837), Bolzano distinguishes sharply between (*i*) mental thoughts, particularly judgements and their non-judgemental components, which he labels "subjective ideas", (*ii*) their respective "matter", i.e. their propositional or sub-propositional content, which he calls "sentence in itself" and "idea in itself", respectively, as well as, in the case of non-empty subjective ideas, and (*iii*) the object, or the objects, satisfying their respective matter. The basic notion of Bolzano's logic is the notion of a sentence in itself. To be sure, the concept of an idea in itself plays a crucial role in a number of central definitions in Bolzano, such as the definitions of analyticity and derivability; but it is defined in terms of the notion of a sentence in itself. However, there is a substantial Bolzanian thesis concerning the general structure of sentences in themselves that takes recourse to the notion of an idea in itself: the thesis

Evans-inspired "really"-test, that (S3) can be used to assert a (negative) singular existential statement, I should paraphrase (S3) as (S3*) rather than as (S3**).

that any sentence in itself is *categorical* in structure.[3] One of the merits of this *prima facie* rather implausible thesis is that it allows for a quite general and simple definition of the notion of truth, notably in terms of exemplification. And the notion of truth plays a fundamental role in Bolzano's logic, most prominently in his theory of derivability. Now, whenever Bolzano tries to analyse the logical form of a given (sort of) sentence in itself, he strives for a formulation of the canonical form "*A* has *b*". It is therefore a constraint upon a Bolzanian analysis of singular existential statements that it takes a categorical form.

Bolzano does not treat singular existential statements separately, but rather on a par with statements that can be expressed by sentences of the sort "There are *A*'s" (cf. Bolzano 1837, §137, 52f.), regarding which he writes:

> If we give an affirmative answer [*to the question whether a given idea in itself has an object corresponding to it*], we [*thereby*] express a sentence in itself which displays the general form: "*The idea in itself A - has - objectuality [Gegenständlichkeit].*" ... This kind of sentence [*in itself*] does not only comprise sentences [*in themselves*] which [*our*] language actually does express in the form just indicated, e.g.: "The concept of an angel has objectuality", but also, I believe, all of those sentences [*in themselves*] whose linguistic expression displays the form: "*There is an A*", such as [*the sentence in itself expressed by*] "There is a God"; "There is a most fundamental Moral Law" ... and the like. (Bolzano 1837, §137, 52f; my translation)

If we apply this kind of analysis to the case of singular existential statements, we obtain:

(A.1) *a* (really) exists iff the idea in itself [*a*] has objectuality,

where "[*a*]" stands for the idea in itself expressed by a given singular term "*a*" and [*a*] has objectuality iff [*a*] is satisfied (i.e. non-empty).[4]

It might be objected against the ascription of this proposed analysis to Bolzano that there is a kind of (singular) idea in itself which, according to

---

[3] I.e. that it displays the form A has (the property) b, where "A" stands for an idea in itself capable of being expressed by either a singular term or an indefinite description "a so-and-so" denoting all so-and-so's.

[4] In the main text I am using square brackets in order to designate ideas in themselves and sentences in themselves, respectively.

Bolzano, "produces" a straightforward first-order existential statement when combined with the idea in itself expressed by "exist(s)" (in the respective context). I have in mind ideas in themselves which are such that they can only be satisfied by objects possessing what Bolzano calls "*Wirklichkeit*" – i.e. objects standing (at least potentially) in causal relations (cf., e.g., Bolzano 1837, I, §48, 217; II, §142, 66). If you combine a singular term expressing an idea in itself of this sort with the verb "exists" (in this order), then, according to Bolzano, you get a sentence that can be used to express a true *first*-order statement to the effect that a certain object has the ontological status of *Wirklichkeit* (cf. Bolzano 1837, §142, 64). Hence, the objection runs, the second-order analysis (A.1) must not be regarded as Bolzano's proposed analysis of singular existential statements.

This critique can be replied to by reference to a note in §142, in which Bolzano explicitly warns his readers against taking the claim concerning *Wirklichkeits*-ascriptions just quoted to imply that sentences of the type "*a* exists"[5] cannot be used to express a singular existential statement in the sense of (A.1), i.e. a statement to the effect that [*a*] has objectuality. In fact, Bolzano claims that sentences of this sort usually *are* employed to express such second-order statements; for, otherwise we would almost always express a tautology (to the effect that a certain object which has *Wirklichkeit* as well as some other properties *b, b'*, ... has *Wirklichkeit*) when assertively uttering a sentence of this sort, rather than some informative statement (cf. Bolzano 1837, §142, 65f.). So it seems quite reasonable indeed to ascribe thesis (A.1) to Bolzano.

3. Husserl I

In an 1898 manuscript on truth, the second part of a longer paper titled "Intentional Objects [*Intentionale Gegenstände*]" (the first part of which was written in 1894), Husserl analyses singular existential statements along Bolzanian lines. He writes (referring to what Bolzano calls "objectuality" by the word "validity"[6]):

---

[5] "*a*" here stands for a term purporting to express a *wirklichkeitsfordernde* idea in itself of the sort [*the object which has* Wirklichkeit *as well as the properties b, b', ...*].

[6] "Validity" (*Geltung, Gültigkeit*) designates both objectuality and truth in Husserl.

Existence merely appears to be a predicate [*i.e. a property*] of the alleged logical subject suggested by grammatical form; rather, it means that the subject-*idea* [*in itself*] of the respective grammatical existential sentence has the predicate of validity [*das Prädikat der Geltung*]. This latter predicate [*Husserl means the corresponding grammatical predicate "has validity"*] demands its corresponding normal subject, since it functions as a non-modifying predicate; the former [*predicate*], however, demands the non-normal subject, since it functions as a modifying predicate; in other words, it demands a subject-expression whose meaning is not, as in the normal case, the subject-meaning [*i.e. the idea in itself holding the [A]-position in the sentence in itself [A has b] expressed*], but rather the logical subject [*der Subjektgegenstand*], notably of the unarticulated predicate "is valid". (Husserl 1979, §13, 341; my translation)

Husserl here somewhat oscillates between talking about expressions, meanings and objects referred to, respectively, but as the rest of the manuscript shows, he was quite clear about this distinction when writing this passage. Note that Husserl provides a syntactical justification for treating singular existential statements as second-order statements about ideas in themselves despite the fact that they are usually expressed by simple sentences of the type "*a* exists": He states that in such sentences "exists" functions as a "modifying" predicate, to be applied to the respective idea in itself expressed by the preceding singular term rather than (as surface grammar suggests) to the object (if any) satisfying that idea in itself. The distinction between modifying (as opposed to normal, "determining") uses of grammatical predicates that Husserl draws upon is certainly inspired by a distinction made by Husserl's teacher Franz Brentano: the distinction between the modifying and the determining use of grammatical attributes or adjectives, which is also employed in many passages in Bolzano's *Theory of Science*. (See Dähnhardt 1992, 44.) The distinction Husserl has in mind seems to be the following. A given predicate φ is used in a determining way in the context of a given sentence of the type "*a* φ-s" (where "*a*" stands for a given singular term) iff this sentence is used in such a way that from the fact that *a* φ-s in the sense intended it can be concluded that the object (normally) designated by "*a*" has such-and-such a property; otherwise φ is used in a modifying way. "The idea in itself expressed by 'Baker Street' has validity (objectuality)" is an instance of a sentence whose grammatical predicate is (customarily) used in a determining way, according to Husserl. In contrast, he would claim that in the sentence (S2) the predicate "exists" is (customarily) used in a modifying way, demanding that the singular term it is concatenated with designates the idea in itself which that term normally expresses, but which the unarticulated property of validity is (customarily) ascribed to in (S2).

Why did Husserl, around 1900, find Bolzano's analysis of singular existential statements attractive? The reason, I think, lies in the fact that this analysis fits in well with the *method of critical logical reflection* that Husserl developed in his first major phenomenological work, *Logical Investigations*, which appeared in 1900/01. This method comprises three steps. It comprises, *first*, the psychological reflection upon a given thought of one's own, which reflection should bring to one's attention, among other things, a certain dependent part or "individual moment" of the thought reflected upon, a moment that functions (sometimes misfunctions) as an internal representation of the object(s) or state of affairs the thought purports (or pretends) to be about. Husserl refers to this representational moment as the respective thought's "moment of matter". *Secondly*, the method of critical logical reflection comprises the identification of the propositional or sub-propositional *content* of the respective thought as the "ideal" (i.e. abstract) type or "species" that is tokened or "instantiated" by the thought's particular moment of matter (and that is capable of being instantiated by the respective moments of matter of an infinite number of different possible thoughts, all of which the thinker would be disposed to classify as having "the same content"). *Finally*, the method comprises the logical and/or semantic evaluation of the ideal content-species thus identified, notably in terms of logical coherence (that is, possible objectuality or possible truth) and in terms of actual truth and actual objectuality, respectively. Now in *Logical Investigations* Husserl equates what Bolzano calls "sentences and ideas in themselves" with ideal content-species that can be instantiated by the moments of matter of an infinite number of appropriate propositional or sub-propositional thoughts. Is it not quite natural, then, to look upon the judgement given voice to by the assertive expression of a singular existential statement (to the effect, say, that Baker Street really exists) as the result of a critical logical (and, more particularly, semantic) reflection, in the way just sketched, upon a certain idea in itself (such as [*Baker Street*])? If I am right, this is precisely the reason why Husserl, around 1900, adopted a Bolzanian view on the logical form of singular existential statements.

However, in the years that followed, Husserl considerably refined his views on propositional and sub-propositional contents. The development of his thought on these matters seems to culminate in the introduction in the first volume of *Ideas* (1913), his second major work on phenomenology, of the notions of "noematic sense" and the "determinable X". The author of *Ideas* distinguishes between two kinds of logical reflection, namely logical reflection in the sense of the first two steps that the method of critical logical reflection sketched above comprises, which he now calls "noetic reflection", on one hand, and a new kind of reflection called "noematic" or "phenomenological reflection" (cf. Husserl 1913, §89), on the other. (See also Føllesdal 1969, thesis 10.) The latter is not supposed to concern thought-contents *qua* ideal psychological species, but rather *qua* "noematic senses" and in particular, as the "central point of unity" of a given noematic sense, the corresponding "determinable X". This refinement of his views also led Husserl to reconsider Bolzano's analysis of singular existential statements. In the rest of this paper I shall first develop the basic idea of Husserl's conception of noematic sense and the determinable X, as I understand it. Then I will turn to a long section of Husserl's 1917/18 lecture series on "Logic and the General Theory of Science [*Logik und allgemeine Wissenschafts-theorie*]" (a lecture series first conceived around 1910 that has been published only recently), in which section Husserl critically discusses Bolzano's analysis as interpreted in the above-quoted 1898 manuscript and develops an interesting "noematic" alternative.

4. Husserl II

Husserl developed the method of noematic reflection between 1906 and 1913. I regard it as a radicalization of the methodological constraint, already to be found in *Logical Investigations*, that any phenomenological description is to be performed solely from a *first-person point of view*. This is to ensure that the description conveys the aspects under which the described item is experienced, or intended, by the respective thinker. Now from a first-person point of view one cannot, of course, decide whether in the case of, say, what one takes to be an act of perception one is presently having, there is in fact an object (or an object of the sort one takes to perceive) that one is perceptually confronting. It is quite possible that one is hallucinating or having an illusion; and, surely, one cannot at the same time *fall victim to* and *detect* a perceptual error. From a first-person point of view, there is no difference to be made out between the veridical and the non-veridical case. It is for reasons such as these that Husserl demanded that after his "transcendental turn" in 1906 or so (cf. Marbach 1974, 32f.) that in any phenomenological description as such, the existence of the object(s) (if any) satisfying the content of the respective thought must be "bracketed". That is to say, the specification of the phenomenological aspects of a given thought's (propositional or sub-propositional) content must not rely upon the correctness of any particular *existence assumption* concerning the object(s) (if any) the respective thought is about. And *a fortiori*, it must not rely upon the correctness of any corresponding *uniqueness assumption*. Thus, in a passage from a 1911 manuscript which has been related by Husserl himself to his conception of noematic sense and the determinable X (cf. Husserl 1987, 212, footnote) he writes:

> If I were taken from one surrounding to another, such that my empirical intuitions before and after were either qualitatively indistinguishable [*absolut gleich*] or at least compatible in terms of intuitively type-identical surroundings, and if, furthermore, I were confused because the way I was taken along did not display enough marks for correctly estimating the direction of move, and if therefore I falsely believed that I had finally returned to the starting point, then the corresponding qualitatively indistinguishable objects would be supposed by me to be identically the same, and I would say that the meanings [*Bedeutungen*] are the same. That is, the meaning [*Meinung*] of "this house", "this table" etc. would then be the same [*sc. before and after*]. (Husserl 1987, Suppl. XIX, 212; my translation)

Thus, the aspects under which (the moment of matter of)[7] an empirical judgement such as "this house has white walls" represents its corresponding state of affairs include a special phenomenological "meaning" that is bound to remain constant in cases of transtemporal misidentification, notably a *sense of identity through time* regarding the object the judgement purports to be about. In *Ideas* I, Husserl refers to this sense of identity under the label "determinable X". In light of the foregoing quotation I suggest that Husserl means with the determinable X that a given simple singular

---

[7] In what follows I shall drop this addition.

judgement, J_0, belongs to those of the aspects under which J_0 represents its corresponding state of affairs, which is responsible for, or reflects, the "internal identity", to use a term coined by John Perry (cf. Perry 1980), between the following items:

1. the object the identifying thought that J_0 contains (in "subject position") purports to be about; and
2. the respective objects the corresponding identifying thoughts entering into any other singular judgement concerning (what the thinker takes to be) the same object purport to be about.

That is to say: the respective thinker must be disposed to judge, on the basis of all of these latter identifying thoughts, the identity of the respective objects they purport to be about with the object that the identifying subject-thought entering into J_0 purports to be about, in order for that subject-thought to belong to the same determinable X as these other identifying thoughts. (Note that internal identity is an existentially neutral relation and that I do not use "identifying thought" as a success term.)

When it comes to the individuation of the propositional content of a given simple singular judgement, Husserl makes recourse to both (*i*) the (phenomenological) *aspects* under which that judgement represents its corresponding state of affairs (truth condition) – these aspects include the determinable X it belongs to (with respect to certain other intentional acts) – and (*ii*) to the relevant extra-mental *context* (if any) determining the judgement's truth condition, such that identity of relevant context plus identity of aspects is necessary and sufficient for identity of propositional content.

I propose to construe what Husserl calls the "noematic sense" of a given simple singular judgement, J_0, as the propositional content of J_0, individuated according to the criterion of identity cited in the last paragraph. This content can be unfolded in a noematic reflection, which on my interpretation must meet the following *propositional transparency constraint*: any proper noematic reflection concerning J_0 must terminate in a specification of J_0's noematic sense which "*conveys*" or "*shows*"[8] –

---

[8] The term is borrowed from, and the idea is closely related to, Dummett 1973, 227; cf. Evans 1982, 26. The fact that Husserl's notion of noematic (propositional) sense can be explicated in terms of Dummett's reconstruction of Frege indicates that Føllesdal's

rather than describes – the phenomenological aspects under which J_0 represents its corresponding state of affairs. Unlike the method of noetic reflection, the method of noematic reflection does not require any detailed psychological reflection on the judgement under consideration. It simply requires that its truth condition be specified in a way that meets the propositional transparency constraint.[9] (However, one cannot altogether dispense with psychological terms, giving voice to certain higher-order acts of consciousness, when it comes to communicating the result of a given noematic reflection. And it seems that the higher-order acts thus given voice to are also required to perform the respective noematic reflection: when performing this reflection, you cannot be completely unaware of the judgement, and sub-judgemental thoughts, the phenomeno-logical aspects of whose noematic senses are to be unfolded.)

We are now in a position to turn to Husserl's discussion of Bolzano's analysis of singular existential statements in the above-mentioned 1917/18 lecture series. Husserl explicitly connects his 1898 view on singular existential statements to Bolzano's, construing Bolzano's ideas in them-selves as ideal content-species (cf. Husserl 1996, 193f.). He proceeds by first defending this view against an obvious objection and then motivating it. Finally, Husserl states what he himself finds objectionable about Bolza-no's analysis and develops his noematic alternative.

The obvious objection is that Bolzano's analysis, that is (A.1), leads to an infinite regress: What does "the idea in itself [a] has objectuality" mean, if not that there is an object corresponding to [a]? However, according to Bolzano this means that the idea in itself [*object corresponding to* [a]] has objectuality, which in turn means that there is an object corresponding to [*object corresponding to* [a]]; and according to Bolzano, this means that

---

interpretation of that notion, as manifested in Føllesdal 1969, is basically correct.

[9] Cf. Husserl 1987a, 158ff. Husserl writes, for instance: "Suppose I imagine a particu-lar house, perceive a particular house, think of a particular house in a symbolic manner ... It can be one and the same house [*sc. that is intended in all of these mental acts*], and I will perhaps judge that this house is in Göttingen, has such-and-such properties, and so on ... In all of these cases I 'mean' that particular house ... All of these acts show something they have in common. But of course this common element cannot be separated. Rather, all of these acts are founding a [*possible act of*] identification: they all have the same 'sense'." (ibid., 159f.; my translation)

the idea in itself [*object corresponding to [object corresponding to [a]*]]
has objectuality, and so on, *in infinitum* (cf. Husserl 1996, 194). Husserl replies, on Bolzano's behalf, that the notion of objectuality should be looked
upon as an indefinable, basic logical notion, so that there can be no infinite
regress of analysis concerning this notion (Husserl 1996, 194). In fact, I
think that this regress argument provides a very good reason for treating
the notion of objectuality as indefinable.

Husserl proceeds to motivate Bolzano's analysis by pointing out that,
phenomenologically, there is an "obvious change of attitude" (*ganz auffäl-
lige Änderung der Einstellung*) taking place when one first makes a categorical judgement that one could give voice to in uttering, say, "this lion has
broken out" and then judges what one could give voice to by "this lion is
not merely fictional; it exists".[10] Husserl observes that Bolzano can account
for this phenomenological difference by analysing the first judgement as
ascribing the property of having broken out to a particular lion, whilst
analysing the second one as ascribing objectuality to the idea in itself [*this
lion*] (cf. Husserl 1996, 196).

However, as Husserl observes, this Bolzanian strategy does not allow
for the explanation of another important phenomenological difference,
namely the equally obvious change of attitude that occurs when one first
makes a categorical judgement about an idea in itself, for instance a judgement one could give voice to by "[*this lion*] is an idea in itself", and then
judges what one could give voice to by "this lion is not merely fictional, it
exists". If Bolzano's analysis of the propositional content of this latter judgement were correct, there should not be such an obvious change of attitude, for then we would be dealing with a judgement concerning a (first-order) idea in itself on both sides (Husserl 1996, 196). Now Husserl does not
want to deny that a given singular existential judgement to the effect that,
say, a certain lion really exists, must *not* be regarded as a judgement whose
subject-thought purports to relate to a particular (real) lion. He writes, with
regard to a similar example:

---

[10] I have changed the example a bit, since I would like to confine myself to singular
existential judgements. As the following quotation from Husserl illustrates, he too is
particularly interested in these sorts of judgement.

... if we assert: "Socrates ... really exists", we do not make a judgement about Socrates, such that the existence of Socrates is [*already*] posited [*by the subject-thought of the respective judgement*]. This becomes clear when we consider the [*sc. psychological*] negation [*of the statement that Socrates really exists*], where the subject-thought obviously functions in exactly the same way [*as its counter-part in the corresponding positive judgement*]. ... For, otherwise we would ... assert that the real Socrates does not really exist, which would be a contradiction. Likewise, the positive judgement [*we could give voice to by "Socrates really exists"*] would be a kind of tautology if we had already posited Socrates as real [*in the subject-thought of that judgement*]. (Husserl 1996, 197; my translation)

But then, which form *does* a given singular existential statement take, if not the form of a categorical statement about an idea in itself (construed as an ideal content-species)? It is at this point that Husserl brings in the method of noematic reflection.

Remember the method of critical semantic reflection that Husserl developed in his *Logical Investigations* (as a special case of the method of critical logical reflection). The third step of this method consists in the semantic evaluation of a given thought-content, in terms of truth and objectuality, respectively. Now in the present section of his 1917/18 lecture series Husserl draws upon a corresponding method based upon noematic reflection, which may be labelled *the method of critical noematico-semantic reflection*. It comprises two steps: first, noematically specify the truth condition (or satisfaction condition) of the thought under consideration; then, check whether this condition is actually satisfied. In this section Husserl discusses the example of the judgement that the regular decahedron does not really exist. In that example, the second step – semantic assessment – takes the form of a geometrical proof. Husserl states that this proof concerns the "represented regular decahedron as such" (Husserl 1996, 202). I take this to be the object that is "quasi-involved"[11] in the noematically specified truth conditions (if any) of the *quasi-judgements* "about a given regular decahedron" that a mathematician makes in order to perform the non-existence proof just indicated, which will presumably take the form of a *reductio*, in the course of which the mathematician will pretend to make judgements "about a given regular decahedron" in order to make it clear that such judgements would lead to a contradictory conclusion and hence to an

---

[11] See the explanation of the notion of "quasi-involvement" below.

incoherent belief-system. Quasi-judgements are mental acts capable of being given voice to by quasi-assertions. They initiate or actualise enduring mental states of *quasi-belief*, just as (real) judgements initiate or actualise (real) beliefs.

Let me replace Husserl's geometrical example by a non-mathematical one. Suppose you were making a judgement that you could give voice to by non-trivially asserting: (S2*) "Baker Street really exists", thus expressing a singular existential statement. A rather common way to arrive at this judgement is the following. You ask yourself whether Baker Street really exists. In order to decide this question, you noematically specify the truth conditions (if any) of a number of typical quasi-judgements you are disposed to "make about Baker Street". (The quasi-judgements in question are such that you will perform them when you read certain passages from Doyle's "Sherlock Holmes" stories and quasi-believe what they say. These passages can be said, then, to provide the respective contexts for those quasi-judgements.) Then you try to link the truth conditions thus specified to the truth conditions of a number of (real) singular *belief*-states of yours concerning this or that particular street in London you know or know of. If among these belief-states there is a sufficiently great number of belief-states such that (1) all of them belong to the same determinable X (i.e. the respective objects that are involved in their truth conditions are "internally identical" with one another) and (2) the "predicative" (or "attributive") parts of their truth conditions coincide with the "predicative" parts of the truth conditions of your quasi-judgements "about Baker Street", then you will presumably conclude, with regard to the (real) street that all of the singular belief-states just mentioned are about and the street that is involved in the truth conditions of the quasi-judgements in question, that they coincide. (I take it that in order for this conclusion to be justified, a sufficiently large number of *relational* properties of the right sort must be involved in the truth conditions of both your real beliefs and your quasi-beliefs "about Baker Street".) As soon as you have drawn this conclusion, a link has been established (for you) between fiction and reality: you will henceforth be disposed to (really) judge what you could express by asserting a singular existential statement to the effect *that Baker Street really exists*. (Quite obviously, then, this statement has an *epistemic value* for you; so it cannot, as Husserl puts it in the previous quotation, be "a kind of tautology".) And as a consequence, you will retrospectively *re-interpret* the determinable X, to which all of your previous quasi-judgements "about Baker Street" quasi-belonged, as actually standing (rather than quasi-standing) for a real London street.

As a consequence, your corresponding former quasi-beliefs can be turned into (real) beliefs about Baker Street. Of course, this is not to say that those previous quasi-judgements will be turned into (real) judgements now. The quasi-judgements are definitely over. But some of your characteristic quasi-beliefs "about Baker-Street" that had been initiated or actualised by such quasi-judgements have presumably been transformed now into (real) beliefs about Baker Street, which in turn can henceforth be actualised by (real) singular Baker-Street-judgements. This is what the subsequent "re-interpretation" of the determinable X to which these quasi-judgements quasi-belonged amounts to.

I should add a few more words on what I mean by saying that a quasi-singular judgement *quasi-belongs* to a certain determinable X. Husserl sharply distinguishes between (committal or non-committal) singular thoughts whose subject-thoughts are "positing", on one hand, and quasi-singular thoughts whose subject-thoughts are "non-positing", on the other (cf., e.g., Husserl 1996, 189ff., 197). For instance, when Conan Doyle reads from his "Sherlock Holmes" stories, he will give voice to various quasi-judgements whose subject-thoughts represent Holmes in a non-positing way: he does not thereby commit himself to the existence of a real person called "Holmes". However, the truth-conditions (if any) of these quasi-judgements all *quasi-involve* one and the same (real) person called "Holmes"; that is to say: *if their subject-thoughts were positing, Doyle would thereby be committed to the existence of one (and only one) such person.* So where these quasi-judgements do not really belong to the same determinable X, they do nonetheless "quasi-belong" to the same determinable X, which quasi-stands for a particular (real) man named "Holmes".

Now suppose Doyle suddenly remembers that when writing the adventures of Sherlock Holmes he had some real man in mind. Suppose that he now makes a judgement he could give voice to by asserting: "Holmes really exists". This judgement has a distinctive cognitive function: it connects the determinable X to which the quasi-judgements "about Holmes" Doyle had been giving voice when reading from his stories quasi-belonged, on the one hand, with the determinable X to which all of the singular judgements about Holmes he will henceforth be disposed to make (on the ground that he has realized that Holmes really exists) belong, on the other. The respective subject-thoughts of these judgements owe their "positing quality" (as Husserl calls it) to the singular existential judgement which initiated Doyle's (renewed) belief that Holmes really exists.

Likewise, in the earlier example, when you have come to the conclusion that Baker Street really exists, the corresponding singular existential judgement of yours will be responsible for the fact that you are henceforth disposed to make a number of singular judgements all of which belong to the same determinable X, all of them concerning what you take to be one particular London street. However, this does not entail that the *subject-thought* of your singular existential judgement commits you to the belief that the real Baker Street exists. Rather, this subject-thought relates, as Husserl puts it, to the "object meant" by (the particular moments of matter of the respective subject-thoughts of) your (previous) quasi-judgements "about Baker Street" (Husserl 1996, 202f.), in that it posits a *fictional object* named "Baker Street" that is quasi-involved in the truth conditions of these quasi-judgements. What commits you to the belief in the existence of a particular *real* object named "Baker Street" is rather the assignment of reality to this fictional object that you perform by making (on the basis, in part, of a noematic reflection resulting in a specification of truth conditions just mentioned) the complete singular existential judgement in question.

Husserl compares this assignment of reality to the binding of the argument place(s) occurring in a given expression of a propositional function by an existential quantifier (cf. Husserl 1996, 191, 197)[12]. Thus, the singular existential judgement in question can be (metaphorically) said to function as an "existential quantifier" which "binds" all subsequent identifying thoughts that you could give voice to by the term "Baker Street", in such a way that all of these thoughts will be positing one and the same (real) object, thus belonging to one and the same determinable X. And likewise in

---

[12] Husserl explicitly acknowledges that it was "the perspicacious Frege" who first worked out (in his essay "Function and Concept") a philosophical theory of functions (cf. Husserl 1996, 180). However, I do not think that Frege would regard a string of words like "Socrates is something" as capable of designating a propositional function, as Husserl does (cf. Husserl 1996, 191; contrast Frege 1892, 200f.).

the above case of the singular existential judgement that Doyle makes when he remembers that he had a real man in mind when he wrote his "Sherlock Holmes" stories.

Why not construe, then, singular existential statements as follows:

(A.2) a (really) exists iff (Ex) $(a=x)$,

where "a" stands for a *quasi*-singular term or, as Husserl calls it, "a singular term without positing quality" (*ein Eigenname ohne Setzung*), whose use does not, by itself, commit the speaker to the belief in the existence of a particular object named "a" (cf. Husserl 1996, 190f.)?[13] (Quasi-singular terms are such that neither the rule of existential generalization nor the rule of universal elimination from classical logic hold for a language containing such terms; cf. Evans 1982, 36ff.) Husserl does indeed consider this proposal, but rejects it on the ground that it does not take into account the following fact: when we decide a question of the form "Does a really exist?", where "a" is an expression which can be used as a concrete singular term, we "contrast the real world – the world of both empirical experience and empirical science – with the world of fiction" (Husserl 1996, 195). That is to say: on the basis of a noematic reflection we posit a fictional object and compare it to some real physical object or other. Thus, in the present example, when you ask yourself whether Baker Street really exists, you noematically reflect upon the contents of (some of) your quasi-judgements "about Baker Street"; on the basis of this reflection, you posit a certain fictional street (which you take to (really) exist according to the "Sherlock Holmes" stories), which is quasi-involved in the truth conditions of your respective quasi-judgements. Then you compare this fictional street to a number of real streets you know or know of. And similarly for questions concerning the "real" existence of other fictional objects, quasi-perceptual objects as well as quasi-mathematical objects. For instance, when you ask yourself

---

[13] Cf. Husserl 1979, 321: "'Something is Socrates' can ... mean that something is identical with Socrates." Note, however, the apparent difference in meaning between "Something is Socrates" and "Socrates is something". While it seems that the latter sentence can be used to express a singular existential statement (or at least an equivalent statement; cf. Husserl 1996, 195), I am unsure whether the former sentence may be used that way.

whether you are visually confronted with a bloody dagger or whether you merely hallucinate such a dagger, you will noematically reflect upon the contents of your corresponding quasi-judgements (to the effect, say, that the dagger you seem to see has such-and-such visual properties) and try to decide, regarding the dagger that is quasi-involved in their truth conditions (if any), whether it is real or not. If the answer is negative, then you will judge what could be given voice to by uttering (S3*) ("This bloody dagger does not really exist") in order to assert a (negative) singular existential statement. Likewise, when a mathematician concludes a *reductio* proof by making a judgement to the effect that some alleged mathematical object does not really exist, what he does phenomenologically, according to Husserl, is that he posits, on the basis of a noematic reflection upon the contents of his previous quasi-judgements "about that object", an "arbitrary" quasi-mathematical object, in order to judge, about this object, that it is not real. (This is perhaps the most controversial of the examples we have been considering.)

In all of these cases we seem to posit, on the basis of noematic re-flection, some (fictional, quasi-perceptual, quasi-mathematical, ...) object, in order to decide whether this object *is something real* (*ist ein Wirkliches*); where "is something real" is understood in a more general sense than Bol-zano's "*hat Wirklichkeit*": it is understood as an ontological predicate that applies both to concrete objects, such as persons, streets and daggers, and to abstract objects such as regular polyhedrons (cf. Husserl 1996, 195). Ac-cording to Husserl, this datum is not accounted for by (A.2), since one does not at all refer to, and thus posit, a fictional (quasi-perceptual, quasi-mathe-matical, ...) object when one assertively utters an instance of the right-hand side of (A.2), where the respective instance of "*a*" is understood to func-tion as a quasi-singular term (i.e. without "positing quality").[14] Rather, one gives voice to a *general existential judgement* then, that is, to a judgement

---

[14] Note that reference, in the sense intended here, is an existentially neutral relation (cf. Künne 1983, 294). By stating that we refer to fictional (quasi-perceptual, quasi-mathe-matical,...) objects when asserting singular existential statements, I do not mean to im-ply that none of these objects can be eliminated in terms of stories, acts of story-tel-ling, seemings, sense-data or the like (cf. Kripke 1973, Lect. 3). In fact, Husserl attempted some such eliminations, quite successfully I believe, in the first part of his 1894/98 paper on "Intentional Objects" (Husserl 1979).

in which "nothing is predicated in the normal sense of the term, but [*where*] a function – [*such as*] 'Socrates is something' [*i.e. the function corresponding to the open sentence 'Socrates = x', with 'Socrates' functioning as a* quasi-*singular term*] – receives ... a validity-value, which stamps itself on the argument place [*of the respective function*], as it were [*der sich bei der Leerstelle sozusagen einstempelt*]" (Husserl 1996, 191).

Husserl thus rejects (A.2) and replaces it by the following proposal, which is phenomenologically motivated:

(A.3)   *a* (really) exists iff *a* is (something) real,

where "*a*" stands for a singular term that is used to refer to a particular fictional (quasi-perceptual, quasi-mathematical, ...) object that is quasi-involved in the truth conditions of some (possible) quasi-judgement "about *a*", and "(something) real" functions as a general ontological term that applies to both concrete and abstract objects, and that is applied to *a* in order to state, about *a*, that it is not merely fictional (quasi-perceptual[15], quasi-mathematical, ...), but something real; which is an informative statement.

The ontological notion of reality that enters into (A.3) needs further explanation. It is not enough to state that it applies both to concrete and to abstract objects. For what are fictional, quasi-perceptual and quasi-mathematical objects supposed to be, if not objects in this most general sense of the term? So, in order for an instance of the right-hand side of (A.3) to express some informative statement, the term "(something) real" must be used in a more specific sense here – a sense that allows us, for instance, to "contrast the real world – the world of both empirical experience and empirical science – with the world of fiction". This sense needs to be made explicit.[16]

Although Husserl's proposal certainly stands in need of further elaboration, I consider it to be of great philosophical interest. Husserl proceeds from the assumption that whenever we judge what we could give voice to

---

[15] An object that is *merely* quasi-perceptual (but not real) is a hallucinatory object.

[16] (A.3) may be translated into the following Lambertian formula: (A.4) *a* (really) exists iff [L*x* (E*y*)(*y*=*x*)]*a*, where "L" is the lambda-operator and "*a*" is used as a genuine singular term designating a fictional (quasi-perceptual, quasi-mathematical, ...) object (cf. Zalta 1988, 137). The problem then becomes one of interpreting the existential quantifier in the scope of the lambda-operator.

by asserting a singular existential statement, we are judging on the basis of some noematic reflection. He points out that *"in praxi"* we employ conceptual distinctions which derive from noematic reflections "all of the time" (Husserl 1996, 199). Our practice of asserting singular existential statements is but one example. It is one of the basic tasks of Husserlian phenomenology to teach us how to perform these reflections in a systematic, methodologically well-regulated way.

References

Bolzano, Bernard 1837. *Wissenschaftslehre*. 2nd ed. vols. 1,2, Leipzig: Meiner, 1929, vol. 3, Leipzig: Meiner, 1930, vol. 4, Leipzig: Meiner, 1931.

Dähnhardt, S. 1992. *Wahrheit und Satz an sich*. Pfaffenweiler: Centaurus.

Dummett, Michael 1973. *Frege: Philosophy of Language*. London: Duckworth.

Evans, Gareth 1982. *The Varieties of Reference*, Oxford: Clarendon.

Føllesdal, Dagfinn 1969. "Husserl's Notion of Noema", in: *The Journal of Philosophy* **66**, 680–7.

Frege, Gottlob 1892. "Über Begriff und Gegenstand", in: *Vjschr. f. wissensch. Philosophie* **16**, 192–205.

Husserl, Edmund 1900/01. *Logische Untersuchungen*. Tübingen: Niemeyer.

Husserl, Edmund 1913. *Ideen zu einer reinen Phänomenologie und phänomenologischen Philosophie*. 4th ed. 1980. Tübingen: Niemeyer.

Husserl, Edmund 1979. "Intentionale Gegenstände", in: *Husserliana 22*. B. Rang (ed.), The Hague: Nijhoff.

Husserl, Edmund 1987. "Das Problem der Idealität der Bedeutungen", in: *Husserliana 26*. U. Panzer (ed.), The Hague: Nijhoff.

Husserl, Edmund 1987a. "Der bloße Sinn als das Gemeinte als solches ...", in: *Husserliana 26*. U. Panzer (ed.), The Hague: Nijhoff.

Husserl, Edmund 1996. "Logik und allgemeine Wissenschaftstheorie", in: *Husserliana 30*. U. Panzer (ed.), Dordrecht: Kluwer.

Kripke, Saul 1973. *John Locke Lectures* (Oxford), unpublished.

Künne, Wolfgang 1983. *Abstrakte Gegenstände*. Frankfurt: Suhrkamp.

Marbach, Eduard 1974. *Das Problem des Ich in der Phänomenologie Husserls*. The Hague: Nijhoff.

Perry, John 1980. "A Problem about Continued Belief", in: *Philosophical Quarterly* **61**, 317–32; reprinted in: *The Problem of the Essential Indexical*, Oxford: Oxford University Press, 1993, 69–89.

Zalta, Ed 1988. *Intensional Logic and the Metaphysics of Intentionality*. Cambridge: MIT Press.

Die Geburt der Gegenstandstheorie aus einem Missverständnis?

EDGAR MORSCHER

1. Zum Einstieg: ein paar Gedankensplitter und Zitate

Es scheint ein naheliegender Gedanke zu sein,

> daß die Vorstellung von einem Gegenstande die Vorstellungen von seinen sämmt-
> lichen Beschaffenheiten als ihre Theile in sich schließen müsse. Wie nämlich jeder
> Gegenstand gleichsam nichts Anderes als ein Inbegriff seiner sämmtlichen Be-
> schaffenheiten ist: so müsse ... auch die Vorstellung, die ihm entspricht, nichts
> Anderes als ein Inbegriff der sämmtlichen Vorstellungen dieser Beschaffenheiten
> seyn ⟨1⟩.

Dass ein Gegenstand x eine Beschaffenheit B hat, wollen wir abkürzen mit:
Bx. Die zitierte Stelle enthält zwei Teilthesen: Der erste Teil besagt, dass
ein Gegenstand mit der Menge seiner Beschaffenheiten identisch ist, d.h.:

(T1) $\forall x(x = \{B \mid Bx\})$

Wenn wir davon ausgehen, dass es zu jedem Gegenstand x und zu jeder
Beschaffenheit B eine Vorstellung in Standardform gibt, die wir durch '$[x]$'
bzw. '$[B]$' bezeichnen, besagt die zweite Teilthese, dass jede Standardvorstellung $[x]$ eines Gegenstandes x mit der Menge der Standardvorstellun-
gen seiner Beschaffenheiten identisch ist, d.h.:

(T2) $\forall x([x] = \{[B] \mid Bx\})$

Gegen die These T2 lässt sich einwenden, dass jeder Gegenstand x unendlich viele Beschaffenheiten B hat ⟨2⟩ und dass daher gemäß T2 die Standardvorstellung $[x]$ von x aus unendlich vielen Beschaffenheitsvorstellungen $[B]$ bestünde; weil aber kein Mensch unendlich viele Vorstellungen
erfassen kann, könnte niemand eine Standardvorstellung von einem Gegenstand bilden. Um den Gedanken, welcher der These T2 zugrunde liegt,
zu retten, muss man also eine Einschränkung vornehmen, indem man etwa
die Standardvorstellung eines Gegenstandes mit der Menge seiner *wesent-*

Phenomenology and Analysis: Essays on Central European Philosophy.
Arkadiusz Chrudzimski and Wolfgang Huemer (eds), Frankfurt: ontos, 2004, 89–104.

lichen Beschaffenheitsvorstellungen identifiziert. Dieser Begriff lässt sich auf den Begriff einer wesentlichen Beschaffenheit zurückführen, für den folgende Definition vorgeschlagen wird ⟨3⟩:

(D1) *B* ist eine *wesentliche Beschaffenheit* eines Gegenstandes *x* hinsichtlich einer Vorstellung *v* genau dann, wenn für mindestens eine Beschaffenheit *B'* gilt:

(1) *v* ist eine Vorstellung von *x* (*x* ist also ein Gegenstand von *v*), und

(2) *v* = [etwas, was *B'* hat], und

(3) [*B'*] – und somit auch *v* – ist ein reiner Begriff, und

(4) $\forall x(B'x \rightarrow Bx)$

(D2) *B* ist eine *außerwesentliche Beschaffenheit* von *x* hinsichtlich *v* genau dann, wenn für mindestens eine Beschaffenheit *B'* gilt:

(1) *v* ist eine Vorstellung von *x* (*x* ist also ein Gegenstand von *v*), und

(2) *v* = [etwas, was *B'* hat], und

(3) [*B'*] – und somit auch *v* – ist ein reiner Begriff, und

(4) $\neg\forall x(B'x \rightarrow Bx)$, und

(5) *Bx*

Die Vorstellung von einer wesentlichen Beschaffenheit nenne ich auch selbst eine *wesentliche*, jene von einer außerwesentlichen selbst eine *außerwesentliche* Beschaffenheitsvorstellung. So nenne ich den Besitz gewisser Gliedmaßen bei einem organischen Körper eine wesentliche Beschaffenheit desselben, weil sie aus dem so eben angeführten bloßen Begriff desselben folget, oder weil der Satz: 'Jedes organische Wesen hat Gliedmaßen,' wahr, und die Vorstellung: 'Jedes organische Wesen,' ein reiner Begriff ist. Gesundheit und Krankheit dagegen nenne ich bloß außerwesentliche Beschaffenheiten eines organischen Körpers, weil sie aus seinem Begriffe noch keineswegs folgen, oder weil weder der Satz: 'Jedes organische Wesen ist gesund,' noch jener: 'Es ist krank,' wahr ist ⟨4⟩.

In den Definitionen D1 und D2 werden die Begriffe einer wesentlichen und einer außerwesentlichen Beschaffenheit als dreistellige Prädikate eingeführt, die eine Relativierung auf einen Gegenstand *x* und auf eine Vorstellung *v* enthalten. Die Definitionen ließen sich vereinfachen, indem man die Relativierung auf *v* durch eine Relativierung auf *B'* ersetzt; von

einer solchen Vereinfachung wurde hier jedoch abgesehen, um möglichst
nahe am Originaltext zu bleiben, der wie folgt lautet:

> Ob eine gegebene Beschaffenheitsvorstellung *b* eine wesentliche oder außer-
> wesentliche Beschaffenheit eines Gegenstandes vorstelle, ist dieser Erklärung zu
> Folge nicht aus ihr selbst zu entnehmen; sondern es hängt theils von dem
> Gegenstande, dessen Beschaffenheit sie vorstellen soll, theils von dem Begriffe
> ab, den wir uns von ihm bilden. Dieselbe Beschaffenheit wird bei demselben
> Gegenstande bald eine wesentliche, bald eine außerwesentliche heißen, je
> nachdem wir ihn bald unter diesen, bald unter jenen Begriff beziehen. So ist z.B.
> die Gleichseitigkeit eine außerwesentliche Beschaffenheit bei einem Gegenstande,
> den wir unter den Begriff eines Vierecks überhaupt beziehen, eine wesentliche
> dagegen, wenn wir uns diesen Gegenstand als ein Quadrat vorstellen ⟨5⟩.

Natürlich lassen sich die beiden Begriffe leicht derelativieren:

(D3) *B* ist eine *wesentliche Beschaffenheit* von *x* genau dann, wenn für
      mindestens eine Vorstellung *v* gilt: *B* ist eine wesentliche Be-
      schaffenheit von *x* hinsichtlich *v*.

(D4) *B* ist eine *außerwesentliche Beschaffenheit* von *x* genau dann,
      wenn für mindestens eine Vorstellung *v* gilt: *B* ist eine außerwe-
      sentliche Beschaffenheit von *x* hinsichtlich *v*.

Das Wesen $W(x)$ eines Gegenstandes *x* kann man nunmehr mit der Menge
seiner wesentlichen Beschaffenheiten identifizieren:

(D5) $W(x) := \{B \mid B$ ist eine wesentliche Beschaffenheit von $x\}$

Für die These T2 ergibt sich dadurch die folgende Verbesserung:

(T2') $\forall x([x] = \{[B] \mid B$ ist eine wesentliche Beschaffenheit von $x\}$

Vom Begriff einer *wesentlichen* Beschaffenheit ist der Begriff einer *konstitutiven* Beschaffenheit zu unterscheiden, für den die folgende Definition
vorgeschlagen wird ⟨6⟩:

(D6) *B* ist eine *konstitutive* (bzw. ursprüngliche) Beschaffenheit eines
      Gegenstandes *x* hinsichtlich einer Vorstellung *v* genau dann,
      wenn gilt:

(1) v ist eine Vorstellung von x (x ist also ein Gegenstand von v), und

(2) v = [etwas, was B hat].

(D7) B ist eine *konsekutive* (bzw. abgeleitete) Beschaffenheit von x hinsichtlich v genau dann, wenn gilt:

(1) v ist eine Vorstellung von x (x ist also ein Gegenstand von v), und

(2) [B] ist kein Bestandteil von x (bzw. schwächer: v ist nicht von der Form [etwas, was ... und B und ... hat]), und

(3) Bx.

Die *Vorstellung* von einer ursprünglichen Beschaffenheit wird eine *ursprüngliche*, jene von einer abgeleiteten eine *abgeleitete* Beschaffenheits*vorstellung* heißen. Gleichseitigkeit z.b. ist eine ursprüngliche, Gleichwinkligkeit aber eine bloß abgeleitete Beschaffenheit des gleichseitigen Dreiecks, weil nur die Vorstellung jener, nicht aber die der letzteren in dem Begriffe eines gleichseitigen Dreiecks schon als Bestandteil vorkommt ⟨7⟩.

An dieser Stelle möchte ich vorläufig abbrechen und die Frage aufwerfen: Wem innerhalb der österreichischen Philosophie sind diese Gedankensplitter und Definitionen zuzuordnen? Ich vermute, dass ein großer Teil der Leser auf Alexius Meinong und seinen Kreis tippen dürfte. Tatsächlich stammen alle Zitate und Definitionen aus Bernard Bolzanos *Wissenschaftslehre*[1]; und zwar ⟨1⟩: WL I 269; ⟨2⟩: WL I 518 (etwas vorsichtiger: WL I 277); ⟨3⟩: WL I 520; ⟨4⟩: WL I 520; ⟨5⟩: WL I 520f; ⟨6⟩: WL I 528; ⟨7⟩: WL I 528. Die aus der *Wissenschaftslehre* zitierten Überlegungen und Definitionen dienten Bolzano keineswegs zur Stützung der Thesen T1 und T2. Vielmehr lehnte er diese Thesen entschieden ab; sie beruhen auf einem in der Philosophie weit verbreiteten Missverständnis, dem zufolge Gegenstände ihren Vorstellungen immer mehr angenähert und schlussendlich sogar mit ihnen identifiziert werden. Bolzano wird in seinen Schriften nicht müde, diesen Irrtum zu kritisieren und zu bekämpfen.

---

[1] Im folgenden zitiert wie üblich als 'WL' mit römischer Band- und arabischer Seitenzahl der Originalausgabe.

2. Bolzanos Unterscheidung zwischen Vorstellungen an sich und ihren Gegenständen

Bolzano unterscheidet immer wieder mit aller Schärfe und Deutlichkeit zwischen einer Vorstellung und ihrem Gegenstand: Nicht nur die subjektive Vorstellung, d.i. der psychische Vorstellungsakt, sondern auch deren objektiver Gehalt oder "Stoff", d.i. die Vorstellung an sich, unterscheidet sich wesentlich von ihrem jeweiligen Gegenstand. Das geht schon daraus hervor, dass ein und dieselbe Vorstellung mehrere Gegenstände haben kann (wie z.B. die Vorstellung [weißes Pferd][2]) oder auch gar keinen (wie z.B. die Vorstellung [geflügeltes Pferd]) (WL I 218–20). Allerdings geht Bolzano nicht so weit zu behaupten, dass jeder Gegenstand einer Vorstellung von dieser selbst verschieden sein muss, denn es gibt nach ihm auch sogenannte symbolische Vorstellungen oder Vorstellungsvorstellungen (WL I 426–9, §90), von denen einige (wie z.B. die Vorstellungen [Vorstellung], [Nicht-Wirkliches] und [Etwas]) Gegenstände von sich selbst sind.

Die allgemeine Identifizierung oder Verwechslung von Vorstellung und Gegenstand hält Bolzano für einen der Grundirrtümer in der Philosophie des Deutschen Idealismus, der für viel philosophischen Unsinn verantwortlich ist. Aber nicht nur die Anhänger des Deutschen Idealismus, sondern auch viele andere Philosophen und selbst Logiker sind diesem schwerwiegenden Fehler erlegen. Bolzano hat daher immer wieder vor diesem Fehler gewarnt (z.B. WL I 31, 99, 128, 199f, 218–20, WL IV 20).

3. Bolzanos Unterscheidung zwischen den Bestandteilen einer Vorstellung und den Beschaffenheiten ihrer Gegenstände

Im Rahmen der Logik schlägt sich die mangelhafte Unterscheidung zwischen Vorstellung und Gegenstand häufig in einer Verwechslung oder gar Identifizierung der Bestandteile einer Vorstellung mit den Beschaffenheiten ihrer Gegenstände nieder. Häufig werden die Bestandteile der Vor-

---

[2] Für Vorstellungen und Sätze an sich verwende ich die Quinesche Notation mit eckigen Klammern, von der ich schon bisher eingeschränkten Gebrauch gemacht habe: [Pferd] ist demnach die Vorstellung an sich von einem Pferd bzw. die durch das Wort 'Pferd' ausgedrückte Vorstellung an sich.

stellung eines Gegenstandes zwar nicht mit dessen Beschaffenheiten selbst, wohl aber mit Vorstellungen von dessen Beschaffenheiten gleichgesetzt. Diese Gleichsetzung wird durch die oben angeführte These T2 ausgedrückt, die sich ihrerseits wieder in zwei Teilthesen aufspalten lässt: Jeder Bestandteil einer Vorstellung ist eine Vorstellung einer Beschaffenheit der Gegenstände der Vorstellung (T3); und: Jede Beschaffenheit eines Gegenstandes wird durch einen Bestandteil seiner Vorstellung vorgestellt (T4). Zur präzisen Wiedergabe dieser beiden Thesen bedienen wir uns folgender Abkürzungen: 'vVx' sei eine Abkürzung für 'v ist eine Vorstellung von x' (bzw.: 'v stellt x vor' oder 'x ist ein Gegenstand von v'), und 'vTw' für 'v ist ein Bestandteil von w'; 'x' und 'y' seien Variablen für beliebige Gegenstände, 'v' und 'w' hingegen spezielle Variablen für Vorstellungen an sich, und 'B' sei eine Variable für Beschaffenheiten. Die Thesen T3 und T4 erhalten dann folgende Form:

(T3) $\forall v \forall w \forall x [(vVx \wedge wTv) \rightarrow \exists B(Bx \wedge wVB)]$

(T4) $\forall v \forall x \forall B [(vVx \wedge Bx) \rightarrow \exists w(wTv \wedge wVB)]$

Um die These T4 gegen allzu offensichtliche Gegenbeispiele abzusichern, muss man sie wohl folgendermaßen abschwächen:

(T4') $\forall v \forall B [\forall x(vVx \rightarrow Bx) \rightarrow \exists w(wTv \wedge wVB)]$

Bolzano widerspricht beiden Thesen ausdrücklich und behauptet das Gegenteil[3]:

(B3) $\exists v \exists w \exists x [vVx \wedge wTv \wedge \neg \exists B(Bx \wedge wVB)]$

(B4) $\exists v \exists x \exists B [vVx \wedge Bx \wedge \neg \exists w(wTv \wedge wVB)]$

(B4') $\exists v \exists B [\forall x(vVx \rightarrow Bx) \wedge \neg \exists w(wTv \wedge wVB)]$

Bolzano beweist seine Thesen durch konkrete Beispiele. Bezüglich B3 erinnert er zwar zunächst ganz allgemein daran, dass die Vorstellung eines

---

[3] WL I 270. Der Unterschied zwischen B4 und B4' lässt sich an alltagssprachlichen Formulierungen nur schwer ausmachen. Bolzano versteht es, mit der Alltagssprache so präzise umzugehen, dass aus seinen Formulierungen klar zum Vorschein kommt: Er vertritt nicht bloß B4, sondern auch B4'; vgl. WL II 332 und 335.

Gegenstandes auch logische Bestandteile enthalten kann (wie die Kopula, den Begriff der Negation usw.), die gar keine Beschaffenheiten vorstellen (WL I 271). Aber darüber hinaus führt er als Beleg für B3 auch die Vorstellung [schiefer Winkel] ins Treffen, die er mit [Winkel, der seinem Nebenwinkel nicht gleich ist] identifiziert; sie enthält also neben [nicht] auch die Vorstellungen [Nebenwinkel] und [gleich], die allesamt nicht Vorstellungen von Beschaffenheiten schiefer Winkel sind (WL I 530).

Die Richtigkeit von B4' – und von B4 – wird durch folgendes Beispiel belegt: Jeder Gegenstand der Vorstellung [gleichseitiges Dreieck] hat auch die Beschaffenheit, gleichwinklig zu sein; aber die Vorstellung [gleichseitiges Dreieck] enthält nicht die Vorstellung [gleichwinklig] und auch keinen anderen Bestandteil, der die Beschaffenheit der Gleichwinkligkeit vorstellt, da sie nur aus den beiden Begriffen [Dreieck] und [welches gleichseitig ist] bzw. [welches Gleichseitigkeit hat] zusammengesetzt ist (WL I 274f).

4. Bolzanos Vorstellungstheorie

Neben dem Begriff der Vorstellung an sich sind die Relation V des Vorstellens sowie die Teil-Ganzes-Relation T grundlegend für Bolzanos Vorstellungstheorie. (Bolzano verwendet dabei den Begriff eines echten Teiles, während ich hier T im weiteren Sinne verstehe, der auch unechte Teile umfasst.) Hier ist nicht der Ort, diese Theorie im Detail darzustellen. Für ein grobes Verständnis der Theorie genügt jedoch die Kenntnis einiger Eckpfeiler, die hier in Form von Postulaten festgehalten werden. Dabei bediene ich mich wieder der beiden zweistelligen Prädikate 'vVx' für 'v ist eine Vorstellung von x' (bzw. 'v stellt x vor' oder 'x ist ein Gegenstand von v') und 'vTw' für 'v ist ein (echter oder unechter) Bestandteil von w' sowie der Schreibweise 'Bx' für 'x hat die Beschaffenheit B'; 'x', 'y' und 'z' seien wie bisher Variablen für beliebige Gegenstände, 'v', 'w' und 'u' für Vorstellungen an sich, und 'B' sei eine Variable für Beschaffenheiten.

(P1) $\exists v \forall x (vVx)$ WL I 458–65 (§99)

(P2) $\neg \forall v \exists x (vVx)$ WL I 304–6 (§67)

(P3) $\neg \forall v \forall w (\forall z (vVz \leftrightarrow wVz) \rightarrow v = w)$ WL I 445–51 (§96)

(P4) $\forall v \exists w(wTv)$ WL I 243 f

(P5) $\exists v \forall w(wTv \rightarrow v = w)$ WL I 263–5 (§61)

(P6) $\neg \forall v \forall w(\forall u(uTv \leftrightarrow uTw) \rightarrow v = w)$ WL I 244, 433f

(P7) $\forall B \exists v \forall z(vVz \leftrightarrow Bz)$ WL I 259–63 (§60)

Postulat P7 garantiert zu jeder Beschaffenheit B die Existenz einer entsprechenden Vorstellung an sich, deren Extension die Menge der Gegenstände
ist, welche B haben. In P6 wird postuliert, dass es inhaltsgleiche Vorstellungen (d.s. Vorstellungen mit genau denselben Bestandteilen) gibt, die
voneinander verschieden sind; Bolzanos Lieblingsbeispiele dafür sind die
Vorstellungspaare [gelehrter Sohn eines ungelehrten Vaters] und [unge-
lehrter Sohn eines gelehrten Vaters]; $[3^5]$ und $[5^3]$; sowie [das Dürfen des
Nicht-Redens] und [das Nicht-Dürfen des Redens] (WL I 244, 434). P5
behauptet die Existenz einfacher Vorstellungen an sich, d.s. Vorstellungen,
die keine echten Teile haben. In P3 wird postuliert, dass es umfangsgleiche
Vorstellungen (d.h. Vorstellungen mit genau denselben Gegenständen)
gibt, die voneinander verschieden sind; Bolzanos Lieblingsbeispiel für
solche "Wechselvorstellungen", wie er sie nennt, sind [gleichseitiges Drei-
eck] und [gleichwinkliges Dreieck] (WL I 445). (Es gibt sogar Vorstellungen an sich, die sowohl inhalts- als auch umfangsgleich und dennoch
verschieden voneinander sind wie z.B. $[2^4]$ und $[4^2]$; WL I 446) Umgekehrt
sind natürlich aus rein logischen Gründen zwei Vorstellungen, die
miteinander identisch sind, immer auch umfangs- und inhaltsgleich:

(L1) $\forall v \forall w(v = w \rightarrow \forall z(vVz \leftrightarrow wVz))$

(L2) $\forall v \forall w(v = w \rightarrow \forall u(uTv \leftrightarrow uTw))$

Wir kommen nun zu den beiden ersten Postulaten: P1 behauptet die
Existenz einer allgemeinsten, alles umfassenden Vorstellung an sich; für
Bolzano ist das der Begriff [Etwas] und jede mit ihm umfangsgleiche Vor-
stellung. Aus P1 folgen die beiden Theoreme:

(T5) $\forall x \exists v(vVx)$ (WL I 297, 459, 469, 471, WL III 426)

(T6) $\exists v \exists x(vVx)$

Gemäß T5 wird jeder Gegenstand von mindestens einer Vorstellung vorgestellt. T6 besagt, dass es Vorstellungen an sich gibt, die mindestens
einen Gegenstand haben. Umgekehrt garantiert schließlich Postulat P2 die
Existenz von Vorstellungen an sich, die keinen Gegenstand vorstellen.

5. *Bolzanos Lehre von den gegenstandlosen Vorstellungen an sich*

Gemäß T6 haben manche Vorstellungen – Bolzano nennt sie 'gegenständlich' – mindestens einen Gegenstand.

(D8) v ist *gegenständlich* genau dann, wenn $\exists x(vVx)$

Die Gegenstände einer (gegenständlichen) Vorstellung können wirklich
sein – wie dies bei den Vorstellungen [Pferd] und [Mensch] der Fall ist; sie
können aber auch nicht-wirklich sein – wie z.b. bei den Vorstellungen
[Zahl], [Dreieck] und [Satz an sich]. Daneben gibt es jedoch gemäß P2
noch andere Vorstellungen an sich, die gar keinen Gegenstand (auch keinen nicht-wirklichen) haben. Bolzano nennt diese Vorstellungen 'gegenstandlos'.[4]

---

[4] WL I 297f, 304–6 (§67), 354, 513f. Der von Bolzano explizit eingeführte *terminus
technicus* ist 'gegenstandlos' (ohne Fugen-s) und nicht 'gegenstandslos'. Leider haben
die Setzer an vielen Stellen der *Wissenschaftslehre* (z.b. WL II 54, 77, 80, 212, 329,
399, WL III 448, 480f, WL IV 273, 274) ein Fugen-s eingefügt. Das hat bei denjenigen, die mit Bolzanos Terminologie nicht vertraut sind, Verwirrung gestiftet, da sie die
beiden Versionen (mit und ohne Fugen-s) für gleichberechtigt ansahen. 'Gegenstandslos' (mit Fugen-s) hat im Deutschen aber eine andere Konnotation, und Bolzanos Terminus ist ohne Fugen-s zu schreiben. Schon eine Inspektion des Sachregisters in WL
IV 666 ("Gegenstandlose Vorstellung") und WL IV 679 ("Vorstellung an sich – gegenstandlos") brächte eine Klarstellung. Dass Bolzano diese Schreibweise beibehalten
hat, ist u.a. auch aus seiner *Einleitung zur Größenlehre* ersichtlich; Vgl. S. 51; leider
hat sich in der Studienausgabe *Von der mathematischen Lehrart*, S. 28, durch einen
Druckfehler das Fugen-s auch hier wieder eingeschlichen. Ähnliches geschah mit den
Paradoxien des Unendlichen: Während in der ersten Auflage von 1851 (ebenso wie in
der dazugehörigen handschriftlichen Druckvorlage) 'gegenstandlos' einheitlich ohne
Fugen-s geschrieben ist (vgl. S. 51f, 56f, 63, 71), scheint es in den vielen und seit 1920
bis zum heutigen Tag weitverbreiteten Nachdrucken des Werkes in der *Philosophischen Bibliothek*, Bd. 99, wieder auf (vgl. die betreffenden Stellen auf S. 51, 56f, 62f,

(D9) v ist *gegenstandlos* genau dann, wenn $\neg\exists x(vVx)$

Einige von diesen gegenstandlosen Vorstellungen an sich haben zufälliger-
weise keinen Gegenstand – so etwa die Vorstellungen [geflügeltes Pferd],
[Einhorn] und [goldener Berg]; andere wiederum (Bolzano nennt sie
'imaginär', WL I 315–424, §70) *können* gar keinen Gegenstand haben, wie
z.b. die Vorstellung [rundes Viereck].
   Bolzanos nicht-wirkliche Gegenstände sind "echte" Gegenstände, sie
stehen nur nicht in einem Kausalzusammenhang, und zwar weder unter-
einander noch zu anderen Gegenständen. 'Wirklich sein' ist nämlich für
Bolzano extensionsgleich mit 'wirksam sein' bzw. 'Ursache von etwas
sein' oder 'etwas verursachen'. Wirklichkeit ist für Bolzano also eine ganz
"normale" Eigenschaft. Leider trägt Bolzanos Terminologie zur Verwirrung bei, da er synonym mit 'Wirklichkeit' auch 'Existenz' und 'Sein'
verwendet und daher von den nicht-wirklichen Gegenständen sagt, dass sie
gar nicht sind bzw. existieren, sondern dass es sie bloß *gibt*.

6. Robert Zimmermanns Modifikation von Bolzanos Lehre in der "Philosophischen Propaedeutik"

Bei der großen österreichischen Schul- und Universitätsreform Mitte des
19. Jahrhunderts spielten Freunde und Schüler Bolzanos eine maßgebliche
Rolle. Im Rahmen dieser Reform wurde die "Philosophische Propädeutik"
als obligates Unterrichtsfach an den österreichischen Gymnasien eingeführt. Der Lehrstoff dieses Faches wurde auf zwei Gebiete aufgeteilt,
nämlich auf die (damals neu aufkommende) empirische Psychologie und
auf die formale Logik. Robert Zimmermann verfasste auf Aufforderung
des Unterrichtsministeriums ein Lehrbuch für das neue Unterrichtsfach. Es
trug den Titel *Philosophische Propaedeutik für Obergymnasien*; der erste
Teil (*Empirische Psychologie*) erschien 1852, der zweite Teil (*Formale
Logik*) 1853. Zimmermann übernahm in seinem Lehrbuch große Teile aus
der *Wissenschaftslehre* Bolzanos, darunter manche Passagen sogar fast

---

71; die Seitenzahlen stimmen fast, aber nicht ganz mit denjenigen der Erstauflage
überein).

wörtlich.[5] (Dies geschah durchaus im Einvernehmen mit Bolzano, der zu Lebzeiten seine Schüler und Freunde sowie auch Robert Zimmermann immer wieder aufgefordert hatte, von seinen Lehren freizügig und ohne Quellenangabe Gebrauch zu machen; Bolzanos Name war damals nämlich immer noch verpönt und stand einer Verbreitung seiner Ideen im Wege.) Insbesondere bezog Zimmermann auch seine Lehre von den Vorstellungen aus der *Wissenschaftslehre*. Ausgerechnet dort, wo es um die gegenstandlosen Vorstellungen geht, weicht jedoch Zimmermanns Darstellung in einem entscheidenden Punkt von Bolzanos Lehre ab.

Zimmermann gibt nämlich die Lehre von den gegenständlichen und gegenstandlosen Vorstellungen an sich – ohne, dass dabei Bolzanos Name fällt – folgendermaßen wieder:

> Jede Vorstellung stellt *Etwas* vor, das von ihr selbst verschieden ist; ... Das, *was* sie vorstellt, kann entweder ein *wirklicher* Gegenstand z.B. Baum, oder ein nicht wirklicher, und zwar ein entweder möglicher z.B. goldene Berge, oder ein unmöglicher, z.B. rundes Viereck ... sein ... Vorstellungen, die einen zwar möglichen, aber nicht wirklichen, oder gar einen unmöglichen Gegenstand haben, nennt man auch *gegenstandlos* z.B. goldene Berge, hölzernes Eisen, Nichts (nicht Etwas). Im Gegensatze dazu heissen die, welche einen wirklichen Gegenstand ... haben, *gegenständlich*. Alle gegenständlichen, sowie die, welche einen möglichen Gegenstand haben, heissen auch *reell*; alle, die einen unmöglichen Gegenstand haben, *imaginär*. (Zimmermann, 1853, 9)

Bolzano war sich bewusst, dass die Rede von imaginären bzw. unmöglichen und realen bzw. möglichen Vorstellungen leicht zu Missverständnissen Anlass geben kann, und er hat vor solchen Missverständnissen ausdrücklich gewarnt (WL I 316). Dennoch ist ausgerechnet Zimmermann diesem Missverständnis zum Opfer gefallen, wenn er auch noch jeder gegenstandlosen Vorstellung – im offenen Gegensatz zu ihrer Bezeichnung – einen Gegenstand zuordnet, und zwar jeder imaginären ("unmöglichen")

---

[5] Dies trifft allerdings nur auf die erste Auflage von Zimmermanns Lehrbuch zu, die bloß acht Jahre in Gebrauch war. Bereits 1860 wurde das Lehrbuch durch eine zweite Auflage abgelöst, in der Zimmermann – trotz gegenteiliger Lippenbekenntnisse – wesentliche Grundvoraussetzungen von Bolzanos Logik über Bord geworfen hat. Einen detaillierten Vergleich der ersten mit späteren Auflagen sowie Übersetzungen von Zimmermanns Lehrbuch gebe ich in meinem Aufsatz "Robert Zimmermann – der Vermittler von Bolzanos Gedankengut? Zerstörung einer Legende" (1997).

Vorstellung einen unmöglichen Gegenstand und jeder realen ("möglichen") Vorstellung einen möglichen Gegenstand. Oder handelt es sich hier vielleicht gar nicht um ein Missverständnis, sondern um eine absichtliche Abweichung von Bolzano?

Die Abweichung von Bolzanos Lehre tritt offen zutage, da die von Bolzano übernommene Terminologie ('gegenstandlos') eigentlich gar nicht zu Zimmermanns Erläuterungen passt: Eine gegenstandlose Vorstellung heißt nach Bolzano gerade deshalb so, weil sie gar keinen Gegenstand – auch keinen möglichen oder unmöglichen Gegenstand – hat, und damit basta! Gäbe es diese bloß möglichen sowie auch unmögliche Gegenstände, so gäbe es eben gar keine gegenstandlosen Vorstellungen, denn diese hätten damit ja auch Gegenstände.

Zimmermanns Umdeutung bzw. Modifikation von Bolzanos Lehre von den gegenstandlosen Vorstellungen an sich – sei sie nun beabsichtigt oder unbeabsichtigt – führt somit schnurstracks zu Meinongs Gegenstandstheorie, die jeder Vorstellung einen Gegenstand – wenn auch vielleicht einen bloß möglichen oder gar einen unmöglichen – sichert.

7. Weitere Lehren Bolzanos und ihre Wiedergabe in Zimmermanns Lehrbuch

Das wäre allerdings nur ein ziemlich schwaches Indiz im Hinblick auf eine Anbahnung von Meinongs Gegenstandstheorie. Die Geschichte ist aber hier noch nicht zu Ende. Zimmermann führt nämlich bald darauf in stark verkürzter, aber authentischer Form einige Lehren aus den letzten Paragraphen des ersten Bandes der *Wissenschaftslehre* an (wiederum ohne Nennung der Quelle), in welchen es um bestimmte Eigenschaften von Vorstellungen geht, die sich aus gewissen Beziehungen zu ihren Gegenständen ergeben. Dabei tauchen Termini auf, die uns inzwischen aus der Gegenstandstheorie Meinongs wohlvertraut sind.

Bolzano unterscheidet hier zunächst zwischen richtigen und unrichtigen Vorstellungen von einem Gegenstand (WL I 516–7, §109) sowie zwischen vollständigen und unvollständigen Vorstellungen von einem Gegenstand (WL I 517–9, §110), bevor er sich den bereits einleitend (in Abschnitt 1) vorweggenommenen Unterscheidungen zwischen wesentlichen und außerwesentlichen Beschaffenheitsvorstellungen (WL I 519–22, §111) sowie zwischen ursprünglichen bzw. "constitutiven" und abgeleiteten bzw. "consecutiven" Beschaffenheitsvorstellungen zuwendet (WL I 528–30, §113). Zimmermann gibt diese Lehre Bolzanos zwar stark verkürzt, aber im wesentlichen originalgetreu wieder, so etwa Bolzanos Unterscheidung zwischen einer vollständigen und einer unvollständigen Vorstellung von einem Gegenstand: "Jede Vorstellung, aus welcher sich alle Beschaffenheiten des vorgestellten Gegenstandes wie Folgen aus dem Grunde ableiten lassen, ist eine *vollständige*; jede, bei welcher dies nicht der Fall ist, eine *unvollständige* Vorstellung von demselben" (Zimmermann, 1853, 21). Nun ist eine vollständige bzw. unvollständige Vorstellung von einem Gegenstand sicher nicht dasselbe wie ein vollständiger bzw. unvollständiger Gegenstand im Sinne Meinongs, und dies wird auch aus den Beispielen ziemlich klar, die Zimmermann zur Erläuterung der Unterscheidung hinzufügt. Dennoch ist allein schon die terminologische Übereinstimmung zwischen Bolzano/Zimmermann und Meinong überraschend. Aber noch mehr: Wenn Zimmermann wirklich *jeder* (auch jeder gegenstandlosen) Vorstellung einen Gegenstand zuordnet, dann entfällt zumindest zum Teil das starke Motiv für Bolzanos scharfe Trennung zwischen Vorstellung und Gegenstand, und es liegt dann auch nahe, die Unterscheidung "vollständig-unvollständig" von den Vorstellungen gleich in die Gegenstände selbst zu verlegen.

Schließlich sei auch noch Zimmermanns Darstellung von Bolzanos Unterscheidung zwischen konstitutiven und konsekutiven Eigenschaften eines Gegenstandes zitiert:

> Diejenigen Beschaffenheiten des Gegenstandes, deren Vorstellung unter den Bestandtheilen der Vorstellung dieses selbst erscheinen, können *constitutive* (ursprüngliche), alle diejenigen, welche sich aus diesen nur ableiten lassen, können *consecutive* (abgeleitete) Eigenschaften heissen. So ist Gleichseitigkeit eine constitutive, weil schon im Begriff erscheinende, Gleichwinkligkeit eine blos abgeleitete Beschaffenheit des gleichseitigen Dreiecks. (Zimmermann, 1853, 22)

Auch hier liegt es nahe, die Relativierung dieser Unterscheidung auf den jeweiligen Begriff aufzugeben und die Unterscheidung ganz in die Gegenstände selbst zu verlegen, wenn es ohnedies zu jeder Vorstellung bzw. jedem Begriff einen entsprechenden Gegenstand gibt.

8. Einige vorsichtige Folgerungen

Ich habe keine Belege dafür, dass Meinong von diesen Passagen in Zimmermanns Lehrbuch beeinflusst wurde oder dass er sie überhaupt gekannt hat. Ich wollte nur auf diese überraschenden und bisher kaum berücksichtigten Übereinstimmungen zwischen Meinongs Gegenstandstheorie und gewissen Begriffsbildungen Bolzanos, die durch Robert Zimmermanns Modifikation noch verstärkt werden, hinweisen, um dadurch weitere Untersuchungen in diese Richtung anzuregen. Gewisse Gemeinsamkeiten in den Lehren von Meinong und Bolzano sind ja längst bekannt[6]; Meinong hat aber immer wieder Wert darauf gelegt, diese Lehren nicht von Bolzano übernommen, sondern unabhängig von ihm selbständig entwickelt und erst danach gewisse Übereinstimmungen mit Bolzanos Lehren bemerkt zu haben.[7] An Meinongs Aufrichtigkeit in dieser Frage ist kaum zu zweifeln. Man hat aber bisher vielleicht nur die falsche Spur verfolgt, und Meinong wurde in der Tat gar nicht so sehr von Bolzano, sondern vielmehr von Zimmermann beeinflusst, und zwar gerade von denjenigen seiner Lehren, in denen er von Bolzano abwich. Da diese Lehren also gar nicht einem bekannten Autor zuzuordnen waren und von diesem außerdem schon sehr bald (nämlich ab 1860) wie abgetragene Kleider abgestreift und weggelegt worden waren, war sich Meinong vielleicht nicht einmal bewusst, von ihnen beeinflusst worden zu sein. (Auf eine wörtliche Übereinstimmung gewisser psychologischer Termini bei Meinong und Zimmermann hat übrigens Roderick M. Chisholm hingewiesen.[8])

Unabhängig von der historischen Frage einer konkreten Beeinflussung ist nun aber die Tatsache interessant, dass sich gewisse gegenstandstheore-

---

[6] Vgl. z.B. Morscher (1972, 78–80).

[7] Z.B. Meinong (1910, 89).

[8] Siehe Chisholm (1989, 87). Chisholm verweist ausdrücklich auch darauf, dass Meinong diese psychologischen Termini in seiner Ethik verwendet und dass bereits Zimmermann die ethische Relevanz der mit diesen Termini verbundenen Unterscheidungen herausgearbeitet hat. Bezüglich grundlegender ethischer Termini gibt es allerdings auch eine direkte Übereinstimmung zwischen Meinong und Bolzano, die Chisholm entgangen sein dürfte: Bereits Bolzano unterschied die sogenannten "verdienstlichen" Handlungen von den im strengen Sinn gebotenen oder verpflichtenden Handlungen (1834, Bd. IV, 212), und genau dieser Terminus spielt in Meinongs Ethik eine wichtige Rolle; vgl. Morscher (1974, 96).

tische Überlegungen so "natürlich" ergeben, dass sie von Zimmermann ohne besonderen Kommentar in Bolzanos Lehre, der sie eigentlich völlig fremd sind, hineingelegt bzw. dieser hinzugefügt werden. Mit dieser "unscheinbaren" Modifikation der Darstellung ist allerdings ein radikaler Wandel des dargestellten Inhaltes verbunden: Bolzano tritt ganz entschieden für eine klare Trennung von Vorstellung und Gegenstand ein, wie wir einleitend gesehen haben; er macht die Verwechslung von Vorstellung und Gegenstand für viele grundlegende Irrtümer in der Philosophie und speziell auch in der Logik verantwortlich. Einer dieser Irrtümer, den Bolzano immer wieder kritisiert, ist die Ansicht, die Bestandteile, aus denen eine Vorstellung zusammengesetzt ist, müssten die Beschaffenheiten sein (oder zumindest Vorstellungen von den Beschaffenheiten), die ihren Gegenständen zukommen.[9] Genau diese Lehre wird aber durch Zimmermanns "Modifikation" von Bolzanos Lehre neu belebt. Das Ergebnis dieser "Modifikation" ist das Zwittergebilde eines Meinongschen Gegenstandes, das sowohl die Rolle von Bolzanos Vorstellung an sich als auch die Rolle ihres Gegenstandes übernimmt. Bolzano hingegen wollte nicht nur diese beiden semantischen Rollen, sondern auch ihre Träger – Vorstellung und Gegenstand – streng voneinander trennen.

Es gibt jedenfalls guten Grund zur Vermutung, dass Meinongs Gegenstandstheorie aus einer Umwandlung Bolzanoscher Ideen durch Robert Zimmermann entstanden ist oder zumindest durch sie beeinflusst wurde. Offen bleibt nur die Frage, ob Zimmermanns Umwandlung von Bolzanos Ideen in die anti-Bolzanosche Gegenstandstheorie auf einem blanken Missverständnis oder auf wohlüberlegter Sezession beruht. Und natürlich wäre es auch interessant zu wissen, ob und in welchem Ausmaß Meinong Zimmermanns *Formale Logik für Obergymnasien* in der Fassung der ersten Auflage von 1853 (und nur um sie geht es in diesem Kontext!) gekannt und studiert hat.

Bolzano hat befürchtet, dass wir uns durch die Hegelsche Identifizierung von Vorstellung und Gegenstand unweigerlich in Widersprüche und Sinnlosigkeiten verwickeln. Ähnlich hat später Bertrand Russell geglaubt, zeigen zu können, dass die Meinongsche Gegenstandstheorie zwangsläufig zu Widersprüchen führt. Aus heutiger Sicht lässt sich Meinongs "monisti-

---

[9] WL I 269–82 (§64); vgl. Abschnitt 1.

sche" Bedeutungslehre ebenso widerspruchsfrei rekonstruieren wie Bolzanos "dualistische" Semantik. Zimmermanns "Modifikation" von Bolzanos
Lehre zeigt, wie nahe die beiden so entgegengesetzten Ansätze einander an
bestimmten Stellen kommen und wie leicht ein Übergang vom einen zum
anderen Ufer möglich ist.

Bibliographie

Bolzano, Bernard 1834. *Lehrbuch der Religionswissenschaft, 4 Bde.* Sulzbach: J. E. v.
    Seidel. Kritische Neuausgabe im Rahmen der *Bernard Bolzano Gesamtausgabe,*
    Reihe I, Bd.6–8. Stuttgart/Bad Cannstatt: Friedrich Frommann/Günther Holzboog.
Bolzano, Bernard 1837. *Wissenschaftslehre. Versuch einer ausführlichen und größten-*
    theils neuen Darstellung der Logik mit steter Rücksicht auf deren bisherige Bear-
    beiter, 4 Bde. Sulzbach: J. E. v. Seidel. Kritische Neuausgabe im Rahmen der
    Bernard-Bolzano-Gesamtausgabe, Reihe I, Bd. 11–14. Stuttgart/Bad Cannstatt:
    Friedrich Frommann/Günther Holzboog.
Bolzano, Bernard 1851. *Paradoxien des Unendlichen.* Leipzig: Reclam. Neu herausge-
    geben in *Philosophische Bibliothek,* Bd.99, von A. Höfler (m. Anm. von H. Hahn),
    Leipzig: Meiner, 1920; sowie von B. van Rootselar, Hamburg: Meiner, 1975.
Bolzano, Bernard 1975. *Einleitung zur Größenlehre. Bernard Bolzano Gesamtaus-*
    gabe. Bd. 2A7. Stuttgart/Bad Cannstatt: Friedrich Frommann/Günther Holzboog.
Bolzano, Bernard 1981. *Von der mathematischen Lehrart.* Stuttgart/Bad Cannstatt:
    Friedrich Frommann/Günther Holzboog.
Chisholm, Roderick M. 1989. "Bolzano on the Simplicity of the Soul", in: Wolfgang
    L.Gombocz, Heiner Rutte und Werner Sauer (Hrsg.), *Traditionen und Perspek-*
    tiven der analytischen Philosophie. Festschrift für Rudolf Haller. Wien: Hölder-
    Pichler-Tempsky, 79–88.
Meinong, Alexius 1910. *Über Annahmen,* 2. Aufl. Leipzig: Johann Ambrosius Barth.
Morscher, Edgar 1972. "Von Bolzano zu Meinong: Zur Geschichte des logischen
    Realismus", in: Rudolf Haller (Hrsg.), *Jenseits von Sein und Nichtsein. Beiträge*
    zur Meinong-Forschung. Graz: Akademische Druck- und Verlagsanstalt, 69–102.
Morscher, Edgar 1974. "'Philosophische Logik' bei Bernard Bolzano", in: *Sitzungsbe-*
    richte der phil.-hist. Klasse der Österreichischen Akademie der Wissenschaften
    293/5. Wien: Verlag der ÖAW, 77–105.
Morscher, Edgar 1997. „Robert Zimmermann – der Vermittler von Bolzanos Gedan-
    kengut? Zerstörung einer Legende" in: *Beiträge zur Bolzano-Forschung* **6**. Sankt
    Augustin: Academia Verlag, 145–236.
Zimmermann Robert 1852/53. *Philosophische Propaedeutik für Obergymnasien. Erste*
    Abtheilung: Empirische Psychologie für Obergymnasien (1852). *Zweite Abthei-*
    lung: Formale Logik für Obergymnasien (1853). Wien: Wilhelm Braumüller.

Meinong und Supervaluation

ARKADIUSZ CHRUDZIMSKI[*]

Meinong hat seine Gegenstandstheorie als eine philosophische Disziplin verstanden, die im Vergleich zur Metaphysik viel umfassender ist. Die Metaphysik beschäftigt sich mit allen Entitäten, die existieren. Meinongs Gegenstandstheorie behandelt hingegen auch nicht-existierende Gegenstände wie Zentauren, goldene Berge und runde Dreiecke. Er hat wiederholt behauptet, dass man wahre Aussagen über nicht-existierende Gegenstände machen könne, und hat daraus geschlossen, dass es sie deshalb in einem gewissen Sinne geben muss. Die Gegenstände, so genommen, wie sie im Rahmen der Gegenstandstheorie behandelt werden, sind also bezüglich ihrer aktuellen Existenz bzw. Nicht-Existenz gewissermaßen neutral. Meinong bezeichnet sie deshalb als „außerseiend" (Meinong 1904, 490ff.) oder als „jenseits des Seins und Nichtseins" stehend (Meinong 1904, 494).

Vor diesem Hintergrund ist es völlig verständlich, dass die Meinongsche Philosophie üblicherweise mit einem unüberschaubaren ontologischen Dschungel assoziiert wird. Die Rede von außerseienden Gegenständen, unter denen sich auch goldene Berge und runde Dreiecke befinden, veranlasst nämlich zur Annahme, dass Meinong sein ontologisches Universum erweitert. Alle (möglichen und unmöglichen) Gegenstände, von denen wir sprechen und denken, bilden eine weite Domäne, in der nur ein winziger Teil von den existierenden Gegenständen besetzt wird.

Wir wollen indessen zeigen, dass es auch andere Interpretationsmöglichkeiten gibt. Vieles davon, was Meinong geschrieben hat, lässt sich im Rahmen einer sparsamen Ontologie interpretieren, indem man zunächst die Wahrheitsbedingungen für Sätze mit leeren singulären Termen supervaluationistisch erklärt und dann die existentielle Quantifizierung substitutiv interpretiert.

---

[*] Der Aufsatz hat den Gesprächen des Autors mit Prof. Edgar Morscher (Salzburg) viel zu verdanken. Ich bedanke mich bei Heinrich Ganthaler und Wolfgang Huemer für die sprachlichen Korrekturen und beim *Fonds zur Förderung der wissenschaftlichen Forschung* (FWF) für die finanzielle Unterstützung.

In diesem Aufsatz wollen wir nicht entscheiden, inwiefern diese Interpretation dem historischen Meinong wirklich Rechnung tragen kann. Drei wichtige Elemente seiner Lehre, die wir hier außer Acht lassen, sind (*i*) das Problem der widersprüchlichen Gegenstände; (*ii*) das Problem der unvollständigen Gegenstände; und (*iii*) die Tatsache, dass die außerseienden Gegenstände eine wichtige Rolle in der Intentionalitätstheorie Meinongs spielen, und zwar indem sie als Entitäten betrachten werden, die dem Subjekt phänomenologisch „vor Augen" stehen. Selbst aber wenn unsere Interpretation nicht imstande ist, den semantischen Rahmen für die ganze Lehre Meinongs zu liefern, ist die Tatsache, dass ein großer Teil seiner Gegenstandstheorie im Rahmen einer sparsamen Ontologie interpretiert werden kann, sicherlich nicht ohne philosophische Bedeutung.

1. Meinongs Gegenstände

Das vorherrschende Bild der Meinongschen Philosophie ist das Bild eines extrem erweiterten Universums.

(1)   „[*E*]s gibt Gegenstände, von denen gilt, dass es dergleichen Gegenstände nicht gibt." (Meinong 1904, 490)

– schreibt Meinong – und die wahrscheinlich natürlichste Interpretation dieser These besagt, dass er neben dem Bereich der existierenden Gegenstände noch einen Bereich einführt, in dem sich Gegenstände wie Zentauren und goldene Berge befinden. Der Eindruck, dass Meinong sein ontologisches Universum erweitert, wird zusätzlich dadurch verstärkt, dass der Satz (1) eine Quantifizierung über nicht-existierende Gegenstände zu involvieren scheint. Er scheint die Form:

(2) $\exists x \neg E! x$

zu haben, wobei „$\exists$" ein Existenzquantor und „$E!$" ein Existenzprädikat ist. Für jeden, der das Quinesche Kriterium der ontologischen Verpflichtungen akzeptiert, ist die Übersetzung (2) ein guter Grund für die Annahme, dass die nicht-existierenden Gegenstände in der Philosophie Meinongs ontologisch ernst genommen werden müssen.

Die Argumentation, die Meinong zu These (1) führt, ist bekannt. Sie bezieht sich auf wahre Aussagen, die man, wie er glaubte, von den nicht-existierenden Gegenständen machen könne. So ist nach Meinong der goldene Berg tatsächlich aus Gold und ein rundes Dreieck tatsächlich rund. Wenn aber diese Prädikationen wirklich wahr sind, dann muss es, schließt Meinong, in einem gewissen Sinne auch Gegenstände *geben*, von denen man hier die entsprechenden Eigenschaften prädiziert. Es scheint also, dass Meinong das Prinzip der Existenz-Generalisierung:

(3) $Fa \supset \exists x Fx$

ohne Einschränkung akzeptiert. Wenn es wahr ist, dass der goldene Berg ein Berg und aus Gold ist, dann muss es auch etwas geben, das aus Gold und zugleich ein Berg ist. Wenn Pegasus mit Pegasus identisch ist, dann gibt es auch etwas, das mit Pegasus identisch ist.

So sehen die Dinge aus, wenn man die Meinongschen Thesen in der modernen Quantorenlogik ausdrückt. Was aber bei der Interpretation der Meinongschen Lehre nicht vergessen werden sollte und was man dennoch nur allzu oft vergisst, ist die Tatsache, dass er seine Theorie leider *nicht* in der formalisierten Sprache der Prädikatenlogik ausgedrückt hat. Meinong war Schüler von Brentano, für den noch die Termenlogik maßgebend war. Angesichts dieser Tatsache erlauben wir uns, die Formulierung (1) zunächst als eine eher vage Metapher zu betrachten. (Meinong selbst hat sie übrigens bewusst paradox formuliert.) Wir möchten untersuchen, was geschieht, wenn man versucht, die Wahrheiten über nicht-existierende Gegenstände *ohne* eine Erweiterung der Ontologie zu erklären.

2. *Die positive* free logic

Der erste Schritt besteht in der Außerkraftsetzung des Prinzips der Existenz-Generalisierung. Wir nehmen an, dass ein Satz der Form „*Fa*" auch dann wahr sein kann, wenn es in unserem ontologischen Universum keinen Gegenstand gibt, der *F* ist.[1] Das führt uns zur Auffassung, die üblicher-

---

[1] Lambert (1983) zeigt, dass man bei der Argumentation, die vom Satz „*Fa*" zum Satz „$\exists x Fx$" führt, eine bestimmte Prädikationstheorie voraussetzt, die an sich nicht selbst-

weise als „*free logic*" bezeichnet wird. Eine solche *free logic* interpretiert Quantoren als ontologisch verpflichtend, *leere singuläre Terme* werden aber dennoch zugelassen.

Es gibt verschiedene Varianten dieser Auffassung. Die sogenannte *negative free logic* lässt zwar leere singuläre Terme zu, klassifiziert jedoch alle Sätze, in denen solche Terme auftreten, als falsch. Diese Variante ist also für unsere Zwecke unbrauchbar. Was wir brauchen, ist eine *positive free logic*. In ihrem Rahmen werden einige Sätze, in denen leere singuläre Terme vorkommen, als *wahr* bewertet und das ist genau das, was ein Meinongianer will.[2]

Typische Kandidaten für solche wahren Sätze mit leeren singulären Termen sind Selbstidentitäten. Viele Philosophen finden es einleuchtend, dass ein Satz der Form:

(4) $a = a$

logisch wahr ist, und zwar unabhängig davon, ob der singuläre Term „*a*", der in ihm auftritt, ein Designatum hat oder nicht. Es ist wahr, dass

---

verständlich ist. „Roughly it [*the traditional theory of predication*] says that the truth-value of a predication depends on whether what is said of the object specified by its singular term (or terms) is true (or false) of that object (or objects). However, there is also an important *constraint* on the traditional theory adopted by Russell and Frege, but rejected by Meinong. It says, roughly, that the objects specified in a predication must have being", Lambert 1983, 40. Als ein Beispiel der Formulierung einer alternativen Prädikationstheorie zitiert Lambert Quine: „Predication joins a general term and a singular term to form a sentence that is true or false according as the general term is true or false of the object, if any, to which the singular term refers", Quine 1960, 196. Lambert betont den Zusatz „if any", der sich in Quines Formulierung befindet (Lambert 1983, 77). Nach dieser Formulierung bleibt es nämlich eine offene Frage, wie der Wahrheitswert des Satzes bestimmt wird, wenn es kein Objekt gibt, vgl. Lambert 1983, 83; Lambert 1986 und Lambert 1995, 130ff.

[2] Vgl. „A logical system *L* is a *free logic* iff
(1) *L* is free of existential presuppositions with respect to the singular terms of *L*,
(2) *L* is free of existential presuppositions with respect to the general terms of *L*, and
(3) the quantifiers of *L* have existential import...
A logical system *L* is a *positive free logic* iff *L* is a free logic and there is at least one true elementary sentence of *L* containing at least one empty singular term.", Morscher/Simons 2001, 2.

Pegasus nicht existiert, dennoch ist Pegasus – behauptet man oft – mit Pegasus identisch.

Eine andere Gruppe von Sätzen, die eine ähnliche Reaktion auslösen, sind analytische Sätze im engen Kantischen Sinne, d.h. Sätze, in denen man vom Subjekt etwas aussagt, das bereits im Begriff des Subjekts enthalten ist. Es gibt viele Philosophen, die einen solchen Satz als wahr betrachten wollen, selbst wenn seinem Subjekt-Term kein Gegenstand entspricht.[3]

In der Tat sind die Standardbeispiele für wahre Sätze über nicht-existierende Gegenstände, die uns Meinong in seinen Werken gibt, immer wieder die Sätze der Art: „Der goldene Berg ist aus Gold" oder „Das runde Dreieck ist rund". Solche Sätze scheinen die Form:

(5) $G(\iota x)(Bx \land Gx)$

zu haben, wobei die Bezeichnung: „$(\iota x)(Bx \land Gx)$" als „das einzige x, das B und G ist" zu lesen ist.[4]

Wenn wir aber die Sätze dieser zwei Gruppen als wahr betrachten wollen, so müssen wir erklären, worin ihre Wahrheit besteht. Wir sollen also eine *Semantik* entwickeln, die die Wahrheit dieser Sätze erklärt. Es gibt freie Logiken, die in ihrer Semantik mit nicht-existierenden Gegenständen operieren. Solche Gegenstände werden in der sogenannten *Außendomäne* platziert, und zwar im Gegensatz zur *Innendomäne*, in der sich die existierenden Gegenstände befinden.[5] Diese Idee ist jedoch für uns eher uninteressant. Sie bedeutet eine Erweiterung der Ontologie, die zwar der klassischen Interpretation der Meinongschen Philosophie entspricht, die wir jedoch in diesem Aufsatz gerade vermeiden wollen. Stattdessen wollen wir untersuchen, ob es uns gelingt, die logische Wahrheit der Formen (4) und (5) zu erklären, ohne das Universum um den Bereich der nicht-

---

[3] Die bekannte Ausnahme ist die Theorie der bestimmten Kennzeichnungen von Russell, nach der jeder solche Satz falsch ist, vgl. Russell 1905a.

[4] Über die tatsächliche logische Form des Subjekt-Terms, und insbesondere darüber, ob es sich dabei um eine *bestimmte* oder eher um eine *unbestimmte* Kennzeichnung handelt, werden wir noch sprechen.

[5] Zu einer solchen Semantik für eine *positive free logic* vgl. Lambert 1991a, 10, Lambert 1995, 140 und Lambert 1997, 59–68.

existierenden Gegenstände zu erweitern. Wenn eine solche Erklärung tatsächlich möglich wäre, dann wäre ein wichtiges Problem, das Meinong beunruhigt hat, *ipso facto* beseitigt. Die Frage, ob man im Rahmen der Meinongschen Philosophie über nicht-existierende Gegenstände wirklich quantifizieren muss, könnte dann von neuem gestellt werden.

3. Die Supervaluationssemantik

Eine Hoffnung, dass es doch gelingen kann, kann man in der Technik suchen, die man *Supervaluation* nennt. Betrachten wir zunächst die Aussagenlogik und nehmen an, dass man einigen Sätzen (insbesondere einigen Sätzen, in denen leere singuläre Termen auftreten) keine semantischen Werte zuschreibt. Impliziert diese Entscheidung, dass man zugleich eine tiefgreifende Reform der Logik durchführen muss?

Auf den ersten Blick sieht es tatsächlich so aus, als ob man mit dieser Konsequenz ernsthaft rechnen muss. Insbesondere scheint das Prinzip des ausgeschlossenen Dritten direkt betroffen zu sein. Wenn es nämlich einen Satz gibt, dem kein semantischer Wert zugeschrieben wird, dann ist ein solcher Satz weder wahr noch falsch. Konsequenterweise ist auch seine Negation weder wahr noch falsch und das Prinzip:

(6) $p \lor \neg p$

scheint nicht allgemein zu gelten.

Ein Anhänger der Supervaluationssemantik betrachtet jedoch diesen Schluss als voreilig. Er behauptet, dass man zwischen dem *syntaktischen* Prinzip des ausgeschlossenen Dritten und dem *semantischen* Prinzip der Bivalenz deutlich unterscheiden muss (vgl. Van Fraassen 1991, 94). Das Prinzip des ausgeschlossenen Dritten besagt nämlich, dass jeder Satz der Form: „$p \lor \neg p$" logisch wahr ist. Das Prinzip der Bivalenz behauptet hingegen, dass jeder Satz entweder wahr oder falsch ist. Wir werden sehen, dass das Prinzip des ausgeschlossenen Dritten gerettet werden kann, selbst wenn man das Prinzip der Bivalenz preisgibt.

Der erste Punkt, den ein Supervaluationist betont, ist die Beobachtung, dass Sätze, die logisch wahr sind, es *auf Grund ihrer Form* sind. Die Entscheidung, welche semantischen Werte den nicht-logischen Konstituenten eines logisch wahren Satzes zugeschrieben werden, sollte auf den Wahrheitswert des ganzen Satzes keinen Einfluss haben. Die einzige Einschränkung ist, dass ein Zuschreiben der semantischen Werte *systematisch* sein muss. Es liegt also nahe, dass auch die Tatsache, dass wir in manchen Fällen außerstande sind, einem Satz *irgendeinen bestimmten* semantischen Wert zuzuschreiben, für die Frage der logischen Wahrheit eines Satzes, der diesen „unbestimmten" Satz als Konstituente enthält, ähnlich irrelevant sein sollte.

Denken wir an das Prinzip des ausgeschlossenen Dritten selbst. Hat die Tatsache, dass der Satz:

(7)   Pegasus fliegt,

der in der Disjunktion:

(8)   Pegasus fliegt oder es ist nicht der Fall, dass Pegasus fliegt

auftritt, weder wahr noch falsch ist, irgendeinen Einfluss auf den logischen Wert von (8)? Die Antwort des Anhängers der Supervaluationssemantik lautet: „Nein". Denn *hätten* wir dem Satz „Pegasus fliegt" irgendeinen der zwei Wahrheitswerte doch zugeschrieben, dann *hätte* der Satz „Es ist nicht der Fall, dass Pegasus fliegt" zwangsläufig den entgegengesetzten Wert bekommen. Wäre also der Satz „Pegasus fliegt" wahr, dann müsste der Satz „Es ist nicht der Fall, dass Pegasus fliegt" falsch sein; wäre hingegen der Satz „Pegasus fliegt" falsch, dann müsste der Satz „Es ist nicht der Fall, dass Pegasus fliegt" wahr sein. Bei jeder Bewertung würden wir also eine Disjunktion bekommen, die einen wahren und einen falschen Satz involviert; und eine solche Disjunktion ist – wie wir wissen – wahr.

Durch ein solches Gedankenexperiment können wir der Idee, dass die logische Wahrheit eines Satzes die Sache seiner Form ist, selbst dann Rechnung tragen, wenn die involvierten Sätze streng genommen weder wahr noch falsch sind (d.h. wenn sie keinen semantischen Wert haben). Wir vergleichen zu diesem Zwecke alle möglichen Wertzuschreibungen, die den involvierten Sätzen semantische Werte zuordnen, und untersuchen, wie sich der Wahrheitswert des ganzen Satzes verhält. Ist der Satz bei jeder Bewertung wahr, dann nennt man ihn *superwahr*; und das heißt, dass wir es mit einem *logisch wahren* Satz zu tun haben. Ist der Satz bei jeder

Zuschreibung falsch, dann nennt man ihn *superfalsch.* Wir haben es dann mit einem *logisch falschen* Satz zu tun. Ist der Satz bei manchen Zuschreibungen wahr und bei manchen anderen falsch, dann ist er weder superwahr noch superfalsch (er hat keinen *Super*wahrheitswert) und das bedeutet, dass er *kontingent* (d.h. weder logisch wahr, noch logisch falsch) ist.

Die Hauptidee der Supervaluationssemantik ist es also, dass ein Verzicht auf die Bivalenz nicht unbedingt eine weitgehende Revision der Logik bedeuten muss. Was aber für unsere Zwecke besonders wichtig ist, ist die Tatsache, dass die Supervaluationssemantik im Grunde *keine neuen semantischen Werte einführt.* Wir haben nur zwei vertraute Werte: *Wahr* und *Falsch.* Man führt keinen *dritten* Wahrheitswert ein, der in der Kalkulation der Wahrheitswerte der zusammengesetzten Sätze eine wesentliche Rolle spielen würde. Man nimmt einfach an, dass gewisse Sätze *keine* semantischen Werte haben, und prüft, ob diese Tatsache für unsere Logik wirklich destruktive Konsequenzen hat. Wie wir sehen, scheint es, dass das keineswegs der Fall sein muss.

4. Eine Supervaluationssemantik für Prädikatenlogik

Wir sehen, dass die Supervaluationssemantik auf der Ebene der Aussagenlogik genau das leistet, was wir auf der Ebene der Prädikatenlogik gerne hätten. Wir wollen unsere Ontologie nicht erweitern; und das heißt, dass wir *keine neuen semantischen Werte* für leere singulären Terme einführen wollen. Dennoch wollen wir, dass die Sätze, die auf Grund ihrer Struktur als analytisch wahr erscheinen (wie etwa „Pegasus = Pegasus" oder „Der goldene Berg ist aus Gold") auch dann wahr bleiben, wenn wir in unserem Universum keinen semantischen Wert für singuläre Terme wie „Pegasus" oder „der goldene Berg" haben. Können uns in diesem Fall die Einsichten, die wir im letzten Abschnitt gewonnen haben, helfen?

Wenn wir die Idee der Supervaluation auf die Prädikatenlogik erweitern möchten, müssen wir den leeren singulären Termen bzw. Prädikaten die semantischen Werte zuschreiben, *die wir in unserer Domäne bereits haben.* Diese Domäne ist ihrerseits nichts anderes als *die reale, existierende Welt.* Die entsprechenden semantischen Werte müssen konsequenter-

weise unter den Gegenständen und Mengen von Gegenständen gesucht werden, die in der realen Welt zu finden sind.
Für die Sätze der Art:

(9)   Pegasus = Pegasus

scheint diese Lösung gut zu funktionieren. Egal welchen Gegenstand wir dem Namen „Pegasus" zuordnen, wird dieser Gegenstand natürlich mit sich selbst identisch sein. Alle Selbstidentitäten erweisen sich also als logisch wahr, genau wie wir es haben wollen. Was aber Sätze der Art:

(10)   Der goldene Berg ist aus Gold

betrifft, so ist es zunächst höchst unklar, wie wir hier vorgehen sollen.
Der singuläre Term „der goldene Berg" ist in unserer Domäne leer (es gibt keinen goldenen Berg); er hat dementsprechend keinen semantischen Wert. Der semantische Wert des Prädikats „ist aus Gold" ist hingegen genau bestimmt, und zwar als die Menge aller goldenen Gegenstände, die alle goldenen Münzen, alle goldenen Zähnen, alle goldenen Ringe, etc. enthält, zu der aber unglücklicherweise kein Berg gehört. Sollen wir also, wenn wir die supervaluationistische Technik auf diesem Gebiet anwenden wollen, der bestimmten Kennzeichnung „der goldene Berg" immer neue Gegenstände aus unserer Domäne zuordnen, während der semantische Wert des Prädikates „ist aus Gold" (die Menge aller goldenen Gegenstände) konstant gehalten wird?
Eine solche Prozedur wird natürlich zu keinem zufriedenstellenden Ergebnis führen. Aus manchen Zuordnungen werden zwar wahre Sätze resultieren (ein goldener Ring und ein goldener Zahn sind aus Gold) aus vielen anderen erhalten wir aber falsche Sätze (weder der Hund meiner Mutter, noch der gegenwärtige Präsident der USA sind aus Gold).
Es ist klar, dass die supervaluationistische Methode in diesem Fall nur dann einen Sinn macht, wenn der semantische Wert des Prädikats in einer strengen Dependenz vom semantischen Wert des Subjekts variiert wird, wobei die Art dieser Dependenz von der Form des Satzes abhängt. Denn es ist doch die *Form* des Satzes, die über seine logische Wahrheit entscheidet; und dass diese syntaktischen Eigenschaften in den zugelassenen Wertzuschreibungen widergespiegelt werden sollen, ist gerade die Kernidee der

Supervaluationssemantik. So wie es verboten ist, in einer und derselben Bewertung dem Satz „*p*" den Wahrheitswert *wahr* und dem Satz „*p* ∨ *q*" den Wahrheitswert *falsch* zuzuschreiben, so muss es auch verboten sein, dem singulären Term „Der goldene Berg" einen semantischen Wert zuzuschreiben, der in der Menge, die im Rahmen derselben Bewertung als der semantische Wert des Prädikats „ist aus Gold" fungiert, nicht enthalten ist. Wir müssen also eine Prozedur finden, die eine solche *systematische* Zuschreibung ermöglicht – eine Zuschreibung, die der „inneren Struktur" der bestimmten – und, wenn es darum geht, auch unbestimmten – Kennzeichnungen Rechnung tragen könnte.

Das ganze Geheimnis der logischen Wahrheit von (10) besteht natürlich darin, dass das Prädikat „ist aus Gold", das von dem goldenen Berg ausgesagt wird, zugleich in der Basis der bestimmten Kennzeichnung auftritt, durch die man sich in diesem Satz auf den goldenen Berg bezieht. Würden wir uns stattdessen auf den goldenen Berg durch einen Eigennamen (z.B. „Alex") beziehen, würde der Satz „Alex ist aus Gold" auf jeden Fall nicht logisch wahr sein. Es ist also klar, dass die erwünschte Korrelation der Wertzuschreibung in diesem Fall auf die innere Struktur der Subjektphrase rekurrieren muss.

Der Satz „Der goldene Berg ist aus Gold" hat, wie wir oben gesehen haben, die logische Struktur:

(5) $G(\iota x)(Gx \wedge Bx)$

Das Prädikat „*G*" („ist aus Gold") wird mit einer bestimmten Kennzeichnung „$(\iota x)(Gx \wedge Bx)$" verbunden, die ihr Objekt bereits als golden (und außerdem als Berg) definiert.

Vielleicht könnten wir also eine passende Supervaluationsprozedur finden, indem wir den involvierten Prädikaten *beliebige* Mengen aus unserer Domäne zuordnen, allerdings in einer insofern systematischen Weise als dem Prädikat „*G*", das in dem Satz vom Subjekt ausgesagt wird, und dem Prädikat „*G*", das in der Basis der bestimmten Kennzeichnung auftritt, immer *dieselbe* Menge zugeordnet wird. Es scheint, dass wir in diesem Fall das gewünschte Resultat erreichen. Denn etwas, was (unter anderem) *G* ist, ist natürlich *a fortiori G*.

Ein weiteres Problem resultiert allerdings aus der Tatsache, dass wir in der Basis der Kennzeichnung nicht nur das Prädikat „*G*" sondern auch das Prädikat „*B*" haben. Haben die beiden Mengen, die mit den beiden Prädikaten korreliert wurden, eine echte Schnittmenge, dann ist alles in Ordnung, ist das jedoch nicht der Fall, dann ist die Situation wieder semantisch unklar. Die bestimmte Kennzeichnung bezieht sich in diesem Fall auf keinen Gegenstand und wir haben wieder einen Satz mit einem leeren singulären Term, dem wir eigentlich *keinen* Wahrheitswert zuschreiben können. Mit einer solchen Situation haben wir es übrigens zu tun, wenn wir den Satz „Der goldene Berg ist aus Gold" in seiner ursprünglichen Bedeutung betrachten. In der realen Welt haben wir sowohl die Menge der Berge als auch die Menge der goldenen Dinge. Das einzige Problem besteht darin, dass ihre Schnittmenge leer ist.

Eine wichtige Bedingung, die man zusätzlich festlegen muss, ist also die, dass die semantischen Werte, die im Rahmen unserer Bewertungsprozedur den Prädikaten zugeschrieben werden, und die in der Basis der bestimmten Kennzeichnung auftreten, so miteinander korreliert werden, dass diese Basis bei jeder Bewertung *erfüllt* ist. Diese Bedingung erscheint übrigens ganz vernünftig, denn die Ausgangsidee der Supervaluationssemantik besteht ja darin, dass man den leeren singulären Termen beliebige Referenzobjekte *zuordnet*. Im Fall der bestimmten Kennzeichnungen haben wir eingesehen, dass der Mechanismus dieser Zuordnung das Zusammenspiel der semantischen Werte von Prädikaten, die in der Basis der Kennzeichnung auftreten, berücksichtigen muss. Indem wir uns aber auf diesen Mechanismus konzentrieren, sollen wir das Hauptziel des ganzen Spiels – die Zuordnung eines Objekts – dennoch nicht aus den Augen verlieren.

5. Meinong und die deskriptionstheoretische Intentionalitätstheorie

Der aufmerksame Leser hat bestimmt bemerkt, dass sich unsere supervaluationistische Analyse ziemlich eindeutig auf eine bestimmte Gruppe von Subjekt-Termen konzentriert – nämlich auf *Kennzeichnungen*. Es scheint, dass wir die Wahrheit von Sätzen, in denen solche Terme auftreten, im Rahmen unserer supervaluationistischen Auffassung tatsächlich erklären können. Kann aber eine solche Lösung auch dann angewendet werden, wenn wir uns auf den Subjekt-Gegenstand durch einen *Eigennamen* beziehen, der in seiner Bedeutung keine Beschreibung des (eventuellen) Referenzgegenstandes involviert? Oben haben wir bemerkt, dass, wenn wir uns auf den goldenen Berg durch einen Eigennamen (z.B. „Alex") beziehen würden, der Satz „Alex ist aus Gold" auf jeden Fall nicht analytisch wahr wäre. Wenn sich aber der Eigenname „Alex" wirklich auf den goldenen Berg bezieht, dann sollte der Satz „Alex ist aus Gold" dennoch wahr sein. Es scheint also, dass wir mit einer Gruppe von wahren Aussagen über nicht-existierende Gegenstände konfrontiert sind, deren Wahrheit wir durch unsere supervaluationistische Technik nicht erklären können.

Bevor wir aber diesen Punkt als ein ernsthaftes Hindernis für das supervaluationistische Programm in Bezug auf die Meinongsche Philosophie in Erwägung ziehen, müssen wir die prinzipielle Frage stellen, ob wir uns auf einen nicht-existierenden Gegenstand tatsächlich durch einen echten Eigennamen, der in seiner Bedeutung keine identifizierende Beschreibung des betreffenden Gegenstandes involviert, beziehen können? Im Grunde haben wir den Eigennamen „Alex" durch explizite Definition eingeführt. Wir haben gesagt: „wenn wir uns auf den goldenen Berg durch einen Eigennamen (z.B. „Alex") beziehen würden..."; und das heißt, dass wir „Alex" denjenigen Gegenstand nennen wollen, der zugleich ein Berg und aus Gold ist – und nur einen solchen. Es scheint, dass wir den Namen „Alex" nur deswegen überhaupt verstehen; und es scheint, dass wir uns keine andere Weise vorstellen können, in der die „Referenz" des Namens „Alex" bestimmt werden könnte.

Vieles spricht also dafür, dass unser Name „Alex" einfach eine maskierte bestimmte Kennzeichnung ist; und wenn wir im Satz: „Alex ist aus Gold" den (angeblichen) Eigennamen durch die definitorisch äquivalente bestimmte Kennzeichnung „der goldene Berg" ersetzen, dann erhalten wir doch einen analytischen Satz – nämlich unseren ursprünglichen: „Der goldene Berg ist aus Gold" – bezüglich dessen die supervaluationistische Technik, wie es scheint, funktioniert.

Es ist also nicht klar, ob wir uns in dem gegenwärtigen theoretischen Kontext um die nicht-deskriptiven Eigennamen wirklich kümmern müssen. Die Lehre, nach der *jeder* Eigenname eine identifizierende Beschreibung als seine Bedeutung involviert, ist zwar heute definitiv aus der Mode, vergessen wir aber nicht, dass es uns hier ausschließlich um die *leeren* Terme geht. Und es ist, wie gesagt, schwer vorstellbar, wie man die semantischen Eigenschaften von solchen Termen anders erklären kann als durch die Annahme, dass alle solchen Terme getarnte bestimmte Kennzeichnungen sind.

Der Neigung zu der Auffassung, dass im Fall aller nicht-existierenden Entitäten alle angeblichen Namen sich letztlich als maskierte bestimmte Kennzeichnungen entlarven müssen, ist also sehr schwer zu widerstehen. Und unabhängig davon, ob sich letztlich eine plausible Theorie formulieren lässt, welche die Möglichkeit eines genuinen leeren Eigennamens erklären würde, können wir sicher sein, dass *nach Meinong* alle solchen Namen in der Tat maskierte bestimmte Kennzeichnungen sein müssen. Der Grund dafür besteht darin, dass Meinong *überhaupt alle Namen* in dieser Weise interpretierte (vgl. Chrudzimski 2001). Diese Tatsache wird besonders klar, wenn wir uns auf den „späten" Meinong konzentrieren. Beim späten Meinong muss nämlich jede echte Intentionalität eine propositionale Form haben. In einer bloßen Vorstellung (d.h. in einem psychischen Akt, der eventuell durch einen singulären Term ausgedrückt werden kann) wird das Objekt nur ganz passiv, rein potentiell präsentiert (Meinong 1910, 238). Wenn ein solches Objekt der Vorstellung intentional *erfasst* werden soll, muss sich auf der Vorstellung ein weiterer Bewusstseinszustand aufbauen (Meinong 1910, 235), in welchem das Objekt als ein Material für ein *Meinen* dient (Meinong 1910, 244). Meinong schreibt, dass das Objekt (der nominalen Form) in dieser Weise aus dem Bereich des Außerseins *aufgrund der vorgegebenen Bestimmungen* ausgewählt wird, was ein ziemlich eindeutiges Bekenntnis zur deskriptionstheoretischen Intentionalitätslehre zu sein scheint (Meinong 1910, 275).

6. Existenzsätze

Ein neues Problem taucht auf, sobald wir die Existenzsätze unter die Lupe nehmen. Es scheint nämlich, dass sich im Rahmen unserer Auffassung jeder Satz der Form:

(11) *a* existiert

als logisch wahr erweisen muss.

Unsere Bewertungstechnik besteht doch darin, dass wir keine nicht-existierenden Gegenstände einführen, und Wahrheitswerte der Sätze, in denen leere singuläre Terme auftreten, bestimmen, indem wir diesen Termen *beliebige* semantische Werte *aus unserer Domäne* zuordnen. Ist der Satz bei jeder solchen Zuordnung wahr, dann ist er superwahr und somit logisch wahr. Da wir jedoch keine nicht-existierenden Gegenstände einführen, gibt es in unserer Domäne ausschließlich existierende Entitäten. Für jedes beliebige Objekt aus unserer Domäne, das wir dem singulären Term „*a*" zuordnen, gilt also, dass dieses Objekt existiert. Jeder Satz der Form „*a* existiert" ist demnach superwahr.

Noch schlimmer ist, dass negative Existenzsätze der Form:

(12)   *a* existiert nicht

aus ähnlichen Gründen als logisch falsch eingestuft werden müssten, während sie von Meinong explizit als eine wichtige Gruppe von *wahren* Sätzen über nicht-existierende Gegenstände interpretiert wurden.

Wie sollen wir auf diese Schwierigkeiten reagieren? Das Problem, das wir jetzt mit den Existenzsätzen haben, kann in unserer Anwendung der Supervaluationssemantik, aber auch in der *Natur des Existenzprädikats* liegen. Und vieles scheint dafür zu sprechen, dass man eher die letztgenannte Hypothese als plausibler betrachten soll. Schon die bekannten Einwände Russells haben gezeigt, dass die Existenz im Rahmen des Meinongschen Systems keineswegs als eine normale Eigenschaft betrachtet werden kann. Russell argumentiert wie folgt: Wenn, wie es Meinong ursprünglich wollte, jeder Beschreibung ein entsprechender Gegenstand „jenseits des Seins und Nichtseins" entspräche, dann müsste der Beschreibung „ein existierender goldener Berg" ein goldener Berg, der existiert, entsprechen (Russell 1905b, 533). Nach unserer Auffassung müsste also der Satz „Ein existierender goldener Berg existiert" als superwahr interpretiert werden.

Meinong verteidigte seine Position durch eine Modifikation, die er unter Einfluss Mallys unternommen hatte. Er unterschied zwischen zwei Arten von Eigenschaften, die er „konstitutorische" und „außerkonstitutorische" nennt. Bei Mally hießen sie „formale" und „außerformale" (vgl. Meinong 1915, 176). Nur die konstitutorischen Bestimmungen (wie *rot*, *dreieckig*, *hart* usw.) können ohne weiteres in den Beschreibungen auftreten, denen garantiert ein Meinongscher Gegenstand entspricht (vgl. Meinong 1907, 223f). Die Existenz-Bestimmung gehört aber zu den außerkonstitutorischen Bestimmungen, und der goldene Berg, der existiert, kann deshalb nicht in das Meinongsche Universum eingeführt werden.[6]

Anstatt die Idee der Supervaluationssemantik aufzugeben, neigen wir also zu der Auffassung, dass das Problem eher in der Natur des Existenzprädikats liegt. Die Sätze der Form: „*a* existiert" bzw. „*a* existiert nicht" müssen dementsprechend speziell behandelt werden. Die Supervaluationstechnik, die darin besteht, dass man die semantischen Werte in beliebiger (aber systematischer) Weise zuschreibt, kann hier nicht direkt angewendet werden, und zwar deswegen, weil Existenz keine normale Eigenschaft ist und somit nicht als ein semantischer Wert zugeschrieben werden kann.

7. Analytische Wahrheit der Soseinsbestimmungen

Der Hauptgrund, warum Meinong glaubte, dass es nicht-existierende Gegenstände geben muss, war – wie gesagt – die Tatsache, dass es offensichtlich viele Wahrheiten gibt, die über solche Gegenstände gelten. Der goldene Berg ist aus Gold, das runde Dreieck ist rund, Pegasus ist identisch mit Pegasus. Wir haben gehofft, dass die Argumentation für die Einführung der nicht-existierenden Gegenstände entschärft werden kann, indem man zeigt, wie man derartige Wahrheiten auch in einer anderen (ontologisch weniger kontroversen) Weise erklären kann. Unsere supervaluationistische Lösung funktioniert für die *analytischen* Wahrheiten. Nun stellt sich die Frage, ob es andere Wahrheiten gibt, die von nicht-existierenden Gegenständen gelten? Die Antwort, die wir geben wollen, mag auf den ersten Blick sehr unplausibel erscheinen. Sie lautet nämlich, dass, wenn wir von den negativen Existenzsätzen der Form „*a* existiert nicht" mal absehen,

---

[6] Meinong nahm aber auch an, dass man aus jeder seriösen Seinsbestimmung eine „nicht-seriöse" („*depotenzierte*") Seinsbestimmung erhalten kann (vgl. Meinong 1915, 291). Aus einer Existenz erhalten wir also eine Existenz *als ob*, in der, wie Meinong sagt, das „modale Moment" fehlt. Das alles führt dazu, dass man zwischen einem existierenden goldenen Berg (den wir in der Meinongschen Ontologie finden können) und einem goldenen Berg, der existiert (den es selbst bei Meinong nicht gibt) unterscheiden muss. Russell kritisiert diese Unterscheidung als prinzipiell unverständlich, vgl. Russell 1907.

alle Wahrheiten über nicht-existierende Gegenstände tatsächlich als analytisch wahr interpretiert werden sollen.

Betrachten wir nun eine beliebige Aussage, in der man etwas über einen Gegenstand aussagt, ohne Rücksicht darauf, ob der betreffende Gegenstand existiert oder nicht, z.B. die Aussage:

(13)   Ein Hund bellt.

Solche Aussagen nannte Meinong „Soseinsbestimmungen", und zwar im Unterschied zu den „Seinsbestimmungen", in denen man etwas über den „Seinsstatus" des betreffenden Gegenstandes behauptet, wie z.B. in der Aussage:

(14)   Ein bellender Hund existiert.

Kann unsere Soseinsbestimmung (13) falsch sein? Auf den ersten Blick scheint es, dass wir das nicht ausschließen können. Gäbe es keine bellenden Hunde, dann wäre (13) eben falsch. Wenn wir uns aber daran erinnern, dass wir in unserem Soseinsbestimmung gar nicht darüber sprechen, ob es einen bellenden Hund *gibt*, bemerken wir sofort, dass es keine Möglichkeit gibt, dass der Satz (13) falsch ist: Satz (13) sucht seinen „Wahrmacher" nicht bloß in der realen Welt, sondern im Meinongschen Universum; und das Meinongsche Universum ist so „dicht erfüllt", dass wir in ihm *für jede Beschreibung* einen passenden Gegenstand finden. Sagen wir etwa: „ein Hund spricht", so sagen wir die Wahrheit. In der realen Welt gibt es zwar keine sprechenden Hunde, da wir jedoch eine unbestimmte Kennzeichnung „ein sprechender Hund" ohne Probleme bilden können, muss es auch einen Meinongschen Gegenstand geben, der ihr entspricht. Das heißt aber, dass der Satz „ein Hund spricht" wahr ist, und dieselbe Folgerung kann natürlich für jede beliebige Soseinsbestimmung wiederholt werden.[7]

---

[7] Diese Behauptung ist nicht ganz richtig. Meinong hat nämlich eine Lehre von den *unvollständigen* Gegenständen und *Objektiven* (Entitäten, die bei Meinong als semantische Korrelate der vollen Sätze fungieren) entwickelt. Der Gegenstand *ein Hund* ist nun nach dieser Lehre ein unvollständiger Gegenstand. Er enthält nur eine einzige Eigenschaft *Hund-zu-sein*. Das Prinzip des ausgeschlossenen Dritten in der Form „Für jeden Gegenstand x, und jede Eigenschaft F, entweder x ist F oder x ist nicht-F" gilt für solche unvollständigen Gegenstände nicht. Im Besonderen gilt für den

In unserer Soseinsbestimmung (13) haben wir zwar zunächst lediglich von *einem Hund* gesprochen, im selben Moment, in dem wir von ihm das Prädikat „*bellt*" ausgesagt haben, haben wir ihn aber als einen bellenden Hund bestimmt. Wir wissen nun, dass man sich auf einen Gegenstand nach Meinong nur durch eine Beschreibung beziehen kann; und da die Beschreibung des Gegenstandes, die im Satz „Ein Hund bellt" involviert ist, in Wirklichkeit „ein bellender Hund" ist, können wir Satz (13) folgendermaßen umschreiben:

(15) Ein bellender Hund bellt.

Gegenstand *ein Hund* weder, dass er bellt, noch, dass er nicht-bellt. Das Objektiv, das dem Satz „Ein Hund bellt" entspricht, ist ähnlich unvollständig, und als solches kann es in der realen Welt nicht bestehen. Da ein Satz nach Meinong genau dann wahr ist, wenn „sein" Objektiv in der Welt besteht, ist der Satz „Ein Hund bellt" streng genommen *weder wahr noch falsch*. Er ist stattdessen (zu einem gewissen Grad) *wahrscheinlich*. Der Grad der (objektiven) Wahrscheinlichkeit dieses Satzes hängt davon ab, welche arithmetischen Verhältnisse zwischen den vollständigen Objektiven gelten. Das unvollständige Objektiv *ein Hund bellt* ist nämlich in vielen vollständigen Objektiven (wie z.B. im Objektiv *mein Hund bellt, der Hund von George W. Bush bellt* usw.) enthalten, oder, wie es Meinong nennt, „implektiert". Wenn wir die Anzahl aller vollständigen Objektive, in denen das Objektiv *ein Hund bellt* implektiert ist, als „M" und die Anzahl von allen vollständigen Objektiven, in denen das Objektiv *ein Hund bellt nicht* implektiert ist, als „N" bezeichnen, dann bekommen wir die Wahrscheinlichkeit des Satzes „Ein Hund bellt", indem wir M durch M+N dividieren.

Die Einzelheiten dieser komplizierten Lehre befinden sich in Meinong 1915. Wir glauben weder, dass diese Wahrscheinlichkeitstheorie wirklich überzeugend funktionieren kann, noch sind wir imstande, dieses Thema im beschränkten Rahmen dieses Aufsatzes weiter zu verfolgen. Meinongs unvollständige Gegenstände gehören übrigen natürlich nicht zu Entitäten, die wir in unserer Ontologie haben wollen. Was unsere Behauptung, dass alle Soseinsbestimmungen analytisch wahr sind, betrifft, so kann man sie aufrechterhalten, indem man die Aussage: „Ein Hund bellt" als eine Aussage interpretiert, die von einem „Meinongschen" Vorhandensein eines außerseienden bellenden (vollständigen) Hundes handelt. Diese Interpretation ist recht „Russellianisch" mit dem Unterschied, dass man in ihr einen Meinongschen Existenzquantor ($\exists_M$) verwendet. Die „tiefe" logische Form des Satzes: „Ein Hund bellt" wäre dementsprechend: „$\exists_M x(x$ ist ein Hund und x bellt)". Im letzten Abschnitt sagen wir, wie ein solcher Quantor zu interpretieren ist.

Dieser Satz ist schon explizit analytisch und dasselbe können wir im Prinzip mit jeder beliebigen Soseinsbestimmung machen.

Wir haben oben unbekümmert darüber gesprochen, dass „ein Satz seinen Wahrmacher im Meinongschen Universum sucht" und dass man „im Meinongschen Universum für jede Beschreibung einen passenden Gegenstand findet". Wir haben aber nicht vergessen, dass wir hier kein spezielles Meinongsches Universum und keine zusätzlichen nicht-existierenden Gegenstände einführen wollen. Die Rede von den Wahrmachern im Meinongschen Universum ist eine *façon de parler*, die im Rahmen unserer supervaluationistischen Auffassung so verstanden werden muss, dass man jede reine Soseinsbestimmung als superwahr betrachten muss. Und jetzt sehen wir, dass es in der Tat so ist.

Im Rahmen der Meinongschen Auffassung haben wir also das folgende Prinzip:

(16) Jeder Satz der Form „Ein *F*-Objekt ist *G*", in dem keine Prädikation der außerkonstitutorischen Eigenschaften involviert ist, ist *logisch wahr*.

Alle All-Soseinsbestimmungen sollten dann wahrscheinlich als logisch falsch klassifiziert werden, was sich im letzten Abschnitt noch bestätigen wird.

Betrachten wir beispielsweise den folgenden Satz:

(17) Alle Hunde bellen.

Es könnte zwar so sein, dass in der realen Welt tatsächlich alle Hunde bellen. Im Meinongschen Universum können wir aber ohne Probleme einen nicht-bellenden Hund finden.

8. Widersprüchliche Gegenstände

Ein Gegenbeispiel für das Prinzip (16) und zugleich für die Behauptung, dass alle All-Soseinsbestimmungen als logisch falsch klassifiziert werden sollen, könnte man in den Aussagen suchen, in denen von einem Gegenstand eine Eigenschaft ausgesagt wird, die mit einer Eigenschaft, die in der

Basis der Kennzeichnung figuriert, in Widerspruch steht. Denken wir an die folgende Formulierung:

(18) Ein goldener Berg ist nicht aus Gold.

Ist es nicht klar, dass der Satz (18) analytisch falsch ist, obwohl er eine reine Soseinsbestimmung ausdrückt? Und ist der Satz:

(19) Alle goldene Berge sind aus Gold

nicht analytisch wahr?

Leider ist aber die Situation nicht so einfach. Erstaunlicherweise ist Satz (18) nicht nur nicht analytisch falsch, er muss im Rahmen der ursprünglichen Auffassung Meinongs sogar als *analytisch wahr* klassifiziert werden. Der Grund dafür besteht darin, dass man in Meinongs Gegenstandstheorie im Allgemeinen keine Bedingungen bezüglich der inneren Konsistenz der Gegenstände festlegt. Unter den Meinongschen Gegenständen gibt es auch solche, die widersprüchlich sind, und unter ihnen finden wir natürlich auch einen goldenen Berg, der nicht aus Gold besteht. Die explizite Form des Satzes (18) soll dementsprechend die folgende sein:

(20) Ein goldener Berg, der nicht aus Gold besteht, ist nicht aus Gold;

und in dieser Form wird von dem Subjekt-Gegenstand wieder eine Eigenschaft ausgesagt, die bereits im Begriff des Subjekts enthalten ist.

Die widersprüchlichen Gegenstände verursachen allerdings viele Probleme, mit denen wir uns an dieser Stelle nicht beschäftigen können.[8] Was für unsere supervaluationistische Interpretation von besonderer Bedeutung ist, ist die Tatsache, dass die systematische Zuordnung der semantischen Werte, die zum gewünschten Ergebnis führen würde, im Fall der widersprüchlichen Gegenstände aus prinzipiellen Gründen nicht durchgeführt werden kann. Soll z.B. der Satz „Ein goldener Berg, der nicht aus Gold besteht, ist nicht aus Gold" als superwahr klassifiziert werden, so müssen

---

[8] Im Besonderen, wenn man die Widersprüchlichkeit der Meinongschen Gegenstände so interpretiert, dass sie die Inkonsistenz seiner Gegenstandstheorie impliziert, muss man eine Reform der Logik dieser Theorie durchführen, sodass zumindest das Prinzip *ex contradictione quodlibet* außer Kraft gesetzt wird.

aus allen systematischen Zuordnungen von semantischen Werten wahre Sätze resultieren. Wie könnte aber der widersprüchlichen Beschreibung „Ein goldener Berg, der nicht aus Gold besteht" ein semantischer Wert in einer Weise zugeschrieben werden, die dem Mechanismus der deskriptiven Identifizierung des Referenzobjekts Rechnung trägt? Wenn wir diesen Mechanismus respektieren, dann ist es klar, dass man in der Domäne, die uns zur Verfügung steht (d.h. in der realen Welt) keinen Gegenstand findet, der zugleich F und *nicht-F* wäre, und zwar ganz unabhängig davon, welchen semantischen Wert wir dem Prädikat „F" zuordnen. Ordnen wir hingegen der Kennzeichnung „Ein goldener Berg, der nicht aus Gold besteht" Gegenstände ohne Berücksichtigung dieses Mechanismus zu, dann haben wir die Technik preisgegeben, durch die wir den gerade zugeordneten semantischen Wert mit dem semantischen Wert des Prädikats „ist nicht aus Gold" korrelieren können. Die supervaluationistische Technik scheitert also in beiden Fällen.[9]

Wir werden in diesem Aufsatz keine Lösung des Problems der widersprüchlichen Gegenstände in der Philosophie Meinongs vorschlagen. Wir glauben allerdings, dass diese Gegenstände eher als ein marginales Problem der Theorie, denn als ihr wesentlicher Bestandteil betrachtet werden sollen. Meinong hat sie deswegen eingeführt, weil er überzeugt war, dass wir uns oft auf solche Gegenstände intentional beziehen, es ist aber keineswegs klar, ob er in diesem Punkt wirklich Recht hatte. In jedem Fall nehmen wir an, dass ein Philosoph, der von der Meinongschen Lehre lediglich in dem Punkt abweicht, dass er keine widersprüchlichen Gegenstände akzeptiert, immer noch den Anspruch erheben darf, einen „Meinongianer" genannt zu werden.

Wenn wir die Meinongsche Lehre von den widersprüchlichen Gegenständen außer Acht lassen, soll das Prinzip (16) folgendermaßen umformuliert werden:

---

[9] Vielleicht könnte man die Lösung in der Unterscheidung zwischen der internen und externen Negation suchen. Ein Satz „a ist nicht-F" wäre nach dieser Auffassung dem Satz „Es ist nicht der Fall, dass a F ist" nicht äquivalent. Die Einführung von widersprüchlichen Gegenständen (d.h. von Gegenständen, die sowohl F als auch nicht-F sind) würde in diesem Fall die Meinongsche Gegenstandstheorie nicht zu einer inkonsistenten Theorie machen, vgl. dazu Routley 1980, 91ff., 192ff. Es gibt bei Meinong Stellen, die diese Interpretation nahe legen, vgl. Meinong 1915, 173.

(21) Jeder Satz der Form „Ein F-Objekt ist G", in dem keine Prädikation der außerkonstitutorischen Eigenschaften involviert ist, ist entweder logisch wahr oder logisch falsch.

Alle All-Soseinsbestimmungen sollen dann ebenfalls entweder als logisch falsch oder als logisch wahr klassifiziert werden.

9. Bestimmte versus unbestimmte Kennzeichnungen

Im Lichte dessen, was wir in den letzten beiden Abschnitten gesagt haben, sollen wir aber die Frage nach der tatsächlichen logischen Struktur der Terme, die in der Subjekt-Position stehen, von neuem stellen. Wie wir gesehen haben, können wir, soweit es sich um die Terme handelt, die sich auf nichtexistierende Gegenstände „beziehen", von der Kategorie der genuinen Eigennamen absehen. Die Terme, die diese Rolle spielen können, müssen, wie es scheint, ihre Referenzgegenstände aus dem Bereich des Außerseins durch eine Art identifizierende Beschreibung auswählen. Die Formulierungen wie „der goldene Berg" oder „das runde Dreieck" legen es nahe, dass es sich dabei in erster Linie um bestimmte Kennzeichnungen handelt.

Die letzten beiden Abschnitte sollten uns diesbezüglich allerdings misstrauisch machen. Wir haben gesehen, dass sich im Rahmen der Meinongschen Theorie jede beliebige (nicht widersprüchliche) Soseinsbestimmung als analytisch wahr erweist, weil die Beschreibung, durch die der Subjekt-Gegenstand identifiziert wird, jedes Charakteristikum, das von diesem Gegenstand prädiziert wird, sozusagen ganz automatisch absorbiert. Sollen wir jetzt die Idee, dass in der Subjekt-Position eine bestimmte Kennzeichnung steht, ernst nehmen, so bekommen wir Konsequenzen, die eher unerwünscht sind. Betrachten wir den folgenden Satz:

(22) Der goldene Berg ist 2500 Meter hoch.

Wenn wir diesen Satz als eine reine Soseinsbestimmung interpretieren, dann ist er, wie gesagt, analytisch wahr, und zwar deswegen, weil im Moment der Prädikation die Subjektgruppe das Prädikat automatisch „aufgesaugt" hat. Die volle Form von (22) ist deshalb die Folgende:

(23) Der goldene Berg, der 2500 Meter hoch ist, ist 2500 Meter hoch.

Nun können wir natürlich auch einen anderen Satz bilden, nämlich:

(24) Der goldene Berg ist nicht 2500 Meter hoch.

Und dieser Satz muss ebenfalls analytisch wahr sein, denn seine volle Form ist ja:

(25) Der goldene Berg, der nicht 2500 Meter hoch ist, ist nicht 2500 Meter hoch.

Die erstaunliche Tatsache besteht aber darin, dass wir sowohl in Satz (22) als auch in Satz (24) von *dem* goldenen Berg gesprochen haben. Er scheint nun mal 2500 Meter hoch, mal *nicht* 2500 Meter hoch zu sein, was zu zeigen scheint, dass es im Meinongschen Universum so etwas wie *den* goldenen Berg *gar nicht geben kann.*

Die Beschreibungen, die in der Subjekt-Position einer Soseinsbestimmung auftreten, sind also im Allgemeinen immer *unbestimmte Kennzeichnungen.* Eine bestimmte Kennzeichnung können wir erst dann erhalten, wenn wir in der Basis der Kennzeichnung *alle* Eigenschaften berücksichtigen, die uns im Rahmen eines gegebenen Systems zur Verfügung stehen. Ob wir also so etwas wie eine bestimmte Kennzeichnung überhaupt haben können, hängt davon ab, ob man von einer bestimmten Menge von *allen* Eigenschaften (bzw. von *allen* Prädikaten), die uns im Rahmen unseres Universums (bzw. unserer Sprache) zur Verfügung stehen, überhaupt sinnvoll sprechen kann.

10. Die substitutive Interpretation der Existenz-Quantoren

In unserer Untersuchung haben wir das Prinzip der Existenz-Generalisierung außer Kraft gesetzt. Das ist ein Punkt, der einem echten Meinongianer sicherlich wenig gefallen wird. Jeder, der Meinongs Schriften kennt, weiß, dass es äußerst schwierig ist, in der Rekonstruktion seiner Lehre auf das

Quantifizieren über nicht-existierende Gegenstände völlig zu verzichten.[10] Meinong scheint so oft und so systematisch zu behaupten, dass es Gegenstände, die nicht existieren, in einem gewissen Sinn doch *gibt*, dass man dringend einen Ersatz für eine solche Quantifizierung braucht. Glücklicherweise erweist es sich aber, dass, wenn wir die supervaluationssemantische Erklärung der Wahrheit von Sätzen mit leeren Subjekt-Termen annehmen, ein solcher Ersatz ohne große Probleme gefunden werden kann.

Unsere Lösung des Problems der Quantifizierung über nicht-existierende Gegenstände, die keine besonders extravagante Ontologie postuliert, wird im Wesentlichen den Richtlinien einer *substitutiven* Interpretation folgen. Mit einer solchen Interpretation haben wir dann zu tun, wenn wir der Satz der Form „$\exists xFx$" genau dann als wahr betrachten, wenn es in unserer Sprache einen Term „a" gibt, der so ist, dass die Form „Fa" wahr ist.

In dieser Formulierung bedeutet die substitutive Interpretation der Quantoren zunächst zwar lediglich eine Verschiebung des Problems, denn alles hängt ja jetzt von der Semantik für die Subjekt-Terme ab. Sollte diese Semantik fordern, dass der Satz „Fa" genau dann wahr ist, wenn der Term „a" ein Designatum hat, das F ist, wären wir wieder am Ausgangspunkt. Im Rahmen unserer Auffassung verspricht jedoch die substitutive Interpretation der Quantifizierung eine ontologisch sparsame Lösung. Es scheint nämlich, dass wir kein Designatum für den Term „a" einführen müssen. Wir können die Wahrheit von „Fa" supervaluationistisch erklären selbst dann, wenn der singuläre Term „a" leer ist.

Wir erinnern uns, dass wir am Anfang des Aufsatzes das Prinzip der Existenz-Generalisierung:

(3) $Fa \supset \exists xFx$

außer Kraft gesetzt haben.

Jetzt sehen wir aber, dass es sich dabei nur um seine *gegenständliche* Version handelte – um die Version, die die Wahrheitsbedingungen für den Satz „$\exists xFx$" so bestimmt, dass es in der Domäne einen Gegenstand geben

[10] Lambert behauptet z.B., dass es absolut klar ist, dass Meinong keine *free logic* betreibt, denn „[t]he true Meinongian ... quantifies over nonexistent objects", Lambert 1983, 97. Vgl. auch Routley 1980, 25.

muss, der F ist. Wir wollen jetzt eine Meinongsche Entsprechung dieses Prinzips einführen:

(26) $Fa \supset \exists_M xFx$

die keine derartigen ontologischen Verpflichtungen impliziert. Im Besonderen soll auch folgende gelten:

(27) $(Fa \wedge \neg\exists xFx) \supset \exists_M xFx$.

Selbst wenn explizit gesagt wird, dass es (im gegenständlichen Sinne) kein x gibt, das F ist, soll es ein solches x (im Meinongschen Sinne) doch geben. Meinongs paradoxer Satz:

(1)   „[E]s gibt Gegenstände, von denen gilt, dass es dergleichen Gegenstände nicht gibt" (Meinong 1904, 490)

sollte dann nicht als: „$\exists x\neg E!x$" sondern als: „$\exists_M x[\neg\exists y(x=y)]$ " repräsentiert werden.

Den Meinongschen Quantor „$\exists_M$" wollen wir, wie gesagt, *substitutiv* interpretieren; das heißt, dass wir für jede Form „Fx" einen Substitutionsfall finden müssen, der diese Form zu einem wahren Satz macht. Im Rahmen unserer Auffassung ist es aber kinderleicht, einen solchen Fall zu finden. Wir müssen nur einen Deskriptionsoperator „η" einführen, mithilfe dessen wir aus jedem offenen Satz „Fx" eine (unbestimmte) Kennzeichnung „$(\eta x)Fx$" bilden können. Die Form „$(\eta x)Fx$" ist dabei als „ein x, das F ist" zu lesen.

Es ist klar, dass der Satz, der aus einer Zusammenfügung des Terms „$(\eta x)Fx$" mit dem Prädikat „F" resultiert:

(28) $F(\eta x)Fx$

als logisch wahr (d.h. superwahr) zu interpretieren ist, denn ein x, das F ist, ist natürlich *ipso facto* F. Die unbestimmte Kennzeichnung „$(\eta x)Fx$" ist also genau die Bezeichnung, die wir als Substitutionsfall für eine substitutive Interpretation des Satzes: „$\exists xFx$" brauchen. Das Prinzip der Existenz-Generalisierung kann also ohne ontologische Exzesse gerettet werden, indem man zuerst die Quantifizierung substitutiv interpretiert, und dann die Wahrheitsbedingungen des resultierenden Satzes im Rahmen der Supervaluationssemantik erklärt.

Literatur

Chrudzimski, Arkadiusz 2001. „Die Theorie der Intentionalität Meinongs", in: *Dialectica* **55**, 119–43.

Lambert, Karel 1983. *Meinong and the Principle of Independence: Its Place in Meinong's Theory of Objects and its Significance in Contemporary Philosophical Logic*, Cambridge: Cambridge University Press.

Lambert, Karel 1986. „Predication and Ontological Commitment", in: W. Leinfeller und F. Wuketits (Hrsg.), *Die Aufgaben der Philosophie in der Gegenwart*, Wien: Hölder-Pichler-Tempsky, 281–7.

Lambert, Karel 1991a. „The nature of Free Logic", in: Lambert 1991, 3–14.

Lambert, Karel 1995. „Substitution and the Expansion of the World", in: *Grazer Philosophische Studien* **50**, 129–43.

Lambert, Karel 1997. *Free Logics: Their Foundations, Character, and Some Applications Thereof*, Sankt Augustin: Academia Verlag.

Lambert, Karel (Hrsg.) 1991. *Philosophical Applications of Free Logic*, Oxford: Oxford University Press.

Meinong, Alexius 1904. „Über Gegenstandstheorie", in: R. Haller und R. Kindinger (Hrsg.), *Gesamtausgabe*, Bd. II. Graz: Akademische Druck- und Verlagsanstalt 1971, 481–535.

Meinong, Alexius 1907. „Über die Stellung der Gegenstandstheorie im System der Wissenschaften", in: R. Haller und R. Kindinger, gemeinsam mit R. M. Chisholm (Hrsg.), *Gesamtausgabe*, Bd. V. Graz: Akademische Druck- und Verlagsanstalt 1973, 197–365.

Meinong, Alexius 1910. *Über Annahmen*, 2. Aufl. R. Haller und R. Kindinger (Hrsg.), *Gesamtausgabe*, Bd. IV. Graz: Akademische Druck- und Verlagsanstalt 1977.

Meinong, Alexius 1915. *Über Möglichkeit und Wahrscheinlichkeit*. R. Haller und R. Kindinger (Hrsg.), *Gesamtausgabe*, Bd. VI. Graz: Akademische Druck- und Verlagsanstalt, 1972.

Morscher, Edgar und Peter Simons 2001. „Free Logic: A Fifty-Year Past and an Open Future", in: Morscher und Hieke 2001, 1–34.

Morscher, Edgar und Alexander Hieke (Hrsg.) 2001. *New Essays in Free Logic*, Dordrecht: Kluwer.

Quine, Willard V. O. 1948. „On What There Is", in: *Review of Metaphysics* **2**, 21–38; nachgedruckt in: *From a Logical Point of View*, Cambridge: Harvard University Press, 1953, 1–19.

Quine, Willard V. O. 1960. *Word and Object*, Cambridge: The MIT Press.

Routley, Richard 1980. *Exploring Meinong's Jungle and Beyond. An Investigation of Noneism and the Theory of Items*, Camberra: Interim Edition.

Russell, Bertrand 1905a. „On Denoting", in: *Mind* **14**, 479–93.

Russell, Bertrand 1905b. „Review of the *Untersuchungen zur Gegenstandstheorie und Psychologie* (Leipzig 1904)", in: *Mind* **14**, 530–8.

Russell, Bertrand 1907. „Review of: A. Meinong, *Über die Stellung der Gegenstandstheorie im System der Wissenschaften*", in: *Mind* **16**, 436–9.

Van Fraassen, Bas 1991. „Singular Terms, Truthvalue Gaps, and Free Logic", in: Lambert 1991, 82–97.

Brentano und die Österreichische Philosophie

WILHELM BAUMGARTNER

Die Wissenschaft ist Republik. Es gibt keine nationale Philosophie.
Franz Brentano

η δε τῶν οσταριχῶν φιλοσοφια λεγεϑαι πολλαχῶς

Franz Brentanos Ruf als einer der „Österreichischen Philosophen" und sein „Einfluss auf die analytische Philosophie der Gegenwart" (Marek et al., 1977) darf als allgemein bekannt vorausgesetzt werden. Ebenso bekannt ist die „Haller-These" von der genuin Österreichischen Philosophie, wonach „es eine genetische Erklärung der Eigenständigkeit der Entwicklung der Philosophie innerhalb der Grenzen der alten Donaumonarchie gibt, der zufolge das Auftreten des Wiener Kreises zumindest verständlicher als in den übrigen Darstellungen erscheint" (Haller 1977, 57). Eine Einschränkung der These Hallers findet sich in Morscher (1978) und in Sauer (1982). Nozick (1977) argumentiert, dass 1. die „Austrian Methodology" sich dadurch auszeichnet, dass sie methodologischer Individualismus sei und dass 2. „holding there is this *a priori* science of human action is logically independent of accepting the theses of methodological individualism" (1977, 362). Auf die „Österreichische Philosophie" geht in einer ausführlichen Besprechung zur aktuellen Literatur Stock (1983, 1984) ein und unterzieht die Geschichte und die Thesen der Philosophie in Österreich einer kritischen Würdigung. Smith hat die „Haller-These" um eine Variante erweitert und handelt von der „Neurath-Haller These" (1994), die er dann problematisiert und noch um die „Nyíri-These" ergänzt (2000). Mulligan (2000) schlägt stattdessen eine „Scheler-Neurath-Haller-These" vor. Stadler hat in einschlägigen Publikationen (vgl. zuletzt 1995) zum gesellschaftlichen Hintergrund des Wiener Kreises Stellung genommen. Befremdlich erscheint daher die These von „einer noch zu schreibenden Geschichte der Philosophie in Österreich" von Pappas (2001). Darauf folgt postwendend eine Replik von Stachel (2001) worin er seine Verwunderung zum Ausdruck bringt darüber, dass Pappas „die überwiegende Mehrzahl der wesentlichen und bedeutsamen Arbeiten zu diesem Thema einfach ignoriert

Phenomenology and Analysis: Essays on Central European Philosophy.
Arkadiusz Chrudzimski and Wolfgang Huemer (eds), Frankfurt: ontos, 2004, 131–58.

oder unterschlägt" und die Ergebnisse der *Forschungsstelle und Dokumentationszentrum für Österreichische Philosophie* und die Reihe *Studien zur Österreichischen Philosophie* ebenso wenig heranzieht. „In Wahrheit handelt es sich also bei der Geschichte der Philosophie in Österreich um eine bereits überaus intensiv und recht gründlich bearbeitete Materie."

Ich kann mich diesem Fazit anschließen und brauche daher diese bekannten Darstellungen hier nicht zu wiederholen. Stattdessen versuche ich in drei Thesen zu belegen, dass Brentanos Beziehungen zu Österreich aus seinem familiären Umfeld positiv vorgeprägt sind und dass sein philosophischer Ansatz, wenigstens teilweise, diesem kulturellen Hintergrund entspringt, und von dort aus eine weiterreichende Wirkung zeitigt. Schließlich nenne ich die Gründe für Brentanos Weggang aus Wien.

These 1: Franz Brentano kommt aus einem (katholischen) „Klima", aus dem er einiges einbringen kann in das andere (das österreichische) „Klima", das ihm nicht fremd ist.

These 2: Franz Brentano findet in der Philosophie Österreichs methodische Ansätze vor, die ihm schon geläufig sind und die er weiter ausbaut.

These 3: Franz Brentano bringt eine soziokulturelle Weltanschauung mit nach Wien und versucht sie zu verwirklichen und zu transformieren – ein gescheiterter Versuch.

Zu These 1: Der familiengeschichtliche Hintergrund der Familie Brentano und seine Verträglichkeit mit Brentanos Methodenansatz

Brentanos methodologische Auffassung und seine Intention, Philosophie, Psychologie und Logik neu zu begründen bzw. zu revidieren waren wesentliche Gründe, ihn nach Wien zu berufen. Noch war Brentanos *Psychologie* nicht publiziert, sondern lag nur auszugsweise in Druck vor, da war diese Schrift und ihr wissenschaftliches Programm schon Begutachtern und Befürwortern einer möglichen Berufung bekannt. Namentlich Lotze verwendete sich für Brentano, und auch Carl Stumpf, ebenfalls für Wien im Gespräch, tat das seinige, damit nicht er, sondern Brentano berufen würde.

Auch Brentanos Bruder Lujo war, wie oft, beratend, in praktischer Absicht, zur Hand und hatte, mit Bezug auf die *Psychologie* empfohlen, „bald irgendeine Arbeit, ganz neutraler Art, ... auch keine vom Dasein Gottes oder irgend welcher Dinge, die Parteifrage sein könnte, die Rede ist" zu publizieren. (Brief an Franz Brentano, Juni 1873)

Das Wissenschaftsprogramm Brentanos war wie zugeschnitten für Österreichs Vorstellungen, und – das ist die andere, gesellschaftlich-politisch relevante Idee – es war in glücklicher Symbiose mit dem politisch-weltanschaulichen Hintergrund Brentanos gepaart. Er selbst spricht von seiner „süddeutsch-österreichischen" Familientradition. Dies schloss zwei Erfahrungsmomente Brentanos und seiner Familie ein: Eine ziemlich radikale Position gegen alles „Preußische, das der Familie äußerst zuwider war, wegen seines Staatszwangs, wegen Bismarks Kirchenpolitik, aber auch wegen seiner von Hegel inspirierten Ideologie". Wie Lujo Brentano (1931, 3) weiter berichtet, haben die Angehörigen der Familie Brentano

während Jahrhunderten ... unter Habsburgischer Herrschaft gestanden ... Die Brentano de Cimaroli ... haben der österreichischen Armee zahlreiche Soldaten geliefert, darunter nicht weniger als vier Feldmarschall-Leutnants und einen General, die sich auf den Schlachtfeldern des Habsburgischen Hauses im 17. und 18. Jahrhundert ausgezeichnet haben.

Weiter schreibt Lujo Brentano, dass er, als sein Vater aus Rom, wo er mit den bekannten Künstlern um Overbeck vier Jahre verbracht hatte, nach Deutschland zurückkam, Rheinland und Westfalen in großer Aufregung gegen die preußische Regierung fand. Noch regierte Friedrich Wilhelm III. Wie er den Gedanken seiner Vorfahren, Lutheraner und Reformierte zu einer einigen evangelischen Kirche zu vereinen, wieder aufgenommen hat, so suchte er im Interesse der Einheit des Staats seine neu gewonnenen katholischen Untertanen in Rheinland und Westfalen und seine Protestantischen in den altpreußischen Provinzen einander näher zu bringen. Aber er kämpfte mit den Waffen des polizeilichen Zwangs. Das hat meinen Vater zum energischen Gegner dieser Bestrebungen gemacht und ihn mit allen verbunden, welche in den Rheinlanden ihnen entgegentraten (1931, 16). Als die

Kölner Wirren ausbrachen, hat die Begeisterung für die Freiheit der Kirche meinem Vater zur lebhaften Teilnahme für den nach der Festung Minden verbrachten Kölner Erzbischof Clemens August von Droste-Vischering veranlaßt. Und dies hat zur Verdrängung meines Vaters aus seinem schönen Aufenthalt durch den preußischen Polizeistaat geführt, womit ein großer Vermögensverlust verbunden war. (1931, 16f)

Dazu gesellte sich – wenigstens zu dieser Zeit – die süddeutsch-katholische Einstellung der Familie – „einer streng katholischen und hoch konservativen Familie" (1931, 17) – besonders der Mutter Brentanos.

> Ich habe in meiner Aschaffenburger Familie reichlich Gelegenheit gehabt, das abschätzende Urteil über alle nicht gläubigen Katholiken kennenzulernen. Man huldigte rigoros dem Standpunkt, der alleinseligmachenden Kirche; das Wort Toleranz galt als Äußerung seichter Oberflächlichkeit ... Die Katholiken sperrten sich ein in im festen Glauben verwurzelten Eigensein; sie verzichteten auf friedlichen Kulturverkehr mit der Wissenschaft. Umgekehrt wurden die Wissenschaftler voll Mißtrauen gegen die Katholiken und behandelten voll Vorurteil deren Leistungen ohne nähere Prüfung als minderwertig ... Daß ich aus einem Konservativen zu einem Liberalen geworden bin, und zwar gerade infolge meines Katholizismus [war] das vielleicht Wichtigste. (1931, 26f)

Ein weiteres Indiz für die dezidiert österreichische Ausrichtung der Familie Brentano geht aus seiner Bemerkung hervor, wonach „zwei große Bilder des Kaiser Franz Josef und der Kaiserin Elisabeth" in einem Zimmer des Hauses hingen (1931, 36). Weiter berichtet Lujo, dass man „in unserem gut katholischen Hause kein Freund der Jesuiten" war. Man wunderte sich nicht „über die große Freundschaft zwischen Preußen und Jesuiten" „denn die Preußen seien die Jesuiten in Deutschland und die Jesuiten die Preußen in der katholischen Kirche" (1931, 37). „Die Ansprüche, die er [*Franz Brentano*] als Ethiker an den Staat stellte, haben ihn wegen der Gewalttätigkeit der inneren wie der äußeren Politik Preußens nie aufhören lassen, dessen Gegner zu sein" (1931, 62).

Für die Berufungsangelegenheit mit Wien nicht uninteressant ist das Bemühen der Mutter Brentanos. Diese, bekannt mit den maßgeblichen katholischen Institutionen und deren Leitern, bemühte sich ihrerseits, unter Einschaltung von Kardinal Rauscher in Wien, Abt Hahneberg von St. Bonifaz in München und anderen kirchlichen Persönlichkeiten im Katholizismus, für die Berufung ihres Sohnes nach Wien. So konnten bestimmte Bedenken an der Kirchentreue Brentanos (siehe seine Stellungnahme zum I. Vatikanum) beseitigt werden.

An Hermann Schell trägt Brentano brieflich Selbstbiographisches zu diesem Kontext vor:

Noch war er [*der erste Teil der* Psychologie *Brentanos*] nicht publiziert, als plötzlich der Ruf nach Wien an mich kam, dem ich mit meinem deutschen Herzen alter Zeit gern folgte. Im April hielt ich meine Antrittsvorlesung über die Gründe der Entmutigung auf dem Gebiet der Philosophie, denen Sie vielleicht begegnet sind. Sie ahnten aber wohl kaum unter welchen Verhältnissen sie gehalten wurde. Ja nicht einmal ich selbst wußte, während ich sprach, daß ich wie auf einem Vulkan stand, der jeden Augenblick mit einem Ausbruch drohte. Meine geehrten Würzburger Feinde hatten nämlich ihren Eifer für mich so weit getrieben, daß sie in die Wiener Blätter die gehässigsten Nachrichten über mich gesendet, wie intrigant ich mich gegen die Kollegen benommen, was ich für ein jesuitischer Charakter sei, usw. Zum Glück hatte ich sie nicht gelesen. Aber die Studentenschaft war dadurch aufgewiegelt; wohl 400–500 füllten den Saal, in dem auch der Minister und andere Spitzen erschienen waren, und die Verabredung war, einen Höllenskandal zu machen, der mir die Möglichkeiten nehme weiter noch an der Universität zu bleiben. Wirklich begannen nach wenigen Worten, die ich gesprochen, etliche zu lärmen. Doch die Mehrheit, die dann doch erst einen Anlaß in irgendwelchem zu mißbilligendem Wort abwarten wollte, schloß sich nicht an. Und ich sprach weiter, ohne die Ungezogenheit auch nur bemerkt zu haben. Und siehe da! Es geschah, daß ich während des Vortrags so glücklich war, mehr und mehr die Sympathien des Publikums zu gewinnen. Äußerungen des Beifalls wurden laut und wiederholten sich und die Stunde, welche mir das furchtbarste Pered bereiten sollte, endete mit einem solchen Ablaus der jungen Zuhörerschaft, daß ein Sektionschef mir versicherte, noch nie sei ein neuer Lehrer mit solchem Beifall aufgenommen worden. So war der Bann gebrochen. Und von Jahr zu Jahr hob sich die Frequenz meiner Vorlesungen, obwohl ich beklagen muß, daß Wien im Durchschnitt nicht gerade das philosophisch disponierteste Publikum bietet. Doch sind von meinen hier gebildeten Schülern schon zwei Universitätsprofessoren und ein paar Dozenten. Und jetzt habe ich einen Kreis von jungen Leuten um mich, die zum Teil viel versprechen. (Brief an Hermann Schell, 22.12.1885. In Haßenfuß 1978, 43f)

Zu These 2: Das Wissenschaftsprogramm Brentanos

Franz Brentano findet in der Philosophie (in Österreich) Theoreme methodischer Art in Ansätzen (Herbart, Bolzano, aber auch Menger 1871) vor (vgl. Smith 1994, 299ff.) Brentano arbeitet an diesen methodologischen Grundeinstellungen selbst schon während seiner Würzburger Zeit, insbesondere in seiner *Psychologie* von 1874. Es ist deshalb alles andere als zufällig, dass Brentanos Methodologie ziemlich genau mit der Forderung des *curriculum philosophiae* in Österreich übereinstimmt: Logik, Metaphysik, Psychologie. Seine Vorstellung dieser Wissenschaft inklusive des Versuchs ihrer „Erneuerung" passt nun einerseits in österreichische Tradition; andererseits versucht er, Herbarts metaphysisch begründete Psychologie und Bolzanos Logik mit ihren „Sätzen an sich" mit einerseits seiner „empirischen Psychologie", andererseits mit seiner Ontologie und Sprachkritik zu revidieren, zu ergänzen und einer „Logik der Prüfung" zu unterziehen.

Brentanos ganze Ausrichtung geht darauf, die bei den Philosophen des „deutschen Idealismus" gefundenen, unbewiesenen „widernatürlich kecken Behauptungen" von ihren unterstellten A-priori-Voraussetzungen zu reinigen. Deshalb sein *ceterum censeo*: Philosophie, will sie als Wissenschaft gelten, müsse nach der empirisch-analytisch-induktiven Methode ansetzen, um dann die gefundenen Ergebnisse deduktiv verwerten zu können. Dass sich empirischer Ansatz auch mit „einer gewissen idealen Anschauung" (Brentano 1924, Einleitung) vertrage, nämlich infolge gründlicher Überprüfung empiristischer Theorien, macht den besonderen Reiz, aber auch die Schwierigkeit von Brentanos Philosophie aus.

1. Seine Logik der Prüfung mutet nach scholastischer Methode an. (Es ist bekannt, dass Brentano bei seinem Lehrer Clemens in Münster in die Philosophie der Scholastik eingeführt wurde. Brentano hatte auch vor, über die Philosophie von Franzisco Suares seine Promotion zu schreiben. Viele Jahre später noch unterstellen andere Autoren, namentlich Dilthey, Brentano, er sei ein Scholastiker geblieben.)

Brentano nimmt sich gern zentraler Thesen von Autoren an, überprüft deren Widerspruchsfreiheit bzw. weist durch *reductio ad absurdum* deren Unhaltbarkeit nach und lässt nur evidente bzw. nachweisbare Begründungen gelten. Allen anderen steht ein logisches *sed contra* entgegen.

Ein gutes Beispiel für diese Vorgehensweise findet sich in Brentanos „Über die Zukunft der Philosophie", wo er die Inaugurationsrede A. Exners Schritt für Schritt demontiert. Exner sei methodisch unsauber, sprachlich schlampig, geleitet von unbegründeten Annahmen, argumentativ unzulänglich und nicht zuletzt geleitet von einem primär praktischen Interesse, nämlich „seine 'politische Wissenschaft' als etwaige Erbin der Philosophie" zu etablieren.

Der Brentano unterstellte „Scholastizismus" erweist sich bei näherem Hinsehen nicht als überlebte Methode, sondern als Widerlegung und Zurückweisung nicht überprüfter Voraussetzung und der darauf fußenden unzulässigen Folgerung. Brentano lässt es aber nicht damit seine Bewendung haben, Theoreme zu falsifizieren (etwa wie bei Popper), sondern macht sich jeweils daran, Gründe für eine Verifizierung der eigenen Gegen-Thesen zu erbringen.

2. Man bezeichnet Brentano gewöhnlich als einen „Empiriker". Auch hierbei gilt es zu beachten, dass der Empirismus Brentanos in einem speziellen Sinne gebraucht wird, nämlich als Empirie der inneren Wahrnehmung. Die Annahme der Außenwelt bleibt ihm nur „Hypothese aller Hypothesen". Innere Wahrnehmung dagegen gilt ihm als „Wahr-nehmen" im eigentlichen Sinn, da sie evidente, untrügliche „Wahrnehmung der Wahrnehmung" (Brentano 1982) ist. Transzendente Gegenstände untersucht Brentano hingegen nicht daraufhin, wie sie uns erscheinen, sondern auf ihre minimalen notwendigen Eigenschaften und ihre analytisch-apriorischen Strukturen. Er fragt also nicht nach der „Erscheinung" etwa eines geometrischen Gegenstandes, sondern welche Eigenschaften ein solcher Gegenstand haben muss. Nicht um die apriorischen Anschauungsformen (Kant) als Bedingung der Möglichkeit für die Erkenntnis solcher Gegenstände geht es, sondern um die analytisch-apriorisch inhärenten Eigenschaften solcher Dinge.

Brentanos Untersuchungen des „englischen Empirismus" folgen der gleichen methodischen Fragestellung und haben zum Ergebnis, dass etwa Humes skeptische Einwände gegen Erkenntnis, etwa seine Interpretation des Kausalitätsgesetzes als assoziatives, gewohnheitsmäßiges Auf-einander-Folgen schon allein deswegen hinfällig seien, weil ein „dogmatisches Element, das Vertrauen auf gewohnheitsmäßige Erwartungen, die logischen Lücken ausfüllen" (Brentano, 1970, 152) müsse. Humes skeptische Philosophie ermangele also grundsätzlich durchgängiger Logik und sei, statt eine Begründung des Empirismus zu liefern, das Ende eines so ver Empirismus. Ähnlich scharf kritisiert Brentano die beiden Mills, ansonsten als Analytiker bzw. Logiker von ihm methodisch hochgeachtet, ob der bei ihnen feststellbaren „Gesetze der Assoziation", die laut Brentanos Analyse gar keine wissenschaftlichen Gesetze sind. Brentanos Kritik am transzendentalen Idealismus und am Empirismus *à la* Hume sind wegweisend ge-

worden für seine Schüler und damit auch für die sogenannte Österreichische Philosophie.

3. Brentanos Wissenschaftsauffassung ist dadurch gekennzeichnet, dass
er eine strenge Fassung der theoretischen oder epistemischen Wissenschaften anstrebt. Nach ihm sind unter die theoretischen Wissenschaften zu fassen, je nach Gegenstand und Weise der Untersuchung des Gegenstandes:
Erste Philosophie oder Metaphysik; Mathematik; Physik / Naturwissenschaft (vgl. Brentano 1952, 3). Brentanos Auffassung der theoretischen
Wissenschaft erfolgt

> im Interesse der besseren Erkenntnis. Diesem wird am besten gedient, wenn man
> zu einer Wissenschaft solche Wahrheiten zusammenfaßt, die innerlich verwandt
> sind ... Man stellt die näher verwandten enger zusammen, um so ein Bild ihres
> natürlichen Zusammenhanges zu gewinnen. Die Forschung gedeiht auf diese
> Weise am Besten. Sie bedarf der Arbeitsteilung, und diese erfolgt den
> Unterschieden der Begabungen entsprechend. Diese Unterschiede der Begabungen
> und das Bedürfnis nach Arbeitsteilung bestimmen also die Grenzen, nach denen
> die Forschungsgebiete abgesondert werden, wenn es sich um reine Theorie
> handelt. (Brentano 1952, 3; vgl. Brentano 1956, 4; Brentano 1963, 227)

Interessant ist die Sicht Brentanos von der Verwandtschaft von Physik und
Metaphysik. Diese Sicht hatte sich schon deutlich gemacht in seiner vier-
ten Habilitationsthese (Brentano 1866), wonach „die wahre Methode der
Philosophie keine andere ist als die der Naturwissenschaft." Bei späterer
Gelegenheit macht Brentano jedoch auch darauf aufmerksam,

> daß die öffentliche Meinung, die augenblicklich mehr und mehr zur Anwendung
> naturwissenschaftlicher Methode auf geistigem Gebiete ermuntert, hier oft zu
> wahren wissenschaftlichen Vergehen ... Anlaß gibt. ... Klassen solcher Verkehrt-
> heit [sind:] 1. Der Fall naturwissenschaftlicher Schminke. Man gibt sich äußerlich
> den Anschein, als ob man nach naturwissenschaftlicher Methode vorgehe, wäh-
> rend innerlich aller Ernst fehlt ... 2. Der Fall des Wechselbalges. Man bringt unter
> geisteswissenschaftlichem Titel größten Teils nur Excerpten aus naturwissen-
> schaftlichen Disziplinen. Das magere Hühnchen mit dem Gefüllsel scheint ein
> ganz ansehnlich fetter Braten geworden. Aber natürlich ist die Geisteswissenschaft
> damit um keine einzige Entdeckung bereichert; ja, die Untersuchungen welche die
> allerwesentlichsten zusammen sind, werden nun oft völlig sistiert ... 3. Der Fall di-
> letantischen Übergriffes eines Naturforschers in geistige Gebiete ... Ein Naturfor-
> scher, der, auf seinem eigensten Feld arbeitend, mit aller gebotenen Umsicht vor-

geht, erlaubt sich manchmal auf einem Geistesgebiet in der frivolsten Weise abzu-
sprechen. Es ist, als ob er, die Grenze überschreitend, plötzlich ein anderer
Mensch geworden wäre und seinen ganzen, durch wissenschaftliche Übung wohl
disziplinierten Charakter verloren hätte. Das Vertrauen auf die naturwissenschaft-
liche Methode verkehrt sich bei ihm in gewisser Weise in ein Vertrauen auf sich
selbst. Jeder Einfall wird ihm zur gesicherten These ... 4. Der Fall von logischer
Unkenntnis. Es bekennt sich einer in ehrlichem Glauben zur naturwissenschaftlichen Methode und will nach ihr verfahren; aber, da er sie nicht genugsam kennt,
so entspricht seinem Wollen nicht sein Können ... 5. Der Fall des Übersehens der
Grenze zwischen lehrmäßigem Wissen und wissenschaftlichem und künstleri-
schem Takt. (Brentano 1968, 75–9).

Auf diese „Auswüchse, zu denen die öffentliche Meinung zugunsten naturwissenschaftlicher Methoden auf dem Geistesgebiete Anlaß" gibt, war
Brentano bereits in seiner Würzburger Metaphysik Vorlesung eingegan-
gen, wonach die Metaphysik, bevor sie sich der Erforschung des Allge-
mein-ontischen zuwende, eine apologetische Aufgabe lösen müsse: Die
Abwehr skeptischer Einwände gegen die Zuverlässigkeit der Wahrnehmung und den Charakter der Axiome (Apologetik des Wissens / Ver-
nunftwissens gegen die Skeptiker und Kritiker). Die Erkenntnisprinzipien
und die Schranken ihrer Gültigkeit müssen nach Brentano als erstes untersucht werden, um gesichertes Wissen über Transzendentales (die Gegen-
standsseite des Wissens) gewinnen zu können.

Dieser erkenntnistheoretische Zugang zu den Gegenständen der Metaphysik (Ontologie des Denkens; Ontologie der Dinge; Theologie; Kosmo-
logie) gilt nach Brentano ebenso für Naturwissenschaft / Physik. Dieser
wird die Aufgabe zugeschrieben

die Aufeinanderfolge der physischen Phänomene normaler und reiner (durch keine
besonderen psychischen Zustände und Vorgänge mit beeinflußten) Sensationen
aufgrund der Annahme der Einwirkung einer raumähnlich in drei Dimensionen
ausgebreiteten und zeitähnlich in einer Richtung verlaufenden Welt auf unsre Sin-
nesorgane zu erklären ... Ohne über die absolute Beschaffenheit dieser Welt Auf-
schluß zu geben, begnüge sie sich damit, ihr Kräfte zuzuschreiben, welche die Empfindungen hervorbringen und sich gegenseitig in ihrem Wirken beeinflussen, und
stelle für diese Kräfte die Gesetze der Koexistenz und Sukzession fest ... Betrachtet man diese Kräfte als das Objekt, so hat dies auch das Konveniente, daß als Gegenstand der Wissenschaft etwas erscheint, was wahrhaft und wirklich [*und nicht
als „bloßes" Phänomen*] besteht... (Brentano 1924, 138f)

Es erscheint wichtig, hier mit Emphase zu betonen, dass sowohl Metaphysik wie Physik / Naturwissenschaft ohne psychologische Implikate, „durch keine besonderen psychischen Zustände und Vorgänge" beeinflusst auszukommen haben. Methodisch hingegen haben diese Wissenschaften allesamt analog zu verfahren.

Wie für die Naturwissenschaft fordert Brentano auch für deren „Schwesternwissenschaft", die Psychologie, Wahrnehmung und Erfahrung als Grundlage heranzuziehen, hier, in der Psychologie jedoch „vor allem die innere Wahrnehmung der eigenen psychischen Phänomene".

> Was eine Vorstellung, was ein Urteil, was Freude und Leid, Begierde und Abneigung, Hoffnung und Furcht, Mut und Verzagen, was ein Entschluß und eine Absicht des Willens sei, davon würden wir niemals eine Kenntnis gewinnen, wenn nicht die innere Wahrnehmung in den eigenen Phänomenen es uns vorführte. (Brentano 1924, 40)

Die Psychologie als „Wissenschaft von den psychischen Erscheinungen" welche intentional existent, ausdehnungslos und ohne räumliche Lage erfasst und bestimmt werden können, ist in diesem Sinne eine „Erfahrungswissenschaft" spezieller Natur. Brentano legt Wert darauf, von „psychischen Erscheinungen" zu sprechen um damit deutlich zu machen, dass er nicht von „Seele" als einem metaphysisch vorbelasteten Begriff handelt. Psychologie wie Naturwissenschaft müssen (möglichst) ohne metaphysische Annahmen auskommen. Beide Disziplinen müssen empirisch-induktiv vorgehen: Vollständige Aufzählung der gefundenen Phänomene; direkte Feststellung der obersten und allgemeinsten Gesetze der Succession dieser Phänomene nach den Regeln der Induktion; Deduktion speziellerer Gesetze aus den Gesetzen sehr umfassender Allgemeinheit; Verifikation der spezielleren Gesetze durch „Erfahrungstatsachen" (vgl. Brentano 1924, 63).

Brentano sieht die Erschwernisse dieses Vorhabens, das, weil empirisch vorgehend, vom „veränderlichen Einfluss unerforschter physiologischer Prozesse ... abhängig" ist und sieht ein, „daß die Intensität der psychischen Erscheinungen, welche wesentlich mit maßgebend ist, bis jetzt einer genauen Messung nicht unterworfen werden kann." (Brentano 1924, 102) Diese Schwierigkeiten umgeht er mit der Überlegung, dass „nicht eine Ableitung psychischer Gesetze aus physischem zu ihrer weiteren

Erklärung wünschenswert und nötig", ja auch nicht möglich sei, da man beim „Übergang vom physischem Gebiet in das der psychischen Phänomene" auf neue „unüberschreitbare Grenzen der Naturerklärung" stoße. (Brentano 1924, 66f. unter Bezug auf Mills *Logik*, VI, Kap. 10)

Die Forderung, die Brentano an die Philosophie hat, lässt sich so darstellen: Sie hat theoretische, exakte, unabhängige (frei von metaphysischen und theologischen und spekulativen Annahmen) Wissenschaft zu sein, die methodisch-analog den Naturwissenschaften ihre eigenen Gegenstände „naturgemäß" untersuchen muss. Nur so hat sie Anspruch auf Wissenschaftlichkeit.

Diesem Anspruch freilich, als Wissenschaft gelten zu können, stehen, wie ein Blick in die Geschichte der Philosophie zeigt, erschwerend andersartige Ansprüche entgegen. Dies kann man als Indiz ansehen, dass Philosophie sich zwar stets mit grundlegenden Fragen beschäftigt habe, aber auch Gefahr gelaufen sei, vermeintlichen Problemen nachzugehen. Selbst-immunisierende Systeme lassen sich kaum durch kritische Einwände „von außen" angreifen. Ein philosophisches System wird allenfalls durch ein anderes ersetzt. Und so komme es zu „gänzlichen Umwälzungen, welche die Philosophie das eine und das andere Mal erleidet." Um diesem „Übelstand" abzuhelfen, dessen Diagnose „Mangel an allgemein angenommenen Lehrsätzen" lautet, müsse gefragt werden, ob dieser „zurückgebliebene Zustand der Philosophie" nicht „ein Zeichen davon" sei, „daß sie über die Grenzen möglicher Erkenntnis und über die richtige Weise, in welcher sie ihre Fragen zu stellen hat, sich vielfach noch nicht klar geworden ist" (Brentano 1968, 94f).

Der Sack, auf den Brentano hier eindrischt, ist die sogenannte Philosophie des deutschen Idealismus; der Esel, den er meint, ist Schelling. Auf ihn gemünzt ist das Bild eines tragischen, künstlerischen Philosophen, der sich schlicht überhoben habe:

Wie die Giganten Berge auf Berge türmend, den Himmel erstürmen wollen, so strebt auch seine allzu große Kühnheit immer das Unmögliche an, und wenn er daher auch mit einer Kraft ringt, die beinahe mehr als menschlich ist, sein Ringen bleibt vergeblich und das Ergebnis kann kein erfreuliches und befriedigendes sein, so sehr auch der Anblick einer so wunderbaren Kraftentwicklung oft unser Entzücken und unsere höchste Bewunderung erregen muss. (Brentano 1968, 122)

Brentano münzt hier die Mär von den Schildbürgern, wie sie in Hauffs
Märchen geschildert werden, auf seinen Würzburger Vorgänger Schelling,
im Beisein des Schellingianers Hofmann, bei seinem Habilitationsvortrag
ziemlich unverfroren um.

Brentanos philosophisches Bemühen, das sich durch sein gesamtes
Opus verfolgen lässt, geht darauf aus, eine „Logik der Forschung" zu entwickeln, „Ansätze zur Erneuerung der Philosophie als Wissenschaft" zu
bringen. Bei diesem Unterfangen stützt er sich auf „Lehrer und Führer
welche entweder auf dem Gebiete der Philosophie einer wahrhaft wissenschaftlichen Arbeit, einer nüchternen, auf Tatsachen gegründeten Einzelforschung sich unterzogen, oder auf anderen Gebieten des Wissens erfolgreich tätig das Beispiel gegeben haben, wie man einen noch wenig bearbeiteten wissenschaftlichen Boden glücklich zu kultivieren vermag." Man
müsse es sich versagen, „stolze Systeme" zu errichten. „Geduldig" müsse
man „einzelne Ergebnisse" zu erreichen suchen. „Bescheidenheit gegenüber der Natur, gegenüber der Fülle der ungelösten Aufgaben", gepaart mit
gesundem Selbstbewusstsein seien verlangt. „Auf Tatsachen [*müsse*] die
philosophische Wissenschaft gegründet werden" (Brentano 1968, 127–31).

Was und wie der Psychologe vom Naturwissenschaftler lernen könne
sei dies: In einfacheren Fällen passe der Naturforscher sich den Verhältnissen an (d.h. er kreiere die Verhältnisse nicht, sondern untersuche die
Phänomene) und greife zum Verfahren der direkten Induktion. Nach dem
Gesetz der großen Zahlen bestimme er unbekanntes „mit einer ins unendliche wachsenden Sicherheit und Genauigkeit" und könne aus diesem sorgfältig ermittelten hohen Wahrscheinlichkeitsgrad deduzierend Einzelergeb-
nisse ableiten. In schwierigeren Fällen der Gesetzesbildung könnten die
„Ursachen so, wie es zu deduktiver Behandlung der Erscheinung nötig
wäre" nicht ermessen werden. Hier sei man auf empirische Erfassung der
gesetzmäßigen Beziehungen angewiesen. Allerdings müsse man sich voll-
auf bewusst sein, dass so festgestellte Gesetzmäßigkeiten nicht den Genau-
igkeitsgrad „voll analysierter Lehrsätze haben. Der Pathologe weiß, dass
kein Krankheitsfall dem anderen gleich ist, und so bekannt ist der unana-
lysierbare Einfluss individueller Konstitution, dass man allgemein am lieb-
sten den durch direkte Erfahrung länger mit ihr vertrauten Arzt um Hilfe
anruft" (Brentano 1968, 33f). Was Brentano hier empfiehlt ist, das „Verfahren zu ändern", *à la* Mill, entsprechend der besonderen Natur der Ge-

genstände und die „Ansprüche bald zu steigern, bald herabzustimmen, um dort den volleren Erfolg zu erzielen, hier, auf das unmögliche verzichtend, das wissenschaftlich mögliche zu erreichen."

Was wie platter Pragmatismus klingt, ist indes Ergebnis sorgfältiger Ventilation von philosophischen Vorlagen, die an ihren, sei es hochgesteckten, sei es nicht einlösbaren Vorgaben scheiterten, da sie entweder logische Schnitzer, sprachlogische Schlampigkeiten, Unsicherheit in der Methode aufwiesen, kurz: unwissenschaftlich vorgingen (vgl. auch die Vier-Phasen-Lehre, 1968a). Ob Brentano in seiner Kritik den kritisierten Lehren immer Gerechtigkeit hat angedeihen lassen, oder hat angedeihen lassen wollen (vgl. Brentano 1970) darf füglich befragt werden. Er ist aber auch gestrenge mit „den" insofern maßgebenden Philosophen, als er bei ihnen rigorose wissenschaftliche Maßstäbe vorgedacht sieht, und die er deswegen auch als Muster bzw. Bestätigung bzw. Befragung seiner Denkergebnisse herausstellt. Der auch in eigener Sache strenge Kritiker leidet einerseits an Publikationshemmung, da er viele seiner Skripten zwar „im Kopf fertig" hat, aber noch als unreif für eine Publikation erachtete; andererseits blitzt doch starkes, ja überaus starkes Selbstbewußtsein auf, wenn er etwa rhetorisch fragt „Hat er nicht wesentlich gedacht wie wir?" (Brief an Anton Marty mit Blick auf Aristoteles).

Was Brentano, mit Blick auf und unter Zuhilfenahme der naturwissenschaftlichen Vorgehensweise, die er „maßgeblich vorgedacht" findet, als Remedur für verfehlte philosophische Vorgehensweise empfiehlt, sagt er, und deswegen auch die etwas holzschnittartigen Zuspitzungen seiner Bemerkungen, vor einem öffentlichen Wiener Publikum. In seiner Gelehrtenfabrik macht er sich gleichzeitig daran, eine verfeinerte Psychologie zu entwickeln: Die *Deskriptive Psychologie*.[1]

---

[1] Brentanos Wissenschaftskonzeption umfasst die folgenden Gebiete: Das Konzept einer Neubegründung der Metaphysik als Wissenschaft – seine „analytische Metaphysik"; Weiterbildung der Metaphysik: a) die Transzendentalphilosophie: Widerlegung der skeptischen Einwände; Ausweis axiomatischen Wissens; die Theorie der Evidenz (vgl. Husserl); b) Ontologie als Gegenstandstheorie (vgl. Meinong); c) die Deskriptive Psychologie als Fortführung der Psychologie vom empirischen Standpunkt und als Weg zur Einführung zur „reinen Phänomenologie" (vgl. Stumpf; Husserl); d) die Sprachphilosophie als Instrument klarer, gedanklicher Fassung von Sprachelementen und deren Zusammenhang in Sprache (vgl. Marty); e) „Die neue Logik": Umfor-

Zu These 3: Brentanos philosophischer und kulturpolitischer
Reformvorschlag

Franz Brentano bringt politische Ansichten mit, die er auch in Österreich
vorfindet, die er aber transformieren und liberalisieren will (auch in eigener Sache), scheitert aber schließlich an der restaurativen Politik.

Von Brentanos Österreich-freundlicher Einstellung war schon die
Rede. Was weniger bekannt ist: Er findet eine großbürgerliche Atmosphäre
vor, in die er sich, quasi seelen-verwandt mit dieser, schnell einfindet,
nicht zuletzt deshalb, weil er sich auch als Person einbringt. Er fühlt sich
„mit meinen neuen Landsleuten verbrüdert", und das noch mehr „als eine
der edelsten Töchter Wiens mir als Gattin die Hand reichte" (Brentano
1895, 9).

Der junge, eben nach Wien berufene Brentano hatte schnell Anschluss
gefunden an persönliche und politische Freunde, insbesondere Theodor
Gomperz und seine Familie, die mit Gomperz verwandte Familie Auspitz,
die Familie Bettelheim, die wiederum mit Familie Gomperz in verwandt-
schaftlicher Beziehung stand, die Familie von Wertheimstein, die wiederum mit den Familien Auspitz und Gomperz verwandt waren und schließlich Familie Lieben, ebenfalls mit Familie Auspitz verschwägert, und
schließlich noch die Familie von Plener und Todesco, in deren Salon auch
der Schüler Brentanos, Hugo von Hofmannsthal, verkehrte. Diese Familien
zeichneten sich durch engen persönlichen Zusammenhalt aus, teilten die
gleiche liberale Einstellung auf großbürgerlichem Hintergrund. Brentano
war als Philosoph und auch als Poet gern gesehener Gast und bildete sozusagen das kulturelle Pendant zu den im wesentlichen wirtschaftlich orientierten Familienhäusern. Aber nicht nur der geistreiche *Parleur*, nach dessen Ansicht Dichtung „die philosophischste Disziplin" neben der Philosophie selbst war, war gefragt, auch der Erzieher und geistreiche Freund
der Kinder dieser Familien. Nicht bloß Spiele erfand er, er führte sie auch
ein in das Boccia-Spiel, in die Technik des Bumerangs, auch in die des

---

mulierung aller Aussagen in Existenzialaussagen (vgl. Hillebrand); f) Die Theorie der
Inhalte der Empfindungen („Proto-Phänomenologie"): Phänomenologie als Vorwis-
senschaft (vgl. Stumpf) und der Ausbau durch Husserl; g) „Die Anatomie des
Seelenlebens" (vgl. Freud). – Zu Freuds Beziehungen zu Brentano siehe Hemecker
1991; Baumgartner 2000.

Schach-Spiels, machte sie in einfachen Experimenten mit der Erscheinung von Komplementärfarben bekannt, trug ihnen aus seiner nachmalig berühmten Rätsel-Sammlung *Aenigmatas* (1878) vor, stellte Aufgaben philosophischer und psychologischer Natur oder spielte ihnen Stücke auf dem Klavier vor und sang dazu. Auch Stücke seines Onkels Clemens Brentano vermittelte er ihnen lebhaft. Am beliebtesten waren Brentanos sogenannte Donnerstag-Abend-Vorlesungen.

> Onkel Franz begann sein Vorlesungsprogramm mit Märchen, mit den sinn- und gemütvollen Märchen seines Oheims Clemens Brentano, mit den Geschichten von „Müller-Radlauf" und dem Rhein, von den Ahnen des Müllers, vom Murmeltier, vom „Schulmeister Klopstock", und all den andern. Die Krone von allem war das Buch von „Gockel, Hinckel und Gackeleia" in der unverkürzten, nicht allgemein bekannten Fassung. Was für Vergnügen bereitete die spannende Erzählung, was für Heiterkeit lösten die unwiderstehlich komischen Situationen und witzigen Wortspiele aus! Man konnte sich aber auch keinen besseren Interpreten für diese alle menschlichen Gemütsbewegungen umfassenden Märchen denken, als Franz Brentano, der mit seinem klangvollen, weichen, ... Bariton die Sprache in jeder Lage beherrschte, dessen künstlerisches Empfinden ihn befähigte, jeder Stimmung entsprechenden Ausdruck zu verleihen ... Mit der Zeit wurde die Vortragsreihe erweitert und immer mehr ausgestaltet. Shakespeare Dramen liess Onkel Franz vor seinen Zuhörern erstehen, und ich glaube kaum, daß „Macbeth" und „Hamlet" schauriger und eindrucksvoller „Der Widerspenstigen Zähmung" und „Was ihr wollt!" liebenswürdiger und munterer, „Romeo und Julia" zarter und poetischer wiedergegeben werden könne ... Dazwischen gab es Ausflüge zu Calderon ..., Cervantes ..., Eichendorff ..., Keller ..., Goethe ..., Grillparzer. (Winter 1927, 23–5)

Man mag darin ein gutes Beispiel für Brentanos erzieherischen Eros im „kleinen" sehen, der parallel zu seinem „großen" Programm läuft, und mag ferner daraus eine Symbiose von Leben und Lehre Brentanos erblicken.

Bei seiner Antrittsrede in Wien 1874 „Über die Gründe der Entmutigung auf philosophischem Gebiete" (1968, 83–100) betont Brentano, es bestehe wohl kein Zweifel mehr,

> daß es auch den philosophischen Dingen keine andere Lehrmeisterin geben kann, als die Erfahrung, und daß es nicht darauf ankommt, mit einem genialen Wurfe das Ganze einer vollkommeneren Weltanschauung vorzulegen [*er meint Schelling*], sondern daß der Philosoph wie jeder andere Forscher nur Schritt für Schritt erobernd auf seinem Gebiete vordringen kann. Aber etwas anderes erregt Bedenken. Es fragt sich, ob auch nur ein solches, bescheideneres Unternehmen gelingen

werde, und ob überhaupt Wahrheit und Sicherheit in philosophischen Fragen er-
reichbar sei ... Deshalb glaube ich meine Wirksamkeit an der hiesigen Hochschule
nicht besser einleiten zu können, als durch eine Betrachtung der Gründe, welche
das allgemeine Mißtrauen veranlaßten, und eine Prüfung ihrer Kraft und Berechti-
gung. (Brentano 1968, 85f)

Grundsätzlich gelte: Wo Wissen ist, da ist notwendig Wahrheit; und wo
Wahrheit ist, da ist Einigkeit.

De facto sei in der „philosophischen Welt um uns" weder Einheit und
Übereinstimmung der Lehre noch unter den Schulen, selbst in grundlegenden Sätzen zu finden. Statt einer Vervollständigung von Wissen in
denkerischer Tradition, „indem die spätere Zeit die Erbschaft der früheren
antritt", finde sich in der Philosophie, auch der neuesten Zeit „ein gänz-
licher Umschwung der Systeme", eines oft im Gegensatz zum andern. Philosophie werde deshalb in theoretischer als auch praktischer Hinsicht als
unfruchtbar gesehen. Auch werde der Philosophie gemeiniglich zugeschrieben, ihre Erklärung und Ergründung sei, da der Philosoph „in das Innere Was und Wie der Dinge eindringen" wolle, eine spezifische, wozu
„Beobachtung und Erfahrung einen Zugang nicht besitzen". Nach dieser
Diagnose der Philosophie, im Sinne des Zeitgeistes, entwickelt Brentano
sein eigentliches Programm, das der „Entmutigung" abhelfen solle: Man
müsse zwar konstatieren, dass die gegenwärtige Philosophie „Folge ihres
zurückgebliebenen Zustands" sei.

Es ist ein Zeichen davon, daß sie über die Grenze möglicher Erkenntnis und über
die richtige Weise, in welcher sie ihre Fragen zu stellen hat, sich vielfach noch
nicht klar geworden ist ... Der Naturforscher war sich darüber klar geworden, daß
die Grenzen, die er ... seiner Forschung steckte zugleich diejenigen seien, welche
die Natur selbst hier dem Streben der Wissenschaft gesetzt habe. Nur der zurückgebliebene Zustand der Philosophie hat es aber verschuldet, daß die Philosophen
sich nun wirklich häufiger dieser Fragen bemächtigten ... So zeigte in der Tat die
philosophische Forschung nicht bloß eine geringere Entwicklung, als andere Wis-
senszweige sondern auch einen öfteren und tieferen Verfall, ... (wie auch) in der
jüngst vergangenen Zeit. ... Die Gegenwart ist aber dann wohl eine Zeit des Über-
ganges von jener entarteten Weise des Philosophierens, zu einer naturgemäßeren
Forschung. (Brentano 1968, 95–7)

Erstens habe – in positiver Hinsicht – die Philosophie Aussicht auf „glücklichen Erfolg der philosophischen Forschungen" zu hoffen, wenn sie nach naturwissenschaftlicher Methode verfahre.

Zweitens bleibe dann der Philosophie als strenger Forschung „ein Kreis von Fragen, auf deren Beantwortung nicht verzichtet werden muß", und „im Interesse der Menschheit" nicht verzichtet werden kann. Auch sei „das wachsende Bedürfnis nach Philosophie" zu konstatieren, insbesondere bei der Lösung von Fragen, die auch den Naturforscher „an die Schwelle der höchsten metaphysischen Fragen" führten. Ferner auch in praktischen sozialen Fragen, die „in unserer Zeit mehr als in jeder früheren in den Vordergrund" träten und nach „einer befähigteren Lösung warteten", verspricht Brentano Remedur. Abhilfe von Missständen in „sozialen Erscheinungen", die zu den „psychischen Erscheinungen" gehörten versprecher er sich durch „die Kenntnis der psychischen Gesetze, also das philosophische Wissen". Er fühle sich „dazu bestimmt", sich ernst und sorgfältig mit psychologischen Untersuchungen zu beschäftigen. „Die deutschen Jünglinge Österreichs, begünstigt von einer Regierung, deren Weisheit den Wert der Wissenschaft erkennt und nach jeder Seite und mit allen Mitteln sie zu fördern sucht, werden in diesem edlen Streben hinter ihren Brüdern in anderen Gauen gewiss nicht zurückbleiben wollen" (1968, 99f).

Brentano verspricht hier, sein in Würzburg begonnenes Methodenkonzept nach Wien zu übertragen und empfiehlt sich praktisch, in Wien sein Konzept einzulösen, um so die Studentenschaft auf den neuesten Stand der Forschung zu bringen, wofür natürlich entsprechende Mittel einer wohlwollenden Regierung eingefordert werden.

Fünfzehn Jahre später, anlässlich eines Vortrags vor der *Philosophischen Gesellschaft* in Wien (einer Institution der Brentano Schule) „Über Schellings Philosophie" bezieht sich Brentano auf „die Philosophie jener Tage" und konstatiert „daß ihre Werke unter wissenschaftlichem Gesichtspunkt alles und jedes Wertes ganz und gar entbehrten" (1968, 125). Er zitiert Grillparzer:

Ich fand Hegel so angenehm, verständig und rekonciliant, als ich in der Folge sein System abstrus und absprechend gefunden habe ... Lieber als ein solches System glaube ich an alle 100 Miracel.

An die Adresse Grillparzers gewandt meint Brentano: „So spricht ein künstlerischer Geist hier geradeso wie ein wissenschaftlicher" (1968, 127) und Brentano selbst meint die Besorgnis von Voreingenommenheit Schelling und Hegel („Preußen paktierte mit Hegel") gegenüber ausschließen zu können, da er, Brentano, „auf Tatsachen die philosophische Wissenschaft gründen" wollte. Dies sei „leicht nachweisbar und auch schon lange von uns nachgewiesen worden, daß sie die einzige Weise ist – auf welchem Gebiet auch immer – von dem Wirklichen in der Welt und seinen realen Vorbedingungen und Folgen Kenntnis zu erlangen." Und er kommt zu dem Schluss:

kein Zweifel also, unser Verfahren ist mit Erfolg möglich und dann nicht bloß berechtigt, sondern das einzig berechtigte ... Unsere Forschungen sind gerade diesen Spekulationen an innerem Wert unendlich überlegen. Wir machen Ansätze zur Erneuerung der Philosophie als Wissenschaft, jene repräsentierten ein Stadium des äußersten Verfalles ... Unsere Lehrer und Führer werden die sein, welche entweder auf dem Gebiete der Philosophie einer wahrhaft wissenschaftlichen Arbeit, einen nüchternen, auf Tatsachen begründeten Einzelforschung sich unterzogen oder auf anderen Gebieten des Wissens erfolgreich tätig das Beispiel gegeben haben, wie man einen noch wenig bearbeiteten wissenschaftlichen Boden glücklich zu kultivieren vermag. (1968b, 130f)

Als Brentano diese Worte an die neu eingerichtete „Philosophische Gesellschaft" richtete, war er seit Jahren schon seines Lehrstuhls verlustig gegangen und damit auch der Möglichkeit seine immer noch zahlreichen Schüler zu promovieren und wissenschaftspolitisch zu fördern. Trotzdem spricht er voll „Selbstbewußtsein": „Es ist Pflicht denn nur es hält unsere Kraft in geduldiger Forschung tätig" (1968b, 132). Dass Brentano seiner „Sendung" treu blieb, dazu gehörte schon eine große Portion Selbstbewußtsein und Ideal. Als er 1895 schließlich „aus den Österreichischen Landen" schied, mit deren Landsleuten er sich „verbrüdert" sah, geht er noch mal auf seine Verdienste an der Universität und darüber hinaus ein.

Ich kam zu einer Zeit, welche sich über die Hohlheit pomphaft aufgebauschter Lehrsysteme völlig klar geworden war, wo aber die Keime echter Philosophie noch fast gänzlich fehlten. Da Ministerium Auersperg (Stremayer) glaubte in mir den Mann zu erkennen, der am geeignetsten sei, einen solchen Keim nach Österreich zu bringen. Man rief mich, und ich folgte dem Rufe. Ich fand die Zustände in hohem Maß traurig; eine Herbartische Lehre, aber keine Herbartische Schule (die Stunde für sie war eben schon vorüber); und dieses Nichts war alles. (Brentano 1895, 10)

Diese sehr harsche Einschätzung Brentanos blieb natürlich nicht ohne Erwiderung; doch rechnete sich Brentano das besondere Verdienst zu, dass er mit seiner „Deskriptiven Psychologie", einer „individuellen" Psychologie auf Erfahrungsbasis und doch mit axiomatischen Ergebnissen, aufwarten konnte entwickelt zu haben, die sowohl „den einzelnen Elementen" (übertragen: den einzelnen Bürgern) als auch dem „Ganzen der Psychologie" (übertragen: dem Staatsganzen) Rechnung trug, indem sie die gesetzesartige Verknüpfung von Einzelnem und Ganzem nach dem Muster der Kausalgesetze aufwies. Brentano spricht von „seiner Schule", die im wesentlichen „psychognostisch" verfährt, da sie „die sämtlichen letzten psychischen Bestandteile, aus deren Kombination die Gesamtheit der psychischen Erscheinungen wie die Gesamtheit der Worte aus den Buchstaben sich ergibt. Ihre Durchführung könnte als Unterlage für eine *charakteristica universalis* wie Leibniz und vor ihm Descartes sie ins Auge gefaßt haben, dienen." Als Ergänzung der „Psychognosie" (insbesondere zu physiologischer Forschung) seien freilich „instrumentale Hilfsmittel" nötig. Das war Brentano schon 1874, zur Zeit seiner Berufung nach Wien, klar. Er hatte „das Bedürfnis nach einem psychologischen Institut für wahrhaft schreiend" empfunden. Um „seine Disziplin allseitig zur Darstellung" zu bringen „bedarf er bei der Psychologie heutzutage unbedingt der Hilfsmittel eines psychologischen Kabinetts." Es schien ihm „geradezu unmöglich, daß, was Preußen, Sachsen, Bayern, ihren vornehmeren Universitäten bereits gewährt haben, von Österreich, der ersten Hochschule des Reiches, noch lange versagt bliebe" (Brentano 1895, 34f).

Die Einrichtung eines „psychologischen Instituts" in Wien ist Brentano versagt geblieben. Auch seine Restitution als Lehrstuhlinhaber ist ihm „bei dem regelmäßig sich erneuernden einstimmigen Vorschlage der Fakultät, jedes mal mit Ausflüchten und halben Versprechungen hingehalten" worden. Schließlich habe man ihm den Vorschlag unterbreitet, seinem Schüler „Hillebrand die Leitung des Institutes übergeben, und der Herr Minister bietet Ihnen an, neben ihm zu fungieren." Dies fand Brentano natürlich als „schlechterdings unannehmbar" und es kam ihm vor „als wolle man zu

dem Schaden den man mir angethan, auch noch den Spott hinzufügen"
(1895, 15f).

> Vor allem wünsche ich, daß die Österreichische Regierung es lerne, für treu ge-
> leistete Dienste dankbar zu sein. Ich glaube, sagen zu dürfen, daß die Behandlung
> die ich selbst erfahre, genugsam zeigt, wie viel ihr in dieser Beziehung fehlt.
> (1895, 10)

> Die Professurfrage kommt hier zur Entscheidung. Gautsch hat vor seinem Abgang
> nach dem ich mit völliger Sistierung der Vorlesungen gedroht, die Sache wirklich
> in Angriff genommen und, da er mich nicht allein zu Nominieren wagte, eine
> dritte zu systemisiernde philosophische Professur ins Budget gesetzt und gleich-
> zeitig die Aufforderung zu einem Vorschlag dafür an die Fakultät gerichtet. Bei
> seinem plötzlichen Sturz trug er Sorge, Madeysky von seiner Absicht in Kenntnis
> zu setzen und sie ihm direct und durch David zu empfehlen. So weit wären wir al-
> so. Es muß zur Entscheidung kommen. (Brief an Lujo Brentano, 10.12.1893)

Einige Monate später schreibt er an seinen Bruder:

> Madeysky hat sich mir gegenüber unter allem Hund benommen und mir Anerbie-
> tungen gemacht, die ich mit der Bemerkung zurückwies, sie seien von der Art, daß
> es scheinen könne, als wolle man zu dem Schaden, den man mir angethan, auch
> noch den Spott hinzufügen. Die Wogen intoleranter Reaction sind im Steigen und
> Plener schämt sich scheints noch immer nicht einem solchen Ministerium
> anzugehören. (Brief an Lujo Brentano, 3.7.1894)

Brentano schätzt die Lage durchaus realistisch ein und kleidet es in seinem
Vortrag vor der *Philosophischen Gesellschaft* in die wohlgesetzten Worte:

> Nun mag freilich einer, der dies hört, mir ein „hic Rhodus, hic salta" zurufen, aber
> ich antworte getrost: Gar wohl! nur soll man mir beim Tanzen erst die Beine frei
> machen. (Brentano 1968, 15)

In der Tat waren Brentano nicht nur die Beine gebunden. Seit seiner Hoch-
zeit mit Ida Lieben in Leipzig, 1880, war er, bis zu seinem Ausscheiden
aus Wiener Hochschuldiensten, durchgängig „sächsischer Bürger und bis
heute kein Untertan Österreichs" wie er wiederholt betont. (z. B. Brentano,
15.12.1894). Seines Lehrstuhls ledig kämpfte er für eine Reform des österreichischen Eherechts, welches eine Verbindung von kanonischem Kir-
chenrecht und österreichischem Staatsrecht vorsah.

Der apostasierte katholische Priester, Dr. Franz Brentano, früher Professor, dann Privatdozent der Philosophie an der (stiftungsmäßig katholischen!) Wiener Universität, hat in den letzten Tagen auf seine eigene Veranlassung viel von sich reden und schreiben gemacht. Er selbst schrieb drei sehr prolixe Artikel in der „Neuen Freien Presse", betitelt: „Meine letzten Wünsche für Österreich". (Friedrich Maassen 1894)

Maassen kommt zu dem Schluss, dass der Staat, da er ja auf seinem eigenen Gebiete keinen Geistlichen kenne „diesen Begriff von der Kirche her herübernehmen" müsse da das Gesetz den Begriff „Geistlicher in höheren Weihen taliter qualiter der Kirche entlehnt hat" – entgegen Brentanos Annahme, dass der Staat einen ehemaligen Geistlichen als keinen Geistlichen betrachtet. Brentano staunt über einen Leitartikel zu seinem Fall im *Neuen Wiener Tagblatt*, der, wie er erfährt, „direkt aus dem Unterrichtsministerium in die Redaktion des 'Neuen Wiener Tagblatts' gelangt" sei und der „gröblichen Unverstand" in der Sache zeige und sein, Brentanos „Verhalten und seine Motive unter der Maske der Schonung in schmählichster Weise herabgewürdigt" habe, und die Angelegenheit unter die Rubrik „Wiener Gemütlichkeit" verbuche. Brentano daraufhin: „Wenn das die Wiener Gemütlichkeit wäre, so würde es wahrlich nicht gemütlich sein, bei den Wienern zu hausen" (Brentano 1894, 22).

Ein erneuter Artikel im *Vaterland*: „Brentano gegen Brentano" spricht davon, dass Brentano „zum Ärgernis vieler Katholiken an der ersten stiftungsmäßig katholischen Universität Österreichs zum Professor ernannt worden" sei.

„Der Regenerator der Philosophie in Österreich" habe „aber um eines Weibes Willen seine Staatsbürgerschaft in den Wind geschlagen, seine Professur geopfert und nach einigen Jahren die beiden letzteren wieder zurückhaben wollen, und zu diesem Ende dem österreichischen Eherechte eine Deutung gegeben, die er früher praktisch selbst als unzulässig erkannt hat." Brentanos Schlussbemerkung gegen „das bekannte feudale Organ das 'Vaterland'":

Das heute in Österreich geltende Eherecht wird vielfach einer harten Kritik unterworfen; man verlangt dringlich nach seiner Reform. Und gewiss erweist die häufige Mißdeutung seiner gesetzlichen Bestimmungen wenigstens ihre neue Formulierung als wünschenswert ... und so muß ich denn insbesondere dagegen protestieren, wenn man meint, wo einer Bestimmung nach ihrem sensus obvius ein ge-

rechter und vernünftiger Sinn innewohnt, verdiene eine künstlich gesuchte Interpretation, welche sie zu einer ungerechten und unlogischen Aufstellung verunstal-
tet, gerade ob dieser Eigenheit den Vorzug, indem diese sie dem allgemeinen Geist
der österreichischen Gesetzgebung entsprechend erscheinen lasse. (1894, Beilage
11. Wiederabdruck in Brentano 1895, 71ff)

Brentano hat damit das Seinige getan, um die leidige Frage des Eherechts
in Österreich zu lösen.

Von Wien nach Florenz

Zum Abschied von Wien äußerte er noch den frommen Wunsch:

Möchte doch Österreich seinen inneren Frieden finden! Möchten seine Völker ob
den Unterschieden der Nationalität die Einheit ihrer Kultur nicht verkennen und
ihren Hader um relative Nichtigkeiten in einem Wettstreit in der Förderung dieses
höchsten, gemeinsamen Gutes verwandeln! Das wäre eine Koalition, für die das
Herz sich erwärmen könnte, und, wenn unser Koalitionsministerium sie anstrebt
und vollzieht, dann möge es dauernd Bestand haben. (Brentano 1895, 29)

Und dann macht Brentano schließlich noch einen Vorschlag zur Güte, auch
zur „Vergeltung":

Ich weiß, man kargt jetzt in Österreich mit Ausgaben für wissenschaftliche
Zwecke. Möge man es hinsichtlich eines so wesentlichen Erfordernisses für das
Gedeihen der Philosophie nicht thun. In dieser Absicht möchte ich bitten, zu
erwägen, wie viel der Österreichische Staat in den Jahren, wo ich unentgeltlich die
philosophische Lehrkanzel verwaltet, an systemisiertem Gehalte erspart hat. Möge
das so den Zwecken, für die es gesetzlich bestimmt war, Entzogene durch eine
reiche Dotation des psychologischen Institutes nicht mir, aber den Interessen der
Philosophie in Österreich gewissermaßen restitutiert werden! (Brentano 1895, 40)

„Der Fall Brentano" war leider das unrühmliche Ende einer insgesamt im-
ponierenden wissenschaftlichen Karriere in Wien. Brentano zu berufen
war, trotz seines Rückhalts in der Fakultät, politisch inoportun. Gleichwohl
hielt Brentano aus den oben angegebenen Gründen „die Stellung", obwohl
er längst nicht mehr Österreicher war und in der Akademie als „auswär-
tiges Mitglied aufgeführt" wurde. Zwar hätte er das „Recht auf Naturali-
sation" (Brief an Lujo Brentano, 3.7.1894) verlangen können, tat es aber

absichtlich nicht. Die politisch Verantwortlichen ihrerseits zogen es vor,
Brentano hinzuhalten. So dachte Brentano wiederholt daran, Österreich zu
verlassen. Angebote auswärtiger Universitäten gab es durchaus. „Daß ich
in England das fruchtbarste Arbeitsfeld fände, wenn anders ich noch mich
genugsam acclimatisieren könnte, scheint auch mir unzweifelhaft" (Brief
an Lujo Brentano, 21.4.1895). Aber „England hat im Augenblick keinen
Philosophen, der mich, ähnlich wie einst Mill oder auch Jevons anziehen
könnte" (Brief an Lujo Brentano, 6.6.1892). In München wird Brentano
„mit vier gegen die zwei clericalen Stimmen" *primo loco* genannt. Doch
„Hertling gab nur die kurze Erklärung ab, daß er im Fall Ihres Kommens
aus der Facultät austreten würde. Nicht aus sachlichen sondern persönlichen Gründen." (Brief von Carl Stumpf an Franz Brentano, 14.12.1893 –
Georg von Hertling war nicht nur Vetter, sondern auch Schüler Brentanos
in Würzburg. Die religiösen bzw. religionspolitischen Anschauungen
trennten die beiden nachhaltig, wie man sieht.)

> Vielleicht ist es eine bloße Einbildung, aber mir kommt es vor, als ob meine bloße
> Anwesenheit in Wien einen fördernden Einfluß auf die Lage der Philosophie in
> Österreich haben werde. Ob ähnliches für Bayern gelten würde, scheint mir sehr
> zweifelhaft. Da müsste ich erst wieder den Katheder besteigen und den Herrn
> Hertling &c. gegenüber einmal energisch zeigen, was ein Echtberufener Philosoph
> vermag. Aber könnte ich es? (Brief Franz Brentano an Lujo Brentano, 24.3.1894)

Brentano weiß, dass seine Sache in München auch von Wiener Kreisen aus
unterstützt werde, weiß aber zugleich „daß meine Berufung durchs Bayerische Ministerium bei der gegenwärtigen Lage in Bayern aussichtslos sei"
(Brief an Lujo Brentano, 10.12.1893).

Später meint Brentano: „Mit der Philosophie in Deutschland steht es
elend." Dies gelte auch für Lipps und für Husserl (dem Brentano nicht gerade besondere Komplimente machte).

> Was für Zustände! Fände sich in München ein wahrhaft begabter junger Mann, der
> sich der Philosophie widmen möchte, so wäre ich gern bereit ihn für ein paar Jahre
> zu mir ... zu nehmen, um ihn ... für Philosophie auszubilden. Denn tatsächlich be-
> sitzt Deutschland, wie es scheint, nicht einen einzigen tüchtigen Lehrer. (Brief an
> Lujo Brentano, 29.8.1904)

Lujo seinerseits konzidiert:

Lipps ist in meinen Augen gewiß kein großer Philosoph und Niemand kann weniger blind gegen seine vielen Schwächen sein, wie ich. Immerhin hat er Vorzüge. Vor allem kroch er nicht vor Regierung und Sanktion und hat nach dieser Richtung als vorzüglicher Dozent einen sehr wohltätigen Einfluß auf die Jugend. Seine Schüler sollen sich allerdings dann meist von ihm abwenden und Deiner Schule zuwenden. So hörte ich insbesondere von einem jungen Mann namens Hirsch. (Brief an Franz Brentano, 6.9.1904)

Hirsch war dann tatsächlich zu Brentano nach Florenz gereist, um, auch im Auftrag Husserls, dessen Position Brentano zu erklären. Zu einer Verständigung ist es aber nicht mehr gekommen.

Der ausgewanderte Österreicher, der eine Zeit hindurch als Philosoph in Deutschland das Wort führte, stellte gleichsam das Band vor, das seine einstigen Heimathsgenossen mit dem gewaltigen Strome des neuen Geistes in der deutschen Philsophie verknüpfte und, der ungünstigen äußeren Lage der Dinge zum Trotz, der Philosophie in Wien und anderwärts eine unsichtbare Gemeinde schuf, welche sowohl künftiger Aufnahme als selbstständiger Entfaltung philosophischer Forschung wirksam vorgearbeitet hat. (Zimmermann 1888/89, 181)

Robert Zimmermann hat diese Würdigung, obgleich sie recht wohl passte, nicht auf Brentano gemünzt, sondern auf Reinhold.

Über die neueren Bestrebungen der Philosophie seiner Zeit schreibt Zimmermann weiter:

Philosophisch geschulte Wiener Naturforscher ... haben den Ton angeschlagen; mit der positiven Philosophie Comte's und der inductiven Methode der Engländer vertraute und befreundete Denker, wie der Herausgeber und Uebersetzer Stuart Mill's, ... Th. Gomperz, in der Logik, und der Geistesverwandte A. Bain's, F. Brentano, in der Psychologie, haben den selben weiter getragen und der Letztgenannte ihn auf seine Schüler, den Verfasser der „Tonpsychologie", Stumpf (jetzt in Halle) und Marty in Prag, Meinong in Graz, u. A. verpflanzt. Eine neue, empirisch gesinnte und, vielleicht mehr als zu wünschen, ausschließlich empirisch geschulte Generation junger Denker scheint im Begriffe, sich zu entwickeln, als deren Organ und zugleich als gutes Vorzeichen künftig nicht mehr zu unterdrückender freier philosophischer Regung, die jüngst an der Wiener Universität nach dem Muster der Berliner begründete „Philosophische Gesellschaft" gelten kann. (Zimmermann 1888/89, 269)

Mit dieser Einschätzung wird Zimmermann der Philosophie Brentanos zwar nur halbwegs gerecht, nimmt aber recht deutlich eine künftige Entwicklung der Philosophie in Österreich vorweg und bestätigt sozusagen im Vornherein die nachmalige These Hallers.

An Hermann Schell gerichtet schreibt Brentano, er sei

> im Begriff, Wien zu verlassen und zunächst nach Italien, insbesondere nach Rom zu gehen. Sie kennen es und begreifen, wie sehr ich ... mich darauf freue. ... [*Ich gehe*] nach Rom, auch um das italienische Bürgerrecht zu erwerben, denn augenblicklich weder dem deutschen Reich noch Österreich als Bürger zugehörig, bin ich einer von den Souveränen geworden, die man mit weniger großartigen Titeln als Vagabunden zu bezeichnen pflegt. (Haßenfuß 1978, 47 und 61f)

In Florenz sesshaft geworden, schreibt Brentano von seinen dortigen wissenschaftlichen Tätigkeiten und von einer Schulbildung, die ähnlich wie seinerzeit in Würzburg, dann in Wien nun in Italien sich abzeichnet. Zum neuen Philosophenkreis um Brentano gehören unter anderem Amato Pojero, Vailati, Enriquez, Orestano, Calderoni, Puglisi.

> Im Augenblick beschränkt sich meine wissenschaftliche Tätigkeit wesentlich auf die Einführung eines jungen, trefflich beanlagten Italieners in meine Forschungsweise und das Wesentlichste ihrer bisherigen Ergebnisse. Vielleicht gedeiht meine Lehre besser noch als in meinem Heimatlande in dem Lande meiner Väter. (Franz Brentano an Hermann Schell. In: Haßenfuß 1978, 79)

Dass Brentano mit seiner Einschätzung wesentlich richtig lag, und dass dies nicht nur für die Jahre seiner Präsenz in Italien gilt, sondern dass, wie von einer wesentlichen Mitbestimmung der Philosophie in Österreich, man füglich auch von einer Brentano-Schule in Italien, bis heute, sprechen kann, dafür stehen gerade jüngere und jüngste die Veröffentlichungen zu Brentano (Antonelli, 2001) und zur „Zentraleuropäischen Philosophie" (Albertazzi, Fano, Poli, Spinicci).

Literatur

Albertazzi, Liliana und Roberto Poli (Hrsg.) 1993. *Brentano in Italia. Una filosofia rigorosa contro positivismo e attualismo.* Milano: Guerini.

Antonelli, Mauro 2001. *Seiendes, Bewußtsein, Intentionalität im Frühwerk von Franz Brentano.* Freiburg: Alber.

Baumgartner, Elisabeth und Wilhelm Baumgartner 1999. „Die Anfänge der wissenschaftlichen Psychologie an der Universität Würzburg: Franz Brentano und Carl Stumpf", in: Janke und Schneider (1999).

Baumgartner, Wilhelm 2000. „Franz Brentano (1838–1917). Philosoph und Lehrer Sigmund Freuds", in: Heidenreich (2000, 117–30).

Brentano, Franz 1866. *Ad Disputationem qua Theses gratiosi philosophorum ordinis consensu et auctoritate pro impetranda venia docendi in Alma Universitate Julio-Maximiliana...* Aschaffenburg: Schipner. Wiederabgedr. Brentano 1968, 133–41.

Brentano, Franz 1878. *Aenigmatias. Rätsel.* Auflage[5], Bern: Francke (1962).

Brentano, Franz 1894. „Dr. Friedrich Maassen über das Eherecht des ausgetretenen Geistlichen. Replik auf einen Angriff im 'Vaterland'." *Neue Freie Presse, 15.12.1894, Morgenblatt.* Wiederabgedr. in Brentano 1895, 52–63.

Brentano, Franz 1895. *Meine letzten Wünsche für Österreich.* Stuttgart: Cotta.

Brentano, Franz 1924. *Psychologie vom empirischen Standpunkte I.* Hamburg: Meiner.

Brentano, Franz 1952. *Grundlegung und Aufbau der Ethik.* Bern: Francke.

Brentano, Franz 1956. *Die Lehre vom richtigen Urteil.* Hamburg: Meiner.

Brentano, Franz 1963. *Geschichte der griechischen Philosophie.* Bern: Francke.

Brentano, Franz 1968. *Über die Zukunft der Philosophie.* Hamburg: Meiner.

Brentano, Franz 1968a. *Die vier Phasen der Philosophie.* Hamburg: Meiner.

Brentano, Franz 1970. *Versuch über die Erkenntnis.* Hamburg: Meiner.

Brentano, Franz 1971. *Psychologie vom empirischen Standpunkte II. Von der Klassifikation der psychischen Phänomene.* Hamburg: Meiner.

Brentano, Franz 1982. *Deskriptive Psychologie.* Hamburg: Meiner.

Brentano, Franz und Lujo Brentano. *Briefwechsel.* (Die Publikation wird in der Brentano Forschungsstelle in Würzburg vorbereitet.)

Brentano, Lujo 1931. *Mein Leben im Kampf um die soziale Entwicklung Deutschlands.* Jena: Diederich.

Chisholm, Roderick M. 1982. *Brentano and Meinong Studies.* Amsterdam: Rodopi

Chrudzimski, Arkadiusz 2001. *Intentionalitätstheorie beim frühen Brentano.* Dordrecht: Kluwer.

Eder, Gabriele Johanna 1995. *Alexius Meinong und Guido Adler. Eine Freundschaft in Briefen.* Amsterdam: Rodopi.

Fano, Vincenzo 1993. *La Filosofia dell'evidenza. Saggio sull'epistemologia di Franz Brentano.* Bologna: Clueb.

Feichtinger, Johannes 2002. „Wissenschaftswandel in Österreich (1884–1945). Eine hypothetische Annäherung anhand sozialwissenschaftlicher Beispiele", in: *newsletter MODERNE* **5**, Heft 1, 17–20.

Freud, Sigmund 1966. *Gesammelte Werke 17.* Frankfurt: S. Fischer.

Freud, Sigmund 1987. *Gesammelte Werke. Nachtragsband. Texte aus den Jahren 1885–1938.* Frankfurt: S. Fischer.

Haller, Rudolf 1968 „Wittgenstein und die Österreichische Philosophie", in: *Philosophie in Österreich. Wissenschaft und Weltbild, 21*, 77ff.

Haller, Rudolf 1977. „Österreichische Philosophie". In Marek et al. (1977, 57–66).

Haller, Rudolf 1978. „Brentanos Sprachkritik, oder dass ‚man unterscheiden muss, was es hier zu unterscheiden gibt'", in: *Grazer Philosophische Studien* **5**, 211–24.

Haßenfuß, Josef (Hrsg.) 1978. *Hermann Schell als Wegbereiter zum II. Vatikanischen Konzil. Sein Briefwechsel mit Franz Brentano.* [...]. Paderborn: Schöningh.

Heidenreich, Bernd (Hrsg.) 2000. *Geist und Macht. Die Brentanos.* Wiesbaden: Westdeutscher Verlag.

Hemecker, Wilhelm W. 1991. *Vor Freud. Philosophiegeschichtliche Voraussetzungen der Psychoanalyse.* München: Philosophia.

Janke, Wilhelm und Wolfgang Schneider 1999. *Hundert Jahre Institut für Psychologie und Würzburger Schule der Denkpsychologie.* Göttingen: Hogrefe.

Kraus, Oskar 1919. *Franz Brentano. Mit Beiträgen von Carl Stumpf und Edmund Husserl.* München: Beck.

Kraus, Oskar 1929. „Autobiographie", in: R. Schmidt (Hrsg.), *Die Philosophie der Gegenwart in Selbstdarstellungen.* Leipzig: Meiner, S. 161–203.

Lindenfeld, David F. 1980. *The Transformation of positivism. Alexius Meinong and European Thought 1880–1920.* Berkeley: University of California Press.

Marek, Johann Christian et al. (Hrsg.) 1977. *Österreichische Philosophen und ihr Einfluss auf die analytische Philosophie der Gegenwart, I.* Innsbruck: Conceptus.

Maassen, Friedrich 1894. „Zum Falle Brentano", in: *Das Vaterland. Zeitung für die Österreichische Monarchie, 13.12.1894,* Morgenblatt.

Menger, Carl 1871. *Grundsätze der Volkswirtschaftslehre.* Leipzig: Duncker & Humblot.

Morscher, Edgar 1978. „Brentano and his Place in Austrian Philosophy", in: *Grazer Philosophische Studien* **5**, 1–9.

Mulligan, Kevin 2000. „La place de la Philosophie Autrichienne", in: K. Mulligan und J.-P. Cometti (eds). *La Philosophie autrichienne.* Paris: Vrin.

Nielsen, Erika (Hrsg.) 1982. *Focus on Vienna 1900. Change and Continuity in Literature, Music, Art and Intellectual History.* München: Fink.

Nyíri, J. C. 1988. *Am Rande Europas. Studien zur österreichisch-ungarischen Philosophiegeschichte.* Wien: Böhlau.

Nozick, Robert 1977. „On Austrian Methodology", in: *Synthese* **36**, 353–92.

Pappas, Charalambos Alexandros 2001. „Über eine noch zu schreibende Geschichte der Philosophie in Österreich", in: *newsletter MODERNE* **4**, Heft 1, 27–9.

Poli, Roberto 1998. *The Brentano Puzzle*. Aldershot: Ashgate

Radecke, Gabriele (Hrsg.) 2002. *Die Decadence ist da. Theodor Fontane und die Literatur der Jahrhundertwende*. Würzburg: Könighausen und Neumann.

Sauer, Werner 1982. *Österreichische Philosophie zwischen Aufklärung und Restauration. Beiträge zur Geschichte des Frühkantianismus in der Donaumonarchie*. Amsterdam: Rodopi.

Schmidt, Alfred und Bernard Görlich 1995. *Philosophie nach Freud. Das Vermächtnis eines geistigen Naturforschers*. Lüneburg: Zu Klampen.

Smith, Barry 1994. *Austrian Philosophy: The Legacy of Franz Brentano*. Chicago: Open Court.

Smith, Barry 1996. „The Neurath-Haller Thesis: Austria and the Rise of Scientific Philosophy", in: Lehrer, K. und Marek, J.C. (Hrsg.), *Austrian Philosophy Past and Present*. Dordrecht, Kluwer, 1–20. (Wiederabgedruckt in diesem Band, 33–57).

Smith, Barry 2000. „Philosophie, Politik und wissenschaftliche Weltauffassung: Zur Frage der Philosophie in Österreich und Deutschland", in: *Grazer Philosophische Studien* **58/59**, 241–62.

Spinicci, Paolo 1991. *Il significato e la forma Linguistica. Pensiero, esperienza e linguaggio nella filosofia di Anton Marty*. Milano: Franco Angeli.

Stachel, Peter 2001. „Über bereits geschriebene Geschichten der Philosophie in Österreich. Eine Replik", in: *newsletter Moderne* **4**, 32–43. http://www-gewi.kfunigraz. ac.at/moderne/heft7st.htm.

Stadler, Friedrich 1995. *Wiener Kreis im Kontext. Ursprung und Entwicklung des logischen Empirismus*. Frankfurt/Main: Suhrkamp.

Stegmüller, Wolfgang 1960. *Hauptströmungen der Gegenwartsphilosophie. Eine kritische Einführung*. Stuttgart, Kröner.

Stock, Wolfgang G. 1983. „'Österreichische Philosophie.' I: Die Zeit der Abhängigkeit von Staat und Kirche", in: *Philosophischer Literaturanzeiger* **26**, 401–14.

Stock, Wolfgang G. 1984a. „'Österreichische Philosophie.' II: Die Zeit der relativen Eigenentwicklung", in: *Philosophischer Literaturanzeiger* **37**, 89–102.

Stock, Wolfgang G. (1984b): „'Österreichische Philosophie.' III: Merkmale Österreichischer Philosophie", in: *Philosophischer Literaturanzeiger* **37**, 286–98.

Winter, Josef 1927. *Fünfzig Jahre eines Wiener Hauses*. Wien: Braumüller.

Zimmermann, Robert 1888/89. „Philosophie und Philosophen in Österreich", in: *Oesterreichisch-Ungarische Revue, NF 6*, 177–298; 259–72.

Franz Brentano und die katholische Aristoteles-Rezeption im 19. Jahrhundert[*]

DIETER MÜNCH

1. Einleitung

Aristoteles hat auf die gegenwärtige Philosophie noch immer einen großen Einfluss, der in einem ganz erheblichen Maße über Franz Brentano und seine Schule vermittelt ist. Dabei sind es keineswegs in erster Linie die historischen Studien zu Aristoteles, die hierfür sorgen. Vielmehr ist Aristoteles in dieser Schule eine Inspirationsquelle. Brentano kann als Urheber einer Bewegung gelten, die auf Aristoteles zurückging, um unter seiner Führung zu neuen Ufern aufzubrechen. Zu dieser Bewegung gehört die Phänomenologie ebenso wie die Gestaltpsychologie in ihren verschiedenen Ausprägungen, die mereologische Logik, wie sie insbesondere in Polen entwickelt wurde, und die Semiotik.[1] Der aristotelische Grundzug wird bereits darin deutlich, dass das Verständnis von Philosophie, das philosophische Wollen, sich von den zeitgenössischen Vorstellungen grundlegend unterscheidet. Die von Aristoteles inspirierte Philosophie der Brentano-Schule sollte eine Wissenschaft sein. So lautet Brentanos vierte Habilitationsthese, die auf seine ersten Schüler großen Eindruck machte, dass die Methode der Philosophie keine andere sei als die der Naturwissenschaften.[2] Die Philosophie sollte nicht versuchen, sich von der Naturwissen-

---

[*] Die französische Version dieses Aufsatzes erscheint in: D. Thouard (Hrsg.), *Aristote au XIXe Siecle* (*Cahiers de Philologie*, série: *Apparat Critique*), Villeneuve d'Ascq et Lille: Presses Universitaires du Septentrion. Die in diesem Aufsatz präsentierten Ergebnisse gehen zum Teil auf Arbeiten zurück, die in einem von der Brentano-Gesellschaft und der Deutschen Forschungsgemeinschaft geförderten Projekt ermittelt wurden.

[1] Zum Einfluss Brentanos und seiner Schule auf die mereologische Logik siehe Smith (1982); zu seinem Einfluss auf die Gestaltpsychologie siehe Smith (1988). Den bisher wenig beachteten Einfluss auf die Semiotik behandle ich in (2000b) sowie in (2003), den Einfluss Husserls auf die Denkpsychologie behandle ich in (1997).

[2] So schreibt Stumpf an Brentano über den Eindruck, den diese These machte: „Diese These und was damit zusammenhing, war es auch, die Marty und mich mit Begeisterung an Ihre Fahne fesselte" (zit. n. Brentano (1968, 30)); vgl. auch Stumpf (1919, 88).

Phenomenology and Analysis: Essays on Central European Philosophy.
Arkadiusz Chrudzimski and Wolfgang Huemer (eds), Frankfurt: ontos, 2004, 159–98.

schaft abzutrennen, wie dies im Deutschen Idealismus versucht wurde. Sie sollte vielmehr empirisch sein und sich mit den anderen empirischen Wissenschaften, insbesondere der experimentellen Psychologie, zusammentun. Sie ist also um neue wissenschaftliche Inhalte bemüht, und nicht nur um die nachträgliche Reflexion auf Erkenntnisprozesse.[3]

Eine weitere Eigentümlichkeit besteht darin, dass durch das Interesse an inhaltlichen Fragen die bis dahin übliche Dichotomie von Tatsachen- und Geltungsfragen unterlaufen wird. Die Hauptaufgabe der Philosophie besteht nach Brentano darin, die verschiedenen Phänomenbereiche zu analysieren. Dies bedeutet, dass die grundlegenden Kategorien zu ermitteln sind, dass Komplexes in seine Teile zerlegt wird und die Gesetze bestimmt werden, die die Zusammensetzung regeln. Dieses Projekt hat zwei Seiten, eine ontologische und eine begriffliche. Denn bei der Analyse geht es immer um eine Sache, um Sprache, zum Beispiel, um Raum oder um Dinge. Die Brentano-Schule hat so die aristotelische Ontologie wieder belebt, die nach Kant erledigt zu sein schien. Möglich war dies, weil sich Brentano und seine Schule auf Erfahrungsgegenstände und nicht auf die Dinge, die hinter den Erscheinungen stehen, den Dingen an sich, abzielt.[4] Brentano ist bekennender Positivist, der sich an die Phänomene hält und die Gesetzmäßigkeiten, die dort aufweisbar sind, zu bestimmen sucht.[5]

Auch bei ihrer begrifflichen Arbeit hält sich die Philosophie an Phänomene. Ganz im Sinne des Aristotelikers Hamlet – „I'll teach you differences" – werden Unterscheidungen an der zu untersuchenden Sache gewonnen und begrifflich fixiert. Dabei werden insbesondere die experimentell gewonnenen Ergebnisse der Psychologie aufgegriffen. Es wird davon ausgegangen, dass ein großer Teil der Erkenntnisse in Interaktion mit der Umwelt entsteht.[6] Die Gesetzmäßigkeiten, also die Frage, wie die Umwelt psy-

---

[3] Die Phänomenologie hat später eine andere Entwicklung genommen. In (2000a) argumentiere ich, dass außerphilosophische Faktoren zu einer Änderung des philosophischen Wollens beigetragen und so zu Husserls transzendentaler Wende geführt haben.

[4] Eine Ausnahme bildet die philosophische Theologie, in der Brentano die Seele und Gott behandelt.

[5] Vgl. meinen Aufsatz (1989). Brentano hält sich, wie Comte dies fordert, an die Erscheinungen. Er fällt insofern nicht hinter Kant zurück. Immerhin war Kant empirischer Realist und nur in transzendentaler Hinsicht Idealist.

[6] Nur die *allein* auf der inneren Wahrnehmung beruhenden Erkenntnisse bilden eine

chische Phänomene induziert, kann nicht ohne Rückgriff auf experimentelle Forschung ermittelt werden. Brentano hat sich daher darum bemüht, dass ein physiologisches Laboratorium am philosophischen Institut in Wien eingerichtet wird.[7] Dabei wendet er sich entschieden dagegen, die experimentelle Psychologie mit ihren physiologischen Apparaten von der Philosophie abzutrennen und der Medizin zuzuordnen. Zum einen sei es ein Fehler zu meinen, der Naturwissenschaftler habe ein besseres Verständnis für die psychischen Phänomene, zum anderen benötige die Philosophie einen Anker, der sie an den Boden der Tatsachen bindet.[8] Auch die deskriptiv psychologischen Untersuchungen im Bereich der Sinneserscheinungen können nur „mittels sinnreich erdachter instrumentaler Hilfsmittel" erfolgreich durchgeführt werden (1895, 35). Für die Arbeit an Begriffen hatte die Orientierung an empirischer Forschung zur Folge, dass es in der Brentano-Schule sowohl darum ging, die natürliche Begriffsbildung zu erforschen, als auch um die Aufgabe, Begriffe zu entwickeln und aufzuklären, die einem Gegenstandsbereich angemessen sind. Aus diesem Grund steht in der Brentano-Schule die Frage nach dem Ursprung von Begriffen im Vordergrund.[9] Diese Ursprungsfrage kann ganz unterschiedlich verstan-

---

Ausnahme. Brentanos Schüler waren experimentelle Psychologen. Meinong veranstaltete mit aus Privatmitteln hergestellten Apparaten die ersten experimentalpsychologischen Übungen in Österreich, Husserls Lehrer Carl Stumpf, dem die *Logischen Untersuchungen* gewidmet sind, hatte ein wichtiges Zentrum für experimentelle Psychologie in Berlin errichtet, aus der die Berliner Schule der Gestaltpsychologie hervorging. Stumpf selbst war ein bedeutender Tonpsychologe. Twardowski, ein weiterer Brentano-Schüler, gründete das erste psychologische Laboratorium in Polen.

[7] Noch 1895 hat Brentano in Artikeln der *Neuen Freien Presse* die Notwendigkeit psychologischer und physiologischer Experimente für die Philosophie betont und vorgeschlagen, dass der Österreichische Staat das Geld, das er dadurch eingespart habe, dass er Brentano unentgeltlich einen Lehrstuhl habe verwalten lassen, durch eine großzügige Dotation für ein psychologisches Institut verwenden solle, so dass es „den Zwekken, für die es gesetzlich bestimmt war", zukomme (Brentano, 1895, 40).

[8] Als Beispiel für das Fehlen einer Erfahrungsgrundlage führt Brentano Herbart an, der ohne Überprüfung angenommen habe, dass „zwei Lichter doppelt so hell beleuchteten als eines ... und dass entgegengesetzte Vorstellungen nach Maßgabe ihrer Stärke sich hemmen" (1895, 36).

[9] Die zentrale Stellung dieser Frage lässt sich bereits an den Titeln der Arbeiten ablesen: „Vom Ursprung sittlicher Erkenntnis" (Brentano), *Über den Ursprung der Sprache* (Marty), *Über den psychologischen Ursprung der Raumvorstellung* (Stumpf), und in

den werden, und tatsächlich lässt sich die Ausdifferenzierung der Brentano-Schule in verschiedene Richtungen über die unterschiedlichen Weisen begreifen, das Problem des Ursprungs von Begriffen zu behandeln.[10] Durch diese Fokussierung auf die Arbeit an Begriffen konnte die Brentano-Schule eine der Quellen der analytischen Philosophie werden, wie Michael Dummett richtig erkannt hat.[11]

Die Überwindung einer idealistischen Philosophiekonzeption, die sich von den empirischen Wissenschaften und der von ihnen behandelten Themen abwendet, ist letztlich durch den Rückgang auf Aristoteles motiviert. Es stellt sich aber die Frage, weshalb Aristoteles diese Bedeutung für Brentano gewinnen konnte.

Die Verbindung von Brentano zu Aristoteles hat man bisher über Friedrich Trendelenburg hergestellt, bei dem Brentano studierte[12]. Trendelenburg hat wesentlich zu einer Renaissance der Aristoteles-Forschung beigetragen. Zu seinen Verdiensten gehört es, das aristotelische Kategorienproblem wieder auf die philosophische Tagesordnung gesetzt zu haben. Denn durch Kants Behauptung, dass Aristoteles die Kategorien zusammengerafft habe, schien das Thema erledigt. Demgegenüber versucht Trendelenburg in seiner *Geschichte der Kategorienlehre* zu zeigen, dass die aristotelischen Kategorien an der Grammatik der griechischen Sprache orientiert sind. Die Bedeutung, die Trendelenburg für Brentano hatte, kann unmöglich bestritten werden, denn das metaphysische Hauptproblem, mit dem Brentano seine wissenschaftliche Laufbahn begann und das ihn sein Leben lang beschäftigte, war die Frage nach den Kategorien, wobei er sich durchweg an Aristoteles orientierte. Brentano packt das Kategorienprob-

---

Husserls Habilitationsschrift geht es um den „Ursprung des Zahlbegriffs". Chrudzimski (2001) spricht in diesem Zusammenhang von ‚Begriffsempirismus'.

[10] Brentano versteht die Ursprungsfrage als eine Begriffsanalyse, Stumpf als eine empirisch psychologisch zu untersuchende Frage, der frühe Husserl als Aufgabe, Anweisungen zu erstellen, wie man bewusst einen Begriff bilden kann; vgl. hierzu mein (2001); zu Husserl Ursprungsthematik vgl. ferner Kap. 3 meines Buches (1993).

[11] Dummett stellt heraus, dass die analytische Philosophie ihren Ursprung nicht nur in der von Frege ausgehenden Linie hat, sondern auch bei Brentano und Husserl. Er vergleicht beide Strömungen mit Rhein und Donau, „die nicht weit voneinander entspringen und später ein Stück weit nahezu parallel fließen, dann aber in völlig verschiedene Richtungen strömen und in verschiedene Meere münden" (Dummett, 1988, 37).

[12] So etwa Antonelli (2001); vgl. hierzu meinen Artikel (2004).

lem jedoch schon in seiner Dissertation *Von der mannigfachen Bedeutung des Seienden nach Aristoteles* in ganz anderer Weise an als sein Lehrer Trendelenburg. Denn Brentano geht die Frage nach der Vollständigkeit und Ableitbarkeit der aristotelischen Kategorien nicht wie Trendelenburg über die Sprache an. Er wählt vielmehr einen ontologischen Zugang.

In diesem Beitrag möchte ich zeigen, dass es neben der bekanten Aristoteles-Forschung, die eng mit der Arbeit an der Aristoteles-Ausgabe der Berliner Akademie verbunden ist, und zu der Namen wie Becker, Brandis, Bonitz, Trendelenburg und Zeller gehören, noch eine bisher unbeachtete Linie der Aristoteles-Rezeption gibt. Und zwar gab es in der zweiten Hälfte des neunzehnten Jahrhunderts auch den Versuch, eine katholische Aristoteles-Forschung zumindest programmatisch zu begründen. Ich möchte diese Richtung, die zur damals einsetzenden Bewegung des Neuthomismus gehört, hier darstellen und zeigen, dass dies der Hintergrund für Brentanos Philosophie und Aristoteles-Forschung ist. Es soll hier die These vorgestellt und begründet werden, dass Brentano durch das neuthomistische Projekt einer katholischen Wissenschaft, die auf Aristoteles aufbauen soll, geprägt ist. Er hat es sich früh zu Eigen gemacht und bis zu seinem Lebensende verfolgt.

Um diese Zusammenhänge deutlich werden zu lassen, genügt es nicht, sich in die entsprechenden Texte zu vertiefen. Vielmehr muss der historische und der biografische Kontext aufgearbeitet werden, in der Brentanos Philosophieren situiert ist. Denn es darf nicht vernachlässigt werden, dass die Familie Brentano das deutsche Geistesleben im 19. Jahrhundert mitgeprägt und etwa die katholische Erweckungsbewegung mitgetragen hat. Nur durch Einbeziehung dieses Kontextes kann der Zusammenhang der Denkstile und der Grundüberzeugungen deutlich werden.[13] Daher werde ich umrisshaft auf historische, theologische, kirchengeschichtliche und kulturgeschichtliche Zusammenhänge eingehen.[14]

---

[13] Zum Einfluss außerwissenschaftlicher Faktoren auf die Philosophie vgl. Münch (1996). Das hier behandelte Thema ist ausführlich in Münch (1994) behandelt. Eine Anwendung der von mir vorgeschlagenen Zugangsweise auf Husserl findet sich in meinem Aufsatz (1998) sowie in (2000a).

[14] Zum Hintergrund siehe insbesondere Schnabel (1987) sowie Lönne (1986).

2. Katholizismus im Deutschland des neunzehnten Jahrhunderts

Im neunzehnten Jahrhundert war das Problem der Parität an den Hochschulen und die so genannte Inferiorität der Katholiken ein innerhalb des Katholizismus vieldiskutiertes Thema. Man versteht darunter das Phänomen, dass der Anteil der Katholiken in Führungspositionen und in der Wissenschaft deutlich unterproportional war. Franz Brentanos Neffe und Schüler Georg von Hertling, der die Görres-Gesellschaft mitbegründete, führt diese Phänomene auf die Säkularisation zurück (1899, 5f). Diese habe durch die Auflösung von katholischen Bildungseinrichtungen dem katholischen Nachwuchs die Grundlage entzogen.

Tatsächlich war in Deutschland der Katholizismus auch nach der Reformation eine starke politische und kulturelle Macht. So gab es eine große Anzahl von Fürstbistümern, in denen der Bischof zugleich weltlicher Herrscher war. Die Erzbischöfe von Mainz, Köln und Trier waren Kurfürsten, gehörten also zu dem sieben bis zehn Mitglieder zählenden Gremium, das den König wählte. Erst nach dem Krieg mit Frankreich unter Napoleon erlitt der Katholizismus durch die Säkularisation eine empfindliche Schwächung. Im Reichsdeputationshauptschluss von 1803 wurde die kirchliche Hierarchie zerschlagen. Es wurde die Auflösung von 25 Fürstbistümern, darunter die Kurfürstentümer in Mainz, Köln und Trier, und von 44 Abteien mit ihren Bildungseinrichtungen festgelegt. Die Säkularisation betraf auch die Universitäten, an denen die Professuren für Theologie von aufgeklärten Kandidaten besetzt wurden. Neu eingerichtete Landesbistümer wie das von Regensburg-Aschaffenburg standen unter dem Einfluss des Staates. Wie weit dieser ging, zeigt das Beispiel von Heinrich Ignaz von Wessenberg. Im neu errichteten Bistum Konstanz, das der Papst dort nicht haben wollte – es wurde später nach Freiburg verlegt – wurde Wessenberg 1792 Domherr und 1802 Generalvikar.[15] Zum Priester geweiht wurde er aber erst 1812.

In Frankreich war die Situation eine andere. Eine Besonderheit dort war, dass sich im Laufe der Geschichte die Macht der Bistümer sowie der Einfluss des Staates auf die Kirche gefestigt hatten. Maßgeblich sind hier die 1682 von Jacques Bénigne Bossuet (1627–1704) verfasste Deklaration

---

[15] In einem Breve vom 2.11.1814 hatte der Papst die Entlassung von Wessenberg als Generalvikar verlangt; die aber nicht das Placet der badischen Regierung erhielt.

des Klerus der gallikanischen Freiheiten.[16] Die vier Artikel, in denen die gallikanischen Freiheiten formuliert sind, besagen, dass die kirchliche Gewalt sich nur auf den geistlichen Bereich erstreckt, dass die Dekrete des Konstanzer Konzils über die Oberhoheit des Konzils verbindlich sind, dass die Gewohnheiten des französischen Königreichs und der gallikanischen Kirche in Kraft bleiben und dass die Entscheidungen des Papstes der Zustimmung der Gesamtkirche bedürfen. Diese verbrieften gallikanischen Freiheiten blieben bis zur Französischen Revolution in Kraft.

Auch in Deutschland gab es eine episkopalische Bewegung, die den Einfluss gegenüber dem Papst stärken wollte. Sie ist unter dem Namen „Febronianismus" bekannt.[17] Anhänger des Febronianismus waren die Erzbischöfe von Köln, Mainz, Trier und Salzburg, die in der Emser Punktuation (1786) unter Anderem die päpstliche Mitwirkung bei der Besetzung kirchlicher Ämter bestritten. Durch die Französische Revolution hatten die Bischöfe jedoch andere Sorgen, als sich mit Rom auseinander zu setzen.

Die Schwächung der kirchlichen Hierarchie ist kultur- und geistesgeschichtlich von größter Bedeutung. Denn durch die Auflösung des deutschen Adelsklerus und die deutliche Schwächung der Kirche mussten die Katholiken in Deutschland, wenn sie weiter als Katholiken eine Rolle spielen wollten, neue Formen finden, da die alten zerschlagen waren. Tatsächlich entstand im Kontext der Romantik eine katholische Erweckungsbewegung, die von Laien getragen wurde, die in privaten Zusammenkünften die katholische Idee voranzubringen bemüht waren. Es entstand eine Vielzahl von katholischen Zirkeln, wie etwa der Koblenzer Kreis, in dem Clemens und Christian Brentano eine zentrale Rolle spielten, oder der Kreis der Fürstin Gallitzin, der in Münster ansässig war. Ein weiteres Zentrum der Erweckungsbewegung war Landshut, wo sich seit 1802 die bayerische Landesuniversität befand. Hier bemühte man sich um einen katholischen

---

[16] Bossuet, der mit Leibniz einen Briefwechsel über die Wiedervereinigung der Konfessionen geführt hatte, hatte auch eine Begründung des Absolutismus und des Gottesgnadentums vorgelegt, auf die sich das Königshaus bei seiner Einmischung in kirchliche Angelegenheiten berief.

[17] Der Trierer Weihbischof Justinius v. Hontheim hatte 1763 unter dem Namen Febronius die vom Papst der deutschen Reichskirche „entrissenen Rechte" für die Bischöfe zurückverlangt. Die Grundthese war, dass der Papst die Kirchengewalt nur zusammen mit den Bischöfen ausüben dürfe.

Wiederaufbau, und zwar in Opposition zur Aufklärung in Bayern, die von der durch Napoleon eingesetzten Regierung Montgelas unterstützt wurde und Bayern zu einem zentralistisch geführten Staat machte. Mittelpunkt war der Kreis um Bischof Johann Michael Sailer (1751–1832), der eine Verbindung von deutscher Kultur und katholischer Theologie anstrebte und dabei Verinnerlichung und Charakterbildung als das Hauptziel ansah. Dabei wendet er sich nicht nur gegen die Aufklärung, sondern auch gegen die intellektualistische scholastische Denkweise. Der Kreis wird zur romantischen Bewegung gerechnet; man spricht von der ‚Landshuter Romantik'. Zu ihren Mitgliedern gehörten der bayerische Kronprinz Ludwig[18], Christian Brentano, Clemens Brentano, Bettina von Arnim und Carl von Savigny, der neben Sailer ein geistiges Zentrum in Landshut war.

Die deutsche Romantik und die katholische Erweckungsbewegung müssen in einem politischen Kontext gesehen werden. Napoleons politischer Umbau Deutschlands war von der Idee geleitet, einen zentralisierten Staat mit effektiven, rational begründeten Strukturen aufzubauen. Als Opposition hierzu entwickelten sich in Deutschland daher zu jener Zeit ein Antiintellektualismus und eine Einstellung zu Gesellschaft und Politik, die die Rolle gewachsener Strukturen betonte.[19] Es entstand in dieser Zeit ein Bedürfnis, auf die historischen und gesellschaftlichen Wurzeln als die Kräfte zurückzugehen, die eine als dringend notwendig empfundene Erneuerung ermöglichten. Man suchte ein goldenes Zeitalter und meinte, es im Mittelalter gefunden zu haben.[20] Zu diesem Bild des Mittelalters gehört aber auch eine im Volk wurzelnde Frömmigkeit, die den Katholizismus für viele Intellektuelle attraktiv erscheinen ließ. In der

---

[18] Von den Ideen Sailers geprägt verlegte Ludwig I. die Universität nach München, wo er versuchte, Professoren zu berufen, die den Ideen der katholischen Romantik nahestanden, wie Joseph Görres, für den in Preußen wegen staatsfeindlicher Propaganda Haftbefehl vorlag.

[19] Die restaurative Romantik war besonders in Wien politisch aktiv, wo Clemens Maria Hofbauer, Zacharias Werner, Adam Müller und Friedrich Schlegel den Josefinismus bekämpften und eine ständische Gesellschaftstheorie wiederzubeleben versuchten.

[20] Auch die Dürerzeit wurde mit dem Katholizismus in Verbindung gebracht und gelegentlich dem Mittelalter zugeordnet. Diese idealisierende Vermischung findet sich etwa bei Wilhelm Heinrich Wackenroders *Herzensergießungen eines kunstliebenden Klosterbruders* (1797), die an dem Beginn der Romantischen Bewegung stehen.

Literatur zeigt sich dies etwa bei Novalis, den Brüdern Schlegel, Achim von Arnim oder Clemens Brentano. In der Architektur und Malerei begeistert man sich für das Gotische (Casper David Friedrich, Schinkel), man vollendete den Kölner Dom[21], die Malergruppe der Nazarener versuchte sich in ihrer Lebensweise und Haltung an frommeren Zeiten zu orientieren. Auch in der Philosophie griff man, wie etwa Friedrich Willhelm Schelling und Franz von Baader, auf altdeutsche religiöse Quellen zurück wie etwa auf Jakob Böhme. Der Katholizismus besaß also in Deutschland eine antinapoleonische und nationale Spitze, die ihn auch für Intellektuelle attraktiv machte, die der Kirche ursprünglich abgewandt waren.[22] Es entstand sogar eine Konvertitenbewegung.

Die Brentano-Familie war eine der tragenden Säulen der deutschen Romantik und sie stellte Aktivisten in der katholischen Erweckungsbewegung. Der Vater von Franz Brentano ist Christian Brentano. Er gehörte zum Landshuter Kreis. Die Verbindung mit Sailer war sehr eng, so besuchte er mit ihm 1818/19 Hauptvertreter der katholischen Laienbewegung, unter Anderem den Grafen Stolberg und Windischmann in Bonn und die Familie Diepenbrock in Münster. Christian Brentano führte Melchior Diepenbrock – er wurde 1845 Fürstbischof von Breslau, der größten abendländischen Diözese –, zur Kirche zurück.[23] Auf dieser Reise machte Christian Brentano Sailer auch mit der stigmatisierten Katharina von Emmerick bekannt. 1823 ging Christian Brentano für fünf Jahre nach Rom, um sich dort auf das Priesteramt vorzubereiten.[24] Dort stand er in enger Verbindung mit der Malergruppe der Nazarener. Christian Brentano war auch publizistisch für den Katholizismus aktiv, und arbeitete an der Zeitschrift *Der Katholik: Eine Zeitschrift zur Belehrung und Warnung*[25]

---

[21] Der Kölner Dom wurde erst 1880 fertiggestellt. Die Einweihung, bei der Friedrich Wilhelm IV. von Preußen eine Ansprache hielt, war ein gesamtdeutsches Ereignis.

[22] Hinzu kam, dass 1806 das Heilige Römische Reich Deutscher Nationen aufgelöst wurde, das die deutschen Kleinstaaten zumindest lose verband. Erst 1870 wurde nach dem Krieg mit Frankreich das zweite Deutsche Reich in Versailles gegründet.

[23] Franz Brentanos Bruder Lujo (1931) berichtet von einem Brief des Kardinals Melchior Diepenbrocks an seinen Vater Christian Brentano, in dem er ihm dafür dankt, dass er durch ihn dazu geführt wurde, die Uniform des preußischen Leutnants abzulegen und sich der Kirche zuzuwenden.

[24] Christian Brentano gab diesen Plan allerdings auf und heiratete.

[25] Nach seiner Rückkehr aus Rom (1827) stand Christian Brentano in „vertrauter

mit; seine *Nachgelassenen religiösen Schriften* (München, Verlag der lite-
rarisch-artistischen Anstalt, 1854) umfassen zwei stattliche Bände.
Am bekanntesten aus der Familie ist zweifellos Christians Bruder Clemens Brentano, der Patenonkel von Franz Clemens Brentano. Er gehört zu
den bedeutendsten Dichtern der Romantik; Nietzsche sagt von ihm, dass er
von den deutschen Dichtern am meisten Musik im Leibe habe. Nach wil-
den Jahren, die keineswegs von katholischer Sittenstrenge geprägt waren,
hatte er ein Erweckungserlebnis und fand in den Schoß der Kirche zurück.
Im Haus seines Bruders Christian legte er seine Lebensbeichte ab. Christian Brentano brachte ihn mit der stigmatisierten Katharina von Emmerick
zusammen. Bei ihr lebt er rund fünfeinhalb Jahre bis zu ihrem Tod am 9.
Februar 1824 und beschreibt ihre Visionen, die er unter dem Titel *Das bit-
tere Leiden unseres Herrn Jesu Christi. Nach den Betrachtungen der gott-
seligen Anna Katharina Emmerick* herausgibt. Dieses Werk ist eines der
meistgelesenen Erbauungsbücher in deutscher Sprache. Die erste Gesamtausgabe der Werke von Clemens Brentano gaben Franz Brentanos Eltern
mit heraus.[26]

Eine weitere Hauptfigur der deutschen Romantik ist Bettine von Arnim
(1785–1859), die Schwester von Christian und Clemens Brentano, also
Franz Brentanos leibliche Tante. Sie heiratete Achim von Arnim, (1781–
1831), mit dem Clemens Brentano die berühmte Liedersammlung *Des
Knaben Wunderhorn* herausgegeben hatte. Bettine von Arnim ist eine der
bedeutendsten Frauengestalten der deutschen Kulturgeschichte. Bedeutsam
ist sie nicht nur durch ihr Goethebuch *Goethes Briefwechsel mit einem
Kinde* (1835) und dadurch, dass sie das Andenken an ihre Freundin Caroline von Günderode wach hielt.[27] Sie hatte auch einigen Einfluss auf den
preußischen Hof in Berlin.[28] Wie aus Briefen hervorgeht, stand Franz

---

Freundschaft" mit dem Herausgeber des *Katholiken* und späteren Bischof Weis. „Er
beteiligte sich lebhaft an dem von Weis redigierten *Katholiken*, für den er sich schon
in Rom interessiert hatte" (Emilie Brentano, 1854, XL).

[26] In ihr fehlen wichtige Werke, wie der Roman *Godwi*, da sich Clemens Brentano
nach seiner religiösen Erweckung von ihnen distanzierte.

[27] Bettine veröffentlichte den Briefwechsel mit Caroline, die sich 1806 erdolcht hatte,
unter dem Titel *Die Günderode – Ein Briefwechsel* (1840).

[28] Auch wenn Bettine zum Landshuter Kreis gehörte, so stand sie dem katholischen
Denken fremd gegenüber. Hertling erinnert sich: „Zwar von Bettina wollte ich früh-

Brentano mit den Kindern der Arnims in Kontakt, und besuchte sie in Wiepersdorf.[29] Eine weitere Schwester von Christian Brentano ist Kunigunde, die den Rechtshistoriker und preußischen Minister Friedrich Carl von Savigny (1779–1861) heiratete. Savigny gehörte zum Landshuter Kreis. Bemerkenswert ist, dass das Ehepaar Savigny eine Mischehe führte. Kunigunde war streng katholisch, während Savigny Kalvinist war.[30]

Um die katholische Aristoteles-Rezeption und die Rolle, die Brentano darin spielte, zu verstehen, muss auch der theologische Kontext betrachtet werden. Wie bereits geschildert, wurden um die Jahrhundertwende die kirchlichen Strukturen zerstört, was aber auch die Chance eröffnete, kreatives Potential freizusetzen. Tatsächlich entwickelte sich im 19. Jahrhundert die so genannte Deutsche Theologie, die kulturgeschichtlich zur romantischen Bewegung gehört. In ihr wird die Bedeutung des lebendigen Glaubens gegenüber einem starren dogmatischen System betont, wie wir dies bei Bischof Sailer gesehen haben. Charakteristische Vertreter sind Alois Gügler, Johann Sebastian von Drey,[31] Johann Adam Möhler, Heinrich Klee sowie Franz Anton Staudenmaier. Von ihnen sagt der Wortführer der Deutschen Theologen Ignaz Döllinger: „die sich wechselseitig ergänzenden theologischen Vorzüge dieser fünf Männer, deren jeder sein eigentümliches Charisma hatte, würden uns, in einer Person vereinigt, das Ideal

---

zeitig nichts wissen. Gelesen hatte ich nichts von ihr, aber ihre Freigeisterei, von der ich gehört hatte, stieß mich ab. Für Clemens aber schwärmte ich" (1919/20, Bd. 1, 23)

[29] Eine der Töchter der Arnims heiratete den Kunst- und Literaturhistoriker Hermann Grimm (1828–1901), Sohn von Wilhelm Grimm, einem der beiden „Gebrüder" Grimm. Er war also ein (angeheirateter) Vetter Franz Brentanos.

[30] Über die Problematik bei der religiösen Erziehung der Kinder berichtet Otto von Bismarck in seinen *Lebenserinnerungen;* Bismarck ging mit einem der Söhne Savignys zur Schule, und zwar mit Karl Friedrich, der Mitbegründer der katholischen Zentrumspartei wurde.

[31] Johann Sebastian von Drey (1777–1853), Begründer der katholischen Tübinger Schule, geht es um eine Synthese des Spekulativen mit dem Historischen. Bei seinem Versuch, ein angemessenes Wissenschaftsverständnis der Theologie zu entwickeln, orientierte sich Drey an Schelling, der die Geschichte als Prozess auffasst, in der das Allgemeingültige in der Gestalt des Zufälligen in Erscheinung gebracht wird. Das Absolute kann nach Drey nur durch den Glauben erfasst werden, so dass er eine rein empirische Geschichtsauffassung für die Theologie ablehnt und stattdessen für eine organische Geschichtsauffassung plädiert.

des deutschen Theologen darbieten" (Döllinger 1863). Johann Adam Möhler (1796–1838) gilt als Neubegründer der katholischen Kirchengeschichte. Sein Hauptwerk, die *Symbolik oder Darstellung der dogmatischen Gegensätze der Katholiken und Protestanten nach ihren öffentlichen Bekenntnisschriften* (1832), führte zu einer Kontroverse mit der evangelischen Tübinger Schule (F. Chr. Baur, David Friedrich Strauß).[32] Heinrich Klee (1800–1840), aus der Mainzer Schule von Liebermann, von der er sich später löste, gilt als Neubegründer der Dogmengeschichte. Er versuchte zu zeigen, wie sich die dogmatische Substanz im Laufe der Geschichte entfaltet und wendet sich damit gegen das starre scholastische Dogmenverständnis. Dabei unterscheidet er die Dogmengeschichte im Sinne einer kritischen Aufarbeitung des historischen Stoffes von der Geschichte der Dogmatik, die die Glaubensinhalte als organische Totalität zu erfassen sucht.[33] Er sieht die Gefahr, dass in dem *corpus doctrinae* eine „Abtötung des Lebendigen" stattfindet. Aufgabe der Dogmatik ist es daher, ihren „Lebenspuls" zu erfassen.

Der Schweizer Theologe und Literat Gügler (1782–1827), der zum Landshuter Kreis um Michael Sailer gehörte und von Döllinger als dessen vollendetster Schüler bezeichnet wird, versteht die heiligen Schriften als Kunst, wie der Titel seines Hauptwerks *Die heilige Kunst* zeigt. Für Gügler ist der Kunst die freie Vermittlung der Darstellung mit dem Dargestellten wesentlich. Für die Exegese bedeutet dies, dass die heiligen Schriften nicht als Darstellung objektiver Sachverhalte oder als Spiegelung geschichtlicher Hintergründe aufgefasst werden dürfen, sondern dass sie aus dem Wesen der hebräischen Kunst heraus verstanden werden müssen. Geschieht dies, dann ist eine Interpretation der Bibel aus sich selbst heraus möglich. Die Erfahrung mit Kunst, in der Gügler die Quelle für die Wissenschaft und das Leben sieht, erschließt damit für die Theologie eine neue Dimension von Wahrheit und Erkenntnis.[34]

---

[32] Brentano hat in Möhlers *Kirchgenschichte* die Bearbeitung des Kapitels „Geschichte der kirchlichen Wissenschaften" (Bd. II, 526–84, Bd. 3/2, 103f.) übernommen.

[33] Franz Anton Staudenmaier (1800–1856), Dogmatiker; Professor in Gießen und Freiburg im Breisgau. Staudenmaier ist Schüler von Drey und Möhler und gilt zusammen mit seinem Studienkollegen Johann Evangelist Kuhn als Hauptvertreter der zweiten Generation der Tübinger katholischen Schule.

[34] Dies erinnert an die Entwicklung der Phänomenologie bei Heidegger und Gadamer.

3. Die Mainzer Bewegung

Im katholischen Deutschland gab es jedoch ein Zentrum, das eine ganz andere Ausrichtung hatte, und zwar in Mainz. Wie bereits erwähnt, war das Fürstbistum Mainz aufgelöst worden. Als Napoleon jedoch nach den Wirren der Revolution die französische Kirche wieder herstellen wollte, wurde auch in Mainz ein Neuanfang gemacht. So kam es 1801 zu einem Konkordat, das auch zur Errichtung des Bistums Mainz führte. Als Bischof setzte Napoleon den Elsässer Johann Ludwig Colmar ein, der als Mitarbeiter Franz Leopold Liebermann nachzog, der ebenfalls Elsässer war. Kirchenrechtlich bildete Mainz mit Straßburg eine Einheit; der Staat hatte sich, anders als in den übrigen deutschen Bistümern, nicht um die Finanzierung der Priester und des Priesterseminars zu kümmern.

Die Verbindung des Mainzer Bistums mit dem Elsass ist bedeutsam, da die katholische Kirche im Elsass eine andere Entwicklung genommen hatte als im übrigen Frankreich. Hier hatte der Gallikanismus keine Rolle gespielt, hier war auch der Widerstand gegen die Revolution am größten gewesen. Vom Elsass gingen politische Aktionen gegen den Gallikanismus und staatskirchliche Bestrebungen aus. Um den Episkopalismus zurückzudrängen, setzte man sich kämpferisch für einen kirchlichen Zentralismus ein. Insbesondere nach den liberalen Veränderungen von 1848 gab es eine Bewegung, die zu einem autoritären Katholizismus zurückkehren wollte. Man spricht hier vom „intransigenten", also unduldsamen, Katholizismus. Von dieser Bewegung wurde ein offiziell katholischer Staat angestrebt, der von „antichristlichen" Strömungen befreit war. Teilweise gab es dies noch in Spanien, im Kaiserreich Habsburg und bis 1859 in mehreren italienischen Staaten. Diese Bewegung des intransigenten Katholizismus hatte ihr offizielles Organ in der *Civiltà cattolica*, die 1849 gegründet und von den Jesuiten der neuthomistischen Ordensakademie in Neapel herausgegeben wurde. Ziel war die vollständige Restauration der christlichen Grundsätze in der Gesellschaft, im Leben des Einzelnen und der Familien.[35]

Durch die Verbindung mit dem Elsass konnte Mainz in Deutschland eine Speerspitze gegen staatskirchliche Bestrebungen werden. Eine wichtige Rolle spielte die 1821 gegründete Mainzer Monatsschrift *Der Katho-*

---

[35] Vgl. Jedin (1985, Bd. 6,1, 673ff.).

lik, in der, wie erwähnt, auch Franz Brentanos Vater veröffentlichte. Die Gründer waren Andreas Räß und Nikolaus von Weis, die beide am Liebermannschen Seminar in Straßburg ihre Ausbildung erhalten hatten. Schon 1822 ging die Redaktion des *Katholik* wegen der in Deutschland herrschenden Zensur nach Straßburg ins Exil.[36] Nachdem 1848 die allgemeine Pressefreiheit in Deutschland errungen war, übernahmen 1850 die Mainzer Johann Baptist Heinrich und Christoph Moufang die Redaktion der Zeitschrift, die sie bis zu ihrem Tode (1890 bzw. 1891) behielten. Dabei orientierten sie sich an die oben erwähnte *Civiltà cattolica* der Jesuiten, die ein Jahr zuvor gegründet worden war.

1858 gab es wieder einen Einschnitt; der *Katholik* konstituierte sich neu. Äußerlich ist dies durch eine neue Bandzählung markiert („Neue Folge"), inhaltlich wurden philosophische Themen stärker in den Mittelpunkt gesetzt.[37] So trägt der erste Artikel der Neuen Folge den Titel: "Unser Standpunkt in der Philosophie". Diese programmatische Schrift, in der der Neuthomismus propagiert wird, ist wie die meisten Beiträge des *Katholik* anonym erschienen; er stammt von Franz Jakob Clemens, einem Philosophen, der an der Akademie in Münster lehrte, an der auch Franz Brentano seit 1859 studierte.[38]

Der Standpunkt, der in dem angeführten Aufsatz vertreten wird, ist durch die Überzeugung charakterisiert, dass sich die katholischen Philosophen an den kirchlichen Dogmen zu orientieren haben. Diese Dogmen haben zum Teil philosophische Themen zum Inhalt. Andere haben zwar genuin religiöse Inhalte, die mit dem Licht der natürlichen Vernunft nicht erfasst werden können. Sie sind aber in einer bestimmten philosophischen

---

[36] 1827 siedelte die Redaktion des *Katholik* nach Speyer, um 1844 nach Mainz zurückzukommen, wo er als Kirchenzeitung mit drei Nummern wöchentlich erschien; vgl. Schwalbach (1966).

[37] So berichtet Haffner in seinem Nachruf auf Clemens, dass nach der Neukonstitution des *Katholik* von 1858 „insbesondere die philosophischen Interessen in einer eindringlicheren Weise in ihm zur Sprache gebracht werden sollten" (1862); hierfür habe Clemens seine Hilfe zugesagt.

[38] Die wichtigsten Schriften von Clemens (1815–1862), der von 1843 bis 56 in Bonn gelehrt hatte, bevor er nach Münster berufen wurde, sind: *Die speculative Theologie A. Günther's und die katholische Kirchenlehre*, sowie *Scholasticorum sententia philosophiam esse theologiae ancillam commentatio*; über seiner Erfahrungen als Jesuitenschüler berichtet er in einem anonym erschienenen Aufsatz (1840).

Begrifflichkeit formuliert. Die klassische Formulierung stammt von Thomas von Aquin, der das Christentum mit Hilfe der aristotelischen Philosophie systematisierte. Diese Dogmen sind in der Form zu glauben, in der sie formuliert sind. Das heißt, es darf nicht versucht werden, den Inhalt von der aristotelischen philosophischen Form zu trennen. Kommt ein Philosoph in seinen philosophischen Untersuchungen zu einem Widerspruch mit den Dogmen, den er nicht auflösen kann, hat er sich zu unterwerfen.

Der Aufsatz ist von großer Wirkung gewesen, denn er löste eine der einschneidensten Debatten in der Kirchengeschichte des neunzehnten Jahrhunderts aus. Wie oben dargestellt, war die Deutsche Theologie dadurch charakterisiert, dass sie das starre dogmatische System der Kirche überwinden und zu einem lebendigen Glauben zurückfinden wollte. Die Freiheiten, die sich die Theologen nahmen, werden in dem Aufsatz aber bekämpft. Lebendiger Glaube wird nur zugelassen, solange er sich in der aristotelischen Form bewegt. Das Provokante des Aufsatzes liegt in erster Linie nicht darin, dass hier eine thomistische Position stark gemacht wurde, die seinerzeit kaum Anhänger fand, sondern darin, dass eine Gleichschaltung der katholischen Philosophie angestrebt wird. Mit einem Handstreich werden andere Ansichten nicht nur als unrichtig weggewischt, sondern auch als unkatholisch denunziert. Denn wenn die Dogmen in der begrifflichen Form zu glauben sind, in der sie formuliert sind, dann ist jeder Versuch unzulässig, den christlichen Glauben in einer anderen Form zu erfassen. Zugleich wird ein bestimmter Umgang mit Konflikten vorgeschlagen. Denn es gibt nach der hier formulierten Position keinen echten Dialog, der prinzipiell die Bereitschaft auf ein Eingehen auf die andere Position impliziert. Es ist vielmehr von vornherein klar, welche Position die Richtige ist. Der Standpunkt in der Philosophie ist denkbar weit von der Sokratischen Position, dem *scio nescio*, entfernt.

Wie der Titel „*Unser* Standpunkt" und die Tatsache, dass mit dem Artikel die *Neue Folge* eröffnet wurde, zeigen, machten sich die Herausgeber der Zeitschrift die Thesen von Clemens zu Eigen. Diese Thesen sind eine Kampfansage an die Deutschen Theologen. Nach dem *Katholik* brauchen die kirchlichen Lehren kein neues philosophisches Gerüst, wie dies die Deutschen Theologen meinten, indem sie sich auf die zeitgenössische Philosophie zu stützen versuchten. Die Verbindung der Philosophie mit den

Lehren der Kirche ist bereits endgültig vollzogen, und zwar von Thomas von Aquin.

Die im *Katholik* verbreiteten Thesen wurden von den katholischen Theologen überwiegend abgelehnt. Insbesondere der angesehene Tübinger Dogmatikprofessor Johannes Evangelist Kuhn setzte sich in mehreren Schriften mit der von Clemens propagierten Position auseinander.[39] Wie wichtig Kuhn die Debatte nahm, zeigt die Tatsache, dass er in der 2. Auflage seiner *Katholischen Dogmatik* (Tübingen 1859, Bd. 1) einen neuen Paragraphen (§16: „Glauben und Wissen in objektiver Beziehung (Theologie und Philosophie)") einfügte, in dem er sich ausführlich mit Clemens auseinander setzte.[40] Das Hauptargument von Kuhn lautet, dass der Philosoph allein der Vernunft folgen darf und weder auf die übernatürliche Offenbarung noch auf kirchliche Lehren bauen darf.[41]

Dieser programmatische Artikel des *Katholik* führte so zu einer Spaltung innerhalb des deutschen Katholizismus.[42] So schreibt Ignaz Döllinger:

---

[39] Zu Kuhn vgl. Wolfinger (1975) und die dort angegebene Literatur.

[40] Auf Parallelen zu Ansichten der Deutschen Theologie und der Philosophie Heideggers und Gadamers war bereits hingewiesen worden. Tatsächlich gab es einen Einfluss der katholischen Theologie; für den jungen Heidegger ist der Theologe Carl Braig (1853–1923) von großer Bedeutung (vgl. Heidegger (1969, 82)). Braig war Schüler von Johann E. Kuhn, den er im WS 1880/81 auf dem Tübinger Lehrstuhl für Dogmatik vertrat. Nach Braig ist Thomas von Aquin an einer Vollendung dadurch verhindert worden, dass er sich zu sehr an Aristoteles gehalten hat (vgl. Leidlmaier (1987)). Bemerkenswert ist ferner, dass der junge Heidegger von einem Theologen auf Brentanos Dissertation aufmerksam gemacht wurde, von der er sagt, dass sie seit 1907 „Stab und Stecken meiner ersten unbeholfenen Versuche in die Philosophie einzudringen" war (Heidegger, 1969, 82).

[41] Clemens antwortete im *Katholik* (1860), womit die Debatte allerdings noch nicht beendet war; nach dem Tod von Clemens wurde seine Position von den Herausgebern des *Katholik* verteidigt.

[42] In seiner Zeit als Privatdozent in Bonn hatte sich Clemens intensiv mit Günther und Knoodt, einem in Bonn lehrenden Anhänger Günthers, auseinandergesetzt. Tatsächlich wurden die Schriften von Günther 1857 verboten. Dieser Sachverhalt zeigt, dass es sich bei dem Standpunkt des *Katholiken* keineswegs um eine normale akademische Auseinandersetzung handelte, sondern dass es um Macht und um das intellektuelle Überleben ging. Dies zeigt sich im Fall Kuhn daran, dass er, nachdem Thesen aus seinem Werk der Indexkongregation zur Prüfung vorgelegt worden waren, von 1869 bis zu seinem Tod 1887 nichts mehr publizierte (vgl. Wolfinger, 1975, 144).

Eine Spaltung besteht unter denen, die sonst auf dem gemeinsamen Boden des katholischen Bekenntnisses stehen, und die Symptome dieser Spaltung mehren sich zusehends. Man konnte früher sagen, die Bezeichnung „ultramontan" sei nur ein gehässiges Manöver derer, denen das Bekenntnis der katholischen Kirche selber verhasst ist, und werde gelegentlich jedem überzeugungstreuen Gliede dieser Kirche angeheftet. Das ist nun anders geworden. Der Ultramontanismus ist keine Fiktion mehr, kein Gespenst, sondern eine reelle und aggressiv vorschreitende Macht, die ihren Krieg mit allen im kirchlichen Parteihader anwendbaren Waffen führt, und die Kluft zwischen den Geistern dieser Richtung und ihren Gegnern muss mehr und mehr auch dem blödesten Auge sichtbar werden. (1890, 206)[43]

4. Thomistische Aristoteles-Rezeption

Der *Katholik* führte seine philosophische Linie in den folgenden Jahren fort. Für die Frage nach der Aristoteles-Rezeption im 19. Jahrhundert ist ein 1862 anonym erschienener Artikel aufschlussreich, der den Titel „Aristoteles und die katholische Wissenschaft" trägt.[44] In ihm wird Aristoteles als „der ausgewachsene Plato, die gereifte Frucht der griechischen Philosophie" bezeichnet. Gleichwohl ist er nicht vollkommen, sondern „Inbegriff der natürlichen und unerlösten Wissenschaft". Als „Erlöser der griechischen Weisheit" tritt Thomas von Aquin auf. Die „Erlösung der antiken gott*suchenden* Philosophie" ist möglich „durch die in Christus erschienene substanzielle Wahrheit".[45] Dabei wird herausgestellt, dass die Aristotelische Philosophie mit dem Christentum zu einer unauflöslichen Einheit verbunden wurde: „Durch einen geschichtlichen Prozess, der mit Albert begonnen, in Thomas sich vollendet hat, ist die katholische Wahrheit in das System des Aristoteles hineingewachsen; der Ideenreichtum jener hat sich verbunden mit der Bestimmtheit und logischen Schärfe dieses, und

---

[43] Um die beginnende Spaltung zu schließen, berief Döllinger die Münchener Gelehrtenversammlung (1863) ein, die ihr Ziel allerdings verfehlte. Von Rom wurde sie nachträglich missbilligt, für weitere Veranstaltungen dieser Arten wurden strenge Auflagen erlassen. Dies hatte zur Folge, dass das Organisationskommitee, das eine Fortsetzung vorbereiten sollte, hin geschlossen zurück trat.

[44] Der Autor ist Franz von Paula Morgott (1829–1900), der seit 1857 Professor für Philosophie und seit 1869 auch für Dogmatik am Lyceum in Eichstätt war. Morgott schrieb mehrere Monografien über Thomas von Aquin (1860), (1865).

[45] Meine Hervorhebung. Hier zitiert der Autor Liberatore (1861).

wie korinthisches Erz sind beide zusammengeschmolzen." „Aristoteles ist
unzertrennlich mit Thomas verbunden: dies sichert ihm ewige Dauer".

Hier wird die Grundauffassung wiederholt, die wir schon in dem Artikel „Unser Standpunkt in der Philosophie" kennen gelernt haben. Katholische Wahrheit und aristotelisches System sind untrennbar miteinander
verschmolzen. Dies führt zu einem Konzept einer *philosophia perennis*,
das heißt zu einer Konzeption, die Wissenschaft und Philosophie nicht
mehr als historisch bedingt betrachtet, wie dies für die Deutsche Theologie
charakteristisch war. Zwar gab es bis zu Thomas von Aquin eine Entwicklung, doch diese ist zu einem Abschluss gekommen. Man kann daher
die im *Katholik* vertretene Auffassung durch das Schlagwort vom Ende der
Geschichte der Philosophie charakterisieren. Danach besteht die Aufgabe
für die gegenwärtigen Philosophen nicht darin, ihre Zeit in Gedanken zu
fassen, sondern darin, sich das im Großen und Ganzen durch Thomas von
Aquin vollendete aristotelisch-katholische System anzueignen.

Diese Konzeption hat für die Aristoteles-Rezeption wichtige Konsequenzen. So ist eine textimmanente Auslegung und der Versuch, Aristoteles aus seiner Zeit zu verstehen, verfehlt: „wer sich unterfängt, den Aristoteles einzig aus sich selbst mit Umgehung seiner scholastischen Kommen-
tatoren zu studieren in der wohlmeinenden Absicht, die aristotelische
Philosophie und mit ihr die Scholastik zum gründlichen Verständnisse zu
bringen, läuft gar sehr Gefahr, beide Ziele zu verfehlen." An anderer Stelle
wird der hermeneutische Zugang der Aristoteles-Forschung generell
attackiert. Zwar gäbe es Forscher, die sich von Hegel[46] gelöst hätten und
eine „mehr objektive Position" einzunehmen versuchten;

ihr ausgesprochenes Programm lautet: den Aristoteles aus sich selbst zu erklären.
So Brandis, Trendelenburg u. A. Überblicken wir ferner die Resultate, die auf diesem Wege zu Tage gefördert worden, so sind die äußeren kritischen Leistungen
von den Entwicklungen des innern Systems wohl zu scheiden. In kritischer Hinsicht haben diese Arbeiten ihre unbestreitbaren Verdienste, und sind wir gewiss
weit entfernt, denselben die Anerkennung zu versagen; dagegen scheint uns das
innere Verständnis des aristotelischen Lehrgebäudes weder im Ganzen, noch im
Einzelnen, durch diese neueren Darstellungen nicht in eben demselben Maße
gefördert worden zu sein.

---

[46] Hegel ist selbst ein Aristoteliker, der das in der Philosophiegeschichte lange Zeit
vergessene Projekt des Aristoteles wieder aufgegriffen hat, Prozesse zu erfassen.

In einem weiteren Schritt wird der Konfessionalismus, der in weltlichen Dingen im 19. Jahrhundert noch eine große Rolle spielte, ausdrücklich auf die philosophische Forschung im allgemeinen und auf die Aristoteles-Rezeption im besonderen übertragen. Danach steht Platon

> vollständig unter der Herrschaft der der Kirche abgewandten subjektiven protestantischen Kritik (Zeller, Susemihl) … Dasselbe gilt noch in erhöhterem Maße von Aristoteles. Während über die Scholastik selbst in jüngster Zeit manch Treffliches geleistet worden, liegt bislang noch nicht einmal ein Versuch vor, welcher das Studium des ‚Philosophen' der mittelalterlichen Schule vom Standpunkt objektiv katholischer Wahrheit in eingehender Weise in Angriff genommen hätte.

Bemerkenswert ist, dass in dem Artikel auch die Kategorienlehre des Aristoteles angesprochen wird, über die Brentano im selben Jahr promovierte. In dem Artikel heißt es:

> Gegen die scholastische Kategorienlehre gesehen, verhält sich die des Aristoteles, wie der Kern zum ausgebildeten Kristalle, wie der Einschlag zum vollendeten Gewebe … Auf solche Weise hat vor den übrigen Kategorien, namentlich der Substanzbegriff eine solche Determination gewonnen, die man nicht verrücken darf, ohne mit dem Inhalte der Grunddogmen der Kirche in Widerstreit zu kommen. Hier ist der Punkt, wo die Lehre der Kirche, wenn auch nur indirekt, erläuternd und ergänzend eingriff, sogar in das Gebiet der Logik und Ontologie: hier liegt die Erlösung der Kategorienlehre.

5. Brentano und die Mainzer Bewegung

Brentano war mit dieser Mainzer Bewegung eng verbunden. Die Hauptvertreter der Bewegung waren das ‚Mainzer Dreigestirn', das aus den beiden Herausgebern des *Katholik* Johann Baptist Heinrich und Christoph Moufang sowie aus Paul Leopold Haffner bestand.[47] Die philosophischen Fäden hielt bis zu seinem Tod (1862) Franz Jakob Clemens in der Hand.

---

[47] Paul Leopold Haffner (1829–1899) war seit 1855 Professor für Philosophie am Mainzer Priesterseminar (seit 1864 auch für Apologetik); er wurde 1866 Domkapitular und 1886 (nach neunjähriger Sedisvakanz durch den Kulturkampf) Bischof von Mainz. Haffner war in der katholischen Publizistik äußerst aktiv; so war er Leiter des 1864 gegründeten *Katholischen Broschürenvereins* und Herausgeber der *Frankfurter zeitgemäßen Broschüren* (1879–86); vgl. Ball (1949).

Wie eng die Beziehung Brentanos zu Clemens war, zeigt sich daran, dass Brentano 1859 Berlin und Trendelenburg verließ, um in Münster bei Clemens, dem Autor der neuthomistischen Programmzeitschrift zu promovieren. Als Thema wählte er den Jesuitenphilosoph Franz Suarez. Es kam allerdings nicht dazu, denn Clemens starb 1862. Über Clemens berichtet Brentano seiner Tante Kunigunde von Savigny:

> Clemens ist ganz ein Professor nach meinem Herzen. Scharfsinn verbindet er mit Gelehrsamkeit, Charakter und Glaubenskraft mit Unpartheilichkeit und sein Muth, mit dem er allen Vorurtheilen der Zeit und der Schulen entgegentritt, verdient die größte Achtung. Dies ist meine aufrichtige Überzeugung, die durch Nichts bestochen ist, auch nicht durch seine große Freundlichkeit gegen mich, die freilich all meine Erwartungen übersteigt. Oft macht er lange Spaziergänge mit mir und einem andern jungen Mann, der obgleich im Mainzer Seminar bereits als Professor angestellt, noch einmal nach Münster ging und sich auf die Schulbank setzte, um Clemens zu hören. Natürlich sind die Spaziergänge, auf welchen nur philosophische Gespräche geführt werden, so dass fast jeder Schritt ein philosophischer Fortschritt ist, wohl eben so belehrend als die Collegien. Dieser Prof. Clemens hat den hl. Thomas im Leibe, wie kein anderer, und so kann er denn leicht jeden Anderen und wenn er den Teufel im Leib hätte, ins Boxhorn jagen. Ich freue mich, ich kann Dir nicht sagen wie, einen Lehrer in ihm gefunden zu haben, der mehr, als alle bisherigen mir Ehrfurcht und Vertrauen einflößt. Auch ist es mir lieb einmal an einer Academie zu sein, die wirklich noch einen bestimmt ausgeprägten Charakter besitzt. (Brentano an Gunda von Savigny, Münster, 31.5.1859)

Wenn Brentano Clemens als Lehrer bezeichnet, „der mehr, als alle bisherigen mir Ehrfurcht und Vertrauen einflößt", dann ist dies eine sehr klare Aussage darüber, wie er Clemens im Vergleich zu Trendelenburg einschätzte, bei dem er ein Semester zuvor studiert hatte. Zu beachten ist auch, dass Brentano dies ein Jahr nach dem Erscheinen des kämpferisch neuthomistischen Artikels „Unser Standpunkt in der Philosophie" (1858) schrieb. Auch wenn man nicht folgern kann, dass Brentano den Standpunkt bis ins letzte teilte, so wird man doch den Brief als eindeutigen Beleg dafür ansehen müssen, dass Brentano mit dieser Position sehr sympathisierte, und sie ihm näher lag, als die der bekämpften Deutschen Theologen.

Brentano hatte auch zu dem ‚Mainzer Dreigestirn' enge Verbindungen. Der in dem Brief erwähnte Mainzer Philosoph ist Paul Leopold Haffner.

Haffner überredete Brentano, das Sommersemester 1861 in Mainz zu verbringen. Von Mainz aus schreibt Brentano:

> Wie ich zu dem Entschluss gekommen, den Sommer hier, statt in Münster zuzubringen, haben Sie vielleicht schon von Herrn Prof. Clemens gehört. Der Haupturheber des Planes war Prof. Haffner, der bei meiner Durchreise nach Aschaffenburg mit allerhand hübschen Argumenten ein ‚ebensogut' und ‚besser' für einen Aufenthalt in Mainz herauszubringen wusste. Sein Umgang gehört mir denn auch mit zu den größten Annehmlichkeiten, deren ich hier genieße. (an Schlüter, 2.6.1861, in: 1962, 287)

Es war aber nicht nur der junge Haffner, der ihn nach Mainz zog, vielmehr rechtfertigt Brentano gegenüber seinen Onkel Friedrich Carl von Savigny den Aufenthalt in Mainz auch damit, dass „alte Freunde des Vaters für mich Interesse haben". Zu diesen Freunden gehörte Johann Baptist Heinrich, in dessen Haus Brentano während seines Studienaufenthalts in Mainz wohnte (vgl. Brück, 1975). Wie eng die Beziehung zu Heinrich noch 1869 war, zeigt sich darin, dass dieser, nachdem Brentano über das Brevier bei einem Zusammentreffen, „das sich durch seine freundliche Begleitung nach Aschaffenburg verlängerte", wiederholt „laute Klage geführt" hatte, ihn aufforderte, einen Aufsatz auszuarbeiten, „worin ich mein Warum? und Wie? ausführlich darlege. Er verspreche mir, dafür zu sorgen, dass er dem hl. Vater vorgelegt werden solle."[48] Auch als er meint, logische Widersprüche in den Fundamentaldogmen gefunden zu haben, wendet er sich an Heinrich, allerdings mit enttäuschendem Resultat, da dieser sich, als Brentano die Argumente „darlegte, die Ohren schloss". Auch bei anderen Missständen und Schwierigkeiten hat sich Brentano offenbar voll Vertrauen mit Heinrich ausgesprochen, und als Philosoph auch einige Freiheiten gehabt. So berichtet er seinem Neffen Hertling: „Und von Heinrich habe ich schon früher das Zeugnis ausgestellt erhalten (es handelte sich um die Infallibilität), wenn man mich hörte, könne man mir nicht widersprechen."[49]

Auch zu Christoph Moufang hatte Brentano enge Kontakte.[50] So schrieb er mit Moufang zusammen eine Erklärung über die Infallibilität des

---

[48] Brief Brentanos an Moufang, 28.11.1869.

[49] Bei Carl Stumpf heißt es. „Oft hörte ich die Namen des Mainzer Domherrn Moufang und Heinrich; besonders der letztere stand dem Hause Brentano nahe" (1919, 97).

[50] Zu Moufang vgl. Brück (1890) sowie Götten (1969).

Papstes, die auf dem ersten Vatikanischen Konzil verkündet werden sollte. Bischof Ketteler verlas diese Schrift, die das Problem von der Frage her anfasste: „Ist es zeitgemäß, die Unfehlbarkeit des Papstes zu definieren?", auf der Fuldaer Bischofskonferenz.[51] Wie ein Briefwechsel zwischen Franz Brentano und Moufang zeigt, war die Verbindung zwischen den Familien Brentano und Moufang eng. Es findet sich darin ein Beileidsschreiben anlässlich des Todes von Moufangs Onkel Adam Franz Lennig. Ihn nennt Brentano einen „der treuesten Freunde unserer Familie" (Brief vom 26.11.1866). Lennig war einer der Mitbegründer und erster Vorsitzende des Pius-Vereins, der sich an Lamennais „Comité pour la défense de la liberté religieuse" orientierte, bei dem er studiert hatte. Zudem organisierte er 1848 die „Erste Versammlung des katholischen Vereins Deutschlands" und damit den ersten „Deutschen Katholikentag".[52] Auch als Brentano keine Zeit findet, für Heinrich den oben erwähnten Aufsatz über die Unzulänglichkeiten des Breviers zu schreiben, bittet er Moufang, der als Berater für das erste Vatikanische Konzil berufen worden war, in dieser Sache mündlich tätig zu werden.

Diese Belege zeigen, dass es nicht nur lose Bekanntschaften zu dem Mainzer Kreis gab, sondern dass es enge Kontakte waren, die sich über Jahrzehnte zwischen den Familien aufgebaut hatten.

Es gibt noch einen weiteren Beleg für die enge Verbindung Brentanos mit dem Mainzer Kreis. Und zwar war 1862 auf der katholischen Generalversammlung in Aachen eine Initiative in Gang gebracht worden, eine katholische Universität zu gründen. Motiviert war dies durch eine im gleichen Jahr erschienene anonyme Schrift über die Parität an den preußischen Hochschulen.[53] In ihr wurde gezeigt, dass die Katholiken an den Hochschulen trotz der zugesicherten Parität kaum repräsentiert waren. So gab es in dem auf den ersten Blick weltanschauungsfreien Fach Medizin in ganz Preußen nur einen Professor für Medizin, der katholisch war.[54] Hinzu

---

[51] Die Denkschrift ist abgedruckt in Freudenberger (1969, 407–37).

[52] Von dem 1845 ins Mainzer Domkapitel gewählten Lennig schreibt ein Kirchenhistoriker, dass er „der führende Kopf nicht nur in der Mainzer Diözese [war], hinter dem Bischof Kaiser völlig zurücktrat, sondern im katholischen Deutschland überhaupt" (Götten, 1969, 24).

[53] Der Autor ist H. J. Floss, (1862).

[54] In Berlin, wo es offiziell keine konfessionelle Festlegung gab, waren von den 85

kam das Problem, dass die Wissenschaften immer stärker von der kirchlichen Lehre abwichen. So erschien etwa 1859 Darwins Werk über die Entstehung der Arten, das in kirchlichen Kreisen auf größten Widerstand stieß.[55] Es war daher nicht verwunderlich, dass die Familien beklagten, dass sie ihre Söhne als gute Katholiken auf die Universität sendeten, diese dann aber als von der Kirche entfremdet zurückkämen. Als ein Ausweg wurde die katholische Universität angesehen. Dies steht offensichtlich in einem Zusammenhang mit den Ideen der Mainzer:[56]

> Eine katholischen Universität ist eine solche, welche unbedingt und unumwunden die von der Kirche uns vermittelte offenbarte göttliche Wahrheit als das höchste Licht aller Wissenschaft anerkennt, an welcher alle Lehrer aller Fakultäten gläubige Katholiken sind und auch für ihre öffentliche Lehrtätigkeit sich der Autorität der Kirche, also dem apostolischen Stuhle und dem Episkopate, mit ganzer Überzeugung unterwerfen; es ist also eine Universität, die ganz auf dem Boden der Kirche steht, die vom Geiste der Kirche erfüllt und deren gesamte Wissenschaft entschieden christlich und katholisch ist.[57]

Dass Franz Brentano in dieser Bewegung um eine katholische Universität involviert ist, zeigt ein Brief seiner Mutter, die von einem Gespräch in Mainz mit Heinrich und Moufang berichtet. Sie schreibt an ihren Sohn: „Sie rechnen ziemlich fest wenigstens mit einer *philosophischen Fakultät der katholischen Universität*, und zwar in Mainz, zu beginnen. *Du würdest dann gleich berufen*, sie möchten Dich aber gerne schon eher" (9. 5. 1868). Da sich die katholische Universität von den staatlichen Universitäten ge-

---

nichttheologischen ordentlichen und außerordentlichen Professuren 82 mit Protestanten und drei mit Katholiken besetzt.

[55] Vgl. Dillenberger (1960).

[56] Das Projekt einer katholischen Universität wurde von Theologen wie Döllinger und Kuhn heftig attackiert, da sie in der Abhängigkeit des Wissenschaftlers vom Bischof die Freiheit der Forschung gefährdet sahen. Tatsächlich wurde von Brentanos Neffe Hertling im Rahmen seiner Konzeption der katholischen Wissenschaft, die unter Anderem für die Görres-Gesellschaft maßgeblich wurde, die Freiheit der Wissenschaft ausdrücklich bestritten – Brentano (1901) setzt sich mit ihm kritisch auseinander. Seltsamerweise findet sich in kirchengeschichtlichen Darstellungen, etwa in Coreth et al. (1987–90) von dieser Konzeptionen der katholischen Wissenschaft nichts.

[57] Anonym, „Die vierzehnte katholische Generalversammlung zu Aachen", *Katholik* **41/2** (NF **6**) (1862), 419.

rade dadurch absetzen wollte, dass sie „entschieden christlich" ist und sich
die Lehrer mit ganzer Überzeugung der Autorität der Kirche unterwerfen
sollen, wird man davon ausgehen können, dass Brentano auf der Linie der
Mainzer lag. Brentano muss von den Mainzern als weltanschaulich
zuverlässig eingeschätzt worden sein. Da die Mittel für die Universität aus
Spenden kamen, hätte die Besetzung einer Professor mit einem weltanschaulich ungebundenen Wissenschaftler, der keine spezifisch katholischen Positionen bezieht, die Gründungsgedanken der katholischen Universität unterlaufen.

Die Verbindung Brentanos mit der Bewegung der katholischen Universität lässt auch ein biografisches Problem lösen. Wir hatten gesehen, dass
der Anlass für diese Bewegung eine Schrift war, die die geringen Chancen
für Katholiken als Hochschullehrer herausstellte. Angesichts dieser Situation ist der Entschluss Brentanos, zu habilitieren, also eine Hochschulleh-
rerlaufbahn einzuschlagen, keineswegs selbstverständlich. Brentano fasste
1862 aber noch darüber hinaus den Entschluss, Priester zu werden. Wie
lässt sich das mit einer vernünftigen Lebensplanung zusammenbringen?
Briefe belegen, dass Brentano nie plante, seelsorgerisch tätig zu sein. So
schreibt ihm seine Mutter am 21. 6. 1863, dass sie mit dem Würzburger Bischof, zu dessen Diözese Brentano gehörte, sprechen wolle, damit dieser sich
bereit erklärt, Brentano eine akademische Laufbahn zu ermöglichen, falls er
in seiner Diözese Priester werden sollte. Bis dahin hatte er dies offenbar abgelehnt:

> Bleibt nun der Herr Bischof nach meinen Mitteilungen noch auf seiner Weigerung,
> Dir zuzusagen, Dich nach der Priesterweihe ungehindert und ohne Ansprüche an
> Seelsorgpflichten gegen unsere Diözese der Wissenschaft und dem Lehramt über-
> lassen zu wollen, so hast Du nach meiner Ansicht Deiner Pflicht gegen unsere Diö-
> zese Genüge getan und würde ich Dir raten, in diesem Herbst in Freising ins Seminar
> einzutreten, vorausgesetzt, daß der Herr Abt[58] zuerst mit dem Herrn Erzbischof
> Deinetwegen sprach und von ihm die Zusage erhielt, daß er Dich nach der Priester-
> weihe dem Lehrfach überlassen will. Mir scheint, der Herr Erzbischof wird solches
> dem Herrn Abt nicht abschlagen, wenn er von demselben Deine Gründe hört und auf
> das Bedürfnis und die Gefahr der Versäumnis aufmerksam gemacht würde.

---

[58] Es handelt sich um den Daniel von Haneberg (1816–76), mit dem Brentano
befreundet war. Haneberg wurde 1854 Abt des Benediktinerstifts St. Bonifaz, und
1872 Bischof von Speyer.

Warum wollte Brentano Priester werden, wenn er gar nicht beabsichtigte, seelsorgerisch tätig zu sein? Was für ein Bedürfnis, das dem Erzbischof einleuchten könnte, und welche Gefahr des Versäumnisses konnte es für den Fall denn geben, dass Brentano nicht für die Wissenschaft freigestellt würde? Die Antwort liegt in dem Projekt der katholischen Universität. Denn hierfür wurden Kandidaten benötigt, die einerseits den Unterstützern und Geldgebern als zuverlässige und kirchentreue Katholiken präsentiert werden konnten, die andererseits aber auch die erforderliche akademische Qualifikation besaßen, um die wissenschaftliche Reputation der Universität garantieren zu können. Da es einen Mangel an derartigen Kandidaten gab, haben wir hier ein Bedürfnis für Brentanos Freistellung für die Wissenschaft, die dem Bischof einleuchten könnte. Denn ohne geeignete Kandidaten hätte das Projekt der katholischen Universität scheitern müssen.[59]

Diese Zusammenhänge lassen danach fragen, wie sich die Verbindung zur Mainzer Bewegung inhaltlich niederschlägt. Zunächst lässt sich zeigen, dass Brentano an dem Projekt einer katholischen Wissenschaft arbeitet. Dies ist ein philosophisches Projekt, insofern eine Beschränkung auf die natürliche Vernunft vorliegt. Es ist katholisch, also weltanschaulich, insofern von der Richtigkeit bestimmter Inhalte ausgegangen wird. Hierzu gehören insbesondere die Behauptung des Daseins eines persönlichen Gottes, der Geistigkeit und Unsterblichkeit der menschlichen Seele und einer ausgleichenden Gerechtigkeit nach dem Tode. Diese Inhalte sollen nicht einfach geglaubt werden, vielmehr besteht das Projekt der katholischen Wissenschaft darin, diese Überzeugungen vernünftig zu begründen, so dass sie auch einem Nichtgläubigen einleuchten. Diese Themen hat Brentano sein ganzes Leben lang verfolgt. Wie die aus dem Nachlass zusammengestellten Schriften zum Dasein Gottes belegen, war er ein Hauptvertreter des Theismus. Selbst den Atheisten Siegmund Freud hätte er beinahe, wie Freud seinem Freund Silberstein berichtet, zum Glauben bekehrt. Die

---

[59] Die katholische Universität ließ sich nicht realisieren. Die für ihre Gründung gesammelten Mittel wurden stattdessen für die Gründung einer Gesellschaft zur Förderung katholischer Wissenschaftler verwendet. Es war die Görres-Gesellschaft. Brentanos Neffe Georg von Hertling war Mitbegründer und von 1876 bis 1919 Präsident dieser Gesellschaft. Hertling, der in München eine Professur für Philosophie hatte, war auch politisch äußerst einflussreich; er war bayerischer Ministerpräsident und deutscher Reichskanzler.

Frage nach der Geistigkeit und Unsterblichkeit der Seele hat er nicht weniger intensiv behandelt. In Brentanos Nachlass befindet sich ein als LS markiertes Konvolut zu diesem Thema. Auch zur Zeit, als er an der *Psychologie* arbeitete, in der er mit Lange erklärt: „eine Seele gibt es nicht – wenigstens nicht für uns Psychologen" hielt er Lehrveranstaltungen, in denen er die Unsterblichkeit der menschlichen Seele beweisen wollte.[60]

6. Brentano und die katholische Aristoteles-Rezeption

Nachdem die Zugehörigkeit Brentanos zur Mainzer Bewegung plausibel gemacht ist, stellt sich die Frage nach der möglichen Verbindung Brentanos zu dem katholischen Aristoteles-Projekt. Ein Blick in den Generalindex zum *Katholik* zeigt, dass das Interesse an Aristoteles zeitlich sehr beschränkt war (Stillbauer, 1892). Von 1821 bis 1861 findet sich unter dem Stichwort „Aristoteles" nichts. 1862 finden wir den oben skizzierten Artikel „Aristoteles und die katholische Wissenschaft" von Franz von Paula Morgott. 1863 veröffentlicht der *Katholik* von dem Freiburger Philologen Karl Zell den Aufsatz „Das Verhältnis der aristotelischen Philosophie zur

---

[60] Als möglicher Einwand könnten die Habilitationsthesen angesehen werden. Immerhin erklärt Brentano in der zweiten These: „Die Philosophie muss protestieren gegen die Zumutung, ihre Prinzipien der Theologie zu entnehmen, und gegen die Behauptung, dass durch die Existenz einer übernatürlichen Offenbarung ein fruchtbares Philosophieren erst möglich wird." Der Herausgeber Oskar Kraus notiert: hier sehe man „deutlich den ungestümen Freiheitsdrang des priesterlichen Philosophen", der „fern von allem Autoritätsglauben" sei (in Brentano 1968, 166). Tatsächlich wendet sich diese These gegen den sogenannten Traditionalismus, der von der Kirche verurteilt wurde und gegen den sich auch Brentanos Lehrer Clemens ausdrücklich in seinem Aufsatz „Unser Standpunkt in der Philosophie" wendet. Deutlich wird die Position Brentanos in der dritten These, wo er erklärt, die „theologisch festgestellten Wahrheiten" (*sententias Theologia probatas eas esse*), seien „*quasi stellae rectrices*", also gleichsam Leitsterne für die Philosophie. Dies bedeutet zum Beispiel, dass der (katholische) Philosoph davon ausgehen soll, dass der Darwinismus falsch ist, da er den theologisch festgestellten Wahrheiten widerspricht. Dies ist mit einer wissenschaftlichen Einstellung unvereinbar, sie liegt aber auf der gleichen Linie wie der Neuthomismus. Werle (1989, 134f.) hat darauf hingewiesen, dass sich die Metapher von den *stellae rectrices* für die kirchlichen Wahrheiten bereits in dem päpstlichen Schreiben findet, in dem die von Döllinger veranstaltete Münchener Gelehrtenversammlung nachträglich verurteilt wurde.

Religion". Dieser Aufsatz war keine Erstveröffentlichung, sondern bereits 1857 erschienen. Dieses deutet darauf hin, dass die Redaktion des *Katholik* dieses Thema gezielt in das Bewusstsein der katholischen Öffentlichkeit bringen wollte. Ein Jahr später, also 1864, erscheint anonym der Aufsatz „Aristoteles und sein Commentator Thomas von Aquin".[61] Erst zwanzig Jahre später veröffentlicht der *Katholik* wieder Artikel zu Aristoteles, von Stöckl, der zunächst wie Morgott in Eichstätt lehrte, bevor er als Nachfolger von Clemens nach Münster berufen wurde, und von Rolfus.

Die Publikationen im *Katholik* spiegeln in diesem Fall die katholische Aristoteles-Rezeption wieder. Wir erinnern uns, dass Morgott 1862 schrieb, dass „bislang noch nicht einmal ein Versuch" vorliege, „welcher das Studium des 'Philosophen' der mittelalterlichen Schule", also Aristoteles, „vom Standpunkt objektiv katholischer Wahrheit in eingehender Weise in Angriff genommen hätte." Auch später gab es keine Aristoteles-Rezeption, die als katholisch wahrgenommen wurde. So schreibt Joseph Geyser noch 1917 im Vorwort seiner *Erkenntnistheorie des Aristoteles* (Münster, Schöningh), dass sich zwar seit der Enzyklika *Aeterni Patris* (1879), in der Thomas in philosophischen Fragen zur Autorität erklärt wurde, die scholastische Philosophie „der emsigsten Pflege erfreut", es aber „wundernehmen" müsse, dass aus dieser neuscholastischen Bewegung bis heute noch keine monographische Untersuchung der Erkenntnistheorie des Aristoteles hervorgegangen sei. Sehen wir uns vor diesem Hintergrund die Veröffentlichungen Brentanos und seiner Schüler zu Aristoteles an.

1862, Franz Brentano, *Von der mannigfachen Bedeutung des Seienden nach Aristoteles.*
1864, Georg von Hertling, *De Aristotelis notione unius*, Berlin: Schade.
1867, Franz Brentano, *Die Psychologie des Aristoteles, insbesondere seine Lehre vom nous poietikos.*
1871, Georg von Hertling, *Materie und Form und die Definition der Seele bei Aristoteles*, Bonn: Weber.
1873, Herman Schell, *Die Einheit des Seelenlebens aus den Prinzipien der Aristotelischen Psychologie*, Freiburg.
1911, Franz Brentano, *Aristoteles' Lehre vom Ursprung des menschlichen Geistes.*
1911, Franz Brentano, *Aristoteles und seine Weltanschauung.*
1911, Franz Brentano, *Aristoteles.*

---

[61] Autor ist wieder Franz Morgott (vgl. Anm. 44).

Wir können diesen Daten entnehmen, dass es in einem unmittelbaren zeit-
lichen Zusammenhang zu der skizzierten thomistischen Aristoteles-Deu-
tung durch Brentano und seine Schüler zumindest eine Aristoteles-Rezeption von Katholiken gab. Sehen wir uns im Folgenden die beiden Früh-
werke Brentanos unter dem Gesichtspunkt an, ob sie auch inhaltlich in
Übereinstimmung mit der thomistischen Aristoteles-Rezeption stehen.

Die Besonderheit der Brentanoschen Zugangsweise wird durch eine
Kontrastierung mit Trendelenburg deutlich. Nach Trendelenburg hat sich
Aristoteles in seiner Kategorientafel an der griechischen Sprache orientiert.
Danach entspricht die *ousía* dem Substantiv, das *poión* und *posón* dem
Adjektiv, dem *poû* und *poté* die Adverbien des Orts und der Zeit, *poieîn*
und *páschein* dem Passiv, dem *pròs ti* entsprechen relative Ausdrücke wie
„größer als", dem *keîsthai* entsprechen ein Teil der Intransitiva und dem
échein die Eigentümlichkeit des griechischen Perfekts.

Nach Brentano beruhen dagegen die grammatischen Kategorien auf
ontologischen Unterschieden. Daraus,

> dass die Deduktion der Kategorien mit einer ontologischen Verschiedenheit
> beginnt, ergibt sich, dass auch alle Untereinteilungen auf dergleichen beruhen
> werden, und daraus, dass die Kategorien alle in eine Reihe gestellt sind, dass alle
> in dieser Deduktion angewandten allgemeineren Begriffe nur analoge Einheit
> haben, also selbst wieder ontologische Unterschiede in sich enthalten, bis denn
> von den Kategorien an alle weiteren Begriffe in den regelmäßigen Stufen
> synonymer Unterordnung und ontologischer Gleichheit, d.i. Gleichheit in dem
> Seinsbegriffe, bis zu den Einzeldingen hinabsteigen (Brentano, 1862, 158 Anm.).

Auch wenn die Kategorien für uns als erstes in der Sprache erscheinen, so
sind sie doch in ontologischen Unterschieden fundiert. Dies ist eine ganz
zentrale Aussage von Brentano. Er unternimmt also bereits in seiner Dissertation den Versuch, die Ontologie zu rehabilitieren. Als Leistung wird
dies erst in der Gegenüberstellung zu Trendelenburgs Zugangsweise deutlich. Trendelenburg geht es um die Ermittlung der Autorintention, um mo-
tivierende Faktoren wie die griechischen Sprache. Es handelt sich also, um
die Redeweise des *Katholik* zu verwenden, um eine „protestantische" Zugangsweise. Brentano ist dagegen ganz im Sinne einer *philosophia
perennis* an allgemeingültigen Strukturen und Ableitungen interessiert. Es
geht ihm primär um die Sache, also die Ableitung der Kategorien, und

nicht, wie Trendelenburg, um die Faktoren, die Aristoteles zu seiner Kategorientafel geführt haben.

Für die Frage nach der Beziehung von Brentano zur Bewegung einer
katholischen Aristoteles-Rezeption der Mainzer ist natürlich die Frage zen-
tral, welche Rolle Thomas von Aquin bei Brentano spielt. Denn die zentrale These von „Aristoteles und die katholische Wissenschaft" lautet ja,
dass Thomas Aristoteles am besten verstanden habe. Hierzu gibt es eine
sehr eindeutige Aussage. Am Ende seines Werkes erklärt Brentano:

> Mit vollkommener Klarheit aber das Prinzip, das bei der Einteilung des *on* in die
> Kategorien zu leiten hat, sowohl bestimmend als anwendend, sehen wir den
> großen Aristoteliker des dreizehnten Jahrhunderts, der dem Aristoteles in der
> Schule sein unantastbares Ansehen gründete, so dass Picus von Mirandola sagen
> konnte: „Sine Thoma mutus est Aristoteles", eine Begründung und Ableitung der
> Kategorien unternehmen. (181)

Brentano erklärt in diesem verschachtelten Satz also, dass sich die richtige
Ableitung der Kategorien bereits bei Thomas findet. Damit behauptet er
zugleich die Überlegenheit von Thomas, auf die auch das Zitat Pico della
Mirandolas hinweist, das die thomistische Grundüberzeugung auf den
Punkt bringt.

Auffallend ist, dass Brentano Thomas von Aquin nicht beim Namen
nennt. Dies dürfte daran liegen, dass die ganze Scholastik einen sehr
schlechten Ruf hatte. Trendelenburg beispielsweise geht in seiner *Geschichte der Kategorienlehre* (Berlin, Bethge, 1846) nicht ausführlich auf
das Mittelalter ein, obwohl dort das Kategorienproblem intensiv diskutiert
wurde. Tatsächlich bekam Brentano für seine Dissertation lediglich ein
bene, wobei die Begründung verständlich werden lässt, weshalb Brentano
den Einfluss von Thomas nicht deutlicher macht:

> Es ist ferner als ein Beweis der Unkenntniß neuerer Philos<ophie> anzusehen, wenn
> der Verf<asser> meint, die Kategorienlehre des Arist<oteles> habe dem Wechsel der
> Zeiten getrotzt und die neueren Systeme haben auf keinen Fall etwas an die Stelle
> der alten Kategorien gesetzt. Ein so beschränkter Standpunkt, der zur mittel-
> alterlichen Autorität des Aristoteles zurückführt, läßt es nur zu in Anerkennung der
> sonstigen Vorzüge der vorliegenden Schrift dem Antrag auf Promotion mit dem
> Prädikat *bene* zu stellen.[62]

---

[62] Reiff, „Gutachten der Dissertation von Franz Brentano". Franziska Mayer-Hillebrand

Angesichts dieser Geringschätzung ist es bemerkenswert, dass Trendelenburg Brentanos Interpretation der aristotelischen Kategorienlehre als eine beeindruckende Leistung angesehen hat. Er hat sie in seinen Vorlesungen über Geschichte der Philosophie besprochen und dabei darauf hingewiesen, dass es Brentano gelungen sei, das Prinzip für das stufenweise Herabsteigen von dem Terminus des Seienden zu den in der Kategorientafel aufgezählten Klassen „in wesentlicher Übereinstimmung mit Thomas von Aquin nachzuweisen".[63] Eine solche positive Reaktion dürfte Brentano gezeigt haben, dass es möglich ist, sich Fragen der katholischen Wissenschaft zuzuwenden, ohne dass dies eine Einschränkung auf kleine katholische Zirkel bedeutet. Eine solche Einschränkung findet sich etwa bei Brentanos Lehrer Franz Jakob Clemens oder auch bei seinem Freund Leopold Haffner, die außerhalb der katholischen Welt überhaupt nicht wahrgenommen wurden. Brentano hat sich in seiner Dissertation *Über die mannigfache Bedeutung des Seienden nach Aristoteles* also in einer Weise auf das thomistische Aristoteles-Projekt eingelassen, die für die protestantische Forschung – oder zumindest für Trendelenburg als einem ihrer Hauptvertreter – akzeptabel ist. Gerade dies dürfte das Pathos von Brentano hervorgerufen haben. Es zeigt aber auch, weshalb Brentano für die katholische Universität eine besondere Rolle spielen konnte. Denn nur wenn diese Universität eine wissenschaftliche Reputation versprach, konnte erwartet werden, dass sie politisch durchgesetzt werden konnte.

Auch in seinem zweiten Buch, der *Psychologie des Aristoteles. Insbesondere seine Lehre vom noûs poietikós*, die Brentano als Habilitationsschrift einreichte, geht es um Aristoteles. Auch hier ist zu fragen, ob sich eine inhaltliche Beziehung zum neuthomistischen Aristoteles-Projekt herstellen lässt. In diesem Werk ist die Beziehung zur katholischen Wissenschaft besonders eng, da es um die Frage der Unsterblichkeit der Seele

---

zitiert in einer unveröffentlichten biografischen Skizze (10) einen Brief eines Tübinger Professors („Unterschrift unleserlich", ohne Angabe des Empfängers) vom 22. 7. 1862, in dem dargelegt ist, warum Brentano nur ein „bene" erhielt: „Das Prädikat bene entspricht bei uns der Klasse II a. Es handelte sich nur darum, ob es nicht cum laude (= I b) erteilt werden sollte, was Herr Brentano durch den Hauptinhalt seiner Schrift nach dem Urteil des Referenten ganz wohl verdient hätte, wenn derselbe nicht andererseits der Meinung gewesen wäre, es zeige sich in der Überschätzung der aristotelischen Philosophie ungenügende Kenntnis der neueren".

[63] Dies berichtet Hertling (1919/20). Brentano selbst weist in (1980, 2) darauf hin.

geht. Brentano versucht hier eine Interpretation des so genannten *intellectus agens*, von dem Aristoteles im zweiten Buch von *De anima*, Kap. 5, spricht. Dieses Kapitel ist eins der umstrittensten und meistdiskutierten Texte der griechischen Philosophie: „Es gibt kein Stück der antiken Philosophie, das wie die halbe Seite dieses Kapitels eine solche Masse der Erklärungen hervorgerufen hat. Seine Dunkelheit und übermäßige Kürze sind berüchtigt" (Theiler, 1986, 142).

Im ersten Kapitel dieser Schrift versucht Brentano im Stile des Aristoteles zu philosophieren. Das heißt, Brentano versucht nicht, eine textimmanente Interpretation vorzulegen, sondern eine Sache zu entfalten, wie dies in den oben skizzierten katholischen Programmschriften verlangt wird. Der Name „Aristoteles" taucht im Haupttext dieses Kapitels (41–52) nur ein einziges Mal auf (44). Charakteristisch ist die Redewendung, es sei „mit Aristoteles festzustellen", zu welcher Gattung die menschliche Seele gehöre und was sie sei. Dies zeigt bereits an, dass Brentano hier eine systematische Darstellung anstrebt, die sich zwar an Aristoteles orientiert, jedoch nicht beansprucht, philologisch die Autorintention nachzuweisen.

Brentanos *Psychologie des Aristoteles* lässt sich als Versuch interpretieren, die Einwände, die Eduard Zeller im zweiten Band seiner *Philosophie der Griechen in ihrer geschichtlichen Entwicklung* gegen Aristoteles formuliert, zu entkräften.[64] Jedenfalls finden sich in Brentanos Arbeit Entgegnungen auf die Aristoteles-Kritik des protestantischen Philosophiehistorikers[65].

Seine Kritik an Aristoteles fasst Zeller in drei Punkten zusammen. Es sei erstens nicht zu sehen, wie der *noûs poietikós*, der nicht mit Materiellem vermischt ist, individuiert sein könne. Denn nach Aristoteles ist das Individuationsprinzip die Materie. Aristoteles mache zweitens widersprüchliche Aussagen über den *noûs*. Auf der einen Seite sagt er vom *noûs*, dass er mit dem Körper unvermischt und unsterblich sei, auf der anderen Seite, dass er als *noûs pathetikós* sterblich und mit dem Körper vermischt sei. Schließlich kritisiert Zeller, dass der unsterbliche *noûs poietikós* als das Allgemeine im Menschen von allem Persönlichen befreit sein müsse.

---

[64] Eine ausführliche Darstellung findet sich in meinem Aufsatz (1995/96).

[65] Eduard Zeller, der zunächst eine Professur für Theologie in Bern hatte, begann seine Studien der griechischen Philosophie in der Absicht, ihren Einfluss auf die Bibel zu erforschen.

Als Antwort auf den Vorwurf der fehlenden individuellen Bestimmtheit des *noûs* können Brentanos Ausführungen zum Individuationsprinzip angesehen werden. Nach der gängigen Auffassung lehrt Aristoteles, dass die Materie das individuierende Moment ist. Das heißt, durch Angabe der Gattung und spezifischen Differenz kann kein Gegenstand herausgegriffen werden. Was in dieser Weise bestimmt wird, ist vielmehr immer ein Allgemeines, das durch verschiedene Individuen exemplifiziert werden kann. Wenn aber der *noûs* weder mit dem Leib noch mit irgendeiner anderen Materie vermischt ist – und dies lehrt Aristoteles ausdrücklich im 4. und 5. Kapitel des dritten Buches von *De anima* –, dann kann die Seele nichts Individuelles sein.

Nach Brentano gilt dieses Individuationsprinzip nur für körperliche, nicht aber für geistige Dinge. Demnach versteht Aristoteles unter spezifischer Differenz den letzten *intelligiblen* Unterschied, also den letzten Unterschied, den der Verstand erfassen kann. Da nun nach Aristoteles „alles, was geistig ist, vollkommen, bis zur letzten Wesensbestimmtheit intelligibel ist" (129), meint Brentano schließen zu dürfen, „dass bei geistigen Dingen der letzte intelligible, also der spezifische Unterschied mit dem schlechthin letzten zusammenfällt". Bei ihnen ist daher „der letzte spezifische Unterschied zugleich der individuelle Unterschied, und Spezies und Individuum sind ein und dasselbe". Körperliche Dinge sind hingegen nicht völlig intelligibel, es gibt mehrere Individuen einer Spezies. Und was diese Individuen unterscheidet ist die Materie. Die Materie ist daher nur für körperliche Dinge das Individuationsprinzip, für geistige Dinge, die vollständig intelligibel sind, ist sie es nicht. Diese Interpretation Brentanos ist sehr frei. Sie widerspricht dem Wortlaut der Aristotelischen Individuationslehre und kann sich auf keine einzige Textstelle berufen. Sie wird allein mit dem Argument begründet, dass es vernünftig sei, für rein geistige Dinge ein derartiges Individuationsprinzip anzunehmen.

Der zweite Vorwurf Zellers lautete, dass Aristoteles Widersprechendes vom *noûs* behauptet. Der *noûs pathetikós* ist nach Aristoteles sterblich und mit dem Körper vermischt, während er andererseits vom *noûs* allgemein sagt, er sei mit dem Körper unvermischt und unsterblich. Hierauf antwortet Brentano, dass der *noûs pathetikós* gar nichts mit dem *noûs* zu tun habe. Unter dem *noûs pathetikós* verstehe Aristoteles die Phantasie.[66] Die Phan-

---

[66] 208; vgl. die dort angeführten Belegstellen.

tasie gehört aber zur sensitiven Seele, die im Unterschied zur geistigen Seele mit dem Körper vermischt ist. Sie ist daher sterblich.[67] Der von Zeller behauptete Widerspruch, besteht nach dieser Interpretation also nicht.

Bei seiner Deutung des *noûs poietikós* orientiert sich Brentano an Thomas. Danach hat er die Funktion, die intelligible Form aus den sinnlichen Vorstellungen gleichsam herauszulösen. Es stellt sich natürlich die Frage, was mit der intelligiblen Form dann geschieht. Brentanos Antwort lautet, dass sie vom *noûs* aufgenommen werde. Allerdings geschieht dies nicht durch den *noûs pathetikós*, sondern durch einen Teil, den Brentano *noûs dynámei* nennt. Der *noûs* wird von Aristoteles in Analogie zur Sinnlichkeit behandelt. Die Sinne sind in der Lage, die Form eines Gegenstandes ohne dessen Stoff aufzunehmen. Dies ist die Lehre von der intentionalen Inexistenz.[68] Analog soll daher der *noûs* in der Lage sein, *intelligible* Formen aufzunehmen, was der sinnliche Teil der Seele natürlich nicht kann (er nimmt die sensiblen Formen auf). Der *noûs poietikós* wird jedoch von Aristoteles als reine Wirklichkeit gefasst, er ist der Teil, „der alles wirkt". Er ist daher nicht in der Lage, eine intelligible Form aufzunehmen. Brentano ist so zu der Annahme gezwungen, dass es neben dem *noûs poietikós* und dem *noûs pathetikós* (der, wie gesagt, im eigentlichen Sinne gar kein *noûs* ist) noch einen *noûs dynámei*, einen *intellectus possibilis*, geben muss, der das Vermögen besitzt, die intelligiblen Formen aufzunehmen. Er gehört, anders als der *noûs pathetikós*, zur rein intellektiven Seele. Auch diese Argumentation kann lediglich eine gewisse systematische Plausibilität beanspruchen, wenn von der bereits festgestellten Wahrheit ausgegangen wird, dass die geistige Seele unsterblich ist. Dagegen kann Brentano mit seiner Argumentationsweise nicht den Anspruch erheben, die Autorintention erfasst zu haben.

Zellers dritter Einwand lautete, dass nur der *noûs poietikós* unsterblich, dieser aber, als das Allgemeine im Menschen, von allem Persönlichen befreit sei. Brentanos Antwort hierauf ergibt sich aus dem oben Gesagten. Zwar ist auch nach Brentano der *noûs pathetikós* sterblich. Da aber nach Brentanos Deutung die intellektive Seele aus dem *noûs poietikós* und dem *noûs dyná-*

---

[67] Damit greift Brentano einen Interpretationsvorschlag Trendelenburgs auf, der erklärt, der noûs pathetikós bezeichne eine „einheitliche Zusammenfassung" der sinnlichen Tätigkeit.

[68] Vgl. hierzu das 2. Kapitel meines Buchs *Intention und Zeichen*.

mei besteht, die beide unvermischt und unvergänglich sind, widerspricht er Zellers erster Behauptung, nur der *noûs poietikós* sei unsterblich. Andererseits folgt aus Brentanos Darlegung des Individuationsprinzips, dass ein rein geistiges Ding, wie es nach Brentano die intellektive Seele ist, als ein individuelles Ding existieren kann. Da zur intellektiven Seele, anders als Zeller annimmt, außerdem auch ein intelligible Formen aufnehmender Teil gehört, wird es auch nach dem Tode Unterschiede der Seelen geben. Die Persönlichkeiten unterscheiden sich nach dem Tode durch das, was sie im irdischen Leben gedacht haben. Diese Antwort Brentanos steht in Übereinstimmung mit dem Katholizismus und Thomas. Sie stützt sich allerdings allein auf systematische Überlegungen und nicht auf Textquellen.[69]

Wir kommen also zu dem Ergebnis, dass Brentano hier in Übereinstimmung mit dem oben skizzierten thomistischen Aristoteles-Projekt steht.

Bemerkenswert ist allerdings, dass Brentano Thomas keineswegs in allen Punkten folgt, sondern sich auch von Thomas abgrenzt. So erklärt er:

> Überhaupt bleibt über der Lehre des Aristoteles vom wirkenden Verstande, wie sie Thomas gibt, ein gewisses Dunkel. Wenigstens treten die Gründe seiner Annahme nicht so klar wie bei Aristoteles selbst hervor … Mit bewusster Absicht ist

---

[69] Seine Lösung des Leib-Seele-Problems fasst Brentano mit folgenden Worten zusammen: „Der geistige Theil des Menschen bildet … mit seinem leiblichen Theile eine einzige Substanz. Die intellective und die vegetativ-sensitive Seele sind nicht zwei Seelen, nein, sie sind eine einzige Form, die einem Theile nach den Leib belebt, einem anderen Theile nach aber von ihm frei und geistig ist. Wie das Geistige und Leibliche hier auf's Innigste verknüpft sind, so sehen wir auch die geistigen und leiblichen Thätigkeiten in einer wunderbaren Weise in einander verstrickt, wechselseitig sind sie aufeinander angewiesen und, die einen dienend, die anderen herrschend, empfangen sie beiderseitig von einander Hilfe und Förderung. Es dient nicht blos der Schlund dem Magen, es dient auch die Phantasie dem Verstande; es leuchtet nicht blos das Auge dem Fusse auf seinen Wegen, es leuchtet der Geist allen leiblichen Kräften und führt sie zur Nahrung und Kleidung und hält sie ab von dem, was Gefahr und Verderben bringt. Wie nun der Mensch, wenn ihm ein Fuss oder ein anderes Glied entrissen wird, keine vollendete Substanz mehr ist, so ist er natürlich noch viel weniger eine vollendete Substanz, wenn der ganze leibliche Theil dem Tode anheimgefallen ist. Der geistige Theil besteht zwar noch fort, allein die irren gar sehr, die wie Plato glauben, dass die Trennung vom Leibe für ihn eine Förderung und gleichsam eine Befreiung aus drückendem Gefängnisse sei; muss ja doch die Seele nunmehr auf alle die zahlreichen Dienste verzichten, welche die Kräfte des Leibes ihr geleistet haben." (196f).

Thomas hier nicht von Aristoteles abgewichen, denn seinen sonstigen Anschauungen entspricht die Aristotelische Lehre eben so gut, ja besser als die seinige, und wir glauben daher, dass er bei verändertem Verständnisse des Aristoteles gewiss auch seine eigene Lehre in diesem Punkte verändert haben würde. (227f)

Dieser Einwand gegen Thomas wird aus der Philosophie des Thomas heraus begründet, womit der Anspruch verbunden ist, dass er Thomas besser versteht, als er sich selbst verstanden hat. Dies ist eine Form der Kritik, die offenbar einen dogmatischen Thomisten gnädig stimmen soll.

Die Darstellung zeigt also, dass Brentano in das neuthomistische Lager gehört. Ihn interessieren an Aristoteles genau die Themen, die für den Aufbau einer katholischen Wissenschaft relevant sind. Wir finden ferner die gleiche Ablehnung der philologischen Zugangsweise zu Aristoteles, die von dem *Katholik* abgelehnt worden war. Brentano orientiert sich auch an Thomas von Aquin, allerdings ordnet er sich dem Meister nicht unter.

7. Ausblick

Die Ausführungen zeigen, dass Brentano in einem Kontext zu sehen ist, der durch einen Konfessionalismus und durch Spannungen im Katholizismus geprägt ist. In dem zeitgenössischen Kampf zwischen den deutschen und den ultramontanen Theologen ist Brentano dem ultramontanen Lager zuzuordnen. Seine philosophische Orientierung ist zumindest in seinen frühen Jahren von dem Unternehmen geprägt, einen neuthomistischen Aristoteles zu entwerfen, der die Grundlage für die katholische Wissenschaft bilden soll.

Zu beachten ist allerdings, dass Brentano zwar ins ultramontane Lager gehört, dass er sich der Kirche jedoch nicht bedingungslos unterordnet. Dies zeigt sich am deutlichsten daran, dass Brentano nach der Verkündigung des Unfehlbarkeitsdogmas sein Priesteramt niederlegte. Weil er Schwierigkeiten mit den Dogmen hatte, distanzierte er sich von der Kirche. Deutlicher konnte er nicht zeigen, dass eine Unterwerfung eines Philosophen unter das Dogma für ihn nicht in Frage kommt. Wenn ein Widerspruch zwischen Dogma und philosophisch festgestellter Wahrheit auftritt, ist das Dogma und nicht die Philosophie aufzugeben. Wir haben auch gesehen, dass sich Brentano in seiner ersten Schrift an Thomas orientiert und auf der Linie des Thomismus liegt, dass er sich aber zugleich auch in einigen Punkten von Thomas distanziert. Dies deutet darauf hin, dass Brentano kein *dogmatischer* Thomist war.

Auf die weitere Entwicklung Brentanos kann im Rahmen dieses Aufsatzes nur ein kurzer Blick geworfen werden. Die wichtigste Änderung ist durch die Lektüre August Comtes bedingt, über den er Ende der 60er Jahre verschiedene Vorlesungen hielt. In der Ausarbeitung eines dieser Vorträge heißt es: „Unseren Tagen bleibt es vorbehalten, *zu einer positiven Behandlung der Philosophie sich zurückzuwenden.* Der Ruf danach hat sich laut erhoben, und man hat, teils unter Anknüpfung an die Höhepunkte der Vergangenheit, teils *unter Benützung der Fortschritte der Naturwissenschaft,* bereits da und dort mit einem schönen Anfange begonnen" (1968a, 133). Diese im Sinne Comtes ,positive' Behandlung zeigt sich darin, dass sich Brentano den Phänomenen zuwendet. Dies hat unter Anderem zur Folge, dass Brentano in seiner *Psychologie* als Gegenstand der Psychologie die psychischen *Phänomene* bestimmt, und die alte Auffassung ablehnt, wonach es die Seele ist, die der Psychologe behandelt. Dies aber führt zu der Frage, wodurch die psychischen Phänomene sich von den physischen unterscheiden, was ihn zur Einführung des wirkungsgeschichtlich folgenreichen Begriffs der ,intentionalen Inexistenz' führt.

Wichtiger aber noch ist, dass Brentano unter dem Einfluss von Comte eine kritische Distanz zu Aristoteles findet. So gesteht er in seinem Comte-Aufsatz zu: Aristoteles ist „(das kann auch sein größter Bewunderer nicht leugnen) in vielen seiner Lehren, wie in der von Potenz und Akt, von Substanz und Akzidenz usw. noch nicht von aller metaphysischen Auffassung frei" (1968a, 132).[70] Da Brentano weiterhin Metaphysik treiben will, bedeutet dies, dass er eine Metaphysik ohne Akt-Potenz-Lehre entwickeln muss. Bei der Lösung dieser Aufgabe hat Brentano folgenreiche Neuerungen eingeführt. Die Ontologie wird für ihn eine ,positive' Ontologie. Dies bedeutet, dass der Ontologe nicht konstruiert, sondern beschreibt. Die

---

[70] Das metaphysische Zeitalter ist nach Comte dadurch charakterisiert, dass Begriffe hypostasiert werden. Es ist daher noch nicht wissenschaftlich. Brentano, der im Unterschied zu Comte die Metaphysik für eine echte Wissenschaft hält, ist daher mit der abwertend gemeinten Bezeichnung ,metaphysisch' nicht zufrieden und schlägt daher vor, ihn durch den Ausdruck ,entitätenfingierend' zu ersetzen. Brentano wirft also Aristoteles vor, zumindest mit seiner Akt-Potenz-Lehre Entitäten zu fingieren.

erste Aufgabe besteht darin, die verschiedenen Arten von Teilen zu bestimmen. In dieser Weise, durch eine metaphysische Reinigung, konnte Aristoteles für Brentano und seine Schule die Bedeutung gewinnen, die in der Einleitung skizziert wurde.

Die durch Comte veranlasste Wende hatte keineswegs zur Folge, dass Brentano weltanschaulich neutral wurde. Wenn wir das weitere philosophische Werk Brentanos betrachten, finden wir dieselben Grundüberzeugungen wie in seinem Frühwerk. Der Wille, die Unsterblichkeit der Seele und das Dasein Gottes zu beweisen, das Überzeugtsein von einem Theismus, der Glaube an eine ausgleichende Gerechtigkeit, die Orientierung an Aristoteles, die Konzeption der Philosophie als *philosophia perennis*, das Misstrauen gegenüber der modernen Philosophie, die den Objektivismus zu überwinden suchte[71] – all das bleiben Grundzüge seiner Philosophie. Der Umfang, den diese Themen einnehmen, zeigt, dass Brentano noch immer das Projekt einer katholischen Wissenschaft verfolgte. Nur ist es nun nicht mehr Thomas, sondern er selbst, der beansprucht, der maßgebliche Lehrer für die katholische Wissenschaft zu sein. Brentano bleibt also trotz seines Bruchs mit der Kirche ein katholischer Philosoph, der von dem Neuthomismus und dessen Versuch geprägt ist, unter Führung von Aristoteles eine Wissenschaft zu entwickeln, die mit Grundzügen der katholischen Lehre übereinstimmt.

Bibliographie

Antonelli, Mauro 2001. *Seiendes, Bewusstsein, Intentionalität im Frühwerk Brentanos*, Freiburg, Alber.

Ball, Thomas 1949. *Leopold Haffner als Philosoph*, Mainz (Dissertation).

Brentano, Emilie 1854. „Biographie", in: Christian Brentano, *Nachgelassene religiöse Schriften*, München, Verlag d. literar.-artist. Anstalt, V–XLVIII.

Brentano, Franz 1895. *Meine letzten Wünsche an Österreich*, Stuttgart, Cotta.

Brentano, Franz 1901. „Voraussetzungslose Forschung" in: *Münchner Neueste Nachrichten* **573**, 13.12.1901, 1–2.

Brentano, Franz 1962. „Christoph Bernhard Schlüter und Franz Brentano. Zwei unbekannte Briefe Brentanos", J. Nettesheim (Hrsg.), in: *Zeitschrift für philosophische Forschung* **16**, 284–96.

---

[71] Dieses Misstrauen drückt sich besonders in Brentanos Stadienlehre aus, für die etwa der Deutsche Idealismus nur von pathologischem Interesse ist.

Brentano, Franz 1968. *Über die Zukunft der Philosophie*, O. Kraus (Hrsg.), Hamburg, Meiner.

Brentano, Franz 1968a. „Auguste Comte und die positive Philosophie", in: *Die vier Phasen der Philosophie und ihr augenblicklicher Stand*, O. Kraus (Hrsg.), Hamburg, Meiner.

Brentano, Franz 1980. *Aristoteles' Lehre vom Ursprung des menschlichen Geistes* Hamburg: Meiner.

Brentano, Lujo 1931. *Mein Leben im Kampf um die soziale Entwicklung Deutschlands*. Jena: Diederich.

Brück, Heinrich 1890. „Dr. Christoph Moufang. Päpstl. Hausprälat Domcapitular und Regens des bischöfl. Seminars zu Mainz", in: *Katholik* **70/1**, 481–93, **70/2**, 1–25.

Brück, Anton 1975. „Johann Baptist Heinrich (1816–1891)", in: H. Fries und G. Schwaiger (Hrsg.), *Katholische Theologen Deutschlands im 19. Jahrhundert*, München: Kösel, Bd. 2, 442–70.

Chrudzimski, Arkadiusz 2001. *Intentionalitätstheorie beim frühen Brentano*, Dordrecht: Kluwer.

Clemens, Franz Jakob 1840. „Über Jesuitenschulen, und namentlich die zu Freiburg in der Schweiz", in: *Historisch-politische Blätter für das katholische Deutschland* **6**, 38–46; 129–52; 210–6.

Clemens, Franz Jakob 1853. *Die speculative Theologie A. Günther's und die katholische Kirchenlehre*. Köln, Bachem.

Clemens, Franz Jakob 1856. *Scholasticorum sententia philosophiam esse theologiae ancillam commentatio*. Münster, Aschendorf.

Clemens, Franz Jakob 1858. „Unser Standpunkt in der Philosophie", in: *Katholik* **39** (NF 1), 9–23, 129–54.

Clemens, Franz Jakob 1860. *Über das Verhältnis der Philosophie zur Theologie. Ein Wort der Rechtfertigung gegen die Kritik des Herrn D. J. Kuhn*. Mainz: Kirchheim [Sonderdruck aus dem *Katholik*].

Coreth, Emerich, Walter Neidl und Georg Pfligersdorffer (Hrsg.) 1987–90. *Christliche Philosophie im katholischen Denken des 19. und 20. Jahrhunderts*, Graz, Styria.

Dillenberger, John 1960. *Protestant Thought and Natural Science*, Notre Dame: University of Notre Dame Press.

Döllinger, Ignaz 1863. „Die Vergangenheit und Gegenwart der katholischen Theologie", in: P. Gams (Hrsg.), *Verhandlungen der Versammlung katholischer Gelehrter in München*, Regensburg: Manz, 25–59.

Döllinger, Ignaz 1890. „Die Speyerische Seminarfrage und der Syllabus" (1865), in: *Kleinere Schriften*, F.H. Reusch (Hrsg.), Stuttgart: Cotta.

Dummett, Michael 1988. *Ursprünge der analytischen Philosophie*, Frankfurt: Suhrkamp.

Floss, H.J. 1862. *Denkschrift über die Parität an der Universität Bonn mit einem Hinblick auf Breslau und die übrigen Preußischen Hochschulen*. Freiburg: Herder.

Freudenberger, Theobald 1969. *Die Universität Würzburg und das erste vatikanische Konzil.* Neustadt a. d. Aisch, Degener & Co.

Götten, Joseph 1969. *Christoph Moufang, Theologe und Politiker 1817–1890,* Mainz: Hase & Köhler.

Haffner, Paul Leopold 1862. „Zur Erinnerung an Professor Clemens", in: *Katholik* **41** (NF **6**), 257–80.

Heidegger, Martin 1969. *Zur Sache des Denkens,* Tübingen: Niemeyer.

Hertling, Georg v. 1899. *Das Prinzip des Katholizismus und die Wissenschaft,* 4. Aufl. Freiburg: Herder.

Hertling, Georg v. 1919/20. *Erinnerungen aus meinem Leben.* Kempten: Kösel.

Jedin, Hubert 1985. *Handbuch der Kirchengeschichte,* Freiburg: Herder.

Leidlmaier, Karl 1987. „Carl Braig", in: E. Coreth et al. (Hrsg.) Bd. 1, 409–19.

Liberatore, Matteo 1861. *Die Erkenntnistheorie des heiligen Thomas von Aquin.* Deutsch von C. Franz [Franz Clemens?], Mainz: Kirchheim.

Lönne, Karl-Egon 1986. *Politischer Katholizismus im 19. und 20. Jahrhundert,* Frankfurt: Suhrkamp.

Mayer-Hillebrand, Franziska n.J. „III. Universitätsstudium, Priesterweihe und Habilitation" (unveröffentlichtes Typoskript, es besteht hauptsächlich aus Exzerpten und enthält Abschriften von persönlichen Briefen, deren Originale vernichtet wurden).

Möhler, Johann Adam 1867/68. *Kirchengeschichte.* P.B. Gams (Hrsg.) Regensburg: Manz.

Morgott Franz Paula v. 1857. Aristoteles und sein Commentator Thomas von Aquin", in: *Katholik* **44** (NF **11**), 1–20, 129–51.

Morgott Franz v. Paula 1860. *Geist und Natur im Menschen. Die Lehre des h. Thomas über die Grundfragen der Psychologie in ihrer Beziehung zur Kirchenlehre und zur neueren Wissenschaft,* Eichstätt, Brönner.

Morgott, Franz v. Paula 1862 „Aristoteles und die Katholische Wissenschaft", in: *Katholik* **41** (NF **6**), 256–75.

Morgott, Franz v. Paula 1865. *Theorie der Gefühle im System des hl. Thomas,* Eichstätt, Brönner.

Münch, Dieter 1989. „Brentano and Comte", in: *Grazer Philosophische Studien* **35**, 33–54.

Münch, Dieter 1993. *Intention und Zeichen. Untersuchungen zu Franz Brentano und zu Edmund Husserls Frühwerk,* Frankfurt: Suhrkamp.

Münch, Dieter 1994. *Psychologie und Metaphysik. Historisch-systematische Untersuchungen zum Frühwerk Franz Brentanos,* Habilitationsschrift, Julius-Maximilians-Universität Würzburg.

Münch, Dieter 1995/96. „Die Einheit von Geist und Leib. Brentanos Habilitationsschrift über die Psychologie des Aristoteles als Antwort auf Zeller", in: *Brentano Studien* **6**, 125–44.

Münch, Dieter 1996. „Das Denken und die Fakten. Überlegungen zu einer kognitiven Philosophiegeschichtsschreibung", in: V. Caysa und K.-D. Eichler (Hrsg.), *Philosophiegeschichte und Hermeneutik*, Leipzig, Leipziger Universitätsverlag, 70–84.

Münch, Dieter 1997. „Edmund Husserl und die Würzburger Schule", in: *Brentano Studien* **7**, 89–122.

Münch, Dieter 1998. „Die mannigfachen Beziehungen zwischen Philosophie und Psychologie", in: J. Jahnke et al. (Hrsg.), *Psychologiegeschichte – Beziehungen zu Philosophie und Grenzgebiete*. München: Profil, 318–45.

Münch, Dieter 2000a. „Il contesto della svolta transcendentale die Husserl", in: S. Besoli (Hrsg.), *Il realismo fenomenologico. Sulla fenomenologico dei Circoli di Monaco e Gottinga*, Macerata: Quodlibet, 501–38.

Münch, Dieter 2000b. „Zeichenphilosophie und ihre aristotelischen Wurzeln", in: *Zeitschrift für Semiotik* **22**, 287–340.

Münch, Dieter 2001. „Teoria della conoscenza e psicologia. La concezione scientifica del mondo di Carl Stumpf", in: S. Besoli und R. Martinelli, (Hrsg.), *Carl Stumpf e la fenomenologia dell'esperienza immediata*, Macerata: Quodlibet 2001, 261–308. Deutsch als: „Erkenntnistheorie und Psychologie. Die Wissenschaftliche Weltauffassung Carl Stumpfs", in: *Brentano Studien* **10** (2002/03) [im Druck].

Münch, Dieter 2003. „Roman Jakobson und die Tradition der neuaristotelischen Phänomenologie", in: N. Marek (Hrsg.), *Prager Strukturalismus. Methodologische Grundlagen*, Heidelberg: Winter, 135–67.

Münch, Dieter 2004. „Neues zum frühen Brentano", erscheint in: *Grazer Philosophische Studien* **67**.

Schnabel, Franz 1987. *Deutsche Geschichte im neunzehnten Jahrhundert. Bd. 4: Die religiösen Kräfte*, München: dtv.

Schwalbach, H. 1966. *Der Mainzer „Katholik" 1821–50*, Mainz (Dissertation).

Smith, Barry (Hrsg.) 1982. *Parts and Moments*, München: Philosophia.

Smith, Barry (Hrsg.) 1988. *Foundations of Gestalt Theory*, München: Philosophia.

Stillbauer, Johannes 1892. *General-Register des „Katholik" vom Jahre 1821 bis 1889*. Mainz: Kirchheim.

Stumpf, Carl 1919. „Erinnerungen an Franz Brentano", in: Oskar Kraus, *Franz Brentano*, mit Beiträgen von Carl Stumpf und Edmund Husserl, München: Beck.

Theiler, Willy 1986. „Kommentar", in: Aristoteles, *Über die Seele, Werke in deutscher Übersetzung* Bd. 13, Darmstadt: Wissenschaftliche Buchgesellschaft.

Werle, Josef 1989. *Franz Brentano und die Zukunft der Philosophie*. Amsterdam: Rodopi.

Wolfinger, Franz, 1975. „Johannes Evangelist von Kuhn (1806–1887)", in: H. Fries und G. Schwaiger, (Hrsg.), *Katholische Theologen Deutschlands im 19. Jahrhundert*, München: Kösel, Bd. 2, 129–62.

Zell, Karl 1863. „Das Verhältnis der Aristotelischen Philosophie zur Religion", in: *Katholik* **43/1** (NF **9**), 685–707, **43/2** (NF **10**), 129–56.

Husserl's Critique of Psychologism
and his Relation to the Brentano School[1]

WOLFGANG HUEMER

Franz Brentano, it has been argued[2], is far too often neglected among contemporary philosophers and does not receive the attention he deserves, given the importance of his contributions to philosophy. In fact, Brentano is nowadays mentioned mainly for his thesis that intentionality is a characteristic mark of the mental, and when someone wants to stress his eminent role in the history of philosophy, she usually does so by adding the quite long and impressive list of his students who became important philosophers (as well as psychologists, politicians, etc.) such as Edmund Husserl, Alexius Meinong, Anton Marty, Christian von Ehrenfels, Sigmund Freud, Tomas Masaryk, and others. Brentano was described a charismatic teacher: students frequented his courses even when they were not part of the required program. His goal was to train them to approach philosophy – and psychology – in a scientific manner and to become independent thinkers for whom facts are more important than philosophical traditions. At the same time, however, especially after his giving up teaching in Vienna and moving to Florence in 1896, he often reacted quite disappointedly when he saw that his former students deviated from his philosophical position and developed their own views. Husserl describes this ambivalence of Brentano's personality in his *Recollections of Franz Brentano*:

> No one surpassed him in educating students to think independently, yet no one took it harder when such thinking was directed against his own entrenched convictions. (Husserl, 1919, 161, engl: p. 345)

---

[1] I want to thank Christian Beyer for discussions and helpful comments on an earlier draft of the paper. I have also profited from discussion at a conference on Husserl in Montreal (2001), where an earlier version of this paper was presented. I thank the organizers Denis Fisette and Sandra Lapointe for inviting me to present this paper.
[2] Cf. Poli (1998) and Albertazzi, Libardi and Poli (1996).

It is not by accident that Husserl put these strong words in a text that was meant to pay tribute to Brentano, for he got to know both aspects of Brentano's personality quite well. Husserl had taken courses with Brentano at the University of Vienna from 1884–86. Brentano's style of teaching and his scientific approach to philosophy had impressed him so deeply that he decided to abandon a career in mathematics and devote himself completely to philosophy (cf. Husserl 1919, 153f). Husserl's interest was well-received by Brentano, who seems to have enjoyed the philosophical discussions with his student: he found warm words to recommend Husserl in his letters to Stumpf – without even having seen a piece of his written work, as he admits – and invited him to his summer residence in St. Gilgen am Wolfgangsee.

After the turn of the century, however, things changed. When Husserl left Vienna to write his *Habilitation* with Stumpf at the University of Halle, Brentano and Husserl hardly communicated with each other any more. After a long period of silence, Brentano took up the correspondence with Husserl to thank him for the dedication of *Philosophy of Arithmetic* – 13 years after the book had been published. (Obviously Brentano had forgotten about this dedication, for he had already expressed his thanks already in a letter from May 1891, immediately after the publication of the book.) In this letter, he assures Husserl that he did not hurt his feelings by deviating from his position. This statement was, however, formulated in a manner typical of Brentano, as though he would expect Husserl to convince him that he did not deviate, at least not in essential points, from his teacher's position.[3] Husserl did not fulfill this expectation, though. Instead

---

[3] This impression is substantiated by the letters that follow. After hearing that Husserl confirmed his deviation from his position, he emphasised that he still had a duty to be critical of his students, even more than the student is critical of the teacher. He then goes on to say that the student must not believe that his teacher's critique might be motivated by touchiness or a conviction of infallibility, but rather by a desire to strive for truth. Brentano's disappointment is also manifest in remarks he makes about Husserl to other people. In a letter to Bergmann, for example, Brentano uses the following example when he talks about inner perception: "like, for example, if Husserl perceives himself and thinks to perceive a great philosopher, which could hardly be called a veridical perception" (Brentano, 1946, 85, letter from September 17, 1906). In another letter, Brentano describes Husserl's philosophy as "abstruse theories which

of pledging his loyalty to Brentano he answered by emphasizing that even though it was not easy to give up the position of his former teacher, it was unavoidable to move forward.

> I began as a disciple of your philosophy ... but once I had matured to independence I could no longer remain one. (Husserl, 1994, 22)[4]

Pressed by Brentano "to name one single important point, in which you think to have deviated from and gone beyond me" (Brentano in Husserl, 1994, 24), adding that his poor eyesight did not allow him to read a lot, Husserl answered with an outline of his critique of psychologism and a sketch of his distinction between normative and pure logic. In the following years they corresponded and even met in Florence, but the only aspect of Husserl's new philosophical position they discussed was his critique of psychologism, which is probably what Brentano had in mind when he wrote to Stumpf:

> With our Husserl, I fear, it will not end well. Unmerited praise ties him closer to certain ideas which I could easily prove completely wrong, if only he asked me to. (Brentano, 1989, 141 letter from 1909)[5]

This passage – as well as other remarks Brentano makes about Husserl in letters to students (e.g. Hugo Bergmann) – clearly shows that Brentano did not appreciate Husserl's move. He was disappointed because he felt misunderstood and left out, a feeling that was reinforced by Brentano's increasing blindness, which made him feel more and more isolated.

---

neither are true nor, where they consider other opinions, outline them correctly" (Brentano, 1946, 120f, letter from Oct. 15, 1908)

[4] "Ich begann als Jünger Ihrer Philosophie ... und konnte, als ich zur Selbständigkeit herangereift war, nicht bei ihr stehen bleiben." The German word *Jünger* has a strong religious connotation, more so than the English word *disciple*.

[5] "Mit unserem Husserl, fürcht ich, wird's auch nicht gut werden. Unverdientes Lob bindet ihn immer fester an gewisse Einfälle, die ich ihm, falls er nur möchte, leicht als völlig verfehlt erweisen würde."

I

After this short description of the personal relation between Brentano and Husserl I now want to turn to the question of what Husserl's critique of psychologism consists in and why it is so important for his philosophical relation to Brentano. Husserl characterizes logical psychologism as a position according to which the normative rules of logic are based on descriptive laws of empirical psychology. Psychologism thus conceived is an empiricist attempt to naturalize logic by reducing the laws of logic to the laws of psychology which, in turn, are inductive generalizations of observable facts or, to be more precise, of facts that are perceived by inner perception. In his critique of psychologism Husserl follows two strategies. First, he argues that psychologism leads to unwanted consequences: the laws of empirical psychology are inductive generalizations of the mental activities of individual human beings. In consequence, they are the laws only of *human* psychology which might be very different from those of animal or Martian psychology. Psychologism, thus, leads to a form of subjectivism (if the mental life of only one person is considered), relativism (if we consider only a specific group), or anthropologism.

Second, and more important, Husserl points out that the laws of logic cannot be based on an empirical science, a science of facts, since they are apodictically valid and, as Husserl puts it, over-empirical. Husserl distinguishes between normative and pure logic, on which the former is based. Pure logic is not a normative discipline; normativity rather comes into play through bridge laws, which state that we *should* think logically or that a proper justification *should* fulfill certain standards. Normative logic, which was also called the *art of correct thinking*, offers us rules which thus govern our psychological activities. This connection between psychology and logic might explain why there is such a strong tendency to reduce logic to psychology. The laws of pure logic, on which these normative rules are based, however, are not just inductive empirical generalizations which hold to a certain degree of probability. In order to do their job the laws of pure logic must hold apodictically, they are *a priori* rather than empirical truths. Pure logic, in other words, is not about psychological phenomena, in fact, it is not about anything real at all, but rather about a sphere of ideal objects, i.e. about the essential characteristics of theories and of concepts like proposition, concept, truth, object, state of affairs, etc.[6]

Most of the *Prolegomena* is dedicated to the critique of psychologism. Husserl emphasizes, however, that this negative part is not a goal in itself, but rather connected to a positive goal. In the *Selbstanzeige*, a short outline of the *Prolegomena*, Husserl writes that by "[b]eing directed against predominant psychologism, the *Prolegomena* try to revive the idea of a pure logic" (Hua XVIII, 261).[7] And when Husserl writes a draft for an introduction to the second edition of the *Logical Investigations* in 1913, he complains that many readers have misunderstood the *Prolegomena*, reasoning that these misunderstandings stem from the fact that readers content themselves with his attack on psychologism and do not consider the rest of the volume. He emphasizes that he actually had a different purpose with these *Prolegomena*: "All effort [*was*] made to convince the reader to accept this ideal sphere of being and science [*i.e., the sphere of propositions, concepts, etc.*]" (Husserl, 1939, 113).[8] Husserl's main goal, thus, is to advocate pure logic, a theory which is about ideal objects and, consequently, presupposes Husserl's acceptance of abstract entities. And only insofar as they advocate pure logic, the *Prolegomena to a Pure Logic* can be understood as preparatory work to the *Logical Investigations*, for only after having accepted the realm of ideal objects, could Husserl give up Brentano's empirical standpoint and develop Brentano's method of descriptive psychology into his own phenomenological method, which includes the intuition of essences. In addition, it allows him to develop his theory of intentionality without adopting Brentano's early immanentism, according to which the intentional object is immanent to the act, and to

---

[6] Husserl's talk of "pure logic" and "ideal objects" seems to invite a Platonistic interpretation, but Husserl explicitly warns against reading too much into this doctrine (cf. 1939, 118). The fact that Moritz Schlick interpreted Husserl along Platonistic lines was one of the main reasons why he lost his interest in phenomenology; his (mis)interpretation can be seen as one of the reasons why analytic philosophy and phenomenology started to drift apart. I discuss this point in my (2003).

[7] "Gegen den herrschenden Psychologismus gewendet, suchen die Prolegomena also die Idee einer reinen Logik neu zu beleben."

[8] "Alle Mühe wird daran gewendet, den Leser zur Anerkennung dieser idealen Seins- und Wissenschaftssphäre zu bestimmen."

unfold his theory of meaning, both of which involve the acceptance of
ideal objects.

These considerations show that the core of Husserl's deviation from
Brentano in the *Prolegomena* is not primarily the question of whether logic
can be based on empirical psychology, but rather the question of whether it
makes sense to accept the realm of the ideal. Most of the other points
where Husserl deviates from Brentano follow from that point. Thus,
Husserl's *Prolegomena* are more than a punctual deviation of Brentano's
doctrine through the critique of psychologism, they are rather a substantial
emancipation from Brentano's philosophy.

Given the importance of his critique of psychologism in his relation to
Brentano, it is interesting to note that Husserl does not explicitly criticize
his teacher in the *Prolegomena*. In fact, he mentions Brentano only once,
without discussing his position at all. He does, however, attack explicitly
the empiricism of John Stuart Mill, who in turn had a strong influence on
Brentano. In addition, he discusses the positions of Spencer, Sigwart,
Erdmann, as well as the one he himself advocated only nine years earlier in
his *Philosophy of Arithmetic*.[9]

What caused Husserl to change his views, to give up his early position
and to turn away from Brentano? It is often pointed out that Frege had a
great influence on this development of Husserl. We know that Husserl was
acquainted with Frege's work from very early on: he discusses Frege's
theory of numbers already in *Philosophy of Arithmetic* which he sent him
in 1891, together with some shorter texts. In 1894, Frege harshly criticized
Husserl in his review of *Philosophy of Arithmetic*. "In reading this work,"
Frege writes, "I was able to gauge the devastation caused by the influx of
psychology into logic" (Frege, 1894/1972, 337). It seems that this critique,
even though it was quite harsh, had considerable influence on Husserl, for
he said more than three decades later in a conversation with Boyce Gibson
that "[i]t hit the nail on the head".[10] Apart from a few conversations[11],

---

[9] In recent literature, doubts have been raised whether Husserl's early position was, in
fact, psychologistic. I do not want to discuss this question here. It is important for my
point, however, that the years between 1894 and 1900 are characterized by a decisive
move in Husserl's philosophy, a move that considerably influenced his relation to
Franz Brentano.

[10] Quoted in Føllesdal, 1982b, 55.

however, Husserl hardly mentioned Frege as an influence on his position. Even in the *Prolegomena* he mentions Frege only once in a footnote (cf. Hua XVIII, 172), but does not discuss his views. He rather acknowledges the influence of such philosophers as Lotze, Leibniz, Herbart, Kant – which, in itself, can already be seen as rebellion against Brentano – and Bolzano. The latter is mentioned mainly in the context of pure logic. Several years later, in the *Draft to an Introduction to the Logical Investigations* Husserl mentioned that when he first read Bolzano's *Wissenschaftslehre* "I mistook, however, his original thoughts on presentations, propositions, truths 'in themselves' as metaphysical absurdities" (Husserl, 1939, 129).[12] Only his reading of Lotze helped him to fully appreciate Bolzano's work and to accept his ontology of ideal propositions, concepts, etc. Even in the thirties, when asked directly about Frege's influence on his abandoning psychologism, Husserl acknowledged Frege's importance, but again emphasized that he was strongly influenced by Bolzano, whose book he had found in a used bookstore.[13] In fact, Husserl must have thought that Bolzano's influence was so obvious, that he found it necessary to state explicitly that in his *Logical Investigations* he is not merely commenting or critically outlining Bolzano's theory.[14] These considerations do not show,

---

[11] Cf. Føllesdal: "... there is no explicit acknowledgement in Husserl's work of his having been influenced by Frege. However, there are three oral expressions of indebtedness." (Føllesdal, 1982b, 55) (to Roman Ingarden: "Frege war entscheidend— Frege was decisive"; to Boyce Gibson: Frege's criticism "hit the nail on the head"; and to Andrew Osborn who asked him about Frege's influence on the abandonment of the psychological approach. "Husserl concurred.")

[12] "Seine originellen Gedanken über Vorstellungen, Sätze, Wahrheiten 'an sich' missdeutete ich aber als metaphysische Absurditäten."

[13] "Andrew Osborn visited Husserl 1935 in the Black Forest to ask him about Frege's influence on the abandonment of the psychological approach of the *Philosophie der Arithmetik*. Husserl concurred, but also mentioned his chance discovery of Bolzano's work in a second hand book store." (note by Spiegelberg, quoted in: Schuhmann, 1977, 463).

[14] "Überhaupt wird der Vergleich der vorliegenden logischen Untersuchungen mit dem Werke Bolzanos lehren, daß es sich bei ihnen keineswegs um bloße Kommentationen oder kritisch nachbessernde Darstellungen Bolzanoscher Gedankenbildungen handelt, obschon sie andererseits entscheidende Anstöße von Bolzano – und außerdem von Lotze – empfangen haben." (Hua XVIII, 229)

of course, that Frege's influence was not important for Husserl's rejection of psychologism, but they do show that his turn concerning that question, which marks the core of his deviation from Brentano, was strongly influenced also by Bolzano (and triggered by Lotze).[15]

In this context it is quite ironic to note that Brentano claims for himself to have introduced Husserl to Bolzano. Husserl, who knew about Bolzano probably from Weierstrass[16], had, in fact, encountered Bolzano's *Paradoxes of the Infinite* in one of Brentano's courses, which explains Husserl's initial rejection of Bolzano's views on abstract objects. When teaching Bolzano to his students, Brentano wrote in a letter to Hugo Bergmann, he did not intend to recommend Bolzano as a teacher and guide. "What they could learn from him, I could tell myself, they could better learn from me..." Meinong, Twardowski, Husserl, and Kerry, Brentano complains, were not able to recognize the wrong aspects of Bolzano's theory. "I can completely refuse the responsibility for the strangeness and absurdities that both Husserl and Meinong have adopted under the influence of Bolzano" (Brentano, 1946, 125f). Moreover, in his letters to Husserl he congratulates him for being influenced by a thinker as noble and serious as Bolzano, since one can learn even from the errors of serious philosophers more than from the truths of the superficial ones. "But" Brentano adds, "the realm of thought objects [*Gedankendinge*] which even a respectable thinker as Bolzano has had the presumption to accept, cannot ... be accepted. It could be easily shown to be absurd." (Brentano in Husserl, 1994, 32, letter from Jan. 9, 1905) – he does not, of course, explain how.

Interestingly enough, Husserl systematically plays down the importance of Bolzano's influence in his letters to Brentano; whenever he mentions

---

[15] For a discussion on Bolzano's influence on Husserl and the role of Lotze in this relation, cf. Beyer (1996).

[16] Husserl used Zimmermann's textbook in school. Cf. Rollinger (1999, 69). It is doubtful, however, that he was acquainted with Bolzano's name or doctrines through Zimmermann. Husserl owned the second and third edition of Zimmermann's textbook, and, as Edgar Morscher has pointed out, there is little left of Bolzano's influence in these editions (unlike the first, but even there Zimmermann explicitly refers to Bolzano only three times). Cf. Morscher (1997, 156ff.). I would like to thank Wolfgang Künne for drawing my attention to this point.

Bolzano, he adds that he is quite stimulating, his position, however, is all in all not very satisfactory, which is why Bolzano could not be called a teacher – a description that Husserl wants to reserve for Brentano.

II

Let us now turn to the debate between Brentano and Husserl about psychologism. I have mentioned above that this topic is the only philosophical topic the two philosophers discussed in their letters. In all the years after the publication of the *Logical Investigations*, they only met one more time, in Florence in March 1907. Even at this meeting they hardly talked about philosophy – Husserl, who was traveling with his wife, seemed to prefer to do sightseeing in Florence, where he had not been before – and when they did, it seems that Brentano did most of the talking. "At one point," Husserl writes in his *Recollections of Franz Brentano*, "he wanted to hear and had me explain without interruption the sense of the phenomenological research method and my former fight against psychologism. We did not come to an agreement" (Husserl, 1919, 166). Brentano's take on the same meeting is somewhat different. He wrote in a letter to Bergmann that Husserl "said that he always assured people that I was not really a psychologist, thinking, it seems, that with that he is clearing me from a horrible suspicion." A few lines later he continues: "I got to hear some grotesque affirmations" (Brentano, 1946, 93). In addition, Brentano states that his Florentine discussions with Husserl did not help him a lot in understanding his new position.[17]

In fact, Brentano seems to have had some unclear ideas about the full impact of Husserl's critique of psychologism. He realized that the core of the disagreement is that Husserl advocates the idea of a pure logic and thus is ready to accept the existence of abstract entities. He does not seem to have appreciated, however, that Husserl presented several arguments to justify that position. Instead, he concentrates exclusively on the argument that psychologism entails a form of subjectivism. In all places I know of

---

[17] Cf. Brentano (1946, 121): "Doch sie haben darüber mehr Urteil als ich, der sein Buch nie studiert hat, und in den Florentiner Gesprächen mit ihm nicht sehr weit gekommen ist. "

where Brentano talks about psychologism – in the appendix to the second
volume of the *Psychology* as well as in letters to other students[18] and in the
letter in which he replies to Husserl's outline of his attack on psychologism
– he refers to this argument only. In his reply to Brentano's letter, Husserl
outlines his attack on psychologism for a second time, this time without
even mentioning the argument concerning anthropologism, though. He
writes:

> The modus Barbara like any logical or mathematical axiom contains not the least
> bit of physical or psychological 'nature' ... [*When we are doing pure logic*] we are
> not doing physics nor psychology and psychophysics, we are not within the realm
> of nature, but in that of ideas, not in the realm of empirical ... generalities, but in
> that of ideal, apodictical, general laws, not in the realm of causality, but in that of
> rationality. (Husserl, 1994, 37)[19]

In the rest of the letter (four printed pages!) Husserl tried to further explain
the distinction between normative and pure logic. Half a year later,
Brentano answered that the vague statements of the letter were not
sufficient for him to make a judgment about Husserl's new position;
Husserl should rather have delivered one concisely formulated sentence in
which he expresses his innovations: a request that Husserl could not fulfill
because of his present state of nervous exhaustion, as he notes in his reply.

In short, we can state that Brentano, whenever he discusses the charge
of psychologism, defends himself against one single argument according to
which psychologism entails a form of subjectivism or anthropologism.
Brentano's reply was that he never held a form of subjectivism or anything
that entails that position – without ever giving an argument, using
affirmations like "I have always very firmly rejected and opposed such
absurd subjectivism" (Brentano, 1995, 306). And Brentano continued to

---

[18] Cf. Brentano (1995, 306f), the letter to Marty: (Brentano, 1966, 225f).

[19] "Ein Satz wie der Modus Barbara, wie irgend ein logisches und mathematisches
Axiom enthält von physischer und psychischer 'Natur' nicht das Mindeste. ... Wir
treiben in ihr [*der reinen Logik*] weder Physik noch Psychologie u. Psychophysik, wir
stehen nicht im Reich der Natur, sondern in dem der Ideen, nicht im Reich der empirischen (assertorischen) Allgemeinheiten, sondern in dem der idealen, apodictischen,
generellen Gesetzlichkeiten, nicht im Reich der Causalität, sondern in dem der
Rationalität."

concentrate exclusively on that point even when Husserl had explicitly told him that this argument did not apply to him (which, by the way, explains why Brentano got the impression that Husserl as well as Daubert, whom he met in Munich in 1907[20] to discuss Husserl's *Logical Investigations*, tried to convince him that he is not really a psychologist). When Husserl tried to explain where they actually disagree, however, Brentano appears not to have listened at all.

III

So far I have argued that Husserl's critique of psychologism and his idea of a pure logic is the decisive point in his deviation from Brentano's position. Now I want to address the question of how this point determines Husserl's relation to other members of the Brentano school.

Husserl was, of course, not the only student of Brentano who had problems fully accepting all aspects of his doctrine. Brentano's early characterization of intentional inexistence, according to which the intentional object is immanent to the mental act, has caused a number of students to protest; which raises the question of whether Husserl's development was really an individual strike of independence rather than a move characteristic of the Brentano school. Given that Brentano could never have accepted that move, one might come up with the question why these like-minded philosophers did not found a *Sezession*, i.e. a reform group that moves out from the original movement, a step which would not have been all that atypical in Austria at the turn of the century.

One of the first to criticize this aspect of Brentano's doctrine was Twardowski in his book *On the Content and Object of Presentations*, which is one of the first books in the Brentano school where Bolzano's philosophy is discussed at length. Twardowski proposes to distinguish

---

[20] Cf. Brentano, 1946, 96: "Ich hatte den Mann [*Husserl*] selbst ein paar Tage bei mir, und die Durchreise durch Muenchen gestatte mir auch, seinen dortigen Hauptver-fechter Daubert persönlich kennenzulernen. Ich stellte mehrfach Fragen. In den Ant-worten schien ein Wunsch, die Differenzen moeglichst zu mildern, unverkennbar. Der Terminus ‚Psychologist' wurde sehr unschuldig gedeutet. Er wuerde so auf uns keine Anwendung haben."

between the object and the content of the mental act, only the latter of which is immanent to the act. Even though this reform does not amount to an acceptance of ideal objects which, as we have seen above, made Husserl's critique of psychologism possible, Twardowski's distinction can be characterized, as Barry Smith puts it, as "parallel, in many ways, to Frege's distinction between sense and referent, though translated into the psychological mode" (Smith, 1994, 157). Husserl was well acquainted with Twardowski's book. He reacted to Twardowski's position already in a manuscript from 1894[21] and wrote a review two years later, after his rejection of psychologism. The review was not published, though, and there are no indications of whether Husserl sent a copy of the manuscript to Twardowski. Husserl's main critique concerns Twardowski's identification of "the meaning of a name with the content of the corresponding presentation" (Hua XXII, 347) and therefore with a real part of the act, a psychological entity, arguing that the meaning of the word must rather be an ideal object. Even though Husserl did not adopt Twardowski's position, the distinction between object and psychological content was an important stimulus for developing his own views on intentionality. Husserl's *Logical Investigations*, on the other hand, had a strong influence on Twardowski, who gave up his psychologistic views after having read Husserl's work[22], as he remarks in his autobiographical "*Selbstdarstellung.*" The two philosophers, however, hardly communicated with each other. In addition, after his assignment to the University of Lvov Twardowski published less and concentrated more on teaching, which helps to explain why they could not together propose a reform of Brentanism. At Lvov, however, Twardowski had a strong influence on a younger generation of Polish philosophers, such as Roman Ingarden, some of who became interested in Husserlian phenomenology and came to study with Husserl.

Twardowski had a strong influence also on another student of Brentano, Alexius Meinong. On the basis of Twardowski's distinction between

---

[21] "Intentionale Gegenstände" In: Hua XXII, 303–384.
[22] Cf. Twardowski (1991, 19f): "Aber die einige Jahre später erschienenen *Logischen Untersuchungen* Husserls ... überzeugten mich, dass es möglich sei, die psychologische, also empirisch gewonnene Erkenntnis so als Grundlage logischer, also apriorischer Sätze zu betrachten."

attributive and modifying adjectives Meinong argues that we can ascribe properties to objects even if these objects do not exist. On the basis of this distinction Meinong rejects Brentano's immanentism but can still account for those mental acts that are directed towards objects that do not exist. The result is Meinong's ontology, which at first look – and arguably only at first look – might seem to be somewhat extravagant, since it holds that there are objects that do not exist, including even contradictory objects like round squares.

Husserl and Meinong, it seems, would have had quite a lot of common ground to work on. Like Husserl, Meinong took an anti-psychologistic standpoint[23] which, at least to some degree, was influenced by Bolzano.[24] In addition, Meinong writes in his *Theory of Objects*: "the entire tenor of the *Logische Untersuchungen*, as well as many of the particular statements that are contained in it, convinces one that, despite certain differences in detail (at present unavoidable), the author's goal is the same as our own" (Meinong, 1960, 94). Moreover, the two were in contact and sent each other their publications throughout the eighteen-nineties.

The main reason why the two philosophers could not work closer together seems to be of a sociological rather than of a philosophical nature. Husserl and Meinong both thought that they substantially influenced the other and complained about not having been given sufficient credit. The argument culminated when Husserl got to read Meinong's book *On Assumptions* from 1902. He immediately wrote him a letter, complaining that his *Logical Investigations* are mentioned only once, and in a footnote. Meinong replied, remarking that he should have behaved like Husserl, who did not quote the Graz school at all. On that note, their correspondence came to an end.[25] But even if the two would not have behaved so over-

---

[23] "I have already expressed elsewhere my basic agreement with E. Husserl's attack against 'psychologism' in logic. ... Today, ... I can completely support my previous expression of agreement and extend it still further to many another of those 'problems.' It is, then, perhaps a dissent of relatively minor importance that I would not refer these problems precisely to 'pure logic.'" For a comparison of Meinong's and Husserl's anti-psychologism, cf. Modenato (1995).

[24] For a comparison of Meinong and Bolzano on their logical realism, cf. Morscher (1972, esp. 78ff).

[25] With the exception of two letters which are not philosophically relevant.

sensitively, there are serious doubts that they could have worked together on the same program, for both had ambitions to create their own philosophical movement. Even though Brentano tried to train them in approaching philosophy scientifically, they could not manage to work together on the same problems. As a result, their positions drifted further and further apart; they thus reached a point where collaboration became impossible also for philosophical reasons. Missing a unifying figure – someone who could have taken the role of Brentano and guide the new movement – they were doomed to stay, as Husserl puts it, "two travelers on one and the same dark continent. Of course we often see the same and describe it, but ... often in different ways" (Hua XXIV, 444).[26]

This illustrates why Husserl could not find a common ground with those members of the Brentano school who had similar problems with Brentano's philosophy as he did. His relations with those members of the Brentano school who were more faithful to Brentano's doctrine, like Stumpf, Marty, and Kraus, on the other hand, was overshadowed by more profound disagreements[27], some of which were those that complicated Brentano's philosophical relation with Husserl.

In conclusion, we can state that Husserl's development in the decade between *Philosophy of Arithmetic* and *Logical Investigations* brings not only a change in Husserl's views on the foundations of logic, but also a strike of emancipation from Brentano's influence. This was not an easy step for Husserl, as he states in a letter to Brentano from 1905 in which he tries to convince him that his change of opinion was not a result of his academic ambition or opportunism, but rather that he was forced to it, as it were. He was aware that with his new position he would not make many friends in academic circles, but

> things gained such a power over me that I could not act differently – even though I fervently wished to find a modest job which could guarantee me some

---

[26] "Wir sind wie zwei Reisende in einem und demselben dunklen Weltteil. Natürlich sehen wir oft dasselbe und beschreiben es, aber entsprechen unseren verschiedenen Apperzeptionsmaßen, vielfach verschieden."

[27] For a discussion of the relation between Husserl and the individual members of the Brentano school, cf. Rollinger (1999).

independence and space for personal development. These were hard times for me and my family... (Husserl, 1994, 26)[28]

This strike of emancipation from Brentano brings Husserl the discovery of ideal objects, and thus the necessary presupposition which allows him develop what he is most famous for: his phenomenological method.

References

Albertazzi, Liliana, Massimo Libardi and Roberto Poli 1996. "Introduction: Brentano and his School: Reassembling the Puzzle", in: L. Albertazzi, M. Libardi and R. Poli (eds), *The School of Franz Brentano*. Dordrecht: Kluwer, 1–23.

Beyer, Christian 1996. *Von Bolzano zu Husserl. Eine Untersuchung über den Ursprung der phänomenologischen Bedeutungslehre*. Dordrecht: Kluwer.

Brentano, Franz 1946. "Briefe Franz Brentanos an Hugo Bergmann", in: *Philosophy and Phenomenological Research 7*, 83–158.

Brentano, Franz 1966. *Die Abkehr vom Nichtrealen*. F. Meyer-Hillebrand (ed.), Hamburg: Meiner.

Brentano, Franz 1989. *Briefe and Carl Stumpf 1867–1917*. G. Oberkofler and P. Goller (eds), Graz: Akademische Druck- und Verlagsanstalt.

Brentano, Franz 1995. *Psychology from an Empirical Standpoint*. O. Kraus (ed.), trans. by A. Rancurello, D.B. Terrell, and L. McAlister, intr. by P. Simons. London: Routledge.

Bucci, Paolo 2000. *Husserl e Bolzano. Alle origini della fenomenologia*. Milano: Edizione Unicopoli.

Føllesdal, Dagfinn 1982. "Brentano and Husserl", in: *Husserl, Intentionality, and Cognitive Science*. H. Dreyfus and H. Hall (eds), Cambridge: M.I.T. Press, 31–41.

Føllesdal, Dagfinn 1982b. "Response by Dagfin Føllesdal", in: *Husserl, Intentionality, and Cognitive Science*. H. Dreyfus and H. Hall (eds), Cambridge: M.I.T. Press, 52–6.

Frege, Gottlob 1894/1972. "Review of Dr. E. Husserl's *Philosophy of Arithmetic*", in: *Mind* **81**, 321–37.

Huemer, Wolfgang 2003. "Logical Empiricism and Phenomenology: Felix Kaufmann", in: F. Stadler (ed.) *The Vienna Circle and Logical Empiricism: Re-*

---

[28] "Im Übrigen habe ich nicht aus Tugendhaftigkeit so gehandelt, sondern aus Zwang. Die Sachen gewannen eben solche Gewalt über mich, daß ich nicht anders konnte – trotz des brennenden Wunsches nach einer bescheidenen Stellung, die mir äußere Unabhängigkeit und die Möglichkeit größerer Wirkung gewähren könnte. Es waren harte Zeiten für mich und meine Familie..." (Brief vom 3.1.1905)

Evaluation and Future Perspectives. (Vienna Circle Institute Yearbook **10**/2002). Dordrecht: Kluwer, 151–61.

Husserl, Edmund 1919. "Erinnerungen an Franz Brentano", in: Oskar Kraus (ed.) *Franz Brentano: Zur Kenntnis seines Lebens und seiner Lehre.* München: Beck'sche Verlagsbuchhandlung, 151–67.

Husserl, Edmund 1939. "Entwurf einer 'Vorrede' zu den 'Logischen Untersuchungen'", in: *Tijdschrift voor filosofie* **1**, 106–33 and 319–39.

Husserl, Edmund 1994. *Briefwechsel* (Hua, Dokumente III), ed. By K. Schuhmann in connection with E. Schuhmann, Dordrecht: Kluwer.

Meinong, Alexius 1960. "Theories of Objects", in: R. Chisholm (ed.): *Realsim and the Background of Phenomenology.* Glencoe: Free Press, 76–117.

Modenato, Francesca 1995. "Meinong's Theory of Objects: An Attempt at Overcoming Psychologism", in: *Grazer Philosophische Studien* **50**, 87–112.

Morscher, Edgar 1972. "Von Bolzano zu Meinong", in: R. Haller (ed.): *Jenseits von Sein und Nichtsein.* Graz: Akademische Druck- u. Verlagsanstalt, 69–102.

Morscher, Edgar 1997. "Robert Zimmermann – der Vermittler von Bolzanos Gedankengut? Zerstörung einer Legende", in: H. Ganthaler and O. Neumaier (eds.) *Bolzano und die österreichische Geistesgeschichte. Beiträge zur Bolzano Forschung 6.* Sankt Augustin: Academia Verlag, 145–236.

Poli, Roberto 1998. *The Brentano Puzzle.* Aldershot: Ashgate.

Rollinger, Robert 1999. *Husserl's Position in the School of Franz Brentano.* Dordrecht: Kluwer.

Schuhmann, Karl 1977. *Husserl-Chronik. Denk- und Lebensweg Edmund Husserls.* Den Haag: Nijhoff.

Twardowski, Kazimir 1991. "Selbstdarstellung", in: *Grazer Philosophische Studien* **39**, 1–26.

Abstraction and Abstract Concepts:
On Husserl's *Philosophy of Arithmetic*

GIANFRANCO SOLDATI

1. Basic questions in the contemporary theory of abstraction

When talking about abstraction theory, we might distinguish at least three questions. There is first a straightforward *metaphysical* question, namely the question as to whether there are abstract entities. *Platonism* is a position which simply maintains that there are abstract objects and *nominalism* a position which denies the existence of such entities. There is secondly a *semantical* question. One wonders whether there are utterances whose truth commits one to the existence of abstract objects. Let us call *semantical realism* a position which maintains that the truth of utterances of a certain domain of discourse[1], e.g. mathematics, commits us to the existence of abstract entities and *semantical antirealism* a position which denies that the truth of the same utterances involves any such commitment. There is finally an *epistemological* issue, namely the question as to whether there is knowledge about abstract objects. Let us call *epistemological realism (with respect to abstract objects)* a position, which maintains that we have *direct knowledge* of abstract objects (just as one might believe that we have direct knowledge of concrete objects) and *epistemological antirealism (with respect to abstract objects)* a position which maintains that we have no such direct knowledge (but, say, only inferential knowledge) of abstract entities.

---

[1] I shall use expressions such as 'abstract terms' or 'abstract discourse' in a loose way in order to specify simple or complex linguistic expressions which are *generally taken* to refer to abstract entities. The same applies, *mutatis mutandis*, to my usage of 'abstract concept'. An abstract concept is a concept which is *generally taken* to be of an abstract entity. The lose usage of these terms is on purpose since the present paper is supposed to be neutral with respect to the precise ontological status of abstract objects. Notice, finally, that the fact that a concept is abstract in the present sense, i.e. a concept being about an abstract entity, does not imply as such that the concept itself ought to have a specific ontological status, whether abstract or concrete.

Phenomenology and Analysis: Essays on Central European Philosophy.
Arkadiusz Chrudzimski and Wolfgang Huemer (eds), Frankfurt: ontos, 2004, 215–32.

Considerations of theoretical coherence might lead us to expect that common philosophical positions with respect to a specific abstract discourse would combine either Platonism and semantical as well as epistemological realism or nominalism and both semantical and epistemological antirealism. These extreme positions, however, have consequences which appear far too radical. If epistemological realism with respect to the external world relies on the idea that we have perceptual access to concrete entities, it has proven much more difficult to show what sort of cognitive capacity could be involved in our direct grasp of abstract entities. Similarly, but in an opposite vein, it is hard to accept the idea that rejecting epistemological realism with respect to a certain domain of abstract objects should involve that our utterances concerning that very domain should not be taken to be true at face value or that what they purport to be talking about in fact does not exist. Important philosophical work has thus been dedicated to the elaboration of mixed positions, positions which combine either Platonism with some sort of antirealism or nominalism with some sort of realism. One variety of fictionalism, for instance, results from a combination of metaphysical antirealism and semantical realism: certain utterances do commit us to the existence of abstract entities, but they occur in a context where notions such as existence are crucially modified.

Since Frege a lot of energy has been invested into the discussion of the relation between semantical and metaphysical questions connected to abstract, mainly mathematical, discourse. Frege's approach, as it was first formulated in his *Grundlagen* (Frege 1884) and then developed in his *Grundgesetze* (Frege 1893/1903), was characterised by logicism, the idea of a foundation of arithmetic on logic. The original program, as is well known, could not be carried out. More recently, however, Crispin Wright has argued that one can find in Frege's *Grundlagen* a principle, Hume's Principle[2], which allows a partial vindication of Frege's original logicism. Indeed, it has been shown that Peano Axioms can be obtained from Hume's Principle in conjunction with suitable definitions.[3] If Hume's Principle, although no part of logic in the strict sense, has the status of an a

---

[2] See §2 below. The terminology comes from Boolos 1987. Frege himself refers to Hume as a precursor of the principle in §63 of *Grundlagen*.
[3] Cf. Wright 1983, 154–69 and Parsons 1965. See also Boolos 1997, 245–6 and Heck 2000, 187.

priori and even necessary truth, then, Wright submits, "there will be an priori route from a mastery of second-order logic to a full understanding and grasp of the truth of the fundamental laws of arithmetic" (Wright 1997, 210).

The interesting point about Hume's Principle in relation to our topic is that it is precisely considered as constituting the basis for the sort of abstraction by which numbers are introduced as objects into mathematical discourse.[4] It is further argued that this Fregean conception, if it can be sustained, would provide substantial means to deal with some of the most pressing problems which are believed to have saddled many traditional conceptions of our knowledge of abstract objects.[5]

In what follows I shall first rehearse some well-known results in this debate, since it builds the theoretical background against which abstraction theory has come to be discussed. My principal target in the present paper, however, does not lie so much in a discussion of the semantics of abstract discourse as in a clarification of its underlying epistemology. I wish to understand what sort of cognitive performances lie at the basis of knowledge expressed in abstract discourse and what the precise epistemic import of those performances might be. In order to do so, and for a start, I shall concentrate on Husserl's early theory of abstraction or, more precisely, on the debate between Frege and Husserl on the relevance of the study of certain cognitive performances for the determination of the nature of concepts of abstract entities, such as numerical concepts. This, I hope, will enhance the view that there exists a viable Husserlian alternative to the dominating Fregean theory of abstraction.

2. Fregean Theories of Abstraction

Two well-known principles lie at the basis of Frege's theory of abstraction: the Context Principle and Hume's Principle. As it is presented in Frege's *Grundlagen*, the Context Principle states that one should "never ask for the meaning of a word in isolation, but only in the context of a proposition"

---

[4] This has most prominently been argued for in Wright 1983.
[5] Cf. Wright 1997, 209. The recent debate about the epistemological challenge posed by knowledge of abstract objects goes back to Benacerraf 1973.

(Frege 1884, XXII).[6] Hume's Principle, instead, is presented in §63 of *Grundlagen* as the famous *contextual definition* of the cardinality operator, such that, for any two concepts G and F, the number of Gs is identical to the number of Fs if, and only if, G and F stand in a one-to-one correspondence relation.

A number of general, more theoretical than exegetical considerations, should be in order. First, independently of whether one takes the Context Principle as applying to any linguistic expression or to mathematical expressions only, it admits of at least two related readings, a semantical one and an epistemological one. On the semantical side the Context Principle appears to establish that the reference of a word is not determined independently of the word's contribution to the truth of the utterances in which it occurs. As such, the principle simply states a *dependence* of reference on truth. Such a dependence, however, can have an epistemological consequence when it comes to the specification of what it means to have knowledge about the entities the words under consideration refer to. In this perspective, the context principle might be considered as stating that one cannot have any epistemic access to the referent of a word independently of one's grasp of the conditions under which the utterance in which the word occurs is true. This amounts to an epistemological *priority* claim, a claim to the effect that one simply is not given an object of a certain type before one is making a judgement concerning the facts or situations of which the object might be taken to be a constituent.

As applied to abstract expressions such as numerals, the context principle would yield, on its semantical side, the thesis that what a numeral refers to (e.g. a certain number) is not determined independently of the conditions under which one or more statements in which it occurs are true. A sign, such as the numeral '11', refers to the number eleven not by itself, or by virtue of some causal relation between itself (or its instances) and the number eleven, but in virtue of a series of utterances such as '11 is greater than 10', '11 is prime', etc. Among the entities to which the numeral '11' could refer, we ought to choose the one whose nature is compatible with the truth of the utterances in which its name occurs. The natural

---

[6] The principle is explicitly applied in different contexts, e.g. *Grundlagen* §§60, 62 and 106.

epistemological *pendant* of this view would be that there is no route to a number independent of the recognition of the truth of a certain set of utterances containing numerals. There is no independent epistemic access to the number eleven, say, against which we could assess our judgement that eleven is greater than ten or that eleven is prime. The best we can do is to move from one judgement to another and to hope that the utterances we take to be true do not commit us to refer to an entity whose nature is at odds with our deepest metaphysical convictions.

It is precisely in the light of these epistemological considerations that the extension of the application range of the context principle to *all* domains of discourse might appear off the wall. The problem lies not only and primarily in the fact that we consider ourselves to be able to check the truth of a particular judgement concerning, say, a middle sized item in our immediate environment, e.g., by looking at it, as in the fact that our metaphysical convictions concerning the external world are constrained by our perceptual involvement with it. As long as it is not shown that there is a similar constraint in the case of our beliefs concerning abstract entities such as numbers, we tend to be dissatisfied with an indiscriminate application of the Context Principle, which flattens the picture instead of articulating the expected asymmetry. As we shall see, Husserl's conception is partly characterised by the attempt to determine the sort of constraint, albeit not merely perceptual, which is at work in our beliefs about abstract entities.

Some of the utterances whose truth-conditions determine the reference of the expressions occurring in them appear to be more crucial than others. Identity statements – or recognition statements, as Frege used to call them – have a special status in this respect. Clearly, if we do not know who the expression 'John' refers to, being told that John is identical to Mary's father might be of substantial help. The statements Frege had in mind when he was discussing the contextual definition of numbers were precisely identity statements. There is, as William Demopoulos (1998, 487) has recently emphasised, a rather natural connection between Frege's context principle, which establishes the dependence of reference on truth, and Hume's principle, which provides a general schema of necessary and sufficient conditions for identity statements about abstract entities.

Let us, however, have a closer look at Hume's Principle before we return to its relation to the context principle. The first point to notice about Frege's contextual definition is that the identity statements at issue involve definite descriptions, which are obtained by application of the cardinality operator on a predicate, rather than numerals themselves. The identity statements have the form 'the number of Gs = the number of Fs' and not simply 'n = m'. This isn't really a problem, given that for any numeral η there is a predicate φ such that the statement 'η = the number of φs' is true.[7] The burden of occurring in identity statements for which we can provide sufficient and necessary conditions would thus be deferred from the cardinal to its corresponding operator.

But what about Hume's Principle itself? At first glance, Hume's principle specifies an identity criterion for numbers. Similarly, an identity criterion for fathers could be given as follows: 'the father of A is identical to the father of B iff A and B are siblings'. Or, in another famous example of Frege's: 'The direction of line a is identical to the direction of line b iff a and b are parallel'. Such identity criteria are obviously informative only under the condition that the relation stated on the right hand side (being a sibling, being parallel) is at least *conceptually* independent from the property (being the father of, being the direction of) attributed on the left hand side. Questions concerning the precise nature of the conceptual independence at issue have been widely discussed. Frege himself appears to have adopted an epistemological criterion, according to which concept C is independent from concept D if one can grasp C without grasping D (if one can have a thought involving C without having a thought involving D). One such case would precisely be given if concept C has an intuitive basis which D lacks. Thus, the concept <parallelism> is independent from the concept <direction of a line> if, as Frege submits, one can have "the representation [*Vorstellung*] of parallel lines" but not a representation of the direction of a line (*Grundlagen*, §64). The concept <direction of a line>, Frege says, "is attained through an intellectual inquiry which comes after the intuition [*Anschauung*] of the line" (ibid.).[8]

---

[7] For our purpose it would actually suffice to state that there is at least a definable set of numbers for which this condition obtains.

[8] If applied to concepts such as <father of> and <sibling> this criterion will hardly yield the desired conceptual independence, thus making the intended usage of the

We shall have to come back to the notion of conceptual independence involved in Frege's usage of Hume's Principle. But let us for the moment reflect on what we obtain from the combination of Hume's Principle with the context principle. Demopoulos thinks that "Frege's central application of the context principle ... consists in the claim that knowledge of the truth of Hume's principle suffices for knowledge of reference" (488). And this, he submits, would free Frege from having to resort to the naïve Platonist picture, "according to which numbers and other abstract objects are 'ostended in intuition'" (ibid.). If I understand this claim correctly, the idea is that if one can provide *informative* identity criteria as mentioned above, where the concepts on the right hand side are independent from those on the left hand side, then application of the context principle would entitle us to the attribution of a genuinely referential character to the singular terms occurring on the left hand side even if the objects thus referred to are not available in ostension.

There are two remarks one can make at this stage. First, the strategy under consideration frees oneself from naïve Platonism only under the condition that concepts on the right hand side of the intended identity statements are not abstract concepts themselves. But now, what exactly is an abstract concept? As mentioned above, at one point Frege appears to have considered that concepts are not abstract if they are obtained from intuition as opposed to concepts which are obtained "through intellectual inquiry". But this simply removes the problem by one step. For, the Platonist too makes appeal to intuition. So, what one needs at this stage is a theory of intuition such as to determine *which* intuitions, if any, we want our concepts to be based on. Notice that this requirement has to be *added* to the requirement that the concepts on the right hand side involved in the identity statements be independent from those on the left hand side.

Secondly, being entitled to consider an abstract singular term as referential does not amount as such to the claim that we have knowledge of its referent. So, to take the example I have given above, to know that the father of A is identical to the father of B on the basis of the fact that A and B are siblings does not yet constitute knowledge of A's and B's father. It is open to dispute as to what more one needs to know in order to know A's

---

related identity criterion spurious.

and B's father – does one need to meet him physically? But surely one would have to provide further arguments for a conception according to which, in the case of abstract terms, entitlement to their referential use constitutes as such knowledge of their referent.

I mention these two critical points because they are at the heart, or so I shall argue, of Husserl's criticism of Frege's *Grundlagen*. Let us then look more precisely at this criticism before we return to an evaluation of the Fregean abstraction theory against its Husserlian alternative.

3. Husserls criticism of Frege in PhA

Chapters VI and VII of Husserl's *Philosophy of Arithmetic* (*PhA*) discuss approaches which intend to *define* first equinumerosity in terms of a one-to-one mapping between the extension of concepts and then the concept of number itself in terms of such a mapping. Frege's theory is brought into this more general context before being discussed and harshly criticised.

Husserl's criticism is based on general considerations concerning the status and import of definitions. Husserl maintains that "one can define only that which is logically compound" (*PhA*, 119) and that there is no possible definition of "the last, elementary concepts" (ibid.). An example of this attitude is provided in Husserl's discussion of Leibniz' alleged definition of identity in terms of substitution *salva veritate* (cf. *PhA*, 96–8). Husserl objects to such a definition that it reverses the order of explanation. Two "contents" A and B, says Husserl, are not identical because they are substitutable *salva veritate*, but they are substitutable *salva veritate* because they are identical.[9]

Husserl thinks of definitions, in the present context, as providing what one might call an *epistemological* analysis of concepts. Husserl appears to require that definitions ought to satisfy at least two conditions, the *explanatory condition* and the *knowledge condition*. The explanatory condition requires, in line with what we saw above, that the *definiendum*

---

[9] This formulation, of course, leaves room for misunderstanding, in part because it appears to mix up terms with their referents. One, but only one way of making it more precise could be: the referents of the terms A and B are identical if A and B are always substitutable *salva veritate*.

should be explainable in terms of the *definiens* and not the converse. The knowledge condition establishes that possession of the concepts constituting the *definiens* should provide sufficient conceptual equipment for attaining any body of knowledge (with the exception of the definition itself) in which the concept constituting the *definiendum* is involved.[10]

This second condition highlights the fact that Husserl's considerations on the nature of definitions of concepts has to be viewed in an epistemic rather than in a merely psychological context. To see the point consider the difference between the conditions under which a subject could be knowing p while not knowing q and the conditions under which a subject could be accepting p while not accepting q, where q is defined in terms of p. For a definition of q in terms of p to satisfy the knowledge condition, it must be the case that a subject who knows that p thereby knows that q even if the subject might remain psychologically neutral with respect to q. This would typically be the case when the subject does not know that q can be defined in terms of p.

It is when it comes to primitive concepts, of which no definition can be given, that Husserl resorts to the method he used to call, like many of his contemporaries, *psychological analysis*.[11] Psychological analysis has several features, but two of them are particularly relevant in our context. In relation to primitive concepts such as <identity> and <similarity>, <whole> and <part>, <unity> and <multiplicity>, Husserl writes:

> What one can do at most in such cases is to determine the concrete phenomena from which or on the basis of which they [*the simple concepts*] are abstracted and to clarify the nature of this abstraction process; one can, where it is necessary, sharpen the boundaries of the concepts under consideration through different descriptions in order to prevent confusions with related concepts. What one might reasonably expect from the linguistic description of such a concept (for instance in

---

[10] In a slightly more precise way: Is c the *definiendum* and p the body of knowledge in the acquisition of which c is involved, then the concepts $k_1, \ldots k_n$ provide a definition of c only if possessing $k_1, \ldots k_n$ provides sufficient conceptual equipment for gaining knowledge that p.

[11] Remember that Husserl's *Habilitationsschrift*, which lies at the basis of PhA, was originally called: *Über den Begriff der Zahl. Psychologische Analysen*. Among the authors using the same expression at Husserl times are: Alexius Meinong, Carl Stumpf and of course Franz Brentano.

the presentation of a science which is based on it) ought thus to be fixed as
follows: the description must be such as to put us into the correct disposition to
determine the intended abstract moments in inner or outer intuition [*Anschauung*]
or to reproduce in ourselves the mental processes which are required for the
formation of the [*abstract*] concept (*PhA*, 119).

The psychological analysis of abstract primitive concepts ought to satisfy
both a descriptive and what might be called a psychological requirement. It
should first describe the concrete phenomena (the mental states or events
having a concrete content) from which the concepts are abstracted, and the
abstraction process thus involved. In order to be psychologically
appropriate, such a description should further put the subject understanding
it in a position to mimic or reproduce in his own mind the process leading
to the abstract concepts. Although in obvious need of further clarification,
this last requirement has the effect of eliminating a whole cluster of
descriptions which might otherwise appear acceptable. So, for instance, a
purely neuro-physiological description of the abstraction process, as it is
implemented in the brain, even if available and true, would not satisfy the
psychological requirement. For one will hardly grasp an abstract concept
by understanding how the brain, or for that matter any other physical
system, implements the abstraction process leading to it.

Psychological analysis, and especially Husserl's conception of it in the
PhA, has been the object of severe criticism. It is often taken to be at the
very heart of the sort of psychologism for which Frege showed much
contempt and from which Husserl is said to have finally distanced himself.
This is not the place to revisit this story, which we know to be much more
complex than what we were made to believe for many years. I want to
suggest, however, that we separate in the discussion to follow the general
methodological relevance of psychological analysis with respect to
abstraction theory from the acceptance of Husserl's concrete proposals
concerning the process of abstraction and the concrete phenomena on
which it is said to be based. Indeed, objections to the latter have often
constituted an illicit ground for the rejection of the former.

In light of these considerations Husserl's criticism of Frege's concept-
tion of numbers should now become understandable. Although Husserl
himself is not always careful in distinguishing them, his remarks ought to
be assembled in at least two different groups. On the one side there are

those remarks which are aimed against the attempt to provide a definition of number. On other side there are remarks which are intended to show that Frege's approach would not be of much help even if taken, certainly against Frege's own intention, from the point of view of a psychological analysis of the primitive concept <number>.

Let me start with Husserl's comments concerning the definition of number. Husserl readily recognises that any one-to-one mapping provides a necessary and sufficient condition for the equinumerosity of two sets (cf. *PhA*, 105, 110). He rejects, instead, the idea that one could define the concept of number in terms of a one-to-one mapping. As far as I can see, he has three main arguments in favour of his claim.

First, he thinks that one can know that the elements of two sets stand in a one-to-one mapping without knowing that the two multiplicities ("*Vielheiten*") are equinumerous. Husserl notes that we might on occasion *verify* the fact that two multiplicities are equinumerous by putting their elements in a one-to-one relation with each other, but that this operation, he says, "is neither always necessary nor does the essence of the comparison [*leading to the recognition of the equinumerosity*] lie in it" (*PhA*, 99). In this first argument, then, Husserl is simply making the point that even in the case of arithmetic, what one knows is not determined by how one might verify what one knows. This being so, the concepts involved in one's specific knowledge cannot be *defined* in terms of the concepts involved in the application of a given verification process.

It is in this context, I should think, that one ought to place Husserl's remark that by establishing the presence of a one-to-one mapping between two sets one might detect a necessary and sufficient condition for equinumerosity but not the identity of the cardinals themselves (*PhA*, 104–5). As we saw in relation to Frege's approach, knowing that two sets stand in a one to-one mapping simply does not suffice for knowledge of the attributed cardinality.

Second, after having established that for the elements of two sets to stand in a one-to-one relation to each other just means for the sets to be equivalent, Husserl maintains that the two relational concepts <has the same number as> and <is equivalent to> have the same extension, but not the same "content" ("*Inhalt*", *PhA* 115–6). The argument he gives in favour of this claim is that if the two concepts had the same content, then "the attribution of a number would not be about the presently given set, but about its relation to some other set" (*PhA*, 116). This, Husserl submits, would be absurd, because when we attribute the number four, say, to the nuts on the table, we are not interested in the fact that the set under consideration belongs to a set of infinite equivalent sets, but in the fact that "there is one nut, and one nut, and one nut, and one nut" (ibid.).

One might think that the latter judgement – that there is one nut, and one nut, and one nut, and one nut – simply amounts to putting the set of nuts under consideration in a one-to-one relation to a specific set, namely the *representative* set of four '1's (four instances of the numeral '1').[12] But that would not do. There is no reason to consider the set of four '1's as being more suited for constituting the content of the attribution of the number four than any other set of four elements. If the set of four oranges does not suffice for the purpose at stake, then the set of four '1's will not do either (cf. *PhA*, 117).

The tendency to believe that the set of '1's would somehow play a distinguished role with respect to the attribution of numbers probably originates from the fact that numerals seem to be somehow more general than nuts and oranges. But, as Husserl points out, this is simply an illusion. Husserl famously suggests that what we in fact want to say, when we say that the numeral '1' applies to any single item, is that the item falls under our most general concept ("*allumfassender Begriff*", *PhA*, 117), namely the concept <something> ("*Etwas*"). On pain of an endless regress, one cannot say that for a nut, an orange or for an instance of the numeral '1' to be something means for those items (or for the sets containing those singular items) to stand in a relation to a nut, an orange or the numeral '1' (or to the singletons containing just one nut, or one orange or one instance of the numeral '1')! This appears to be the main reason why Husserl claims that <something>, just as much as <number>, is a primitive concept.

I will not be able to reconsider at present Husserl's conception of <something>.[13] We arrived at it in the context of Husserl's second objection because of the argument allowing him to dispense with the idea

---

[12] It would of course be wrong to attribute this objection to Frege. Husserl himself mentions it while criticising Stolz and not Frege (cf. PhA, 114ff.).

[13] For an excellent summary of Husserl's view see Willard *forthcoming*. See also Soldati 1994, Chapter 2.

of a distinguished set of '1's as being the set on which our attribution of numbers would finally have to rely. Remember, Husserl's point was that when we judge that there are four nuts on the table we are not judging that the set – or rather: the multiplicity, as Husserl says – of nuts stands in a one-to-one relation to some other set or multiplicity. We simply judge that there is one nut, and one nut, and one nut, and one nut.

Some confusion might originate from the fact that, as pointed out by Michael Dummett (1991, 142), Husserl – just as much as Frege – is not careful in distinguishing the definition of the cardinality operator in terms of equinumerosity from the definition of equinumerosity in terms of one-one mapping. But it is fairly obvious that one should interpret the argument under consideration as containing three different steps in Husserl's mind (cf. *PhA*, 104). We first establish the cardinality of a multiplicity: we then compare the cardinality of two different multiplicities in order to establish whether they are equinumerous. And we finally might *verify* – as Husserl would say – the equinumerosity by examining whether the multiplicities stand in a one-one mapping. The previous argument was aimed against the idea of *defining* equinumerosity in terms of a one-one mapping. The present argument, instead, challenges the idea of reducing the attribution of cardinality to equinumerosity *understood as* one-one mapping. So the point in this second argument is that *if* we consider equinumerosity as being defined in terms of one-one mapping, then the attribution of a certain cardinality turns out to have the wrong, namely a falsely relational content. This of course does not imply that Husserl rejects the much more fundamental requirement that for a subject to attribute a given number to a set involves the capacity on the subject's side to decide whether the set under consideration is equinumerous to some other set.

Husserl's third criticism of Frege's definition of number in terms of one-one mapping is that it generates a definition of the extension, but not of the intension (cf. *PhA*, 122) ("the content", as Husserl says) of the concept. In a footnote Husserl argues that even if, following Frege's account, the concepts expressed by locutions such as 'the number of Jupiter's moons', 'equinumerous to the concept <Moon of Jupiter>' and 'set from the equivalence class determined by the extension of <moon of Jupiter>' all have the same extension, they cannot possibly have the same content. Stated as such this point simply begs the question on what one ought to expect from a proper definition and Husserl does not really provide any new argument in favour of his claim. This third criticism might thus best be seen as an upshot of the two arguments given above.

As I mentioned above, a number of remarks Husserl makes in his criticism of the definition of number in terms of one-one mapping do not really concern the project of the definition itself, but the question as to whether considerations presented in favour of that sort of definition could be used for the purpose of a psychological analysis. Husserl's discussion of the three ways we might come to judge that two multiplicities are equinumerous (cf. *PhA*, 104–5) has to be placed within this context. Husserl notices that the most natural way to establish equinumerosity is not to determine a one-to-one mapping, but simply to count the members of the sets under consideration. As Dummett puts it, "Husserl's thesis closely resembles the answer that a child would give when first asked the question, 'What does it mean to say that there are just as many nuts as apples in the bowl?'; almost any child will reply, 'It means that, when you count each of them, you will get the same number'" (Dummett 1991, 144).

Dummett's comment has a vaguely disparaging tone to my ears, but Husserl might not have felt offended by it at all. In fact, Husserl precisely wants to say that we have an intuitive, fairly primitive access to the notion of equinumerosity, especially with small sets, which does not presuppose grasp of the notion of a one-one mapping. In his review of Husserl's *PhA*, Frege had objected that "the author forgets that counting itself rests on a one-one correlation, namely between the number words from 1 to *n* and the objects of the set" (Frege 1894, 319). Dummett thinks that this "retort is evidently wholly justified" (cf. Dummett 1991, 144).

Frege's objection might appear correct if one has in mind the ascription of a numeral to a given set. In order to *call* the number of nuts on the table '4', one needs to establish a correlation between a conventional sequence of cardinal numerals and the set of nuts under consideration. But unless one is prepared to fall back on the idea of a distinguished set of '1's to which each multiplicity should be made stand in a one-one mapping for a cardinal concept to be applied to it, the objection ought to be resisted.[14] To

---

[14] On counting see for instance Parsons 1994, 146ff; Heck 2000, 193ff. and 196–9; and more generally Gelman & Gallistel 1978.

use an analogy Dummett himself introduces in the present context: even if one needs to have a standard of comparison in order to determine the numeral which has to be applied to the length of a material object, this does not imply that one somehow needs to establish a mapping between that object and the Paris standard in order to consider the object as having a determinate length. If you do not know what it means for something to have a certain length, then mapping it onto the Paris standard will not be of much help.

It is often argued that the fundamental insight in Frege's approach lies in the recognition of the fact that numbers are applied to concepts and not to objects. This is sometimes glossed as implying that it does not really make sense to ask how many objects there are, one should rather ask how many objects fall under a certain concept. You do not wonder how many things there are on the dance floor, you may either ask how many dancers or how many couples there are. Depending on the concept you apply, you will get different answers to the 'how many' question. Demopoulos thinks that, given this assumption, "it is then only a very short step to the conclusion that the content of a statement of numerical identity consists in the predication of a relation to concepts" (1998, 484).

Husserl himself was so much aware of the importance of this assumption in Frege's conception of numbers that he dedicated nearly the entire chapter IX of the *PhA* to its discussion. Husserl finds himself agreeing with the fact that the application of different concepts may yield different counting results. But he does not accept the conclusion that numbers should be considered as being attributed to concepts rather than to multiplicities.

As far as I understand Husserl's line of criticism regarding this point, he is concerned with the question of the relation between sortal concepts and the concept <something>. More precisely, he is concerned with the question as to whether sortal concepts play a more fundamental role with respect to the attribution of number than the concept <something>. Husserl writes:

> … when we count a set of objects of the same kind, for instance A, A, and A, we start by abstracting from their material ("*inhaltlichen*") constitution, thus also from the fact that they are objects of the kind A. We generate the multiplicity form

("*Inbegriffsform*") one, one, and one and observe subsequently that each one should have had the meaning 'an A'. (*PhA*, 166)

Husserl's wording in this passage is disingenuous. The main idea behind the passage, however, appears to be that one cannot even start to count the entities falling under a concept if one does not previously have a concept of being something which falls under a concept. It is not as if the concept <horse>, say, brings automatically with it the concept of being an object which falls under it. Rather, the concept <horse> generates a selection among the range of things susceptible to falling under a concept. Unless a concept applies to *things*, to entities we might count following the method 'something, and something and something', it will not generate any possibility of counting and so will not bear any numerical property.

4. Fregean abstraction theory and its Husserlian alternative: evaluation

Obviously I have been able to consider only a very partial selection of the several issues which ought to be kept in mind in order to obtain a full assessment of the Husserlian alternative to the Fregean abstraction theory. It might still be useful to draw some conclusions.

An epistemologically satisfying theory of our concept of number should satisfy at least two requirements. It first ought to provide an account such that the numerical concepts we are supposed to obtain by abstraction are grounded in concepts which are both more fundamental or primitive and psychologically suited for the process of abstraction to take place. Secondly, the process under consideration ought to be appropriate, in relevant circumstances, for constituting genuine knowledge of the abstract entities our concepts are supposed to be about.

On Husserl's view Frege's approach does not satisfy any of these two requirements. It does not satisfy the first requirement because it aims at providing a definition where a psychological analysis is needed. Husserl does not suggest that the psychological analysis one might propose can be used as a definition of the abstract concepts. But he does suggest that our grasp of abstract concepts, such as numerical concepts, ought to be grounded in more fundamental and intuitive concepts, such as the concept <something> we apply when faced with small multiplicities.

This alone might suffice for the charge that Frege's approach does not satisfy the second requirement. If we do not know how to reach abstract concepts, the evaluation of judgements involving them appears at least problematic. We have seen, however, that Husserl provides further arguments to show that Frege's definition cannot count as epistemologically informative.

It is true that Husserl's requirements on definitions in the present context are very high. It might be argued that no definition can do justice to those Husserlian requirements. Even if true, it should be kept in mind that it was not Husserl's idea that one should look at the definition of number in order to determine how knowledge of abstract objects can be possible.[15]

References

Benacerraf, Paul 1973. "Mathematical Truth", in: *Journal of Philosophy* **70**, 661–79.

Boolos, George 1987. "The consistency of Frege's *Foundations of Arithmetic*", in: Thomson, Judith (ed.), *On Being and Saying*. Cambridge: MIT Press, 3–20. Reprinted in: Boolos, George 1998. *Logic, Logic, and Logic*. Cambridge: Harvard University Press, 183–201.

Demopoulos, William 1998. "The philosophical Basis of our Knowledge of Number", in: *Noûs* **32**, 481–503.

Dummett, Michael 1991. *Frege: Philosophy of Mathematics*. London: Duckworth.

Frege, Gottlob 1884. *Die Grundlagen der Arithmetik Eine logisch-mathematische Untersuchung über den Begriff der Zahl*. Breslau: Koebner (Reprint: Darmstadt: Olms, 1961).

Frege, Gottlob 1893/1903. *Grundgesetze der Arithmetik. Begriffsschriftlich abgeleitet*, Jena: Verlag Hermann Pohle. (Reprint: Darmstadt & Hildesheim: Olms, 1962).

Frege, Gottlob 1894. "Rezension von: E. Husserl, Philosophie der Arithmetik, Leipzig, 1891", in: *Zeitschrift für Philosophie und Philosophische Kritik* **103**, 313–32. Reprinted: Frege 1967, 177–92.

Frege, Gottlob 1967. *Kleine Schriften* I. Angelelli (ed.), Hildesheim: Olms.

---

[15] My interest in abstraction theory goes back to 1990, when I had the opportunity to talk about different issues in the philosophy of mathematics with Moritz Epple in Tübingen. I would like to thank him for the many things I learned from him at that time. The present version has profited from comments by Davor Bodrozic, Taylor Carman, Kevin Mulligan and Dallas Willard.

Gelman, Rochel and Gallistel, Charles 1978. *The Child's Understanding of Number.* Cambridge: Harvard University Press.

Giaquinto, Marcus 2001. "Knowing Numbers", in: *Journal of Philosophy* **98**, 5–18.

Heck, Richard G. Jr. 2000. "Cardinality, Counting and Equinumerosity", in: *Notre Dame Journal of Formal Logic* **41**, 187–209.

Husserl, Edmund 1970. *Philosophie der Arithmetik. Mit Ergänzenden Texten (1890–1901)*, Lothar Eley (ed.), Den Haag: Martinus Nijhoff.

Parsons, Charles 1965. "Frege's Theory of Number", in: Max Black (ed.), *Philosophy in America*. Ithaca: Cornell University Press, 180–203.

Parsons, Charles 1994. "Intuition and Number", in: G Alexander, (ed.), *Mathematics and Mind*. New York: Oxford University Press, 141–57.

Soldati, Gianfranco 1994. *Bedeutung und psychischer Gehalt. Zur sprachanalytischen Kritik von Husserls früher Phänomenologie*. Paderborn: Schöningh.

Willard, Dallas *forthcoming*. "Translator's Introduction", in: Husserl, *Philosophy of Arithmetic*, xi–lxii.

Wright, Crispin 1983. *Frege's Conception of Numbers as Objects*. Aberdeen: Aberdeen University Press.

Wright, Crispin 1997. "On the Philosophical Significance of Frege's Theorem", in: Richard G. Heck, Jr. (ed.), *Language, Thought and Logic*. Oxford: Oxford University Press, 201–44. Reprinted in: Bob Hale and Crispin Wright (eds), *The Reason's Proper Study*. Oxford: Clarendon Press, 272–306.

The Quest for the Synthetic A Priori:
Husserl and Schlick's Debate Revisited

TOMMASO PIAZZA

It is commonly accepted that Husserl, the founder of phenomenology, and Schlick, one of the fathers of analytic philosophy, held different opinions about the existence and the possibility of synthetic a priori knowledge. The received view has it that Husserl, particularly in the *Logische Untersuchungen*, defended the position according to which we do know a priori several material (i.e. synthetic) truths, among which, notoriously,

(P) if a thing is uniformly coloured of red, then it is not, at the same time and under the same respect, uniformly coloured of green.

According to the claim at issue, however, Schlick was not much impressed by Husserl's examples of synthetic a priori propositions. For, while he was of the opinion that we are in a position to track a priori the truth just of *analytic* propositions, he thought that the so-called phenomenological propositions were indeed examples of *analytic*, rather than of *synthetic* propositions. So, the story continues, the disagreement between Husserl and Schlick was not centred upon the implicated question of *explaining* how we can be justified a priori in believing a synthetic proposition. Rather, we are told, they were in disagreement about a question of *existence*: the former did believe, while the latter strongly disbelieved, that there *exist* genuine examples of synthetic propositions which we can, and actually veridically believe on an a priori basis. Attention is normally paid, at this point in the story, to the fact that Husserl, on the one side, and Schlick, on the other side, did hold different conceptions of what it is for a proposition to be analytic or synthetic. The question which is normally raised, with respect to the aforementioned observation, is, however about whether it was Husserl's conception of analyticity – in the light of which (P) is synthetic – or Schlick's conception – in the light of which (P) is analytic – that deserved the victory in the (indirect) debate issued by Schlick's article 'Gibt es ein materiales Apriori?'. The question of existence, then, reduces to a question about the adequacy of the criteria in the light of which it should be de-

Phenomenology and Analysis: Essays on Central European Philosophy.
Arkadiusz Chrudzimski and Wolfgang Huemer (eds), Frankfurt: ontos, 2004, 233–56.

cided. Incidentally, the answer which is normally delivered by those who set out theoretically to assess the disagreement between Husserl and Schlick is that the conception of the former was much more refined than the one defended by the latter; and that, as a consequence, the existence of synthetic a priori propositions should be acknowledged once a better characterisation of the analytic/synthetic distinction enters the picture (See Piana 1971, Simons 1992, Bouveresse 1998).

This answer is, in several respects, unsatisfactory. This is because it is based on a presupposition which we should be very careful before accepting. What is taken for granted is that, though extensionally divergent, Husserl's and Schlick's conceptions of analyticity were indeed competing views about the same subject matter: the very semantic property of analyticity. Despite the common usage of the label 'analytic' ('synthetic'), however, it is my opinion that they were talking about different properties: in particular, I shall argue for the claim that while the former was talking of a purely semantic property, the latter was (at least indirectly) talking of an epistemic property.

As a consequence we should not regard any argument intended to establish that Husserl's conception of analyticity is better than Schlick's as, *ipso facto*, an argument to the effect that there exist synthetic a priori propositions, at least if the admission of the existence of synthetic a priori propositions is taken to enjoin the epistemological consequences which have been strongly opposed by Schlick. This is one of the claims I shall defend in this paper.

In what follows, I shall firstly try to reconstruct the notion of analyticity which underlies Schlick's attack against Husserl in 'Gibt es ein materiales Apriori?' My decision to consider the notion of analyticity Schlick presents in the *Allgemeine Erkenntnislehre* stems from two distinct considerations. The first consideration is that at the time of the first edition of his book (1918), he did not know Wittgenstein. As a consequence, the theory of analyticity he was to propose in the cited article had not yet been influenced by the Tractarian theory of logic. The second consideration is that, in the *Allgemeine Ekenntinislehre*, Schlick appears less interested in the analyticity of statements than in the analyticity of the transitions by means of which we present, in an axiomatic way, our theories about reality (see Lambros 1974, 104–7). Owing to the first reason, the paradigm of an analytic transition is identified with a syllogism of the modus *Barbara*. Therefore, even though I am of the opinion that the notion of analyticity, which comes from consideration of Husserl's theory of synthetic a priori knowledge, somehow results both from the influence of Wittgenstein's *Tractatus* and 'Some Remarks on Logical Form' and from the theory of *implicit definition* – presented in the *Allgemeine Erkenntnislehre* – I shall not pause to consider how much of Schlick's account of analyticity during the Thirties was already implicit in his account from the Twenties.

Secondly, I shall describe the notion of analyticity which Husserl presents in the *Third Logical Investigation*. In so doing I will remark that Husserl's characterisation derives from Bolzano's notion of *logical analyticity*; in the light of such notion, a proposition is analytic iff – following Quine – it features essential occurrences of only logical words. Peter Simons, who was the first to point out such an intimate relation between both notions, correctly maintains that propositions like (P) are neither analytic in the Husserlian sense, nor are they analytic in the tautological sense defended by Wittgenstein in the *Tractatus*. However I think that we should not attach much importance to this observation. Despite the terminological persistence, in 'Gibt es ein materiales Apriori?', of the label 'tautology', in fact Schlick's allegation against Husserl – according to which (P) is not synthetic – should not be interpreted as a claim to the effect that (P) is a formal truth, in the sense in which every instance of 'not (*p* and not *p*)' is a formal truth. Rather, it should be interpreted as a claim to the effect that it is a formal truth in the sense introduced by Wittgenstein in 'Some Remarks on Logical Form'; where Schlick's understanding of this notion should be reconstructed, roughly, in a way which makes it possible to construe his observation as a claim to the effect that (P) is a proposition which has the following property: believing it is (at least partly) constitutive of the semantic competence in the area of discourse whose form, according to Wittgenstein, (P) somehow conveys.

By comparing Husserl's and Schlick's notions of analyticity, I shall eventually point out what I take to be the central point of their disagreement. As I will try to show, the real disagreement between them both is not whether propositions like (P) are, or are not to be held to be synthetic. Rather, it is a disagreement about whether a priori knowledge is, and can be *informative* knowledge about reality. To show this I shall propose my own interpretation of the claim, which is normally associated with the empiricists, according to which a priori knowledge does not, because it cannot, embody knowledge about reality. I will try to show that such an empiricist principle should be rejected when literally interpreted as a claim to the effect that it is a priori certain that either a belief in an analytic proposition is necessarily bound to be *false* or it is necessarily bound to be *unjustified* (as is seemingly required by the literal claim that belief in *p* is not knowledge). Instead of sticking to the literal interpretation, and rejecting the principle, I shall however propose to re-read it as a principle which asserts, more or less, that it is a priori certain that a true belief, which is justified a priori, does not convey any *new* information about reality. On the plausible assumptions that knowledge requires thinking, and thinking requires the ability to speak a natural language, I shall label the state which a subject enjoys when she meets the foregoing conditions as *knowledge entitlement*. Then I shall define as a *potentially informative* statement those statements which are not prevented, for principled reasons, from enlarging the state of information of a subject entitled to knowledge. With such notion in hand, I shall reformulate the empiricists' principle as a claim to the effect that it is a priori certain that no statement which is justified a priori is *potentially informative*. Since, as I will try to show, every statement which is analytic in Schlick's sense does not possess the epistemic property of being potentially informative, I shall advance the suggestion that Schlick's denial of the possibility of synthetic a priori knowledge involves a claim to the effect that there is no *informative* a priori knowledge.

Such a claim, given the aforementioned extensional equivalence between the lack of potential informativeness and analyticity, entirely depends on Schlick's further claim that there is no other *explanation* of our coming to believe, on an a priori basis, true contents *other than* the one which is supplied by his theory of analyticity. If every a priori cognition were based on knowledge concerning meaning – if it were analytic in Schlick's sense – in fact, every a priori cognition would automatically qualify as uninformative knowledge. For the bare satisfaction of the conditions under which a thinker is *entitled to knowledge* would entail the possession of such cognitions. Were a theorist to argue for the existence of synthetic a priori knowledge, in Schlick's sense, then she would have to argue for the thesis that a priori justification does not have any constitutive connection with semantic competence. If that much is admitted, in fact, there seems to be no option but to grant to Schlick that every content we might come truly to believe on an a priori basis is indeed uninformative, and hence uninteresting from an epistemological point of view.

In the light of such considerations, I think that the Husserl-Schlick disagreement is to be construed not as a disagreement about a question of *existence* (are there instances of synthetic a priori propositions?), but is rather a question of *explanation* (how it is to be explained that we have reasons, independent of experience, on the basis of which we informatively believe true contents?). Unfortunately for the supporter of Husserl, however, Husserl's texts do not yield the materials for a satisfactory *alternative* account of a priori knowledge. On the contrary, I shall propose an alternative with respect to Husserl's epistemological position. Since Husserl's official epistemology for a priori synthetic propositions involves reference to the act of *Wesenschau*, such an alternative clearly depends on how its nature is interpreted. On the first reading, the act of *Wesenschau*, which a process of imaginational variation is supposed to have as its culminating point, is nothing but an act of conceptual insight, an act whereby we get acquainted with the content we already attach to the concepts we employ. Since however this reading is plainly convergent with Schlick's epistemology for the a priori, it entails that no epistemological disagreement took place over the purely terminological struggle concerning the labels 'analytic' and 'synthetic'. Both philosophers, on such reading, were of the opinion that there is no *informative* a priori knowledge. Those who favour Husserl's notion of synthetic a priori, as a consequence, are likely not to welcome such a reading, and to propose the alternative one according to which *Wesenschau* is indeed an act, akin to perception, whereby we access necessary structures of reality. On such reading there is still room for interpreting the Husserl-Schlick disagreement as a real epistemological disagreement. To say that we know a priori that (P), for instance, because we enjoy acts of *Wesenschau*, would in fact still be compatible with the claim that we do know *informatively* on an a priori basis what (P) asserts. Nothing would stand in the way, once such an alternative epistemology for synthetic a priori knowledge is proposed, for supposing that a thinker, who is entitled to knowledge, is *not* under the rational obligation of believing the propositions whose truth is revealed courtesy of the deliverances of a faculty which does not have any sensible connection with semantic competence.

Such an interpretation, however, involves arguing for the existence, and describing the nature and functioning of such a special faculty (something very much akin to the rationalistic 'rational insight') which, in the light of its still unresolved natural inexplicability, is – to say the least – liable to the objection that it is just a name offered instead of a genuine solution to the synthetic a priori problem. As a consequence, I shall conclude by suggesting that no promising defence is to be found in Husserl's phenomenology of the claim that we do know a priori synthetic propositions, at least if such a claim is interpreted in the epistemologically interesting sense in which Schlick has arguably taken, and rejected it.

1. Schlick's notion of analyticity

To begin with, I shall firstly try to extrapolate from Schlick's texts – those written after the *Allgemeine Erkenntnislehre* – a coherent theory of analyticity. As we will see, this is not an easy task. For Schlick's characterizations of analyticity are reducible at least to three main groups: (a) following Kant, Schlick explicates the concept of analyticity in terms of *conceptual truth*, or *truth in virtue of meaning*; (b) following Wittgenstein, he identifies the analytic with the *tautological*, i.e. the *formally true*; (c) offering an overtly epistemic characterization, he identifies the analytic with the *trivial*.[1] Though not reducible to one another, the three characterisations lend themselves, once enough attention is devoted to the evolution of Wittgenstein's thought, to be summarized in a fourth criterion. In the conversations between Schlick and Wittgenstein transcribed by Waismann,

---

[1] The following pair of quotes is supposed to illustrate Schlick's ambiguous use of the label analytic in 'Gibt es ein materiales Apriori?'. After illustrating Husserl's point that a proposition like (P), since it deals with the materials of sensation, is synthetic, he says: "[D]agegen aber scheint die *Trivialität* der fraglichen Sätzen zu sprechen, die wir sonst nur bei *tautologischen*, nichtsagenden Sätzen finden, welche allein *durch ihrer Form wahr* sind und uns nichts über die Wirklichkeit mitteilen". Then he adds, one page later: "Unsere 'materialen' apriorischen Sätzen sind in Wahrheit rein *begrifflicher* Natur, *ihre Geltung eine logische, sie haben tautologischen, formalen* Charakter", Schlick 1930, 27, 28; my italics.

shortly before the publication of 'Gibt es ein materiales a priori?', in fact, there is one conversation in particular that is relevant to the notion of analyticity (see Wittgenstein 1984, 63–5). In this conversation Wittgenstein continued to stick to the claim that the analytic coincides with the tautological, i.e. with the formally true. The main difference with the *Tractatus*, where the explication of analyticity in terms of the formally true was presented for the first time, was in what Wittgenstein eventually came to consider under the label 'truth in virtue of the form'.

Wittgenstein's notion of formal truth may be elucidated in terms of inference. For Wittgenstein would have probably accepted as a principle the claim that a conditional is analytic (true in virtue of its form alone) iff the transition from its antecedent to its consequent is a truth-preserving *inference*. In the *Tractatus* Wittgenstein held as *inferences* just the logical transitions, of the kind: it rains, when it rains the streets get wet/the streets get wet. According to the aforementioned principle, then, he held as analytic just conditionals instantiating propositional schemata of the kind exemplified, for instance, by *Modus Ponendo Ponens*.[2]

In the conversation with Schlick, however – in Gargani's words – "Wittgenstein realised that logical constants alone could not account for all the inferences we make in language and that therefore these had to be replaced within the more comprehensive syntax of language rules of which logical rules are part".[3] Wittgenstein's point was that a statement to the effect that *x* is red, for instance, is constitutively part of a system of statements which exhaust the space of logical possibilities concerning the determination of reality with respect to colour. This has the consequence that the assertion of every such statement is *inferentially* linked to the denial of all other statements within the system. From the assertion that *x* is red it can be inferred that *x* is not green, that it is not blue etc. By referring to such rules as *rules of language*, he wanted to single out the semantic role such rules perform with respect to the constitution of the meanings of the

---

[2] As Wittgenstein observes in the cited conversation, at the time of the *Tractatus* he was of the opinion that "alles Schließen auf der Form der Tautologie beruhe", Wittgenstein 1984, 64.

[3] Gargani 1982, 349. Gargani's words are actually meant as a comment on Wittgenstein's 'Some Remarks on Logical Form', where Wittgenstein presents a self-criticism very close to the one recorded by Waismann's conversation.

predicates dealing with colour; competence in the use of the predicate 'red' is nothing that can be acquired in isolation from the competence in the use of all chromatic predicates. In 'Meaning and Verification' Schlick, in agreement with Wittgenstein's new thesis, writes that the incompatibility between the statement that x is red and the statement that x is green does not depend on some mysterious antagonism between two real essences; rather, it depends on the formal internal structures of the concept [red] and [green]; that is to say, on the syntax regulating the assertive practice of colour ascriptions. "The meaning of a word or a combination of words – Schlick writes – is, in this way, determined by a set of rules which regulate their use and which, following Wittgenstein, we may call the rules of their grammar, taking this word in the widest sense" (Schlick 1936, 340). So, we might say, mastery of such rules is in Wittgenstein's and Schlick's opinion constitutive of competence with chromatic vocabulary.[4] If that much is accepted, the notion of analyticity which underlies Schlick's rejection of the synthetic nature of propositions like (P) in 'Gibt es ein materials a priori?' can be summarized by means of the following bi-partite condition:

(A) a sentence is analytic iff either (i) it is a substitutional instance of a logical truth (hence a *formal* truth in the original, Tractarian, sense), or (ii) it is a formal truth in the *extended* sense (hence a sentence which expresses a proposition which is somehow constitutive of the semantic competence in a specific area of discourse).[5]

---

[4] By making explicit reference to Wittgenstein, Schlick says in 'Gibt es ein materiales Apriori?': "Was also aus diesen Regeln folgt, folgt aus der blossen Wortbedeutung und ist daher rein anlytisch-tautologisch-formal. Der Irrtum … erklärt sich dadurch, dass man sich nie klar gemacht hat, dass Farbbegriffe und ähnliche genau so gut eine formale Struktur haben wie etwa Zahlen oder räumliche Begriffe, und dass diese Struktur ihre Bedeutung restlos bestimmt. Der erste, der meines Wissens die richtige Auflösung der Schwierigkeit gegeben hat, ist Ludwig Wittgenstein (siehe seinen Tractatus logico-philosophicus und eine Abhandlung in den Proceedings of the Aristotelian Society)", see Schlick 1930, 29.

[5] More properly, if meaning competence is constituted by mastery of syntax *rules*: sentences which express propositions which are *unconditionally assertible* (i.e. believable on the basis of an unconditional warrant) in the light of the rules of language. For this formulation see Sellars 1953, 330.

Such bipartite characterisation fits pretty well the first three, once they are seen as issuing semantic and epistemic requirements to a sound theory of analyticity. In particular, they might be summarized as requiring an analytic sentence to be a sentence whose truth-value may be ascertained on the sole basis of knowledge of logic and knowledge of meaning. As I will try to show, such an epistemic conception of analyticity enjoins a central consequence with respect to the concept of synthetic a priori knowledge which constituted the target of Schlick's criticism against phenomenology.[6] Before, however, let us consider Husserl's notion of analyticity.

2. Husserl's conception of the analytic/synthetic divide

In sharp opposition to Schlick's epistemic characterisation of the analytic/synthetic distinction, Husserl's conception just involves semantic elements. As it is well known, it is (approximately) correct to maintain that Husserl's notion of analyticity derives from Bolzano's notion of a *logically* analytic proposition.[7] In order to introduce Bolzano's notion, I shall use Morscher's reformulation, because it is normally accepted that it supplies

---

[6] See, for a similar interpretation of Schlick's notion of analyticity, and a refinement thereof, Künne 1982.

[7] M. Textor has recently refined Peter Simons' claim, according to which Husserl's analyticity is straightforwardly Bolzano's *logical* analyticity. As he nicely points out, both notions centrally involve reference to the notion of variation. Both Husserl and Bolzano did in fact think that a proposition is analytic (respectively, logically analytic) iff its truth-value is invariant under certain substitutional transformations. Husserl however did characterise such transformations in the terms of the substitution of every *non-formal* representation of the proposition, while Bolzano did constrain a logically analytic proposition to be invariant in truth-value under every substitution of its *non-logical* representations. Textor's claim is precisely that Husserl's notion is not identical with, but that it can be illuminated in the light of Bolzano's. "Husserl dit que les lois analytiques, 'se fondent en tant que lois pures sur les "categories" formelles, sont indifférentes à toute "matière de la connaissance" ...' Je pense que les présentes réflexions ont pu montrer qu'il est *féconde de préciser et d'éclairer cette caractérisation métaphorique au moyen de la méthode de variation bolzanienne. La vérité d'une proposition S n'est fondée précisément que dans les catégories formelles si toute variante référentielle de la proposition engendrée par variation arbitraire des concepts matériels de S est vraie*", Textor 2000, 453, (my italics).

an interpretation of it which nicely avoids a problem engendered by a more literal construal.[8] As presented by Morscher, Bolzano's conception of logical analyticity is an explication of the notion of *formal truth*. Bolzano conceives of logical form in class-theoretical terms: a propositional form is the class of all the propositions which are engendered by substituting one or more representations within a given proposition. If we take as a starting point the proposition that Derrida is a good philosopher, for instance, all the following propositions: that Derrida is a *French* philosopher, that Derrida is a *contemporary* philosopher, that Derrida is a *continental* philosopher, etc., are parts of – or constitute – the propositional form which can also be described as follows: the propositional form that Derrida is a _ philosopher.

A *logical* propositional form is a class of propositions which has the following characteristic: every representation which is contained by every member of the class, is a logical representation. That is to say, it is the class of all the propositions which are engendered by varying a given proposition, keeping invariant all its logical representations. If a logical form has the semantic property of being omni-valid – where A is an omni-valid propositional form when every element in it is true – every element of it is *logically analytic*.[9] Similarly, Husserl's notion of *analyticity* may be characterised as follows:

(HA)   A sentence is analytic iff it expresses a proposition which is part of an omni-valid class which is engendered by varying a given proposition keeping invariant all its *formal* representations.

---

[8] The difficulty stems from the following argument. If a proposition is *logically* analytic iff its truth value is invariant under every substitution of its non-logical representations, every proposition which is constituted just by logical representations is, according to the definition, *logically analytic*. For, in such a case, every variant of the proposition is identical with the original, and hence also possesses the same truth-value. However, also the claim that "there are representations without object" should be held logically analytic, though its truth plainly depends on a contingent worldly state-of-affairs. See Morscher 1997, and Textor 2000.

[9] The aforementioned problem is resolved if we accept Morscher's *modified* definition of analyticity. According to this modified definition, the proposition that there are representations without object is no longer considered logically analytic. In fact it belongs to a logical form (there are As) which is not omni-valid.

Accordingly, a synthetic proposition is, in Husserl's opinion, a proposition which does not possess the semantic property of being part (we might say, of not being an instantiation of) an analytic propositional form.[10] That which is the case whenever the logical propositional form which a given proposition instantiates is not *omni-valid*. Let us exemplify, with respect to (P). (P) is the proposition that if a thing is uniformly coloured of red, then it is not, at the same time and under the same respect, uniformly coloured green.

We can arguably drop the question about how *exactly* we should fix the distinction between formal and non-formal representations. For, even if an answer to this question constitutes a necessary condition for giving an answer to the further question about where to put every given proposition (whether in the *analytic* or in the *synthetic* box), it seems clear that every such answer will always have to countenance terms like 'red' and 'green' as non-formal expressions. If that much is conceded, however, (P) will be synthetic. For the logical propositional form to which (P) belongs will certainly contain red- and green-variants (propositions engendered by substituting the representation [red] or the representation [green] in the original proposition), and therefore it is not omni-valid. There are in fact plenty red- or green-variants of (P) which are false. For instance

(P') if a thing is uniformly coloured *green*, then it is not, at the same time and under the same respect, uniformly coloured green.

If one accepts Husserl's definition of analyticity, there seems to be no option but to classify (P) as a synthetic proposition. So, as long as one is not disposed to say that the reasons why we believe (P) to be true involve the empirical circumstance that we have never seen an object be both red

---

[10] Here is how Husserl introduces both notions in the *Third Logical Investigation*: "*Analytisch notwendige Sätze*, so können wir definieren, sind solche Sätze ... die sich *vollständig 'formalisieren'* und als Spezialfälle oder empirische Anwendungen der durch solche Formalisierung gültig erwachsenden formalen oder analytische Gesetze fassen lassen. In einem analytische Satze muss es möglich sein, jede sachhaltige Materie, bei voller Erhaltung der logischen Form des Satzes, durch die leere Form *etwas* zu ersetzen ...". Correspondingly, "Jedes reine Gesetz, das sachhaltige Begriffe in einer Weise einschließt, die eine Formalisierung dieser Begriffe salva veritate nicht zulässt ... ist ein synthetisches Gesetz *a priori*", Husserl 1984, 259f.

and green at the same time and in the same respects, the acceptance of Husserl's notion, coupled with the unwillingness to reconstruct (P)'s epistemic pedigree as *a posteriori*, leads directly to the admission of the synthetic a priori.[11]

3. What is at issue in the synthetic a priori problem?

What is, however, involved in the admission of the synthetic a priori? In this section I shall address this question, trying to elaborate an answer along the following lines: I shall propose a notion of *potential informativeness*, and maintain that the empiricist principle according to which analytic knowledge is not knowledge should be interpreted as a claim to the effect that there cannot be *informative* a priori knowledge about reality (correspondingly, that every proposition which we can know a priori is not *potentially informative*). As a consequence, I shall maintain that Schlick's disagreement with Husserl is ultimately grounded in his endorsement of such a principle, and that his rejection of synthetic a priori knowledge derives form the idea that there is no plausible *explanation* of a priori knowledge available as an alternative to the one based on his notion of analyticity, in the light of which it is comprehensible that we may gather, on an a priori basis, interesting and new information about reality.

If Schlick's characterisation of analyticity is accepted, every analytic sentence must be recognizable as true in virtue of its form: be it in the strict, logical sense, according to which the recognition of its truth just involves knowledge to the effect that, necessarily, every sentence of a given form is true, plus the recognition of the fact that the given sentence *is*

---

[11] It should be noted that (P) is to be held synthetic also if one accepts the Tractarian identification of analyticies with tautologies. Wittgenstein explicates the notion of a tautology in the terms of truth on *purely formal grounds*. At the time of the *Tractatus*, however, the form of a proposition was straightforwardly taken to depend on the logical vocabulary featured by a proposition, and not on the extra-logical vocabulary, which, as a consequence, could coherently be substituted by variables in the formulation of a tautology. Since (P) is not a formal truth in the indicated sense (the existence of false green- or red-variants of it signals that its truth does not uniquely depend on its logical vocabulary), it is plainly not to be counted as analytic under the Tractarian definition.

of the required form; or in the broad, semantic, sense, according to which the recognition of its truth just involves – we might say in more contemporary terms – following the epistemic dispositions which fix the believer's competence in a certain area of discourse. Though it clearly follows, from the epistemic characterisation, that every analytic sentence is a priori, the epistemological consequence I think is central in the Schlickean conception of analyticity is its overt failure to meet a quite indisputable notion of *potential informativeness*.

A sentence is *non-informative* if it expresses a proposition which does not enlarge a subject's state of information. As a consequence, the property of being *non-informative* is relational. It involves reference to a particular subject and to her state of information, which a belief in a proposition enjoying the property, relative to the subject, is meant not to enlarge. Obviously enough, a sentence does not lack the property of being informative absolutely. The same proposition – that Napoleon was defeated at Waterloo – may enlarge the state of information of a subject, while at the same time failing to enlarge the state of information of another. It depends on the beliefs which a subject holds before coming to believe that proposition.

On the other hand, by *lack of potential informativeness* (correspondingly, by *potential informativeness*), I mean an absolute property. This is a property that a sentence possesses independently of the subject (and the beliefs entertained by the subject) who believes the proposition thereby expressed. I will now introduce the notion of *entitlement to knowledge* as follows: a subject is entitled to knowledge iff she satisfies the general requirement of being equipped with the conceptual resources which enable her to entertain (true) propositional attitudes (beliefs).[12] Accordingly, I propose to define the property in the brackets as follows:

(PI)   a sentence is not *potentially informative* iff, necessarily, for every S entitled to knowledge, *p* is not informative relative to S.

Negatively, *potential informativeness* may be defined as follows:

---

[12] The notion of entitlement to knowledge is supposed to single out the undisputable circumstance that a subject cannot be imputed *knowledge* to the effect that *p* if, at the same time, she does not possess (she cannot be attributed with) the conceptual resources necessary to *believe* that *p*.

(PnI)   a sentence is *potentially informative* iff, possibly, for some S
        entitled to knowledge, *p* is informative relative to S.

From the above definitions it follows that no analytic sentence in Schlick's
sense is potentially informative; that is to say, that every analytic sentence
expresses a proposition which is necessarily prevented from enlarging the
belief-system of every subject entitled to knowledge.[13] If in fact a sentence
expresses a proposition whose unconditional acceptance is written into the
very conditions which fix the semantic competence in a certain area of
discourse, a subject, for the sole reason of being able to think such proposition, cannot but believe it. Her being a subject entitled knowledge, i.e.
a subject relative to which it makes sense to ask whether a certain proposition is, or is not informative, ensures that certain propositions – the ana-
lyticities in Schlick's sense – *cannot* be informative.

So construed, Schlick's claim to the effect that (P), like every other
phenomenological proposition, is analytic, may then be reconstructed as a
claim to the effect that (P), like every other phenomenological proposition,
is not potentially informative. As a consequence, Schlick's sharp denial of
the possibility of a priori synthetic knowledge involves a denial of the
thesis according to which there are instances of propositions which we can
truly believe on an a priori basis, and that are potentially informative; that
is to say, propositions which do not necessarily have to be part of the
belief-system of every rational thinker, provided that he is a competent
user of the language's predicates.

---

[13] I would treat as immaterial every objection to the effect that it is *possible* that a com-
petent speaker does not believe an analytic proposition for the simple reason that she
never happened to consider it, and that, as a consequence, a belief in an analytic proposition *can* enlarge the state of information of a subject entitled to knowledge. What I
have in mind by maintaining that the proposition expressed by an analytic sentence
must be part of the belief-system of every semantically competent thinker is something
which can be characterized along the lines of the following counterfactual condition:
belief that *p must* be part of the belief-system of A iff in every state of information in
which A had considered the proposition that *p*, she would have believed it. Since recognition that an analytic statement is true just involves, on the Schlickean reading, semantic plus logical knowledge, it clearly meets the condition. For neither kind of
knowledge, in turn, depend on the states of information in which a subject happens to
find himself.

It is sensible to maintain that the admission of Husserl's synthetic a priori, *per se*, does not involve any interesting consequence for the problem addressed by Schlick. For such an admission is consequent upon a conception of the analytic/synthetic distinction which, given its purely semantic nature, is in fact *neutral* with respect to the epistemic question, around which Schlick's conception is built, about whether propositions which we may come to believe on an a priori basis may be potentially informative. And that there is any reason to suppose that the interest many philosophers have devoted to the synthetic a priori question does not stem from the purely semantic problem of establishing a satisfactory divide between analytic and synthetic propositions, but rather from the epistemological question about whether we are in a position to get new, interesting information about reality on a purely a priori basis. In fact, as already anticipated, I am of the opinion that the well-known empiricist slogan, according to which analytic knowledge does not constitute knowledge, should be construed, coupled with the further empiricist principle that the a priori coincides with the analytic, as a principle to the effect that no belief which is justified a priori *can* constitute *new* knowledge. As a consequence, I am also of the opinion that the empiricists' rejection of the synthetic a priori – so construed – constitutes, at least in Schlick's mind, the real point at issue between his position and Husserl's defence of phenomenological propositions.

Consider the empiricist principle in its standard formulation. Literally interpreted it is a principle to the effect that no belief in an analytic proposition can constitute knowledge. If however we consider the standard notion of knowledge, according to which knowledge is *justified true belief*, we clearly see that the principle is false. Were it true, it would be the case either that an analytic proposition *cannot* be true, or that a belief in an analytic proposition cannot be *justified*. However, as Q. Cassam has pointed out in a recent and clear reconstruction of what is at issue in the (perennial) debate between empiricists and rationalists, the empiricist position is no longer reconstructible around the thesis that analytic truths are not *literally* true. The argument, which can be summarized in Peacocke's words – according to which "any true sentence is true in virtue of the holding of its disquotational truth conditions" (Peacocke 1993, 187) – is an argument against the claim that there might be anything such as truth in virtue of meaning, as contrasted to truth in virtue of (meaning and) reality. The idea is simply that by supposing that 'p' is true solely in virtue of its meaning, one is committed to believe true the following counterfactual: were it not the case that 'p' means what it does, what 'p' asserts would not be the case. This, however, involves believing that were it not the case that 'all bachelors are unmarried men', some bachelors would be married. Which is plainly false.[14] As to the second condition, that according to which a belief in an analytic proposition cannot be justified, the literal construal of the empiricist principle does not fare any better. For it involves thinking that we are not justified in accepting the laws of propositional logic, whose necessary validity is, however, among the pretensions of the logical empiricists to have safeguarded by the so-called linguistic theory of the a priori.[15]

Accordingly, we might conclude that Schlick was primarily in the business of denying the synthetic a priori in its original Kantian sense: that according to which some of the beliefs we have are warranted for entertaining on an a priori basis may be characterised as *Erweiterungsurteile* (in that they extend our knowledge), as contrasted with analytic judgments, which are characterised as *Erläuterungsurteile* (in that they just clarify the content of our concepts). At the same time, he clearly adverts to the fact that there are many propositions which we do in fact believe to be true on an a priori basis. Accordingly, he sets out to deny that every such proposition may in fact be informative and puts forward a theory to the effect that the explanation of why we do in fact come to believe such propositions on an a priori basis relies on the semantic role they perform – analyticity – which, however, has the consequence that every proposition which we (are in a position to explain how we do come to) believe on an a priori basis *cannot* be informative. For it is a proposition which is ideally already part of the belief-system of every rational competent thinker, just as a consequence of her semantic and logical beliefs.

The consequence is that Husserl's conception of the analytic/synthetic divide, however much more refined than Schlick's it may turn out to be,

---

[14] See Boghossian 1997. In particular pp. 335–7, where Boghossian criticises what he terms the *metaphysical* notion of *analyticity*.

[15] For a contemporary discussion of, and an affirmative answer to the question about whether reasoning according to the rules of propositional logic suffices for justification, see Boghossian 2001 and Wright 2001.

constitutes insufficient grounds to grant the existence of the synthetic a priori propositions in Schlick's (epistemological) sense. This is true unless it is coupled with an epistemological reconstruction, alternative to the *semantic* one proposed by Schlick, in the light of which it becomes comprehensible that a priori synthetic propositions, though expressing trivial truths about reality, do in fact express truths which are potentially informative, i.e truths that a subject entitled to knowledge *is not* under the rational obligation already to believe.[16] Unless such an alternative proposal is available, the Schlick-Husserl debate can at best be seen as a terminological struggle with no epistemological interest. It could at best be construed as a debate, against the backdrop of the shared assumption that every proposition which we can know a priori is not informative, about the question of whether *certain* propositions which we know a priori exhibit a semantic structure which deserves to be singled out terminologically, by introducing Husserl's fine-grained distinction according to which (P), and every phenomenological proposition, is to be labelled as *synthetic*.

Accordingly, and this is the main suggestion I want to advance in this paper, the real point at issue between Schlick and Husserl should not be located in the question about whether it is more convenient to accept Husserl's or Schlick's characterisation of the analytic/synthetic divide, and then accept – respectively, deny – the *existence* of synthetic a priori propositions. It should rather be located in the question about whether there is any other *explanatory* picture of a priori justification – alternative to the meaning-based one defended by Schlick – which leaves enough room for the supposition that propositions like (P) are potentially informative. Schlick, for his part, maintains that such an alternative picture is unavailable[17], and that, by paying attention to what fixes semantic competence, we

---

[16] By granting that the claim that an analytic proposition is not true does not constitute a distinctive feature of the empiricist position on the a priori, Cassam eventually suggests that "perhaps the lesson is ... that the difference between rationalism and empiricism is simply the difference between a conception of a priori justification which is intuitionist and one which is not", Cassam 2000, 56.

[17] More than this, Schlick seems to be of the opinion that Husserl does not even set out to explain why, in his opinion, informative a priori knowledge is possible. "Die Phänomenologen glauben nun nicht nur an jene für die Erkenntnis so erstaunlichen Urteile, sondern fassen ihren Kreis noch außenordentlich weiter als Kant ... *Sie hatten also ge-*

may in the end satisfactorily both explain the undeniable epistemic fact that we are often justified a priori in believing true contents, and rule out any suggestion to the effect that, when entertaining such beliefs, we may enlarge our information about reality.

What about Husserl? Unfortunately for those who sympathize for his defence of synthetic a priori knowledge, I am of the opinion that Husserl's texts may at best be seen as giving two distinct answers to the problem at issue, neither of which seem to offer much hope to the believers in a phenomenological vindication of the availability of a priori synthetic *informative* knowledge about reality. Husserl's official epistemological proposal, that which deals with the notion of *Wesenschau*, lends itself to two interpretations, the first of which, construing *Wesenschau* as a sort of conceptual analysis, is not compatible with the idea that synthetic a priori propositions are informative propositions about reality; and the second of which seems at best to hint at a plausible research program, Rationalism, which can neither be seen as connected, in an interesting way, to the entire project of phenomenology, nor as free from many problems attaching to it.

As to the first interpretation of *Wesenschau*, there is something paradoxical in the circumstance that it is normally proposed as a defence of Husserl's position from Schlick's allegations. For the suggestion which is normally advanced is that Husserl's explanation of synthetic a priori knowledge was on the right track *precisely because*, at bottom, it was convergent with Schlick's explanation based on meaning. For instance, Van De Pitte's words:

> *Wesenschau* need not be specifically 'phenomenological' nor need it be much different from intuition of analytic propositions mentioned above. *Wesenschau*, too, yields an understanding of a class concept, and, certainly, to understand a trivially true proposition like a 'A bachelor is an unmarried man', is to understand a class concept, or a Husserlian essence ... But if what *Wesenschau* effects is an insight into class structures, an insight that ideally can be formulated in a proposition expressing both necessary and sufficient conditions for class membership, it is difficult to see what is objectionable about the notion – especially now that we have

---

wiss die Verpflichtung, ihre Möglichkeit zu erklären. Sie haben das in keiner Weise versucht, sie sind offenbar durch die Problematik, der die Kritik der reinen Vernunft ihren Ursprung verdankt, überhaupt nicht beunruhigt", Schlick 1930, 22, my italics.

it clearly in mind that concepts, classes, essences, or what have you, do not 'subsist'. (Van de Pitte 1984, 211)

What is objectionable, once the real terms of the disagreement are reconstructed as I have been proposing, is that such an interpretation ultimately fails as a vindication of synthetic a priori knowledge. It treats Husserl's and Schlick's disagreement as a merely terminological struggle, and attributes to both philosophers the idea that, as a matter of fact, there is no synthetic a priori knowledge.[18]

It is no surprise, then, that many commentators disagree with Van De Pitte and suggest that the second reading of *Wesenschau* should be accepted. Paul Livingston, for instance, has more recently observed that

> In bringing Husserl's methodology closer to Schlick's, the effect of van de Pitte's argument is to obscure the genuine ground and the deep animosity and apparently mutual rejection that characterised the dispute between the two. Schlick clearly lacked a full understanding of Husserl's arguments against construing phenomenology as Platonic realism ... But even had Schlick appreciated Husserl's arguments for a non-Platonic construal of the phenomenological method, it seems likely that he would not have accepted them ... *For Schlick it was impossible for the objects of any kind of intuition to be general entities like concepts* ... (Livingston 2002, 248f, my italics. See also Shelton 1998)

---

[18] By criticising Van De Pitte's suggestion, I want to remain neutral with respect to a question which I hold to be distinct from the one I have addressed in this paper. While closely connected with it, it is the *distinct* historical question about whether Husserl's notion of synthetic a priori knowledge does entail that a synthetic proposition is potentially informative. My neutrality stems from the fact that, in my opinion, every answer which might be given to the second question does not have any bearing to the reconstruction I have offered of the debate between Husserl and Schlick. As a matter of fact I do not want to deliver a verdict as to who, between Schlick and Husserl, was *right*. Rather I want to reconstruct what is involved in Schlick's denial of synthetic a priori knowledge, and correspondingly show what should be part of sound defence of the claim that there is synthetic a priori knowledge. As a consequence, the question about whether Husserl's position is to be interpreted as involving such claim is of no immediate interest here. What is of interest here is the question about whether, if so correctly interpreted, Husserl's arguments yield the materials for a satisfactory vindication of the synthetic a priori rejected by Schlick.

Let us consider, then, the alternative according to which the act of *Wesenschau* has – more or less – literally to be read as an act of direct seeing or inspecting directed toward necessary structures of reality; be it in the sense that it is directed toward real essences, or, in the non-platonic reading of Husserlian species and genera, toward what Husserl himself terms 'concepts'.

If this reading is accepted, as I have anticipated, the notion of *Wesenschau* may be put at the service of vindicating synthetic a priori knowledge in Schlick's sense. Nothing in the notion of an act of seeing, akin to perception, whereby necessary structures of reality are inspected, suggests in fact that a subject who is entitled to knowledge is under the rational obligation already to entertain the beliefs which, courtesy of such faculty, are disclosed by its operating.

However, I wish to conclude by mentioning two distinct tasks which, in my opinion, every theorist sympathetic with the Husserlian defence of synthetic a priori knowledge should be disposed to undertake. The first task deals with the problem of *inexplicability*. We may put it in Boghossian's terms, though the following quote was originally directed against contemporary Rationalists:

> No one has been able to say how such cognitive act, of a sort we might plausibly enjoy, is able to yield knowledge of the modal properties of properties. If the theory of rational insight is to serve as a genuine explanation for how we are able to have such a priori knowledge, rather than simply as a placeholder for such an explanation, it must consist in more than a suggestive label; it must somehow lay bare, in appropriate detail, how such capacity we have gets to work on the properties we are able to think about so as to disclose their natures. (Boghossian 2001a, 635)

The answer which is normally delivered, to evade the challenge, is that rational intuition constitutes the only viable explanation of a priori knowledge once every relevant alternative is excluded, which includes some semantic account in the vicinity of Schlick's. The second task, however, deals with a paradox which is supposed to attach to every *intuitional* theory of a priori knowledge. Therefore, it threatens to block the first answer, however articulated or well-supported it may be. Very roughly, the paradox is the following: suppose that intuitionism is true and that there are several truths which we come to believe on the basis of rational intuition, or, if you prefer, by exercising acts of *Wesenschau*. Featured among the truths which are known in this way, certainly are the truths of logic. If this is true, our entitlement to reason according to the logical rules of inference which the laws of logic schematise stems from the direct inspection of their truth. If that much is admitted, however, it becomes incomprehensible precisely what the theory is supposed to explain. How can we be inferentially warranted in drawing conclusions by applying logical rules of inference. In fact the bearing of the knowledge allegedly supplied by *Wesenschau* on the warrant we have in drawing every inference of a given form must be of the sort: since I know that every inference of *this* form is valid, and I know that *this* particular inference is of the required form, I know that *this* particular inference is valid. However, if this is the connection between our entitlement and the general knowledge supplied by *Wesenschau*, the aforementioned problem readily comes to the surface. It is a problem of infinite regress. For the connection between the general knowledge and our entitlement in drawing a particular inference depends on a further inference, whose warrantedness must in turn be reconstructed in terms of another inference, and so on and so forth. So, the argument concludes, every intuitional theory must be rejected, for it clashes with the undeniable *datum* that inferring on the basis of logical rules of inference confers a genuine warrant for believing the inference's conclusion.

This should be sufficient to make it clear that the second reading of the notion of *Wesenschau*, though compatible with a defence of synthetic a priori knowledge in Schlick's sense, does not seem to constitute an extremely attractive perspective for the contemporary proponent of (neo) Husserlian positions. Much work needs to be done in order to articulate a sound defence of the synthetic a priori, and it is not clear at all, more than this, that any conceivable success might have any interesting theoretical connection with Husserl's work. Whether it is possible, lies however outside the questions to which I have tried to give an answer.

4. Conclusions

In this paper I have addressed the question of what exactly was at stake in the disagreement between Husserl and Schlick about the synthetic a priori. Contrary to those who favour Husserl, by maintaining that his notion of analyticity – in the light of which (P) is synthetic – is more refined than Schlick's, I have tried to show that the disagreement was not centred upon a question of *existence*, but rather upon a question of *explanation*.

Firstly I have tried to show that Schlick's notion of analyticity can be reconstructed in broadly epistemic terms. Roughly, under the epistemic definition a statement is analytic iff a thinker is rationally committed to believe it once he understands it. This idea, which I have traced back to Wittgenstein's switch to a generalized notion of logical syntax, stems from the attribution of a meaning-constituting function to the mastery of linguistic rules. Given the presupposition that knowledge involves thinking, and thinking involves language mastery, I have then concluded that every analytic proposition is bound, in Schlick's opinion, not to *be potentially informative*. For if *potential informativeness* is so defined that a statement is *potentially informative* iff it can possibly enlarge the states of information of a subject entitled to knowledge, then no *analytic statement*, in Schlick's sense, is potentially informative. In fact, such statements already have to be part of the belief-system of every subject of knowledge, for the sole reason that every such thinker, according to the above definition, is committed to believe such contents. Given Schlick's claim that the analytic coincides with, since it satisfactorily explains, the a priori, then, I have proposed to reconstruct the real disagreement not as concerning the *existence*, but rather the *explanation* of synthetic (i.e. informative) a priori knowledge. According to the reconstruction I have been proposing, Schlick's dissatisfaction with the phenomenological *datum* of the existence of synthetic a priori knowledge derives from the idea that no such *explanation* is available, and involves rejecting, as completely unsupported, Husserl's proposal of phenomenological propositions as *potentially informative* propositions.

If this suggestion is accepted – as I have concluded – Husserl's position looses much of the strength which has been attributed to it. For Husserl's notion of *Wesenschau* does not seem to provide a viable alternative to Schlick's empiricist epistemology for the a priori. If, in fact, it is interpreted as a process of conceptual clarification, it is still compatible with the idea that a priori knowledge does not provide, nor it can provide, *informative* knowledge about reality. On the other hand, it can be literally interpreted as an act of seeing, whereby we inspect necessary structures of reality. Even in such a case, however, it does not seem to provide a solution which a theorist who is sympathetic with Husserl's defence of the synthetic a priori can accept as it stands. Much work should be done in order to resolve many of the problems normally associated with the supposition of such a special faculty as eidetic seeing; and Husserl's work, *per se*, does not seem to provide the materials to deal satisfactorily with them.

References

Boghossian, Paul 1997. "Analyticity", in: B. Hale and C. Wright (eds), *A Companion to the Philosophy of Language*, Oxford: Blackwell, 331–68.

Boghossian, Paul 2001. "How are Objective Epistemic Reasons Possible?", in: *Philosophical Studies* **106**, 1–40.

Boghossian, Paul 2001a. "Inference and Insight", in: *Philosophy and Phenomenological Research* **63**, 633–40.

Bouveresse, Jacques 1998. "Moritz Schlick et le problème des propositions synthétiques *a priori*", in: F. Nef and D. Vernant (eds), *Le formalisme en question. Le tournant des années 30*, Paris: Vrin, 215–44.

Cassam, Quassim 2000. "Rationalism, Empiricism, and the A Priori", in: P. Boghossian and C. Peacocke (eds), *New Essays on the A Priori*, Oxford: Clarendon Press, 43–64.

Gargani, Aldo 1982. "Schlick and Wittgenstein: Language and Experience", in: *Grazer Philosophische Studien* **16/17**, 347–63.

Husserl, Edmund 1984. *Logische Untersuchungen*, Husserliana XIX/1 and XIX/2, Den Haag: Nijhoff.

Künne, Wolfgang 1982. "Analytizität und Trivialität", in: *Grazer Philosophische Studien* **16/17**, 207–22.

Lambros, Charles H. 1974. "Schlick's Doctrine of the A Priori in the *Allegemeine Erkenntnislehre*", in: *Dialectica* **28**, 103–28.

Livingston, Paul 2002. "Husserl and Schlick on the Logical Form of Experience", in: *Synthese* **132**, 239–72.

Morscher, Edgar 1997. "Bolzano's Method of Variation: Three Puzzles", in: W. Künne, M. Siebel and M. Textor (eds), *Bolzano and Analytic Philosophy*, Sonderheft der *Grazer philosophische Studien* **53**, 139–65.

Peacocke, Christopher 1993. "How Are *A Priori* Truths Possible?", in: *European Journal of Philosophy* **1**, 175–99.

Piana, Giovanni 1971. "Husserl e Schlick sulle cosiddette 'proposizioni sintetiche a priori'", in: *Aut-Aut* **122**, 19–41.

Schlick, Moritz 1930. "Gibt es ein materiales Apriori?", in: *Gesammelte Aufsätze* 1926–1936, Hildesheim: Olms, 1969, 19–30.

Schlick, Moritz 1932. "Form and Content", in: *Gesammelte Aufsätze* 1926–1936, Hildesheim: Olms, 1969, 151–250.

Schlick, Moritz 1936. "Meaning and Verification", in: *Gesammelte Aufsätze* 1926–1936, Hildesheim: Olms, 1969, 337–68.

Shelton, Jim 1988. "Schlick and Husserl on the Foundation of Phenomenology", in: *Philosophy and Phenomenological Research* **48**, 557–61.

Sellars, Wilfrid 1953. "Meaning and Inference", in: *Mind* **62**, 313–38.

Simons, Peter 1992. "Wittgenstein, Schlick and the A Priori", in: *Philosophy and Logic in Central Europe from Bolzano to Tarski*, Dordrecht: Kluwer, 361–76.

Textor, Markus 2000. "Bolzano et Husserl sur l'analyticité", in: *Les Études philosophiques* **4**, 435–54.

Van De Pitte, M.M. 1984. "Schlick's Critique of Phenomenological Propositions", in: *Philosophy and Phenomenological Research* **45**, 195–226.

Wittgenstein, Ludwig 1984. *Ludwig Wittgenstein und der Wiener Kreis*, B. F McGuinness (ed.), Frankfurt am Main: Suhrkamp.

Wright, Crispin 2001. "On Basic Logical Knowledge", in: *Philosophical Studies* **106**, 41–85.

Austrian Theories of Judgment:
Bolzano, Brentano, Meinong, and Husserl

ROBIN D. ROLLINGER

1. Introduction

In nineteenth century German philosophy it was among the prevailing views that mental phenomena were to be divided into three classes: thinking, feeling, and willing. In Austria, however, two of the towering philosophers, Bernard Bolzano and Franz Brentano, held that presentations (*Vorstellungen*) and judgments (*Urteile*) make up two distinct classes of mental phenomena. Moreover, both of these philosophers saw it as an important task to work out a theory of judgment in particular. It is accordingly no surprise that Brentano's two most outstanding pupils, Alexius Meinong and Edmund Husserl, developed theories of judgment, though their results were markedly different from those of their predecessors and from each other's. In the following the line of Austrian philosophy from Bolzano to Husserl will be traced by presenting an overview of the four theories indicated in the title. The topic under consideration in these theories, though apparently little more than a chapter in descriptive psychology, is of great significance because it gives us an intersection for issues in epistemology, ontology, and philosophy of logic.

2. Bolzano

In §143 of the second volume of *Theory of Science*[1] Bolzano includes judgments among the various classes of "psychical phenomena" *(psychische Erscheinungen)*, which are characterized as "effects which a soul (any simple entity as such) brings about" (*WL* II, §143, 67).[2] In the third volume of this four-volume work he enters into a more focused investigation

---

[1] Cited in the text as "*WL*" followed by references to volume, section, and in some cases page number(s).

[2] It will later be seen that for the other Austrian philosophers whose theories of judgment will be examined here judgments are psychical phenomena in a different sense.

Phenomenology and Analysis: Essays on Central European Philosophy.
Arkadiusz Chrudzimski and Wolfgang Huemer (eds), Frankfurt: ontos, 2004, 257–284.

concerning the nature of judgment (*WL* III, §§290–321) as part of his "theory of cognition" or "epistemology" *(Erkenntnislehre)* (*WL* IIII §§269–321). In §291 of the third volume he presents five characteristics which he ascribes to judgments.[3]

The first of these characteristics is described as follows: "As we assume for every subjective presentation a certain objective one that makes up its material, we shall also have to assume for every judgment a proposition in whose appearance it consists, and which we consequently call the *material* of this judgment" (*WL* III, §291, 108). What Bolzano means by "proposition" *(Satz)* had already been characterized early in the work as "any statement that something is or is not, regardless whether this statement is true or false, whether it is put into words by anyone or not, or even thought in the mind or not" (*WL* I, §19, 77). A proposition is, in addition, regarded as non-real (*WL* I, §19, 78).[4] An objective presentation *(objektive Vorstellung)* had also been characterized, namely as "anything that can occur as a constituent part in a proposition but is as such not a proposition" (*WL* I, §48, 216) and as non-real (*WL* I, §48, 217). In the proposition "Caius has cleverness" objective presentations can be found corresponding to the words "Caius", "has", and "cleverness". When Bolzano speaks of a subjective presentation *(subjektive Vorstellung)* he means "anything that can occur as a consituent part in a judgment without itself being a whole judgment" (*WL* III, §270, 5ff.). Thus when I judge, for example, that Caius has cleverness, the effects of my soul that are expressed by the words "Caius", "has", and "cleverness" are subjective presentations. The corresponding objective presentation in each case makes up the material of the subjective one (*WL* I, §48, 217; *WL* III, §271, 8f). Likewise, the proposition that corresponds to a judgment, according to Bolzano, is the material of the judgment in question. This material, however, is not to be

---

[3] Already in *WL* I, §34 Bolzano enumerates ten properties which he ascribes to judgments. Most of these, however, are accounted for in the list discussed in the text. Moreover, some of the properties in question prove to be of little importance in the comparison of Bolzano's theory of judgment with the other ones to be discussed later on.

[4] In order to distinguish the proposition from its linguistic expression as well as any occurrence in the mind, Bolzano often uses the term "proposition in itself" *(Satz an sich)*. Here the term "proposition" will suffice for these non-mental, non-linguistic, and non-real bearers of truth which Bolzano calls *Sätze an sich*.

confused with the parts or the object of the judgment. Granted that the material is not related to the relevant judgment as the object of this judgment, the question naturally arises as to what sort of relationship obtains between the judgment and the corresponding proposition. The only other instance of such a relationship that Bolzano indicates is the one between a subjective presentation and the corresponding presentation in itself. Real objects cannot have other real objects as their material, nor can non-real objects be the material of other non-real objects.

Though Bolzano sometimes says that a judgment *contains* a proposition,[5] his stated preference is to speak in the manner just indicated, namely to designate the proposition as the *material* rather than the *content* of a judgment. Bolzano explains that he prefers the term "material" in reference to objective presentations because the term "content" *(Inhalt)* is used for other purposes (*WL* III, §271, 9).[6] Moreover, it is desirable to stress that the relation of propositions to judgments is the same as that of objective presentations to subjective ones. To this extent he is justified in calling the proposition that corresponds to a judgment its material.

In discussions of the relation of a judgment to the corresponding proposition Bolzano also characterizes judgment "as the appearance of a proposition" (*WL* III, §291, 109). This may well suggest that the material of a judgment is the same as its object. This consequence would introduce difficulties into Bolzano's theory of judgment far too complex to discuss here. However, such difficulties are avoidable if the characterization of judgment as the appearance of a proposition is understood in a different way.

---

[5] See, e.g., *WL* I, §19, 78: "Only the proposition thought-of or asserted, i.e., only the *thought* of a proposition, likewise the judgment which contains a certain proposition has existence in the mind of the entity that thinks the thought or passes the judgment, whereas the proposition, which makes up the content of the thought or judgment, is non-existent".

[6] See *WL* I, §56, 243–6, where Bolzano elaborates on his concept of the content of a presentation. Bolzano also says, "Every proposition necessarily contains several presentations" (*WL* II, §122, 4). In this case, however, the content is simply the parts, whereas the proposition is not taken to be a part of a judgment. This is one more reason why Bolzano's preference to speak of the proposition as the material rather than the content of a judgment is understandable. The judgment does not relate to the corresponding proposition as the proposition does to its constituent objective presentations.

To say that a proposition appears in a judgment need not mean that the proposition appears to the entity who passes the judgment whenever it does so, for it can also mean that the proposition appears whenever one *reflects* on the judgment. This matter, however, is left undecided by Bolzano.

It is important to note that Bolzano regards propositions as essentially predicative. More particularly, each one has the structure of subject-copula-predicate (*WL* II, §126). Each element in this structure is an objective presentation, which may in many cases be analyzed into further presentations in themselves. The structure in question, according to Bolzano, is more distinctly expressed when the copula "is" (or "are") is replaced with "has" (or "have") and the predicate term is correspondingly expressed by a noun. The proposition normally expressed by "Caius is clever" is accordingly better expressed for purposes of logic by "Caius has cleverness". Even existential propositions, contrary to Kant and (later) Brentano, are regarded by Bolzano as instances of such predication (*WL* II, §142). In view of such considerations it is accurate to say that he views judgments as predicative.

Under the heading "proposition" Bolzano treats most of the logical topics many other philosophers, including Kant and Brentano, treat under the heading "judgment". In his elementary logic propositions in fact take the place (alongside objective presentations and inferences) that was assigned to judgments (alongside concepts and inferences) by most other nineteenth century logicians. It would take us too far afield to discuss Bolzano's in-depth treatment of these topics. However, since they have received far more attention for the last few decades than any other aspect of his philosophy, one may consult some of the more outstanding efforts in secondary literature regarding propositions and their place in Bolzano's logic.[7]

The second characteristic Bolzano ascribes to judgments is the following: "As actuality is ascribed to every subjective presentation as such, we must also ascribe to every judgment as such actuality; namely, actuality in the mind of that entity which passes it, and for the time in which this entity passes it" (*WL* III, §291, 108f). Accordingly he thinks

---

[7] The following works are recommended in this regard: Berg (1962), Morscher (1973) und Textor (1996).

that judgments not only come and go, just as so many other actual things do, but belong to particular minds, whether these be human or not.

Bolzano states the third characteristic as follows: "If every proposition is composed of parts which ultimately dissolve into presentations, every judgment as the appearance of a proposition must also be composed of parts; and more particularly there are as many objective presentations in the proposition which is the judgment's material as the judgment must contain subjective presentations corresponding to them" (*WL* III, §291, 109). To this self-explanatory statement Bolzano adds that the simultaneous occurrence of these subjective presentations is not a sufficient condition for having the judgment. Moreover, in this regard it should be considered that there are for him instances in which a proposition is merely presented and is not the material of a judgment. These mere presentations of propositions are comparable to the phenomena which Meinong calls "assumptions" (*Annahmen*) and are also taken into account by Husserl.

The fourth characteristic which Bolzano attributes to judgments is the following: "In order for presentations a, b, c, d ..., from which the judgment can be composed, to be able to form this judgment, they must all at least appear simultaneously insofar as before one of them has completely vanished the other must have already begun" (*WL* III, §291, 109). Here Bolzano shows some appreciation for the difficult issue of time-consciousness in relation to judgments, but he still leaves open the question regarding judgments which involve a long series of presentations. Apparently he finds it satisfactory if only two members of each link in the chain, so to speak, exist simultaneously. Yet, it is difficult to conceive of how the initial presentation in a judgment could be completely non-existent while the final one exists.

In view of the third and fourth characteristics, it may of course be asked what it is that distinguishes a judgment from a mere presentation, provided that this presentation has the same material and thus has the same presentational parts in the same temporal order. Bolzano answers that, in order for a judgment to come about, such parts must be combined in a peculiar way. The combination, he says, is "a kind of interaction among these presentations. Of what nature, however, this interaction must be in order to produce a judgment, I am unable to determine; and maybe it is even incapable of any other determination than the one via the concept of the effect that is to be brought about" (*WL* III, §291, 110). In view of the fact that Brentano, as will be seen below, insists that a judgment cannot merely be a combination of presentations, it is important to see that Bolzano likewise does not wish to say that just any combination of presentations is a judgment. On his view, there must be a causal relation among the presentations. Yet, when Bolzano speaks of the effect that is to be brought about by a judgment, this easily suggests that what distinguishes the judgment is its influence on willing and action. It will be seen that Brentano emphatically rejects this characterization of judgments.

The fifth and final characteristic which belongs to judgments, on Bolzano's view, is the following one: "However great the influence exercized by our will on the origin and nature of our judgments insofar as we ... voluntarily direct our attention to certain presentations and away from others and thus can change our whole object, it is nonetheless never dependent solely on our will whether we pass a judgment or not; rather, this [*judgment*] results in accordance with a certain law of necessity merely due to the nature of all the presentations which have just been present in our soul" (*WL* III, §291, 110). Here Bolzano embraces a determinism regarding judgments.

Though the above characteristics are stated by Bolzano in order to indicate the nature of judgments, he has a good deal more to say about them. Only some of his additional remarks can be considered here.

Confidence *(Zuversicht)* is identified as a property that belongs to judgments and distinguished most emphatically from the vivacity *(Lebhaftigkeit)* of the constituent presentations (*WL* III, §292, 112f). The distinction between these is made especially clear in instances where presentations are highly vivid and yet confidence is not great or vice-versa. If, for instance, a voluptuary is told that his pursuit of pleasure will end in pain, his presentation of the pain may be extremely vivid while he does not with any significant degree of confidence judge that his pursuit of pleasure will have pain as a consequence. Someone may, by contrast, hold to religious beliefs with great confidence, but little vivacity of presentations. In both cases, Bolzano remarks, the judgment is not particularly effective.

Like subjective presentations, judgments come into being and pass away, on Bolzano's view. Moreover, he says that they leave traces of themselves behind (*WL* III, §297, 118ff.). In some cases the traces can be intuited *(angeschaut)* and thus the judgment is made clear, while in others it is left in obscurity. If the intuition of the judgment is itself intuited and there further arises the judgment that the past judgment did occur, it is permissible to say that the past judgment is remembered (*WL* III, §297, 121f). Yet, the mere memory of a judgment is by no means a sufficient condition for an actual repetition of the judgment, as is made clear in the case in which one remembers a judgment one no longer regards as correct (*WL* III, §297, 122).

   As mental occurrences that come and go, judgments can stand in causal relations to other judgments as well as other realities, on Bolzano's view. In this regard he distinguishes between mediate and immediate judgments and characterizes the former as ones caused by other judgments and the latter as ones not caused by other judgments (*WL* III, §300, 123). Bolzano conceives of inference in terms of such causal relations among judgments. Yet, in order for a judgment M to be mediated by judgments A, B, C, D, ..., these must make up the complete cause *(die vollständige Ursache)* of judgment M (*WL* III, §300, 124). Here Bolzano leaves out of account physical causes as well as mental ones which are not judgments, e.g. presentations, emotions, and volitions. It is very hard for us nowadays to accept the suggestion that there are judgments whose complete cause consists of judgments and absolutely nothing physical (e.g., occurrences in the brain). Moreover, this assertion was made by Bolzano before experimental psychology arose in the later nineteenth century. Yet, however out-dated and implausible the above characterization of inference seems to be, philosophers still go on speaking of causes without providing justification, whether these be construed as mental or physical.

   According to Bolzano, there are also immediate judgments, since "the existence of the mediate ones is, after all, ultimately conceivable only by means of the immediate ones" (*WL* III, §300, 125). Among immediate judgments he acknowledges two distinct possibilities which are to be found in the following forms: a) "I – have – the appearance A", b) "This (which I am intuiting right now) – is – an A" (*WL* III, §300, 131). Though he does not wish to say every judgment of such forms is itself immediate, he insists that one cannot be made unless an immediate judgment of the form in question is also made. In both cases the immediate judgment is called a "perceptual judgment" *(Wahrnehmungsurteil)* by Bolzano. In the case of judgments of type b) it is the subject that is an intuitive presentation, whereas the predicate is so in the case of judgments of type a). In addition to these, he also maintains that there are immediate conceptual judgments, for otherwise all mediate judgments would ultimately have to arise from perceptual ones and this is clearly impossible (*WL* III, § 300, 132).

Since Bolzano speaks of perceptual judgments, the question naturally arises as to whether these are distinguishable from the perceptions themselves. As it turns out, he maintains that there is no distinction to be drawn here, for the ascription of the faculty of *perception* to animals already entails the ascription of the faculty of *judgment* to them, though he cautions that they do not remember their judgments and thereby lack a distinct awareness *(deutliches Bewusstsein)* of them (*WL* I, §35, 161n.). While this point may seem to be a digression here, it proves to be of some interest in light of the fact that, as will be seen below, the issue whether there is a distinction between perception and perceptual judgment is of great importance for the other Austrian philosophers under consideration here.

While it may seem discouraging that Bolzano simply defines "cognition" as "any judgment that contains a true proposition" (*WL* I, §36, 163) and often seems to neglect the distinction between knowledge and merely true judgment, this distinction comes into play in his treatment of objective or proper grounds *(eigentliche Gründe)* as opposed to merely subjective grounds (*WL* II, §162, 191–4). Though the latter produce conviction, they do not produce knowledge of the truth for which they are reasons. For instance, one may be convinced that it is summer because of the high temperature indicated by the thermometer. The thermometer reading, however, is not the proper ground for the truth of the proposition that it is summer. On the contrary, the proposition that it is summer is the proper ground for the proposition that the thermometer indicates a high temperature. According to Bolzano, a judgment is an instance of knowledge or insight if the proper ground of a proposition is known. If, however, the distinction between merely true judgment and knowledge is given strictly in terms of the contrast between subjective and objective reasons, it will hardly be of use in application to cases where one knows without reasons, e.g., with respect to one's own mental states. While Bolzano accordingly does not fully come to grips with one of the most difficult epistemological problems, he does not overlook the distinction between knowledge and truth, as it might seem in his characterization of cognition as judgment that contains a true proposition.

3. Brentano

The notion of judgment is already present early in Brentano's *Psychology from an Empirical Standpoint*.[8] In his attempt to identify a criterion for distinguishing between *physical* phenomena (such as tones and colors) and *psychical* ones, the first suggestion he considers is that the latter are "presentations as well as those phenomena for which presentations are the foundations" (*Ps* 104). "As we use the word 'present'", he elaborates, "'being presented' is the same as 'appearing'" (*Ps* 106). While physical phenomena certainly appear and are thus presented, they are certainly neither acts of presentations nor phenomena which have such acts as their foundation. Judgments and certain other phenomena, however, are identified as phenomena founded on presentations. "Nothing can be judged, nor can anything be desired, hoped, or feared unless it is presented" (*Ps* 104). The thesis that a judgment is based on a presentation remains a principle throughout Brentano theory of judgment.

Yet, Brentano's first attempt to discern a criterion for distinguishing the two classes of phenomena is not the one he prefers in his *Psychology*. As is well known, he would rather distinguish them by making note of "the reference to a content, the direction towards an object" (*Ps* 115) to be found in all psychical phenomena and in none of the physical ones. This characteristic aspect of psychical phenomenon is also called "intentional inexistence" (*Ps* 116), understood in the sense that the object "exists in" the psychical phenomenon. It is not only "that feature which most of all characterizes psychical phenomena" (*Ps* 127). The advantage of intentional inexistence as the criterion for the distinction between the two classes of phenomena (physical and psychical), according to Brentano, is to be found in the ability it gives us to differentiate the classes of psychical phenomena. "The psychical phenomena", says Brentano, "are distinguished from all physical ones by nothing as much as the fact that something inheres in them objectively. And for this reason it is quite understandable if the most profound

---

[8] Cited in the text as *Ps*.

differences in the manner in which something is objective to them are again the most outstanding class-distinctions between themselves" (*Ps* 260). A presentation refers to an object in one way, whereas a judgment does so in another way and an act of love or hate does so in yet a third way.

When he comes to elaborate on the difference between presentations and judgments, he says at the outset that a judging consciousness refers to its object in two ways at the same time, for it presents this object and simultaneously passes a judgment about it (*Ps* 266). This complexity does not in any way alarm Brentano, because he finds that the simplicity which Herbart and his followers attribute to consciousness is confused with unity (*Ps* 215f). Brentano insists that there is a unity among the various phenomena in the same consciousness, he also insists that this is indeed a complex unity. The question remains of course how presentations and judgments differ. Brentano insists that whatever is added in the judgment is to be found in the mental activity and not in the influence it has on our willing or in some sort of disposition (*Ps* 267–70). Though some may believe that the difference between presentation and judgment is to be found in the degree of intensity, Brentano replies, "a being-presented, however clear and distinct and vivid, is not a being-judged, and a judgment that is passed, with however little confidence, is not a mere presentation" (*Ps* 270). Here we are of course reminded of Bolzano's distinction between the vivacity of presentations and the confidence of judgments.

Above all, however, Brentano makes an effort to argue that the difference between presenting and judging cannot be found in their object, as this has been done by characterizing judgment in terms of combination and separation (*Ps* 271–6). Even if it is granted that combination takes place in the case of a judgment expressed by the predicative form "some tree is green", the judgment is obviously not brought about by presenting a tree and its property of greenness in combination. According to Brentano, if I am asked if a tree is red and I do not know about trees changing color in the autumn, I do not thereby judge that a tree is red, though I certainly present a tree combined with the property of redness in the very understanding of the question. Therefore, combination of presentations (or presented objects) is not a sufficient condition for judgment. Brentano obviously thinks that the same line of argument is applicable to separation and thus rejects this too as a sufficient condition for judgment.

The case of existential statements, moreover, provides Brentano with grounds for rejecting combination and separation as a necessary condition for judgment (*Ps* 276ff.). When we judge that A exists, we do not ascribe the predicate "existence" to A, we simply accept A. Likewise, when we judge that A does not exist, we do not deny A the predicate "existence". We simply reject A. Moreover, Brentano maintains that both inner and outer perceptions are instances of judgment which cannot be construed as predications (*Ps* 277ff.). Though Brentano clearly differs from Bolzano by characterizing existential judgments as non-predicative, both do maintain that perceptions are judgments of a certain kind.

The distinction between predicative (or categorical) judgments ("S is P") and existential ones ("S is" or "S exists") is in fact altogether dismissed by Brentano, for he holds that all judgments are in fact existential (*Ps* 279–89). For him this means that what a judgment adds to a presentation is only the acceptance or rejection of the object that is presented. If, for example, someone judges that God exists, nothing at all is added to the content of the presentation. The only thing that the judgment introduces in this case is the acceptance of God. Likewise, when someone judges that God does not exist, the only thing this judgment introduces is a rejection of God. Due to his characterization of judgments as acceptance and rejection, Brentano sought ways of reformulating those judgments which have traditionally been regarded as predicative. In this regard he attempts to reform logic with the result that universal judgments ("All S is P" and "No S is P") are regarded as instances of rejection ("There is no S which is not P" and "There is no S which is P"). Consequently there is no inference by subalternation (in which the conclusion from the universal affirmative is "Some S is P" and that of the universal negative is "Some S is not P"). Accordingly Brentano maintains that reform of logic, for him the art of correct judgment, is to be pursued on the basis of his theory of judgment. Obviously he thought that the traditional square of opposition stood in need of considerable revision.

In a footnote in *Psychology* (302) Brentano states his purpose of publishing his Würzburg lectures on logic (winter semester 1870/71) in which his revisions of the old logic were fully presented. Though Brentano con-

tinued to lecture on logic in Vienna, he never published a detailed account
of his proposed reform. A small volume by his follower, Franz Hillebrand,
was published under the title *The New Theories of Categorical Inferences*
in which the main lines of Brentano's theory of judgment and the concomitant reform of logic were exposited. Nevertheless, it would be of great
interest if his lectures on logic were published in their original form.

In order to strengthen his case for the sharp division between presentations and judgments, Brentano points out a number of analogies which
judgments exhibit in relation to acts of love and hate, but not to presentations (*Ps* 290–5). The first of these is to be found in the fact that the love of
a given object and the hate thereof stand opposition, whereas no such oppositions are to be found among presentations. To be sure, there are oppositions among the *objects* we present, e.g., hot and cold, light and dark,
but these are not to be construed as oppositions between presentations. As
love and hate stand in opposition, so do acceptance and rejection, the two
types of judgment (*Ps* 291). Secondly, as love and hate exhibit degrees of
intensity the analogy of which is not to be found among presentations,
judgments occur in varying degrees of intensity (*Ps* 292). This is not to
deny that degrees of intensity cannot be found in the presented object.
Heat, for instance, can be more or less intense. But this difference occurs in
the physical phenomena and not in the presentations (more particularly the
sensations) in which they appear.[9] Thirdly, as love and hate can be correct
or erroneous and presentations cannot, it turns out that judgments are
analogous to the former acts as well in this respect. "As love and hate are
virtue or badness, acceptance and denial are cognition or error" (*Ps* 293).
Finally, certain laws of the succession and development of love and hate
are of interest as a psychological foundation for ethics, whereas laws of the
course of presentation do not provide the foundation for a philosophical
discipline. "Also in this respect," Brentano explains, "we find a completely
analogous fact in the case of judgments. Also in their case there are, in
addition to the general laws of the course of presentation whose influence
on the area of judgment is undeniable, also special laws which are

---

[9] Yet, Brentano eventually reached the conclusion that presentations can vary in
degrees of intensity, as he found sensations more intense than fantasy presentations.
See Rollinger (1993b).

especially valid for judgments and are related to logic as the laws of love and hate are to ethics" (*Ps* 293).

As already mentioned, Brentano distinguishes between cognition (or knowledge) and error. In *Psychology* Brentano touched on this topic in connection with perception. Those judgments in which one's own present mental phenomena are accepted are inner perception; this has "that immediate, infallible evidence, which of all instances of cognition of experiential objects belongs to it alone" and "is properly the only perception in the proper sense of the word", whereas outer perception "is thus, strictly speaking, not a perception" (*Ps* 119). In this connection we should consider Brentano's view that psychical phenomena exist in reality and physical phenomena exist only phenomenally (*Ps* 120ff.). That is to say, the colors we see and the tones we hear, for instance, do not exactly correspond to anything in the physical world. Moreover, while the topic of other cases of evident judgment besides perception is not of any concern in *Psychology*, it is clear from Brentano's students and from his post-humously published writings that he also maintained that axioms can be known[10]. He did, however, express great antipathy regarding the notion of the synthetic *a priori*.[11]

Though no distinction between content and object of a judgment was made in *Psychology*, he did make such a distinction in his lectures in Vienna and, according to Anton Marty[12], already prior to this (and thus to the publication of *Psychology*) in his lectures in Würzburg. His pupil Carl Stumpf formulated the distinction in the syllabus that he used for his logic lectures year after year as follows: "From the matter [*i.e.*, *object*] of a judg-ment, we distinguish its content or the state of affairs expressed in the judgment. E.g., 'God is' has God as its matter, the being of God as its con-tent. 'There is no God' has the same matter, but 'nonbeing of God' as the content".[13] At least one of the contexts in which Brentano introduces the notion of the content of a judgment is to be found in his attempt to defend

---

[10] See, e.g., Hillebrand (1893, 6).

[11] Brentano, (1889, 23).

[12] Marty (1908, 292).

[13] Rollinger (1999, 313). This book contains an English translation of Stumpf's entire syllabus on logic in Appendix Three (311–37).

the correspondence theory of truth.[14] Such judgment-contents are among the various irrealia which Brentano was to abandon in later years in favor of reism, i.e., his contention that only *things* can be presented. Though the concept of contents of judgments is perhaps comparable to that of propositions, its life-span in Brentano's philosophical development was rather short. The thrust of his theory of judgment made no room for propositions.

4. Meinong

The topic of judgment is treated in various writings of Meinong which span over about four decades. His early theory of judgment can be found in the logic textbook written by his follower, Alois Höfler, in collaboration with Meinong, for the purpose of introducing logic to highschool students.[15] It contains numerous references to *Psychology* and other works by Brentano.[16] Yet, it also expresses various views of the early Meinong which were by no means in step with the teachings of Brentano. For this reason the book met with great disapproval from Brentano's most loyal follower, Marty, who served as referee for the ministry of education and culture in Austria.[17] It is not unlikely that the above mentioned work by Hillebrand, published one year after Höfler's, was published in reaction to Höfler and Meinong.

In Höfler's logic textbook judgment is characterized as a psychical process. "As regards its act", says Höfler, "this process is completely different from the act of mere presenting (and likewise from that of feeling and desiring ...). Its object ..., however, is necessarily always at the same time also the object of a presentation ..." (*Logik* 97). Though a distinction is made between object and content of a presentation (*Logik* 7) this distinction is not applied in the sphere of judgments.

As far as the relation of judgments to language is concerned, Höfler says, "As the linguistic sign of presentation is the name ..., that of

---

[14] Brentano (1930). For an excellent discussion of this lecture as well as the unpublished logic lecture of the late 1880s, in which Brentano elaborates on his notion of judgment-contents, see Arkadiusz Chrudzimski (2001, 58–67).

[15] Höfler (1890), cited in the text as *Logik*.

[16] See *Logik* 11, 33, 69, 97, 110, 114, 156, & 208.

[17] Cf. Lindenfeld (1980, 66).

judgment is, as a rule, the proposition, more particularly the indicative" (*Logik* 98). Accordingly no distinction is made between proposition and statement (*Aussage*), as this is found in Husserl. The rejection of this distinction is upheld in Meinong's later theory of judgment as well, though it will be seen that this theory is also in some sense a propositional one.

Judgments are divided by Höfler into four classes as regards their "psychological characteristics": "1. affirmative and negative ones, 2. particular and general ones, 3. judgments concerning existence and judgments concerning a relation, 4. certain and probable ones" (*Logik* 99). The third division is of special interest here, for this is a clear-cut instance in which the early Meinong diverged from the teachings of Brentano.

"Judgments such as 'God is', 'There are no ghosts'", says Höfler, "have no other sense and purpose than affirming or negating the 'existence' of that which is judged. Judgments such as 'All diameters of a circle are equal', 'No part of a circumference is straight' do not at all take a position concerning the question whether there is in reality something like circles in the strict geometrical sense; indeed, the judging person need not even retract them even if he were convinced that such a thing does not exist or cannot exist at all. The thought which such judgments are meant to give expression is merely the affirming or negating of a 'relation' between contents of presentation" (*Logik* 103f). In this regard Meinong is obviously influenced by Hume, who distinguished between matters of fact and relations of ideas,[18] far more than he is by Brentano, who insisted that all judgments are concerned with existence. For Brentano a judgment such as "All diameters of a circle are equal" would indeed be an existential one, e.g., "There is no diameter which is not equal to the other diameters of a circle" or perhaps "There is no circle in which the diameters are not equal to each other". It is of course clear why Marty (on Brentano's behalf) would be hostile towards Meinong's allowance for non-existential judgments, for Brentano's efforts to reform logic were based on his view that all judgments were existential. The publication of Höfler's logic textbook meant not only that Brentano's reform was rejected by someone, but more importantly that non-Brentanian logic was to be taught in the public schools. Accordingly the reform would have little effect.

---

[18] See Höfler's remark in *Logik*, 103 n.

Höfler also distinguished between evident and non-evident judgments. The being evident or non-evident of a judgment is listed among the "logical" rather than the "psychological" characteristics of judgments. While Brentano had also distinguished between evident and non-evident judgments, Höfler opposes Brentano by making the following division among evident judgments: "I. immediately certain ones, II. mediately certain ones, III. immediately probable ones, IV. mediately probable ones" (*Logik* 127). The third class of evident judgments is one that Meinong had first defended in an article on memory in 1886 and was met with rejection from Brentano.[19] The gist of Meinong's argument in this article is that memories cannot in any way be construed as inferences and yet they do have some degree of evidence; otherwise it would be altogether senseless to rely on them.

After the first edition of his work *On Assumptions* was published in 1902, Meinong's theory of judgment underwent yet further revisions. According to Meinong, there is a class of psychical phenomena which lies between presentations and judgments. This is the class of assumptions, which is to be found by acknowledging two distinct features of judgments (1910, 1–8). One of these features is their character of being either affirmative or negative. The other is their conviction *(Überzeugtheit)*. Assumptions are mental phenomena which are like judgments and not like presentations insofar as they are either affirmative or negative, while they are like presentations and not like judgments insofar as they lack conviction. If, for instance, one reads a report from an unreliable source, there occurs a phenomenon, the "understanding" of the report, which is either affirmative or negative but devoid of all conviction.

In *On Assumptions* Meinong also takes a step into his infamous jungle by allowing for a class of objects which are in all cases regarded as the correlates of judgments and assumptions. Such objects are called "objectives" and are contrasted with objects in the narrow sense.[20] According to Mei-

---

[19] See Meinong (1886). In (1889, 84) Brentano swiftly dismisses the thesis of conjectural evidence as absurd and suggests that it must have been taken from his lectures in which degrees of conviction were regarded as degrees of the intensity of judgment.

[20] See Meinong (1910, 42–105). Cf. Meinong (1907, 20–27). Objects in the narrow sense, called *Objekte* by Meinong, are not only real objects, e.g., the earth, but also

nong, objectives are more properly the bearers of truth than judgments or assumptions which are directed towards them (1910, 82ff.). Moreover, he maintains that they are timeless and therefore not real (1910, 64f). Hence, they are reminiscent of Bolzano's propositions. Yet, he does not wish to call them "propositions" because he wants to dissociate them from linguistic expressions as much as possible (1910, 100). Nor does he call them "states of affairs" *(Sachverhalte)*,[21] for such a term does not allow for the falsity of some of them (1910, 101ff.). As far as Meinong is concerned, *that unicorns exist* and *that horses exist* are both objectives, though the former objective is false and the latter one is true. An important distinction between objectives for Meinong is moreover that between instances of being *(Sein)* and instances of being-thus *(Sosein)*. That *a horse exists*, for instance, is an instance of being, whereas the fact *that a horse is a mammal* is an instance of being-thus.

In 1904 Meinong edited a volume in which his own contribution was "On Object Theory". Though the domain of research designated as "object theory" is not as such concerned with the theory of judgment, Meinong asserts the so-called "principle of independence", which has great implications for how judgments are conceived of.[22] According to this principle, the being-thus of an object may obtain independently of the being of an object. The being-golden of the golden mountain, for instance, obtains, although the golden mountain has no being at all. It is accordingly fully acceptable and indeed correct to judge that the golden mountain is golden without in the least judging that the golden mountain exists. Brentano's view that all judgments are existential is accordingly rejected by the later Meinong, the proponent of object theory, as plainly as it was by the early Meinong, the psychologist.

---

ideal ones, e.g., equilateral triangles, and also ones that have no being at all. Objects of the last-mentioned class include both possible and impossible ones.

[21] In (1905, 33) Meinong points out the inadequacy of both "proposition" and "state of affairs" for the objects he calls "objectives" by putting the former two terms alongside each other and pointing out that it "may become especially clear from the so striking difference of their sense how little one of them might be used so broadly that the realm of application of the other one could be included without great violence".

[22] Cf. Rollinger (1993a, 64ff.).

In 1906 Meinong published *The Experiential Foundations of our Knowledge*, which contains further elaborations of his theory of judgment. According to Meinong, some of our judgments are *a priori* in the sense that they are in some sense independent from experience, namely in the sense that the judgment is not itself an experience (a perception) or derived from experience by way of induction (1906, 5–13). The presentations, on which these judgments are founded, however, need not at all be independent of experience. The judgment that red and green are different, for instance, is not itself an experience or an inductively derived judgment. To this extent it is *a priori*, whereas the presentations of red and green, on which this judgment is founded, are clearly taken from experience. The judgment in question is nonetheless necessarily true, and indeed certain rather than conjectural.

It is moreover highly significant that in the work under consideration Meinong regards perceptions as judgments and in this respect stays in step with what he had learned from Brentano (1906, 16ff.). For Meinong this means that the object of perception is in every case an objective.[23] The objective in each case, he further asserts, is an instance of existence. Thus it is his view that perceptions are not only judgments, but more particularly existential judgments. Meinong's theory of judgment in *The Experiential Foundations of our Knowledge* diverges from Brentano's, however, in the characterization of the evidence of perception. While Brentano had regarded the judgments of outer perception as lacking in evidence and even as false, Meinong brings into play his notion of conjectural evidence in his consideration of such judgments (1906, 34ff.). Accordingly he sees no difficulty in saying that the objects of perception are given immediately, but this immediacy is not to be confused with the certainty that accompanies *a priori* judgments. Like the evidence of memories, those of outer perception have presumptive evidence. This is even the case for judgments of inner perception, on Meinong's view, though he maintains that these approach certainty the more they are limited to the currently given (1906, 70ff.).

One more point regarding Meinong's theory of judgment should be mentioned here. In his *The Place of Object Theory in the System of*

---

[23] This view has been discussed in Rollinger (1995).

Sciences he maintains that experience teaches us that a judgment of the form "All A is B" is affirmative and not negative. He thereby raises further doubts about the Brentanian strategy for construing such judgments as existential. The universal affirmative, Meinong maintains, may be treated as a negative existential, "There is no A which is not B", only because the two judgments are equivalent. Equivalence, however, is not identity (1907, 43f). It is to be noted here that this assertion is not quite the same as the one cited above from Höfler's logic textbook, according to which judgments such as "All diameters of a circle are equal" are not construed as existential ones. Nor does Meinong here have in mind the principle of independence. In his *The Place of Object Theory in the System of Sciences* Meinong asserts that the universal affirmatives are indeed true under the same conditions as the corresponding existential judgments are. This would mean that Brentano's proposed reform of logic could in some cases work, though it does not provide us with an understanding of what goes on in the various types of judgment.

5. Husserl

While Husserl's earliest philosophical writings were not concerned with the theory of judgment, he shifted his attention more and more towards this topic as his interest in logic grew during the 1890s.[24] "What is today called 'the problem of judgment'", says Husserl in an unpublished review that was written in 1896,[25] "is a whole bundle of problems which, though often connected, are nonetheless to be separated out of methodological and substantive interest" (Hua XXII, 370f). The three groups of problems which Husserl identifies here are those belonging to logic, those belonging to descriptive psychology, and those belonging to genetic psychology. While Husserl was certainly concerned with the former two groups, he did not enter into genetic-psychological problems. A theory such as the one that Bolzano offers in his discussion of mediate and immediate judgments, in

---

[24] Cf. Hua XXII, 124–51, 162–258, & 349–80. (Texts from *Husserliana* will be indicated by "Hua", followed by volume and page number.)

[25] In 1896 Husserl also presented his elementary logic in lectures. For a discussion of these lectures see Rollinger (2003b).

which the notion of causation plays a central role, is not a matter for Husserl's reflections.[26] These reflections on problems of judgment in the sphere of logic and descriptive psychology developed in the 1890s were finally published in the *Logical Investigations* (1900/01). The descriptive psychological aspects especially found their expression in the fifth *Investigation*, in which "a fundamental piece of the theory of judgment was worked out" (Hua XIX/2, 538), and in the sixth one. Here we shall be primarily concerned with this "pre-transcendental" theory of judgment in Husserl, which is to a large extent a critical response to Brentano's.[27]

According to Husserl, pure logic is concerned with propositions rather than judgments.[28] Propositions, however, are characterized by him as objective contents of judgments. His notion of the objective content of judgments, as he himself admitted, was heavily influenced by the Bolzanian notion of propositions (Hua XVIII, 227ff.). While we have seen similar notions in Brentano and Meinong, it must be noted that in the case of Husserl the proposition which makes up the objective content of a given judgment is not to be identified with the *object* of the judgment. Yet, he does not characterize the relation of a judgment to the corresponding proposition as Bolzano had done, namely as a relation the like of which occurs in only one other case, namely between subjective presentations and their corresponding objective presentations. Husserl maintains that a proposition is a species which judgments instantiate as the corresponding particulars (Hua XIX/1, 97ff.). If such a relation does occur, it is plainly one that is to be found in many other cases. The particular red-moments

---

[26] As we have seen, Bolzano's theory of judgment was formulated in the third volume of *Wissenschaftslehre*. In a letter to Brentano (3 January 1905), Husserl says that the first two volumes of the *Wissenschaftslehre* were the "only significant" ones (Husserl, (1994, 29)). Nonetheless, Husserl's copy of the third volume of this work bears markings and annotations.

[27] This theory is again stated in Husserl's 1905 lecture course on the theory of judgment, now published Husserl (2002). While this text is worth reading as a summary statement of the theory of judgment that had been found in *Logical Investigations*, it does not add anything of significance to what had been written in the latter work. To be sure, Husserl's theory of judgment continued to develop after his transcendental turn, but a discussion of these later developments would take us beyond the sphere of Austrian philosophy.

[28] Cf. Hua XVIII, 164, 178, 185, 240, & 245.

which are seen in different strips of paper, for instance, bare the same sort of relationship to redness (Hua XIX, 111ff.).

According to Husserl, the propositions, which are non-temporal by nature, are more properly characterized as the bearers of truth than time-bound judgments are. For this reason he engages in polemics throughout the first volume of the *Logical Investigations* against "psychologistic" logic in which judgments are seen as the bearers of truth. Yet, he makes a sharp distinction between these truth-bearers and the objects which make them true. The latter are states of affairs. "In judgment", says Husserl, "a state of affairs appears to us" (Hua XIX/1, 461). This statement is clearly an allusion to Bolzano's characterization of judgment as the appearance of the proposition. What Husserl wishes to emphasize here is that the state of affairs, *not the proposition*, is the object of the judgment. Accordingly, whenever we judge, the whole object of our judgment is a state of affairs. If, for instance, one judges that this paper is white, the state of affairs that can be named "that this paper is white" appears in the judgment. The proposition "this paper is white", however, is a species of the judgment, more particularly of a part of the judgment.

It had been said above that Bolzano's characterization of the judgment as the appearance of the proposition could be taken in two ways, namely to mean either that simply by virtue of judging a proposition appears or that a proposition appears by means of some sort of reflection on the judgment. On Husserl's view the state of affairs is the appearance of the judgment in the first on these ways, whereas the proposition is indeed something that appears by means of an abstracting reflection on its particular instantiations. This abstracting reflection is certainly not to be understood in a Lockean sense, according to which various aspects of a particular idea are removed, or in any of the senses in which abstraction had been understood by Locke's empiricist successors, e.g., Berkeley, Hume, Mill, and Cornelius.[29] Abstraction for Husserl is rather a basic feature of mental life, not to be "explained" by some other feature, such as association or attention. The universal can, as it were, be "seen" in the particular simply by regarding the particular as an exemplification. This is precisely how propositions are

---

[29] For a discussion of Husserl's theory of abstraction and his rejection of empiricist theories of abstraction, see Rollinger (1991) and (1993a, 103–19).

to be seen in judgments, just as other meanings can be seen in the relevant instantiating acts of consciousness.

Now that it is clear that for Husserl each judgment has a state of affairs as its *object* and a proposition as its *species*, let us now see how he views the structure of the act of judging, particularly in his response to the Brentanian thesis that every judgment is founded on a presentation.

These views are developed on the basis of a distinction between two moments Husserl identifies in every act, namely matter and quality. (Hua XIX, 441ff). The matter of an act is that moment whereby the act refers to an object under a particular conception. If someone *asks*, for instance, whether there is intelligent life on Mars, and if someone *says* that there is indeed intelligent life on Mars, the two acts which are thus manifested in speech have the same matter, for they are both concerned with the same object under the same conception. It is important that conception *(Auffassung)* be taken into account here, for it is possible that two acts, e.g., the presentation of the equilateral triangle and the presentation of the equiangular triangle, are directed at the same object but under different conceptions. In this case the acts differ in matter.

Now Husserl maintains that there is no sense of "presentation" in which this term can refer to an act which does not include both matter and qua-lity. (Hua XIX, 447ff.). If indeed one wishes to use the term in relation to the matter, it is of course true that every act is founded on a presentation. In this sense, however, no presentation is an act that can occur independently. If, however, one insists on speaking of presentations as full and independently existing acts, only two options are left open: 1) one means "mere presentations", such as those which are found in fantasy acts as well as the ones that Meinong had called "assumptions", or 2) one means nominal acts, such as those which occur in naming an object, but also in certain acts of perception, memory, and expectation (Hua XIX 521). In either case the difference between matter and quality must be acknowledged.

In order to make his case against Brentano's thesis that every act is or is based on a mere presentation, Husserl considers what goes on in both perception (Hua XIX, 455–61) and judgment (Hua XIX 461ff.). If, for instance, one is in a wax museum and perceives what is taken to be a young lady and then comes to a realization that results in a mere

presentation of the young lady, there occurs a change from one qualitatively different act to another, but not the stripping away of a founded act and
then the left-over founding act. The mere presentation of the young lady
simply was not present in the preceding perception. Likewise, if we
consider what goes on in an assertion which one at first merely understands
(e.g., in reading) and to which one then, upon further consideration,
assents, the mere presentation that occurred in the first act no longer exists
in the act of assenting, which is indeed a judging. The two acts, to be sure,
have something in common, namely the matter. Yet, they are qualitatively
different acts, just as the mere presentation of the young lady and the
perception of her are.

As regards the case of presentations in the sense of nominal acts, it is
indeed understandable why it is desirable to say that every judgment is
based on a presentation in this sense. Just as every sentence must include
or at least imply a name it may seem that every corresponding act of judgment is founded on a nominal act. Yet, Husserl finds that this is not acceptable because acts are classified as nominal on the basis of their matter
rather than their quality. This is made clear once we realize that there is a
distinction between positing and non-positing nominal acts (Hua XIX,
481ff.). Such acts are manifested by certain names, e.g., "Prince Heinrich",
"the statue of Roland in the market place", "the postman rushing by".
When these and similar names are used, an act in which the object in
question is posited occurs. Likewise, in straightforward perception the
perceived object is posited. Here it is noteworthy that Husserl regards
perceptions of this kind as positing nominal acts, not as judgments. As
regards non-positing acts, these can be found whenever a name is used in a
consideration as to whether the named object exists, but also in the case of
imagination. Now if the difference between nominal acts and judgments is
to lie in their quality, positing and non-positing nominal acts must
nonetheless have some quality in common which make them nominal.
Husserl insists, however, that there is no such quality to be found (Hua
XIX 485ff.). Accordingly an act is nominal simply because it refers to an
object under a certain conception and not because it exhibits any additional
qualitative feature. That is to say, it is the matter of the act which decides
whether it is nominal or not.

The question naturally arises as to what makes the matter of a nominal act different from that of others, particularly that of judging acts. In Husserl's reflection on this topic his answer is that a nominal act is one-rayed *(einstrahlig)* or one-membered *(eingliedrig)*, whereas a judgment is multi-rayed *(mehrstrahlig)* or multi-membered *(mehrgliedrig)*. This is particularly to be seen when a "that" clause functions as a name (Hua XIX 490–5). One can say, for instance, "That it has rained will please the farmers". In this case "That it has rained" is a name, though on Husserl's view it does not manifest a judgment, unlike the statement "It has rained". In the former case the relevant act is one-membered, whereas it is multi-membered in the latter. In both cases the acts are qualitatively alike insofar as they are positing and also to some extent alike in their matter. Yet, the difference between them lies in a different conception of the object.

Here the question must be asked whether the distinction between one-membered and multi-membered acts, as aspects of the matter, is one that Husserl actually identifies in experience or merely a theoretical construction in order to circumvent certain difficulties that arise in his theory. Whether or not he found this distinction in his own experience, I must admit that it is one I do not find.[30] Furthermore, we are left in the dark as to whether the multi-memberedness which Husserl allegedly finds in judgments is to be found in their subject-predicate structure. In his 1905 lectures on the theory of judgments he indeed says of predications, that it is "essential to them to be multi-membered acts" (2002, 21). In this regard it must also be noted that when Husserl speaks of judgment it is indeed usually this structure that he has in mind, under the formula "S is p". To this extent he rebels against Brentano. Nonetheless, if we look at a nominal act that is expressed in a "that" clause we see that at least the linguistic form is no less predicative than that of the corresponding statement. On this basis it would seem that the nominal acts in question are no less multi-membered than the corresponding judgments. Perhaps this is not what Husserl has in mind when he speaks of the multi-memberedness of judgments. However, the quote from his 1905 lectures certainly suggests that it is. Moreover, if it is not, his theory stands in need of considerable consideration.

---

[30] See Rollinger (2003a).

In any case it is clear that Husserl rejects the theory of Brentano not only insofar as he cannot allow for the thesis that judgments are based on presentations, but also insofar as he rejects what Brentano as well as Bolzano and Meinong had assumed all along, namely that presentation and judgment are two fundamental classes of mental phenomena. Husserl proposes instead to classify them into objectifying and non-objectifying acts (Hua XIX 496–508). Any act that is either positing and has a non-positing correlative or vice-versa is for him an objectifying act, whereas all other acts (wishing, feeling, desiring, etc.) are classified as non-objectifying. The objectifying acts are held to be foundations of non-objectifying acts. While Husserl thus rejects Brentano's thesis of the founding relation of presentations and judgments, he does not reject the Brentanian notion of founding altogether.

6. Conclusion

In the theories of judgment which have been considered in the foregoing there seem to be five dominate issues: 1) whether judgments are in some sense appearances of propositional entities; 2) whether there is a distinction to be made between existential and predicative judgments or whether one of these classes is reducible to the other; 3) whether perceptions are judgments of a certain kind; 4) how judgments are related to presentations; and finally 5) whether judgments and presentations make up two fundamental classes of psychical phenomena.

As regards the first of these issues, three of the philosophers considered here, namely Bolzano, Meinong, and Husserl think that propositional entities appear in judgments, whether this takes place by virtue of the judging act itself or by some sort of reflection on this act. Brentano, however, maintains that propositional entities do not appear in judgments and need not at all be taken into account in a theory of judgment. As regards the second issue, Bolzano maintains (by implication) that all judgments are predicative, whereas Brentano explicitly adopts the view that they are all existential. Meinong, however, is willing to allow for both classes of judgment. Husserl strongly suggests that all judgments are predicative in his insistence on their multi-memberedness, but this remains somewhat obscure.

He is clear, however, on the third issue, for he maintains that there are at least some perceptions which are not judgments. The other three philosophers, by contrast, regard perceptions as such as judgments of a particular kind. As regards the fourth issue, judgments have presentations as parts on Bolzano's view, whereas Brentano maintains that there are founded on presentations in an entirely different way from the sense in which a whole is founded on its parts. When a judgment is passed, according to Brentano, there is both a presentation and a judgment founded on it in a single consciousness. On his view the judgment cannot exist without the presentation, whereas the presentation can exist without the judgment. While Meinong for the most part adheres to the Brentanian view of the founding relation of presentations to judgments, Husserl thinks that objectifying and non-objectifying acts, not presentations and judgments, are the fundamental classes of mental phenomena. As regards the fifth issue, Bolzano, Brentano, and Meinong treat presentations and judgments as two fundamental classes of psychical phenomena. Only Husserl does not.

What is especially striking here is the wealth of important philosophical issues that arise from a consideration of the topic of judgment, a topic that is at first sight merely a special area for descriptive psychology or perhaps phenomenology in a rather narrow sense. Yet, the topic in question belongs to one of the lost items of the history of philosophy. It is lost primarily because philosophers have for the most part turned away from consciousness (which includes judgment) as a legitimate and viable area of philosophical inquiry in favor of language or, as in the case of Heidegger and his followers, more nebulous matters. For many of the philosophers of the nineteenth century, especially the school of Brentano, however, consciousness was rightly deemed as the subject matter in which all philosophical concerns are united. While the contemporaries of Brentano were inclined to reject his school's philosophical endeavors as "scholastic",[31] the analytic philosophers of the present, who are often no less "scholastic", would be more inclined to exclude consciousness altogether from their sphere of investigation. Nonetheless, the hope remains that this tendency is only one of the many passing fashions which have come and gone in the history of philo-

---

[31] See, e.g., the letter from Marty to Husserl (9 September 1905) in (Husserl, 1994, 88) and Wundt (1910) in which both Brentano and Husserl are accused of scholasticism.

sophy. While the theory of judgment, just like the theory of consciousness in general, is at present a lost item, this is not to say that philosophy will never regain consciousness as its most vital concern. Here one may indeed "appeal in general to the experience that genuine progress has resulted more than once in science through reclaiming undeservedly abandoned notions" (Meinong, 1907, 15).

References

Berg, Jan 1962. *Bolzano's Logic*, Stockholm: Almiqvist & Wiksell.

Bolzano, Bernard 1837. *Wissenschaftslehre. Versuch einer ausführlichen und größtenteils neuen Darstellung der Logik mit steter Rücksicht auf deren bisherige Bearbeiter*. Sulzbach: J. C. von Seidel.

Brentano, Franz 1874. *Pychologie vom empirischen Standpunkte I*. Leipzig: Duncker & Humblot.

Brentano, Franz 1889. *Vom Ursprung sittlicher Erkenntis*. Leipzig: Duncker & Humblot.

Brentano, Franz 1930. "Über den Begriff der Wahrheit. (Vortrag, gehalten in der Wiener Philosophischen Gesellschaft am 27. März 1889)", in: *Wahrheit und Evidenz. Erkenntnistheoretische Abhundlungen und Briefe*, O. Kraus (ed.), Leipzig: Felix Meiner, 2–29.

Chrudzimski, Arkaduiusz 2001. *Intentionalitätstheorie beim frühen Brentano* Dordrecht: Kluwer.

Hillebrand, Franz 1891. *Die neuen Theorien der kategorischen Schlüsse. Eine logische Untersuchung*. Vienna: Alfred Hölder.

Höfler, Alois 1890. *Logik*. (in coll. with Meinong, publ. as first part of *Philosophische Propädeutik*.) Prague/Vienna: F. Tempsky / Leipzig: G. Freytag).

Husserl, Edmund 1900. *Logische Untersuchungen. Erster Band: Prolegomena zur reinen Logik. Husserliana XVIII*. E. Holenstein (ed.) The Hague: Martinus Nijhoff, 1975.

Husserl, Edmund 1901. *Logische Untersuchungen. Zweiter Band. Zweiter Teil. Husserliana XIX/2: Untersuchungen zur Phänomenologie und Theorie der Erkenntnis*, U. Panzer (ed.), The Hague: Nijhoff, 1984.

Husserl, Edmund 1979. *Aufsätze und Rezensionen (1890–1910), Husserliana XXII*. B. Rang (ed.), The Hague: Martinus Nijhoff.

Husserl, Edmund 1994. *Briefwechsel I: Die Brentanoschule*. K. Schuhmann (ed.) in coll. with E. Schuhmann. Dordrecht: Kluwer.

Husserl, Edmund 2002. *Urteilstheorie. Vorlesung 1905: Husserliana-Materialien V*. E. Schuhmann (ed.), Dordrecht: Kluwer.

Lindenfeld, David F. 1980. *The Transformation of Positivism: Alexius Meinong and European Thought, 1880–1920*. Berekely: University of California Press.

Marty, Anton 1908. *Untersuchungen zur Grundlegung der allgemeinen Grammatik und Sprachphilosophie*. Halle: Max Niemeyer.

Meinong, Alexius 1886. "Zur erkenntnistheoretischen Würdigung des Gedächtnisses", in: *Vjschr. f. wissensch. Philosophie* **1**, 7–33.

Meinong, Alexius 1904. "Über Gegenstandstheorie", in: Meinong (ed.), *Untersuchungen zur Gegenstandstheorie und Psychologie*. Leipzig: Johann Ambrosius Barth, 1–50.

Meinong, Alexius 1905. "Über Urteilsgefühle: was sie sind und was sie nicht sind", in: *Archiv für die gesamte Psychologie* **6**, 21–58.

Meinong, Alexius 1906. "Über die Erfahrungsgrundlagen unseres Wissens", in: *Abhandlungen zur Didaktik und Philosophie der Naturwissenschaft* **I**, 379–491. Here I shall refer to the pagination (1–113) of the offprint.

Meinong, Alexius 1907. *Über die Stellung der Gegenstandstheorie im System der Wissenschaften*. Leipzig: R. Voigtländer.

Meinong, Alexius 1910. *Über Annahmen*. 2nd, rev. ed. (1st ed. 1910). Leipzig: Johann Ambrosius Barth.

Morscher, Edgar 1973. *Das logische An-sich bei Bernard Bolzano*. Salzburg: Anton Pustet.

Rollinger, Robin D. 1991. "Husserl and Cornelius" in: *Husserl Studies* **8**, 33–56.

Rollinger, Robin D. 1993a. *Meinong and Husserl on Abstraction and Universals: From Hume-Studies I to Logical Investigations II*. Amsterdam: Rodopi.

Rollinger, Robin D. 1993b. "Husserl and Brentano on Imagination", in: *Archiv für Geschichte der Philosophie* **75**, 195–210.

Rollinger, Robin D. 1995. "Meinong on Perception: Two Questions concerning Propositional Seeing", in: *Grazer philosophische Studien* **50**, 445–55.

Rollinger, Robin D. 1999. *Husserl's Position in the School of Brentano*. Dordrecht: Kluwer.

Rollinger, Robin D. 2003a. "Names, Statements, and their Corresponding Acts in Husserl's *Logical Investigations*", in: Denis Fisette (ed.), *Husserl's Logical Investigations Reconsidered*. Dordrecht: Kluwer, 133–50.

Rollinger, Robin D. 2003b. "Husserl's Elementary Logic: The 1896 Lectures in their Nineteenth Century Context", in: *Studia Phaenomenologica* **3**, 195–213.

Textor, Markus 1996. *Bolzanos Propositionalismus*. Berlin: de Gruyter.

Wundt, Wilhelm 1910. "Psychologismus und Logizismus", in: *Kleinere Schriften* Leipzig: Wilhelm Engelmann, 511–635.

Approaching Brentano's Theory of Categories

ROBERTO POLI

Ist denn die Welt? — Nein, werdend überschreitet.
The world exists? — No! It's becoming, though.
(EG, p. 53)*

1. Introduction

There are many, well-known reasons why Brentano is outside the focus of mainstream discussions in science and philosophy. In his own time, his contemporaries already regarded him as a "medieval remnant" (Tatarkiewicz 1973, 220), and today the situation is even worse. Among the reasons for this state of affairs are the debatable decisions taken by the editors of most books published under Brentano's name, and the lack of a critical edition of his work (or better, the apparent lack of any serious intent to produce a critical edition). I have discussed elsewhere the many sociological and pragmatic reasons that may help explain Brentano's neglect.[1] Here I shall instead consider some of the reasons for this that are internal to the theories developed by Brentano. Three of them seem of particular relevance to an explanation of Brentano's marginalisation:

1. Brentano's thought is obstinately metaphysically-oriented, as opposed to the epistemological orientation prevailing in the philosophical arena since the second edition of Kant's *Critique of Pure Reason*.

2. Brentano arrived at the threshold of theories as advanced as the constructive theory of the continuum, and the general theory of systems. Unfortunately, he presented his theories from a viewpoint that most contemporary philosophers, especially those of an analytic bent, are unable to

---

* Frequently cited works of Brentano will be abbreviated; full bibliographical details are provided in the references. In order to help the reader to assign the quotations to the correct phase of Brentano's development (the main difference being the so-called reistic turn of 1903 ca) I shall add the year of the dictation, when the information is available. For reasons that will be obvious to the reader, I shall mainly concentrate on dictations from the period 1914–1916.

[1] See Poli 1998.

Phenomenology and Analysis: Essays on Central European Philosophy.
Arkadiusz Chrudzimski and Wolfgang Huemer (eds), Frankfurt: ontos, 2004, 285–321.

recognize as any different from psychologism. Here is a quote that illustrates this point: "all judging proceeds according to psychological laws, just as physical events proceed according to the laws of nature. But this doesn't mean that the course of real events conforms to psychological laws" (EG, 78). If by 'psychologism' one understands the position according to which the laws of logic (and, more generally, natural laws) depend on psychological laws, Brentano's anti-psychologistic attitude is stated as clearly as possible. Furthermore, it is somewhat ironic that it was Husserl – possibly the best of Brentano's pupils – who demolished psychologism as a viable scientific methodology. This notwithstanding, both Brentano and Husserl have been and still are accused of psychologism.

3. Brentano developed his theories in constant dialogue with Aristotle. This feature may be read in two different ways: either as a sign of a closed mind oriented towards the past, or as a sign of an open mind truly oriented towards the future. Brentano always regarded Aristotle's theories as the best tools with which to develop science and philosophy. The idea that an Aristotelian-oriented viewpoint can still today play a progressive role is grounded in the hypothesis that we are living in a period characterized by the emergence of a new scientific paradigm. Indeed, the past 150 years have been shaped by the constant development of new scientific paradigms able to supersede the Galileian conception of nature. In some cases this appears to have proceeded by resorting to older theories. Most contemporary scientists are already working beyond the boundaries of modern science.

On the other hand, in many cases, the awareness that those boundaries have been crossed is lacking; the practice is in place but not the ideology. Topics such as complexity; emergence; chaos and turbulence; non-linear dynamics and far-from-equilibrium systems; defects in phase transitions; the far reaching importance of intentionality; emergent properties and emergent objects; forward, upward and downward forms of causation are all facets of a general vision claiming that we are shifting to a new scientific agenda. The topics are undoubtedly new; the tools used for their study are for the most part new as well. However, there is no denying that some of the topics just mentioned have a long history to them (intentionality and causality, for instance), and that Brentano possibly more than anyone else was able to revitalize the best of the philosophical tradition and merge it with the deepest current of the science of his time, a stream that has continued until the present, and will continue into the future.

These three reasons combine to explain why Brentano is so far from the focus of mainstream discussion.

Some of these claims may appear so bold as to be dismissed out of hand. Let me therefore support at least one of them with some quotations. The claim that many may find most egregious is possibly the idea that Brentano's viewpoint came close to that of general systems theory. There appear to be two main features of a system. The first feature becomes evident if we distinguish between a system and a simple aggregate of parts. The main difference between a system and an aggregate is the following property: interactions within a system are somehow stabilized (repeated). The second feature is that systems display emergent phenomena. What does Brentano say on the matter?

It is primarily in the actualization of forces that the perfection of bodies and other things consists. Without it there would be no development; without it there could well be individual, isolated bodies, but no universe... We must also observe the great variety of forces by means of which the various bodies come to have a reciprocal effect upon one another... The most dissimilar physical forces can produce reciprocal relations between them... Different chemicals can "combine", that is, by operating on each other they mutually transform themselves so that entirely new kinds of matter are produced out of their differences. This mutual transformation of different kinds of matter into one, new, uniform kind seems to reveal the most intimate inter-adaptation (*Aufeinanderberechnetsein*) (EG, 165).

Different materials found in the organic world are capable by reciprocal interaction of turning themselves into new, homogeneous bodies... having entirely different powers and properties. (EG, 168)

It has hardly been established that if two atoms of hydrogen and one atom of oxygen form a molecule of water then they persist as precisely these three atoms. Rather, it is also conceivable that water depends upon an inner *transformation* of oxygen and hydrogen. In any case, it is certain that the mass of the water produced is equal to the sum of the masses of the hydrogen and oxygen, and that these two elements can be produced again from the water in exactly their previous quantities. Thus the water was at least the equivalent of the elements used to produce it. (EG, 270)

All the quotations are from one of the least known (or least quoted), and in my view most interesting, books by Brentano: *On the Existence of God.* This is a book full of philosophical and scientific ideas. Just to illustrate this point, his discussion of Darwinism explicitly defends the thesis of *punctuated evolution*; a thesis today attributed to Eldredge and Gould 1972! I quote:

> There would be the mentioned necessity for Darwinism to assume periods of stability between the times of progress, indeed periods of stability so extended that the times of progress become insignificant by comparison (EG, 240).

These considerations suffice to call attention to the need for reconsideration of Brentano's received image. In this paper I shall begin with analysis of the core of Brentano's ontology, namely his theory of categories.

2. Aristotle's reduplicative understanding of ontology

Given his lifelong intimate acquaintance with the works of Aristotle, it should not be surprising that a proper understanding of Brentano requires a prior understanding of Aristotle. From a Brentanian viewpoint, the understanding of Aristotle presents at least two major problem areas: (1) the meaning of his reduplicative definition of ontology and (2) the role of the theory of wholes and parts within his general framework. Let us address these in the order given.

Aristotle's main starting point is the thesis that we can treat the issue of being in different ways. In *Metaphysics* VII, 2 (and in many other places besides) Aristotle claims that "there are several senses in which a thing may be said to 'be'", namely (1) from a categorical viewpoint, (2) from a dynamical viewpoint (actual being and its potentiality), (3) from a logical viewpoint (being as true and not-being as false), and (4) from the viewpoint of being as individual accident.

These various senses of being do not have the same importance. Aristotle's claims that there is no science of the individual, and that true and false pertain to our judgments and not to things, assign a less central role to (3) and (4). Aristotle is rather explicit in this regard, provided that the reduplicative nature of his ontology is properly understood. Let us collect some data.

Aristotle's definition of ontology at the beginning of the fourth book of *Metaphysics* is universally known: "there is a science which studies being *qua* being..." Why does Aristotle not simply say that ontology is the theory of being? Is there any difference between 'theory of being' and 'theory of being *qua* being'?

The problem is deciding whether the two expressions 'the theory of being' and 'the theory of being *qua* being' are equivalent. If they are, the '*qua*' does not play any interesting role. On the contrary, if the two expressions are different — that is, if there is a difference between the theory of being (*simpliciter*, in itself: *to on to aplos legomenon*) and the theory of being *qua* being (*on he on*) — the role played by the functor '*qua*' should be carefully analyzed. Generally speaking, reduplicative expressions are expressions of the form 'A *qua* B is C'.

It is not irrelevant to point out that the expression '*qua*' is a technical term introduced by the mediaevals. The word is the Latin translation of the Greek '*he*' in the expression '*on he on*' which, in the 17th century, gave origin to the term 'ontology'.

Aristotle's reduplicative understanding of ontology is based on the thesis that only the first two senses of being (being in the sense of the categories and the dynamics) should be considered. The argument for this is as follows. Science, for Aristotle, concerns what always is or is for the most part. On the other hand, since accidental being is neither always nor for the most part, it follows that "there can be no scientific treatment" of the accidental (*Metaphysics*, 1026 b 3). As to being as truth and not-being as false, these must be excluded from the study of being *qua* being because, as already said, they "are not in things ... but in thought" (*Metaphysics*, 1027 b 26f). To sum up, both "that which *is* accidentally and that which *is* in the sense of being true must be dismissed" (*Metaphysics*, 1027 b 33–4). The conclusion is that there can only be a science of being according to the categories and in the sense of actuality and potentiality. It can therefore be taken as proven that Aristotle firmly distinguishes the analysis of being *simpliciter* from the analysis of being *qua* being.

Before continuing, it should be noted that a proper acquaintance with reduplication is mandatory for understanding not only of Aristotle's metaphysics but also his philosophy of mathematics. Chapters XIII and XIV of *Metaphysics* prove that reduplication is the main tool used by Aristotle to elaborate the basic theses of his philosophy of mathematics.[2]

To return to my main subject, in what follows for simplicity's sake I shall consider only the case of the category of substance.

The main reason for distinguishing between being *simpliciter* and being *qua* being is that the instances of the former do not pertain to a unique genus. Given the Aristotelian thesis that subsumption under a common genus is mandatory for establishing a science, the lack of a common genus for the instances of being *simpliciter* means that those instances do not fall within the range of one single science. Reduplication provides the genus that is lacking: "and so, just as there is one science of all healthy things, so it is true of everything else. For it is not only in the case of terms which express one common notion that the investigation belongs to one science, but also in the case of terms which relate to one particular characteristic. The latter too, in a sense, express one common notion. Clearly then, the study of things which *are*, *qua* being, also belongs to one science" (*Metaphysics*, 1003 b 11). The passage from being to being *qua* being provides the common nature required. From this point on, and *only* from this point on, we are within the sphere of the science called ontology.

The next question is: what problems does ontology deal with? Aristotle again provides a clear answer. Towards the end of his analysis, he first claims: "Obviously then it is the work of one science to examine being *qua* being, and the attributes which belong to it *qua* being", and then concludes: "and the same science will examine not only substances but also their attributes, both those above named and the concepts 'prior' and 'posterior', 'genus' and 'species', 'whole' and 'part', and others of this sort" (*Metaphysics*, 1005 a 14–8). The "above named" attributes are those of contrariety, completeness, unity, being, same and other (*Metaphysics*, 1005 a 12). However, more relevant to my reconstruction here are the three couples prior/posterior, genus/species and whole/part. The first pair concerns what today is usually called theory of dependence. The second pair concerns the internal structure of categories. Finally, as construed by Brentano, the third pair subsumes the two former oppositions within a unified framework and

---

[2] See Annas 1976.

becomes the tool with which to recast the entire metaphysical edifice from
its foundations up.[3]

3. Aristotle's theory of wholes

Aristotle developed a rather sophisticated theory of wholes and parts, and
this is an aspect of the Aristotelian framework that deserves close scrutiny.
The theory was historically successful: as a matter of fact, its influence
lasted for more than twenty centuries (Henry 1991). On the other hand, the
theory of wholes and parts was a constant source of conceptual tension and
great difficulty. Aristotle was unable to properly integrate the theory of
wholes and parts with neither his theory of the continuum nor with the
other theories making up his general conceptual framework.

I will explain the connections between wholes and continua shortly.
Before doing so, I must stress that Aristotle was never able to find the
proper connections between the theory of categories, the dynamics of
actuality and potentiality, the role of the principles (the principle of the
'one' being the main source of trouble), the theory of wholes and parts, and
the theory of the continuum. In the end, Aristotle decided to subordinate
both wholes and continua to the dialectics of actuality and potentiality. He
therefore claimed that whenever the whole is actual, its parts can only be
potential. Similarly, whenever the continuum is actual its points are
potential. And *vice versa* in both cases. The resulting picture has an
apparent coherence: everything seems to play its intended role. But the
overall structure is highly unstable: as soon as the slightest change is made
to either the theory of the continua or the theory of wholes and parts, the
entire framework collapses. It therefore comes as no surprise to find that
Brentano's substantial innovations to both theories gave rise to a genuinely
new vision. Before I continue, I must provide some basic information.
(What follows is an abridged version of the first part of Chapter 7 of Poli
2001a).

The fundamental distinction for Aristotle was between *pan* (aggregate)
and *holon* (whole). Both belong to the category of quantity, and both are
distinguished by the position (*thesis*) of the parts. *Pan* is a quantity in

---

[3] For a more detailed analysis of reduplication see Poli 1998b.

which the positions of the parts (within the whole) do not produce difference (*Metaphysics*, 1024 a 1), which is to say that the positions of the parts can be modified without changing the ontological *nature* of the aggregate. *Holon*, by contrast, is a quantity in which the positions of the parts help characterize the whole: if the positions of the parts are altered, the ontological nature of the whole changes. Two cases can be distinguished here: in the first, only the position of *some* parts is important; in the second, the positions of *all* parts are important for the whole. In later scholastic terminology, these two cases were called the integral whole and the essential whole. The latter was exemplified at the formal level by definitions and at the material level by the second substances or natural kinds.

Subsequent medieval discussion also produced a classification based on the concept of *separability*, rather than of *position*. In this case we have the situation shown in Table 1.

Table 1

aggregate:	a quantity in which all the parts are separable
integral whole:	a quantity in which some parts are separable while others are not
essential whole:	a quantity in which none of the parts is separable

Although the classifications are similar, analysis by position and analysis by separation are obviously different. Note that the principles of composition used by modern mereologies partially reflect the Aristotelian distinction between *pan* and *holon*. Extensional mereologies, in fact, typically adopt a non-restricted form of the sum principle distinctive of aggregates, while intensional mereologies adopt principles of dependence or foundation which prove especially applicable to integral and essential wholes.

I said that modern mereologies partly reflect the Aristotelian distinction between *pan* and *holon*. Among the differences worth noting, let me at least point out that for Aristotle the parts of an aggregate must be contiguous with each other, whereas for contemporary extensional mereology an aggregate may be composed of non-contiguous parts.

Aristotle defines a whole (*holon*) as something which:

- does not lack any of the parts that *by nature* it should possess;
- contains things in a manner such that they constitute a *unity* (*Metaphysics*, 1023 b 26–8).

Clarification is therefore required of the concepts of 'by nature' and 'unity'. The former concept refers primarily to the living world: for Aristotle, the objects that are 'by nature' are the organisms of the biological world. Corresponding to them are the natural kinds codified in particular manner by essential wholes. Here I shall confine myself only to this aspect of the concept of 'by nature'.

What is meant by saying that wholes are unities, or that they contain things in a manner such that they constitute a unity? In order to grasp the sense of unity relative to the concept of integral whole, it is helpful to start from the concept of 'one *per se*', and in particular from the notion that an object is one *per se* when it is a *continuum* (*Metaphysics*, 1015 b 37; 1052 a 18ff).

The Aristotelian concept of continuum is the result of a process of construction which moves through various stages, beginning with the concept of *consecutive*, continuing with *contiguous*, and only in the third stage arriving at *continuous*. These are the definitions:

- *consecutive*: whatever does not display any intermediate of the same kind between itself and that of which it is consecutive (*Physics*, 226 b 35, 227 a 1)
- *contiguous*: the consecutive in contact (*Physics*, 227 a 6)
- *continuous*: "when the limits of two things, whereby they touch each other, become one alone" (*Physics*, 227 a 11f).

Note that for Aristotle, in the case of two contiguous objects which become a continuous object, the limit between the initial objects *belongs to both of them*. This is something that we shall find again in Brentano.

Besides the three stages just discussed (consecutiveness, contiguity, and continuity), Aristotle adds a further characteristic, that of solidarity: an object has solidarity when the parts move in the same instant and in the same direction as the whole.

From this it follows that, for Aristotle, a body whose parts have perfect solidarity is more continuous than a body whose parts do not have (perfect) solidarity. Consequently, he conceives the continuum and the whole as one because their movements are indivisible (*Metaphysics*, 1052 a 35).

What has been described so far is only a minimal part of the network of concepts which Aristotle uses to delineate his theory of wholes; a network which, as we have seen, comprises concepts like 'by nature', 'unity', and 'continuum' (a less cursory presentation of the theory should also include the concepts 'limited', 'perfect', 'containing', 'contained', and 'infinite').

4. Brentano's starting point

In strictly Aristotelian terms, the first step is to distinguish what comes first in itself from what comes first for us (TC, 15 – 1914). The difference between the two cases is crucial, and the danger of blurring them is so potentially damaging for correct analysis that it should be averted by adopting two clearly different terms. I will therefore say that what comes first in itself *exists*, whereas what comes first for us *is* (TE, 24). We will say that transcendent things *exist* and we ourselves, as far as we are first rate entities, *exist*. On the other hand, we will say that whatever appears to us, *is*.

Unfortunately, Brentano himself is often less clear than he could be. It would nevertheless be unfair to overstress the point: dictations cannot be as precise as fully revised texts.

The two parts of the above sentence on the range of what exists are both needed. Not just for the trivial reason that we are part of the world's furniture, but for the more important one that mental phenomena are passivities. Once again, thorough acquaintance with Aristotle is mandatory (see below, Section 10).

5. Apropos what exists

As said, the charge may be brought against Brentano that he set out his ideas less than perfectly. Obscurities and occasional slips aside, some philosophical positions are nevertheless so distant from his thought that no scholar can seriously accuse him of flirting with them. Brentano never considered skepticism and idealism to be acceptable positions for a true philosopher. Analysis of Brentano's concept of existence is greatly simplified if one bears in mind his distaste for skeptical and idealistic positions as a firmly established piece of evidence.

Brentano's theory of "what exists" can only be properly understood if we recall that, for him, everything that exists is an individual: "And we also say, of things that exist in the strict sense, that they are individuals" (TC, 26 – 1916). We will see in the section devoted to wholes and parts that "individual" does not mean "one". Brentano rejected the Aristotelian identification between individual and one as the source of numerous errors. He retained the concept of "individual", but with the meaning of "determined". This is a major departure from the mainstream understandding of the concept of an individual. If 'individual' means determined, then both collectives and parts can be taken as real individuals. As far as I know, Brentano does not explicitly address the entities referred to by mass terms, but obviously nothing precludes their inclusion in the set of individuals, understood as (fully) determinate reality.

On the other hand, what in itself is fully determined can be thought by us without all its determinations.

Brentano's analysis of what exists can be distinguished into two sections, which I term intrinsic and semiotic analysis. Intrinsic analysis concerns the a priori, axiomatic, description of the general features that whatever exists should exhibit if it is to be taken as something that truly exists. Semiotic analysis concerns the connection between what exists in itself and the effects that existing realities have on us. In other words, it concerns the following problem: how can we ever know that something exists? Let us first consider the intrinsic theory of what exists. The main theses advanced by Brentano are the following:

(1) Everything that exists is temporally extended. Quote: "It must hold of the real as real that it is temporally extended" (STC, 89 – 1914); "It is impossible for something to begin and end abruptly in the same instant... we always find an interval which, however small it is imagined to be, is a continuum of indefinitely small distinct moments which have been or will be the instants of merely infinitesimal change" (EG, 288). In other words, "there cannot be anything which does not exist in time" (EG, 308 – 1915).

(2) "If a thing actually exists, then it is present" (EG, 308 – 1915).

This second thesis asks for a moment's reflection, for the concept of "present" requires clarification. The details will be given in Section 8. For the time being, suffice it to recall that for Brentano "the present is a boundary within a continual process" (EG, 308 – 1915). What may provoke surprise is the subsequent addition that a boundary "is nothing in itself".

A couple of BARBARAs therefore give: "what actually exists is a nothing in itself." Let me present the incriminated inference step by step:

1. What exists is temporally extended (thesis)
2. What actually exists is present (thesis)
3. The present is a boundary
4. The boundary is nothing in itself
5. What actually exists is a nothing in itself

The inference from line 2 to line 5 is straightforward. We therefore remain with

1. What exists is temporally extended (thesis)
2. What actually exists is a nothing in itself (inferred thesis)

As will be seen, there is much to consider in order to gain proper understanding of the concept of boundary. In any case, it seems clear that the burden for eliminating the apparent paradoxicality of the latter conclusion falls mainly on Thesis 1. Brentano's reasoning proceeds as follows:

1. What is extended falls under the category of quantity.
2. Quantities are wholes composed of parts.
3. Parts are kept together within the whole by relations of causality.
4. Causality grounds continuity (see Section 8 below).
5. Therefore what is extended is a continuum.

Hence, continua have solidarity: their parts are kept together by some active force.

Brentano takes seriously what can be called the metaphysical principium of continuity, the main consequence of which is that continuous quantities (i.e., wholes) do not *facit saltus* (make jumps). As far as temporal continua are concerned, it follows that what is now actually given is the same as it was in the immediately previous moment, or at most has undergone only an infinitesimal change. In Brentano's words: "everything which exists must, for a time, persist unaltered, or else succumb only to an infinitesimal alteration" (EG, 308 – 1915).

The semiotic analysis of what exists is best summarized by the following quotation from the *Psychology*:

> The phenomena of light, sound, heat, spatial location and locomotion which he [*i.e. the natural scientist*] studies are not things which really and truly exist. They are signs of something real, which, through its causal activity, produces presentations of them. (PES, 19)

The same position characterizes Brentano's reistic phase as well:

> When we see something red or feel something warm, we cannot take it for granted that there actually is something that is red or warm. We do have good grounds for the assumption that a set of vibrations or some other physical process, of which we have no intuitive concrete idea, acts upon our sense organs and causes our sensations. Such a process could be said to underlie what is red or warm in appearance by being its precondition (TC, 110 – 1912–1913).

In short: "The sensible qualities do not correspond in their structure to external objects" (TC, 208 – 1915). Therefore, what we see, hear, touch, smell and taste is at most a sign of something else.

Before concluding, it is instructive to conduct a short analysis of Brentano's harsh criticisms of Bolzano's idea that "*exists* signifies a specification of *is*" (TC, 32 – 1916). The positions defended by Bolzano can be traced back to Suarez and are today accepted by what is probably the vast majority of scientists and mathematicians. The essential idea is that possibility precedes actuality: what is actually given is but a tiny fragment of what is possible. The space of possibility comes first; what exists is just one of its sections. Brentano does not deny the utility of this way of thinking; but he most decidedly denies its metaphysical correctness. Put boldly: the methodology of the spaces of states (or phases or, as a logician would say, possible worlds) may be ontologically (and therefore scientifically) fruitful, but it is definitively wrong from a metaphysical viewpoint.

As a true Aristotelian, Brentano maintained that metaphysics starts from what exists, not from the fiction of what can or may eventually exist. And there is only one way to approach what exists, namely through what is in the strict sense.

6. Apropos what is

The following passage draws the boundaries of *that which is*:

> A metaphysical theory may begin with the following explication of words: By *that which is*, when the expression is used in *the strict sense*, we understand a thing; for example, a body, a mind, or a topoid of more or fewer than 3 dimensions. A part of a body or of a topoid may also be called a thing. And so a number of things taken together may also be called a thing (TC, 15 – 1914)

The term "thing" will be used to denote anything that is. "Thing" is therefore the most general noun. Everything that is, is a thing. We saw in the previous section that what is, as opposed to what exists, can be only partially determined. Things that are partially determined are general and may refer to more than one fully determined thing (individual). This is the natural source of the theory of universals. Understood in this way, universality or, as Brentano prefers to say, generality, does not require any kind of hypostatization.

"That which is" is therefore divided into what is in a proper sense and what is in an extended sense. The former comprises fully determined beings, the latter comprises partially determined beings.

Read carefully the following quotation. It explains what pertains to the realm of being in the strict sense, as opposed to the realm of what 'is' in an extended sense:

> Consider first that which is in the strict sense. Here we should include every individual thing, every multiplicity [*Mehrheit*], and every part of a thing. Every multiplicity of things is a thing and every part of an individual thing is a thing. If one conceives something in individual terms, then one conceives a *thing*. Both fully determined and partially determined things are things in the proper sense. And if one conceives something in general terms, then one is also conceiving a thing. Among things in the strict sense, then, are every substance, every multiplici-

ty of substances, every part of a substance, and also every accident (TC, 19 –
1914).

Brentano's theory of substance and accidents will be analyzed in Section 9
below. For the time being, I confine myself to the problem of what 'is' in
the strict sense. Here Brentano affirms that things in the proper sense can
be seen from two different but intertwined perspectives.

Firstly, individual things, multiplicities of individual things and parts of
individual things are things in the proper sense. Otherwise stated, fully
determined things, multiplicities of fully determined things and parts of
fully determined things are things in the proper sense. This translation
helps one keep in mind Brentano's understanding of individual.

Secondly, both substances and accidents are things in the proper sense.
Again, "the concept of being is one and the same for substance, for all
accidents, and even also for all accidents of accidents" (TC, 99 – 1914).
Moreover, concreta and abstracta are both beings in the strict sense. The
latter is again the difference between substance and accident: "substance,
then does not mean the same as *being in general...* The contrary is true of
the concept of accident" (TC, p. 99 – 1914).

These two dimensions of analysis overlap, but they are not entirely
coincident. I will analyze them in turn in subsequent sections.

Given the many misunderstandings of Brentano's theory of being in the
strict sense, one further quotation will be of help: "Perhaps we can say that
the concept of being in the proper sense coincides with the concept of that
which is now or present. But every thing that is now or present is a
temporally extended thing which is now or present with respect to one
moment after another" (TC, 20 – 1914). It follows that what 'is' in the
proper sense can be taken as what is present, as long as we do not forget
that everything that is present pertains to a temporally extended thing.

In opposition to 'being' in the proper sense, there are many different
forms of 'being' in the extended sense. The main cases of 'being' in the
extended sense are the following:

- Being in the logical sense. I have already said (§ 2 above) that
  Aristotle himself expelled being as true and non-being as false from
  the sphere of being *qua* being (= being in the strict sense) because

the true and the false are in the judgments and not in the things. Brentano adds something new, namely the idea that axioms are negative judgments. Being negative, they trace the boundaries of what can be accepted.

- Being in the sense of what is thought. "Things which exist as object of thought do not constitute a subspecies of genuine being" (TC, 18 – 1914).
- Being in the sense of what is past or future.
- Being in the sense of matter and form.
- Being in the sense of the modalities (non-being, possibility, impossibility, necessity).
- Being in the sense of what is nominalized (and iterations thereof). Tongue-twisters like "the being of the non-being of the non being of the being of" and variations are simply dismissed without further ado.

Most 'beings' in the extended sense are abstracta. The general criterion adopted by Brentano in claiming that they are not acceptable as beings in the strict sense is that they are not parts of the respective wholes: "If abstracta were in fact thus parts of concreta there would be no objection to including abstracta among those things which are in the proper sense" (TC, 17 – 1914). Therefore, a thorough understanding of the theory of wholes and their parts and of what can and cannot properly be a part is mandatory.

It may be interesting to note that all the forms of being can be modelled by resorting to reduplicative forms, the main difference being the opposition between reflexive (being in the proper sense) and non reflexive forms of reduplication (being in the extended sense). Reflexive forms of reduplication are characterized by the occurrence of the same term on both sides of the functor of reduplication, as in "A qua A is B"; non reflexive forms on the other hand have different terms (details from Poli 1998b).

One of the above cases warrants consideration. Among the many cases of being in the extended sense, the one concerning the opposition between matter and form is particularly important, for both historical and systematic reasons. Brentano observes that "a division of the concretum into two parts one of which is the form corresponding to the abstractum is plainly impossible. This division is purely fictive: it amounts to saying that a thing

has as many parts as there are predicates that apply to it" (TC, 17 – 1914).
Let us accept this reading of the matter/form opposition. A problem
nevertheless remains. Brentano himself recognizes that Aristotle uses the
matter/form opposition interchangeably with the opposition between
potentiality and actuality. This side of the problem is not considered by the
last quotation from Brentano. An interesting way out is nevertheless
available. I have not found any positive evidence for it in the writings of
Brentano I have been able to consult, and I therefore cannot claim that he
would have endorsed it, but the solution I shall propose seems very close to
his mature views.[4]

It is common knowledge that, for Aristotle, individual substances have
a basically twofold structure: they are composed of matter and form. Form
in its turn has a number of different meanings, principal among which is its
interpretation as essence. Now, what is essence?

Aristotle's expression for what is today termed essence was *to ti en
einai*, rendered in Latin by *quod quid erat esse*: "what was (considered) to
be". That is, "the essence of *x* is what *x* was considered to be". This
definition raises a number of interpretive problems, the most relevant being
the meaning of the past sense. Why did Aristotle formulate his definition
of (what we call) essence in the past?

My understanding is as follows: The form of the actually existing *x*
depends on what *x* was before. In contemporary terminology: the form of
the actual *x* is *the result* of iteratively applying a number of transformation
rules to the original *x*.

The definition advanced by Aristotle can therefore be explicated as
follows: (1) *x* is a temporally extended entity; (2) the actual nature of *x*
depends on *x*'s previous nature. Aristotle's definition can be further
improved by adding a third clause not explicitly contained in his original
wording: (3) there *are rules of transformation* connecting the actual nature
of *x* to its previous nature(s). In one sentence, the concept of essence
carries temporal information.

Aristotle's definition of matter seems much more difficult to decipher.
Matter for Aristotle is the indeterminate, the unknowable, what offers
resistance to the understanding. This does not explain very much until a

---

[4] Cf. Poli 2003.

further aspect is taken into account, namely that the above features of matter (indeterminability, unknowability, etc.) depend on its role as substratum of the becoming, of changes. I have found that the best way to understand Aristotle's definition of matter is to apply the same criterion as used to decipher form, but shifting from the past to the future. That is to say: The matter of the actual *x* is what *x* will become. Otherwise stated: the matter of *x* is the bearer of the future developments of *x*. Matter is therefore a *principle of openness*. This explains why matter is indeterminate and unknowable. If my reading is acceptable, all the features classically ascribed to matter become immediately transparent.

The actuality of a given individual substance comprises form and matter. On my reading, this amounts to saying that any entity has a given past (form) and a potential future (matter). The past is what is maximally informative: the actual (internal or external) configuration of the entity presents traces of its past history (better: the entity's past history is retrievable as far as it has left traces in the entity's actual configuration). The future is minimally informative: its actual configuration excludes some of the possible choices, but for the rest almost everything is open.

As far as I can tell, Brentano would have found this reading of the matter/form opposition congenial to his mature views.

7. Brentano's theory of wholes and parts

The theory of wholes and parts is the most comprehensive of Brentano's theories. The theory of substance and accident, the theory of categories, the theory of universals, the theory of the continua all depend on the theory of wholes and parts as particular specifications thereof.

Brentano accepts the Aristotelian idea that "a substance together with its accidents forms a certain whole" (TC, 82 – 1914; see the beginning of *Metaphysics* XII). On the other hand, he rejects the dialectics of actuality and potentiality for parts and whole. Brentano sees nothing wrong in accepting that a part can be actual if the whole is actual: among other reasons, because otherwise there "could be no such thing as a spatial continuum" (TC, 84 – 1914).

The theory of wholes and parts is articulated into two main moves, one going, figuratively, upwards, and the other going in the opposite direction, downwards. The former move goes from the parts to the whole; the latter from the given whole (or proper segments thereof) to its boundaries.

Wholes are things that have parts. This is axiomatic: there cannot be any whole without at least one part: "wholes are things that need to *have* parts" (TC, 10 – Introduction). Some wholes have only one part; others have several parts. I will consider one-part wholes in Section 9.

On the other hand, as Brentano explicitly states, boundaries are not parts: "the boundary differs from … the part: the boundary is nothing by itself and therefore it cannot exist prior to the continuum" (TC, 56 – 1915). Parts can exist before the continuum ("any finite part of the continuum could exist prior to the continuum"; TC, 56 – 1915) but boundaries cannot. Boundaries therefore depend on the continuum they bound.

The two main rules governing the part/whole connection are the following:

- The existence, or being, of the whole implies the existence/being of its part(s) (a kind of downward monotonicity).
- The existence, or being, of the part does not imply the existence, or being, of the whole.

These two rules determine the difference between "being a part" and "having a part". As Kastil remarks, "*to have a part* is a real determination, but *to be a part* is not" (TC, 247). *To have a part* is a real determination for the former rule: if the whole exists, its part(s) exist(s) as well. *To be a part* is not a real determination because the existence of the whole cannot be inferred form the existence of the part.

Different kinds of wholes are distinguishable from the different relations linking the parts to the whole and the parts among themselves. We can therefore distinguish:

- One-sided separability (as in the accident-substance connection, the red-color connection, and the connection between "one who thinks of a friend and who longs for a friend. If the longing were to cease the thinking of the friend could continue unchanged, but if the latter were to cease then the longing would cease as well"; TC, 190 – 1916).

- Mutual-separability (as in collections and bodies, where "each of their parts are separable from the others, and this separability is reciprocal"; TC, 116 – Undated).

A body is a whole composed of many mutually separable parts. This provides one way to analyze bodies. "Every one of the parts distinguished in such a decomposition has nothing in common with the others; it is thus adjoined to the others in true summation as something totally new" (STC, 32 – 1914). On the other hand, bodies are continua. Continua have the following structural properties: if the continuum is divided, say, into two parts, and then the whole continuum is again divided into two different parts, then the parts resulting from the first division and those resulting from the second division overlap: "It is true that every half-apple *is* a real half-apple, no matter in which direction the apple may be cut, but – and this is the point – it is not *wholly* different from an half obtained by cutting the apple in another direction" (TC, 46 – 1908).

Brentano distinguishes different kinds of part. Here are the main cases:

- Material part: the element of a collective; "the part of a collective may be called a material part or element of the collective" (TC, 190 – 1916).
- Logical part: the genus within the species; "a logical part is a concept of a species (red-thing) which includes the concept of a genus (coloured-thing) as a part" (EG, 101); "a universal may be called a logical part of the individual idea" (TC, 190 – 1916).
- Metaphysical part: the substance within an accident; "a metaphysical whole is an accident (e.g. one-who-thinks), which includes the substance (the I) as a part" (EG, 101).

Let us now move to boundaries. Since these play a major role in Brentano's mature theories, they must be analyzed carefully.

The connection between whole and boundary is governed by the following rule:

- The existence, or being, of the boundary implies the existence, or being, of any suitable fragment of the whole.

We have already seen that, strictly speaking, boundaries are neither wholes nor parts. That they are not wholes is rather straightforward: "The boundaries do not exist in and for themselves and therefore no boundary can itself be an actual thing [*ein Reales*]" (TC, 56 – 1915). The opposite claim, that they are not parts, is less straightforward, because it may seem that as Chisholm, among others, sometimes states, "boundaries are things that need to *be* parts" (TC, 10 – Introduction). I wish to clarify the issue by distinguishing first-rate parts, those that constitute the whole (as in the bricks-house case), from second-rate parts, those that intervene after the whole has been constituted (as in the division of the house into kitchen, bedroom, etc).

This reading is confirmed by Brentano himself: the case of the "boundary differs from that of the part: the boundary is nothing by itself and therefore it cannot exist prior to the continuum; and any finite part of the continuum could exist prior to the continuum" (TC, 56 – 1915). It is clear that Brentano is relying here on the Aristotelian difference between prior and posterior, one of the topics pertaining to metaphysics (see § 2 above). It can be added that "boundaries stand in continuous relation to other boundaries and are real to the extent that they truly contribute to the reality of the continuum" (TC, 55 – 1915).

All this amounts to saying that boundaries are emergent things. The further claim that "the boundary contributes to the existence of the continuum" (TC, 56 – 1915) makes sense only if we admit some form of downward causation, according to which what emerges can influence its basis. Only a theory of the levels of reality can provide the framework for a detailed analysis of the many intriguing aspects of upward and downward forms of causation.[5]

To gain a firmer grasp of the theory of boundaries, comparison with the mathematical interpretation of boundary may be instructive. Two major options at least are available: boundary as limit, i.e. as the result of a converging series, and boundary as a topological concept. Since space precludes careful analysis of both, and since the former is more deeply ingrained in the basic machinery of contemporary mathematics, I shall restrict discussion to the boundary as limit of a series case. In this regard, it is easy to be led astray by Brentano himself. His claims against Dedekind (and many other beside) are well known.

For simplicity's sake, let us consider only the case of the real line (in the mathematical sense). In this case we say that a series has a limit (a boundary) when the series is convergent. Convergent series can approach their limit from one side alone or from both sides (alternatively from 'left' and 'right', or following more complex patterns). From a Brentanian viewpoint, the latter patently has no meaning and is therefore to be dismissed as not pertinent. Furthermore, a one-side converging series may or may not converge uniformly. A uniformly converging series is a series where any nth-term is closer to the limit than any previous term in the series. Let us assume that what concerns us are one-way uniformly converging series (to be referred to by the word "series" in what follows).

The next step is interesting. It is well known that any given limit can be approached by an indefinite (well, infinite) amount of different series. Brentano acknowledges as much: "Since it cannot be said of any definite continuum that *it* is a condition of the boundary, only a universal can be designated as a condition of the boundary" (TC, 56 – 1915). What is therefore needed for the existence of the boundary is not the actuality of this or that series; any series of the appropriate kind suffices. To be precise, what is needed is only "an indefinitely small part of the continuum" (TC, 56 – 1915).

Let me restate the idea in the following terms: what is needed is only any indefinitely small *terminal* part of the series. Now comes the main question: is this part, indefinitely close to the limit, the same for all the converging series?

As trivial as it may seem, mathematically speaking the answer is no. Consider the following two series, both converging to 1:

- $1/2 + 1/4 + 1/8 + \ldots$
- $1/2 + 1/6 + 1/12 + \ldots$

---

[5] See Poli 2001b.

The two series can be synthesized in the two formulas $1/(2^n)$ and $1/n(n + 1)$. The two formulas make the difference between the two series clear: the former series converges with exponential velocity, whereas the latter is much slower. Cutting the series towards the end, we get their infinitesimal tails, but the two infinitesimals are of a different order. To say the least, they are different because they converge towards their limit with a different 'velocity'. In this sense, we may claim that the series converge towards overlapping limits.

This conclusion fits perfectly well with Brentano's concepts of *teleiosis* and *plerosis*. According to Brentano, "distinctions with respect to the speed of the variation of the continuum yield differences in the *teleiosis* of the boundary (TC, 129 – 1915). On the other hand, "the boundary can be a boundary in more or in less directions. I refer to this distinction as one of *plerosis*" (TC, 128 – 1915). It may be added that "the distinctions of plerosis pertain strictly to parts" (TC, 61 – 1907).

My analysis shows that Brentano is less naive than was expected, even from a formal viewpoint. Two more observations are required. The above quoted thesis according to which the boundary requires only "an indefinitely small part of the continuum" shows that in the dialectics between locality and globality – possibly the main novelty of nineteenth-century geometry – Brentano is on the side of the locality issue. This is not the whole story, however. Locality issues prevail as far as experience is concerned. On the other hand, formal dependences given by the axioms provide the global constraints governing the field of analysis. I cannot but acknowledge the surprising modernity of his methodology.

Let me conclude this section with the claim that calling Brentano's theory of wholes and parts a "mereology" seems utterly improper because mereology is a theory of parts, not a theory of wholes. Since Brentano explicitly states that "the whole is the standard of the part" (EG, 205), his theory should instead be termed *holology*.

8. Continua

Continua are things whose parts are united in nature:

An ens reale may have parts which are united only in our thinking. And it may
have parts which are united in nature. We are here concerned only with parts of
the latter type. We find such parts in continua, wherein smaller and smaller parts
can be distinguished ad indefinitum (TC, 115 – Undated).

Brentano's theory of continua depends crucially on the correct answer to
the following question: what is a part of a continuum? Many details aside,
the crux of the matter is that points are definitely not parts of the continua
to which they pertain. In this respect, Brentano is crystal-clear: "no
continuum can be built up by adding one individual point to another" (TC,
20 – 1914).

Continua do not depend on points; on the other hand, points depend on
their continua. This is true for both what exists and what is. A quote may
suffice: "no point can *be* anything detached from the continuum; indeed,
no point can be thought of apart from a continuum" (TC, 20 – 1914).

Returning to existing continua: the truth is that "a point exists only in
so far as it belongs to what is continuous" (TC, 20 – 1914). The question is
particularly important as far as temporal continua are concerned: "No point
in time can exist separately, detached from any earlier or later point. And
instead of saying that there is a temporally unextended point, it might be
more accurate to say that a temporally extended thing exists with respect to
a point" (TC, 20 – 1914).

What, then, is a point? A point is something that depends on the whole:
the point exists as a boundary, as a limit. To simplify matters, "we will
permit ourselves the fiction of a material point which exists in itself" (TC,
58 – 1907), without forgetting that it is a fiction.

Brentano rejects not only the idea that points are parts of continua but
also the idea that a three-dimensional volume is reducible to two-dimensional surfaces, and two-dimensional surfaces to one dimensional lines,
and the latter to zero-dimensional points. In other terms, points, lines,
surfaces and volumes are all ontological primitives. It is interesting to note
that the assumption of reduction from one figure to the next is one of the
main outcomes of the set-theoretic reading of mathematics. The many
counter-intuitive consequences that follow are well known – witness, to
mention but one case, the Banach-Tarski paradox. More interesting is that
in the same years as Brentano, the geometer Volterra – one of the leading

figures of the then renowned Italian school of geometry – proposed a geometry in which points, lines, surfaces and volumes filled space as formally irreducible figures. Bill Lawvere has recently reconstructed Volterra's ideas from a categorical point of view (Lawvere 1998).

The main difference between the "reductionist" and the "non-reductionist" viewpoints lies precisely in the theory of the continua. Put briefly, the reductionist claims that a continuum is composed of points, whereas the anti-reductionist denies that it is. A different but equivalent and perhaps more intriguing way to state the difference between the reductionist and the anti-reductionist positions is the following. According to the former, the elements of the continuum are separated from one another and exist in themselves. The anti-reductionist, on the contrary, claims that the lower-order entities of a continuum are neither separated nor exist in themselves.

These two positions are plainly opposites. An analogy may help: for the reductionist, nothing keeps the points together. This explains why discontinuous functions are admissible. With Brentano, the anti-reductionist claims instead that a point is a boundary and that boundaries bound something. In other terms, points (as boundaries) are glued to their "body". Mathematically speaking, this means that functions are all continuous. It should furthermore be noted that continuity, for the mathematician, is a local property, i.e. a property of points, as opposed to a property of the whole, global, figure. The reader with a little knowledge of the debate on the foundations of mathematics will certainly recognize the closeness between anti-reductionism and intuitionism. Brentano never suspected that the logical bearer of the fictitious concept of a continuum was the principle of the excluded middle (on the other hand, both Leibniz and Peirce did; see Bell 2000 for a readable introduction to the astonishing novelties arising from changing the idea of the continuum).

Let me conclude by noting that, even if the claim that Brentano was a full-fledged intuitionist were historically ridiculous, the proximity between the viewpoints of Brentano and Brouwer is nevertheless astonishingly closer than expected.

One more question has to be considered before passing to the next section. I started by saying that continua are united in nature. The subsequent discussion of the differences between reductionists and antireductionists stressed the latter claim that the parts of a continuum are somehow kept together. It is now time to ask: what unifies continua?

The answer provided by Brentano is that (real) continua are causal wholes. When dealing with continua, "it is to be maintained with physical certainty that there can be no continuity without a causal relation" (EG, 103).

Brentano distinguishes a number of different kinds of causal relations: the basic distinction is between "empirical causal laws (which are valid for the domain of experience), and causal laws of strict, universal validity such as is attributed to fundamental laws and to the theorems derived from them" (EG, 112).

9. Substance, accidents and boundaries

What is substance? The answer is less straightforward than expected. For some historical reason, philosophers have provided an endless series of inconsistent ideas of substance. Some of the main misunderstandings of the originally Aristotelian concept of substance are explicitly discussed by Brentano. Not by chance, his severest criticisms are directed against the Kantian twisting of substance. Here I consider a different and more widespread misunderstanding, namely the idea that a substance is what remains unchanged beneath the changes of an entity. This is obviously "not what Aristotle had in mind" (TC, 88 – 1914). If substances are what remain unchanged, how could there ever be substantial changes in bodies? No further evidence is needed to conclude that the idea of substance as that which remains unchanged is not the Aristotelian idea of substance.

A properly Aristotelian understanding of substance takes it to be "the bearer of accidents". The difference between *being a bearer* and *being unchangeable* has far-reaching consequences. The latter interpretation does not exclude that a substance may change, and in fact substances usually do change. Brentano takes the Aristotelian concept of substance as much more correct than any other alternative concept. He is nevertheless dissatisfied with some of the subsequent details of the original theory, and finds two different reasons for modifying the Aristotelian idea of substance. Firstly, substances are not the only things that have accidents; some accidents can be bearers of other accidents. "Contrary to Aristotle and to the opinion that has prevailed since his time, it can be shown that just as a substance may be the subject of an accident, one accident may also be the subject of another accident" (TC, 56 – 1915). Brentano therefore accepts that accidents can be predicated of other accidents, whereas for Aristotle an accident is always predicated of a substance. It is well known that the problem of the predication between accidents has been the subject of animated discussion for centuries (in this regard, Angelelli 1967 is still helpful). Secondly, the idea that some substances may not have any accidents is not contradictory. For these reasons, "the term substance is applicable to a thing only to the extent that the thing is not an accident" (TC, 111 – Undated).

Other apparently slight modifications of the Aristotelian framework follow. I have already mentioned that for Aristotle "a substance together with its accidents forms a certain whole" (§ 7 above). According to Brentano, accidents are wholes and substances are parts of the accidental wholes. The substance, in particular, is that part of the accidental whole that individuates the accident.

The claim that accidents are wholes and substances are parts requires careful analysis. Remember that wholes are continua and that continua are governed by causal relations. The connection between a substance and its accident is therefore a causal connection. This point was already made in the previous section, but it is worth repeating.

It is now time to focus our attention on substances:

Among the things that have parts, there are certain wholes which are not composed of a multiplicity of parts. Such a whole would seem to be a thing which is such that one of its parts has been enriched but not as a result of the whole acquiring a second part. One example of such an entity is a thinking soul. When it ceases to think it remains the same soul. But when it starts to think again no second thing has been added to that entity which is the soul (TC, 47 – 1908).

The apparent boldness of the quotation may be diluted by resorting to a processualistic framework. Consider the whole as an ongoing process. Its substantial and accidental parts can then be distinguished as follows: substantial parts are those constituting the temporal stretch of the process; accidental parts are the variations in direction and velocity (not by chance,

Brentano's plerosis and teleiosis). Consider now the process from the viewpoint of one of its boundaries (say, the actual present). Properly speaking, this is the only correct way to consider substance. What results from this mental experiment is the expected outcome: the substance is the bearer of the variations in direction and velocity. Otherwise stated, substance bears its accidents. The process-thing may end its variations – i.e. it may proceed uniformly – or it may start to vary without becoming a different process-thing.

The substance is "the ultimate subsisting part, the part that subsists without itself containing any part that subsists" (TC, 114 – Undated).

Brentano repeatedly claims that substances can be distinguished by contrasting them with accidents: "The term substance is applicable to a thing only to the extent that the thing is not an accident (TC, 111 – Undated). Let us accept this suggestion. What can we then say of substances which have no accident? Brentano explicitly used this case as one the reasons for rejecting the Aristotelian theory of substance. Furthermore, the case of substances without accidents may be much more relevant than initially expected as soon as one realizes how common they are.

Two main situations are relevant. The first case is historically well known as one of the aspects of analogical predication. Brentano's presentation is as follows: "When we compare "red thing" and "colored thing" we find that the latter is contained in the former, but we cannot specify a second thing that could be added to the first as an entirely new element (TC, 112 – Undated). The real novelty comes with the second case, namely the case of bodies. I quote: "Bodies are also substances which are not known to have accidents. The things we see, hear, smell are bodies, things that fill space" (TC, 115 – Undated).

The idea that bodies do not have accidents is striking. Either Brentano is utterly wrong or our commonsensical ideas of substances and accident are in need of deep revision. Most misunderstandings of Brentano are likely to have arisen from a failure to grasp his idea of substance.

First of all, it should be mentioned that for Brentano, "The concept of substance is derived from experience and is by no means given to us *a priori*" (TC, 118f – Undated). Experience should therefore provide us with all the evidence needed. Let us start at the beginning.

What are bodies? The least we can say is that bodies are "things that fill space". Two questions follow:

- If everything that fills space is a body – i.e. a substance without accidents – what are accidents? A first answer seems straightforward: accidents are things that do not fill space.
- Are there other substances besides bodies? The answer for Brentano is clearly yes: "I would say that a body, a mind, and a God are substances. But I would also say that a multiplicity composed of bodies, or of minds, or of a mind with a body fall under the concept of a substance" (TC, 111 – Undated).

Leaving God aside, I distinguish between substances that fill space (bodies) and substances that do not fill space (minds).

I quote again: "There is a non-spatial substance within ourselves. It is contained in us as the substantial part of the one-who-is-thinking, of the one-who-is-willing, of the one-who-is-seeing... This substantial part distinguishes our own hearing from the similar hearing of another person, and for each of us it unifies the one-who-hears, the one-who-thinks and so on. This part is called the soul [*Seele*]" (TC, 116 – Undated). More precisely stated: these non-spatial substances are perceived "as that which is without any dimensions [*ein Nulldimansionales*] but which, unlike a point, is not a mere boundary: it is perceived as something which exists as a thing for itself [*ein Ding für sich*] without any dependence upon any other thing (TC, 119f – Undated). The latter conclusion does not imply that there may be – and in fact there are – dependences that are non perceivable! The distinction between descriptive and genetic psychology resides precisely in this difference.

The substances that are bodies "are such that each of their parts are separable from the others, and this separability is reciprocal" (TC, 116 – Undated).

Bodies are substances, but they are not ultimate substance. "A continuous substance cannot be an ultimate [*letzteinheitlich*] subject". The least we can say is that bodies, being continuous, have multiplicities of causally connected parts. Brentano therefore rejects Aristotle's "view according to which even extended substances are ultimate substances"

(TC, 158 – 1916). Moreover: "only a punctiform boundary of a continuum could be such a substance" (TC, 192 – 1916). These last quotations explain why the study of the most basic properties of what is spatial may be conducted by assuming the fiction of a single point in isolation from the continua to which it pertains.

Substances can be distinguished between one-dimensional or simple substances and multi-dimensional or complex substances. My "dimension" corresponds to what Brentano calls "substantial determination". Brentano introduces a criterion for analyzing substantial determinations:

- The existence of the thing requires that when a substantial determination passes away, another substantial determination of the same nature is born (call it the substitution principle).

Let me give an example that may help clarify the issue. Consider a material body, e.g. a table (I mean a real, existing table). The table may be here or there, but it must be somewhere. If it is moved from one position to another, the former position "passes away" and the latter is "born". Moreover, all the positions between the former and the latter positions pass away and are born following the table's progressive changes of position. A modal version of the substitution principle is useful: "among substantial determination is every one without which a thing absolutely could not exist" (EG, 327 – 1915). Spatial and temporal determinations are substantial because no material substance can exist without them. What else? Let us continue with our example of the table. The same reasoning just followed for the table's spatial and temporal location may be repeated for other kinds of determination as well. The table should have a form, a color, and who knows how many other kinds of substantial determinations. This last conclusion is not explicitly drawn by Brentano. His claims notwithstanding, we have arrived quite naturally at what Husserl called the scheme of the object whereby what is substantial does not amount to this or that specific determination. Any determination of the proper genus fits (eventually within limits to be established).

A cursory reading of Brentano's dictations may give the impression that Brentano widely wavered in distinguishing those determinations that are substantial, or absolute, from those that are only relative. Relative determinations "may hold of a thing and then no longer hold of it without the thing itself undergoing the slightest alteration" (TC, 88 – 1914); an example would be a predicate like "taller than". It is true that Brentano changed his ideas, but the changes are much less frequent than some critics claim.

More serious is the case of substantial determinations. To clarify the problem, as clear a distinction as possible must be drawn between (1) the problem of existence, and (2) the problem of substantial change. The principle of substitution stated above governs the first problem: the existence of something requires the actuality of instances of all its substantial genera.

The second problem states that, within the proper genera, any change amounts to a substantial change: "A determination belongs to the unity of a substance provided the determination is of such a sort that, if it were to fall away or be varied in any respect, then the substance would become another individual" (TC, 178 – 1916). Furthermore, "where such changes are involved, no entity can be specified which would permanently underlie the change" (TC, 186 – 1916).

As soon as the two problems are made separate, Brentano's dictations lose their apparent obscurity.

My analysis of substances has been rather lengthy. Since discussion of the problem of substance is often attended by much confusion, I have presented some of its many subtleties in detail. It is now time to say something about accidents. What are they?

In his Introduction to the English translation of Brentano's *Theory of Categories*, Chisholm writes "When Brentano wants to illustrate what he means by 'accident', he often appeals to the example of an atom having psychical attributes – an atom that can think and see and hear. There may not *be* such atoms, he says, but if there were, then they would provide us with an illustration of the concept of an accident" (TC, 6). Brentano himself would add that "every cognition is an accident". On the other hand, "whatever has a cognition is a substance" (TC, 116 – Undated). In sum, it seems that we cannot say much more than "conceptually, the accident necessarily contains the substance" (TC, 83 – 1914).

The lack of information is due to the fact that "so far as our experience goes, we never encounter any absolute accident in the realm of *physical phenomena*" (TC, 95 – 1914). On the other hand, "The psychical domain provides us with many examples of absolute accidents which exist in other absolute accidents" (TC, 96 – 1914).

It is difficult to accept these quotations as a full-fledged description of the theory of accidents. Some light is nevertheless shed on the matter as soon as we realize that the accidents that concern us are the main subject of the theory of categories.

Before concluding, it is worth mentioning that the opposition between substance and accident is not exhaustive. For Brentano, in fact, there are things that are neither substances nor accidents, namely boundaries. This conclusion supports the idea that his theory of wholes and parts is more general than his theory of substances and accidents. This is not the whole story, however. Something more interesting follows as well. As we have seen, boundaries can be taken to be emergent things. They open a new dimension of the whole. Boundaries are things that enrich the whole, even if they are not parts of the whole. The further claim that at least some boundary as the starting point of a new series of determinations is not to be dismissed as obviously contradictory.

10. Categories

We should now be able to approach Brentano's theory of categories correctly. The theory – not surprisingly – is based on his theory of wholes and their parts. Before considering the details of the new theory, it is helpful to establish its context. A couple of quotes will suffice.

> The theory of categories, one of the most important branches of ontology, is today in a state of great confusion. This fact may be traced back to the unfinished state in which the theory had been left by its founder, Aristotle (TC, 81 – 1914).
> The task of the theory of categories is to ascertain all the classes of accidents and the distinctive properties of each class (TC, 82 – 1914).

Before considering the various classes of accidents, it should be remembered that, according to Brentano, the Aristotelian list of categories contains a number of serious gaps. To mention the most important ones, no room is provided for either "any predicate whose ultimate subject is a multiplicity of substances" (TC, 87 – 1914) or that "special relation which holds between a boundary and the continuum which it bounds" (TC, 128 – 1915).

Brentano himself offers only the beginnings of a table of categories. He recognizes that his own proposal does not consider accidents predicated of multiplicities of substances. This forces him to omit a consideration of some of the categories already included by Aristotle: "we have totally omitted some of his categories, e.g., those of possession, position and quantity. This is understandable because we do not regard that which is spatially extended as an ultimate individual substance" (TC, 176 – 1916).

I shall therefore discuss his proposal in two parts: firstly, the core structure will be considered; secondly I shall add a few words on the categories lacking.

The core of the theory of categories developed by Brentano analyses only the possible accidents of an ultimate substance. Collectiva, as said, are not part of the analysis. The first distinctions are illustrated by Figure 1.

Figure 1

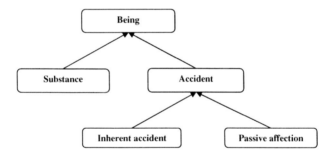

After the obvious distinction between (ultimate) substance and accident, accidents are further subdivided into inherent accidents and passive affections. The distinction between the two cases is absolutely crucial. As Kastil puts it, inherent accidents (also called qualities or properties) "do not need the constant activity of a causal principle in order to remain there"; on the other hand, passive affections (or undergoings) "require the constant activity of a causal principle in order to remain in their subject" (TC, 148). As Kraus puts it: "The act of sensation itself does not outlast the stimulus and therefore it is to be called a passive affection, not a property" (TC, 148).

It should be noted that it is impossible to understand Brentano's psychology without the idea of passive affections. I quote once more: "many psychologists today fail to realize that nothing in our thinking is a transformation. Aristotle realized it and emphasized it. He viewed our mental life as a continuous passive affection, like sensation" (TC, 183 – 1916).

Both cases can be specified further. Inherent accidents can be distinguished into properties belonging to different ultimate genera and properties belonging to the same ultimate genus. The distinction makes sense only if we keep in mind that we are considering ultimate substances. In this case, the former type of properties regards the difference between, say, color and temperature. There is no way to change from the one to the other, but they can both pertain to an ultimate substance. The latter type of properties concerns the difference between, say, red and blue: any of them can be changed into the other, but they cannot together pertain to the same ultimate substance.

Passive affections, in their turn, present a number of subdivisions. The main distinction is between (1) affections that are transformations, and (2) affections that are not transformations. The former "are such that the effect that is involved is nothing in addition to the undergoing itself" (consider perceiving, thinking, and desiring), the latter "involve a further result which is distinct from the undergoing itself but which is brought about in the causing of the undergoing" (consider movement, acceleration, and any kind of 'acquired virtue') (TC, 196 – 1916). They come into being and pass away without any transformation.

It is worth mentioning that the passive *qua* passive "can remain the same when its active correlative is replaced by another" (TC, 156 – 1916). In other words, bearers of supervening accidents may change without affecting the accidents.

Brentano stresses more than once that the features of passive affections are "not inferred analytically from our ideas of them". On the contrary, they are "ascertained by experience" (TC, 156 – 1916). A couple of further quotations may help:

> Every thought is the reverse side of a physiological phenomenon, it has as its basis a psycho-physical movement. A thought however simple it may seem to be, is thus

actually something very complicated or, to speak more precisely, it is something which presupposes very complicated relations (EG, 58).

The spiritualists ... imagine every conscious occurrence as something passively accepted, an effect of a physical influence on the soul. And on the other hand they see physical events (e.g. the movement of a limb at will) as caused by psychic influence. Here it would be plausible that there is constant interaction (EG, 57)

In sum, Brentano's theory of categories can be read as possibly the most forceful case for placing the long-neglected Aristotelian categories of activity and passivity at the top of the scientific and philosophical agenda. Further brief discussion is needed to explain what they mean.

Brentano carefully distinguishes the case of activity and passivity between physical phenomena from the case in which the connections between physical and psychical phenomena are concerned. Activity and passivity among physical phenomena are

- "always co-temporal in the sense of persisting together" (TC, 141 – 1914)
- "subject to the law of the equality of action and reaction" (TC, 141 – 1914)
- temporally extended. In the words of Kraus "In the physical sphere it is also impossible for the process of causation to be momentary – that is to say, it cannot begin and end in the same moment, but must continue for some finite period of time" (TC, 249).

On the contrary, activity and passivity between physical phenomena and psychical phenomena are:

- Always co-temporal.
- Do not have to follow the rule of equality of action and reaction.
- May be temporally punctiform.

As soon as the analysis moves from ultimate substances to collectives of substances, a new field of research opens up and many new categories are needed: "Let us now consider the predications in which the ultimate subject is not an individual substance but a finite plurality or – as in the case of the continuous – an indefinite plurality of substances. Here we must take into account number, spatial extension, shape, and various other determinations which belong to the whole in respect of its parts and their interrelations, and which had to be excluded from the foregoing discussion" (TC, 176 – 1916).

11. Conclusion

Most details of the theory of categories have still to be discovered; I have only approached the theory and scratched its surface. The long tour that we have undertaken has followed the classical idea that categories are part and parcel of ontology. We have therefore accumulated all the ontological tools needed to deepen our understanding of categories. Brentano would have accepted our methodological approach, on the proviso that the ontological side of categories is complemented by their epistemological (psychological or cognitive, in the widest sense of the term) side. This is something that has not been considered at all here. As soon as this second aspect has been reconstructed as well, the problem of the mutual dependences and interactions among categories will arise.

Summing up, one main conclusion is apparent. Brentano used the theory of wholes and parts as the main component of his conceptual framework. This choice runs counter to deeply ingrained beliefs of the mainstream twentieth-century scientific ideology. To provide but one example: a theory of wholes and parts grounds the thesis that wholes govern parts. This entails acknowledging the ontological difference between the relations of part to whole and those going the other way round from the whole to its parts. These relations are not symmetric. Moreover, the latter family of relations may proceed not only from wholes to parts, but from whole to "something else" (e.g. boundaries) as well. All this amounts to paving the way for systems and levels of reality.

It is fair to conclude by saying that Brentano performed an enormous amount of preparatory work, recovering and furthering the best philosophical theories, and lighting many blind allies. It is our task to take a step forward.

References

(A) Works by Brentano:

EG. *On the Existence of God*, Dordrecht: Nijhoff, 1987.
PES. *Psychology from an Empirical Standpoint*, London: Routledge, 1995.
STC. *Philosophical Investigations on Space, Time and the Continuum*, London: Croom Helm, 1988.
TC. *The Theory of Categories*, The Hague: Nijhoff, 1981.
TE. *The True and the Evident*, London: Routledge, 1966.

(B) General Literature:

Angelelli, Ignacio 1967. *Studies on Gottlob Frege and Traditional Philosophy*, Dordrecht: Reidel.
Annas, Julia E. 1976. *Aristotle's Metaphysics, Books M and N*, Oxford: Oxford University Press.
Aristotle 1966. *The Works of Aristotle. Volume VIII. Metaphysica*, trans. by W.D. Ross, Oxford: Clarendon Press.
Aristotle 1980. *Physics*, trans. by P.H. Wicksteed and F.M. Cornfold, London: Heinemann, 2 vols.
Bell, John 1998. *A Primer of Infinitesimal Analysis*, Cambridge: Cambridge University Press.
Eldredge, Niles and Stephen J. Gould 1972. No title, in: Schopf, T.J.M. (ed.), *Models in Paleobiology*, Freeman: San Francisco, 82–115.
Henry, Desmond Paul 1991. *Medieval Mereology*, Amsterdam: Grüner.
Lawvere, F. William 1988. "Volterra's Functional and Covariant Cohesion of Space", corrected version available from:
http://www.acsu.buffalo.edu/~lawvere/downloadlist.html
Poli, Roberto 1998a. "The Brentano Puzzle: An Introduction", in R. Poli (ed.), *The Brentano Puzzle*, Aldershot: Ashgate, 1–13.
Poli, Roberto 1998b. "*Qua*-theories", in L. Albertazzi (ed.), *Shapes of Forms*, Dordrecht: Kluwer, 1998, 245–56.
Poli, Roberto 2001a. *Alwis. Ontology for Knowledge Engineers*, PhD, Utrecht.
Poli, Roberto 2001b. "The Basic Problem of the Theory of Levels of Reality", *Axiomathes* **12**, 261–83.
Poli, Roberto 2003. "The Ontology of What Is Not There", in: J. Malinowski and A. Pietruszczak (eds), *Essays in Logic and Ontology. Dedicated to Jerzy Perzanowski*. Poznań Studies in the philosophy of Science and the Humanities. Amsterdam: Rodopi, 11–7.
Tatarkiewicz, Władysław 1973. *Nineteenth Century Philosophy*, Belmont: Wadsworth.

Assumption and Mechanical Simulation of Hypothetical Reasoning

DALE JACQUETTE

"Therefore calculating is not understanding and in itself
does not afford a comprehension of things."
— Arthur Schopenhauer
Fourfold Root of the Principle of Sufficient Reason

1. The Power of Assumption

If I know that grass is green, I can nevertheless assume, suppose, or entertain the counterfactual or contrary-to-fact hypothesis that grass is not
green, among other reasons, to see what follows from it.

The power of assumption enables me to test thought experiments,
frame conditional laws with unfulfilled and even causally unfulfillable
antecedents, imagine alternative actions and their outcomes available to
deliberation and choice, and describe fictional objects and events in a free
play of artistic creativity. It is no coincidence that Descartes in his *Meditations on First Philosophy* (1975; IV) attributes to man's free and unrestricted will the trademark of divinity, a property unqualifiedly shared alike by
God and man. The ability to make assumptions, reason hypothetically from
false premises and counterfactual conditionals to counterfactual conclusions, and apply the results to decision-making, invention, and theoretical
speculation, is a precondition of free will and action, moral responsibility,
creativity, purposive novelty, originality, and abstract understanding.

Cartesian theological fantasies aside, there are good sound philosophical reasons for regarding assumption and hypothetical reasoning as
uniquely characteristic of intelligence and the intentionality of mind. One
need not ascribe to Descartes' account of unrestricted will as God's signa-
ture on his human creations in order to recognize the importance of the
ability to entertain and draw conclusions from counterfactual hypotheses as
central to many of the most interesting aspects of psychological experience
and intelligent mental activity.[1]

---

[1] Descartes (1975), Meditation IV, 175: "It is free will alone or liberty of choice which
I find to be so great in me that I can conceive no other idea to be more great; it is

Phenomenology and Analysis: Essays on Central European Philosophy.
Arkadiusz Chrudzimski and Wolfgang Huemer (eds), Frankfurt: ontos, 2004, 323–58.

2. Algorithms for Counterfactual Inference

Computers can perform difficult inferential tasks that satisfy ordinary demands for an adequate mechanical modeling of psychological abilities. To draw philosophical consequences about the nature of mind from machine simulations, however, requires an exactness of fit between mind and model that goes beyond the usual model-building standards.

There are logical problems even for the most highly sophisticated mechanical devices in modeling the mind's ability to make assumptions and reason hypothetically from counterfactual conditionals. No mechanical simulation of mind or integrated network of expert systems in artificial intelligence programming can be regarded as complete without satisfactory simulation subroutines for assumption and hypothetical reasoning. Correct inference from counterfactuals and contrary-to-fact conditionals is of paramount importance in the satisfactory modeling of other psychological functions. Progress in the modular artificial intelligence programming of these kinds of abilities also awaits solution to more general problems of mechanically simulating hypothetical reasoning.

A machine is given certain facts to store in memory. It is then asked to draw inferences from counterfactual assumptions that contradict at least some of these facts. The machine is told that grass is green, that grass contains chlorophyll, and that if grass is not green, then grass does not contain chlorophyll. Next it is asked to consider the counterfactual assumption that grass is not green. When a human subject is asked to do this, the subject (*i*) is able to recall that grass in fact is green at the same time and while entertaining the counterfactual assumption that grass is not green; (*ii*) in doing so, maintain both fact and counterfactual immediately present to mind in a unitary act of consciousness, without falling into the explicit contradiction that grass is both green and not green; and (*iii*) from the facts and counterfactual assumption that grass is not green deduce the counterfactual conclusion that in that case grass does not contain chlorophyll, without explicitly contradicting the proposition that grass really does contain chlorophyll.

---

indeed the case that it is for the most part this will that causes me to know that in some manner I bear the image and similitude of God."

The problem confronting artificial intelligence simulations of such an everyday psychological performance is to achieve an adequate modeling of (*i*)–(*iii*) by the purely extensional recursive or algorithmic manipulations of syntax by which a finite state Turing-type machine is limited in executing its mechanical operations. All three features of hypothetical reasoning can never be captured in a single information processing program, but at best two may be included at the expense of the third.

Consider the problem of avoiding inconsistency. Contradiction can be prevented by storing the fact that grass is green and the counterfactual assumption that grass is not green in separate locations so that no data processing subroutine of the program has access to both inconsistent bits of information at the same time. This is unsatisfactory because it fails to model the mind's qualified unity of consciousness.[2]

Another method of avoiding contradiction without jeopardizing unity of consciousness is to distinguish syntactically between facts and counterfactuals equally accessible to the machine's information processing mechanisms. By this orthographic solution, the program might flag, underline, or star counterfactuals to distinguish them from facts, so that although the machine has equal access to both, it is not reduced to explicit inconsistency at any stage of its operations. There is no syntactical contradiction in the joint assertion 'Grass is green' and '*Grass is not green*'. The asterisk quotation context *...* can be understood as meaning that the proposition enclosed in stars need not be true, but is to be regarded as an assumption or the conclusion of an inference from free hypotheses.

This assures a suitable modeling of aspects (*i*) and (*ii*) of the mind's hypothetical reasoning, but unfortunately the method precludes the adequate simulation of (*iii*). The orthographic stars, underlining, or flags invalidate the purely syntactical inference of '*Grass does not contain chlorophyll*' from 'Grass is green', '*Grass is not green*', and 'If grass is not green,

---

[2] The unity of consciousness required by the argument need not be a full Kantian transcendental unity of apperception. In determining plausibility constraints for an adequate mechanical simulation of hypothetical reasoning it is necessary only to maintain the commonsense observation that sometimes both facts and counterfactual assumptions and conditionals or beliefs and belief-contravening hypotheses are simultaneously entertained or appear to be held before the mind in a single act of thought. Kant (1965, 135–68). See Marks (1980); Parfit (1984, 245–306); Nagel (1971).

then grass does not contain chlorophyll'. To draw the inference, the machine would need to execute a legitimate substitution into the required valid argument form. For this, the * stars or underlining must first be detached, and the moment this happens the machine's store of information about the true and assumed color of grass once again lapses into inconsistency.

If removing the orthographic devices is unacceptable, so is adding such markers to the counterfactual conditional. Validity of inference is restored if the program rewrites the conditional 'If grass is not green, then grass does not contain chlorophyll' as 'If *Grass is not green*, then *Grass does not contain chlorophyll*'. From the counterfactual assumption '*Grass is not green*', it is then logically unobjectionable deductively to derive the counterfactual conclusion '*Grass does not contain chlorophyll*'. Further, the hypothesis and conclusion formulated in this way are set apart from facts or accepted beliefs, so that no internal syntactical inconsistency results. The counterfactual assumption is equally true by convention in either formulation with or without asterisks, so that the transformation preserves truth.

Unfortunately, the procedure is not generally valid, and cannot be relied on to prevent contradictions from arising in the machine's simulation set of beliefs, counterfactual conditionals, assumptions, or hypotheses, and counterfactual conclusions. The asterisk abbreviates an interpretation whereby propositions so distinguished may not be true, but are only assumed for purposes of argument, or whereby the propositions follow as the consequence of a counterfactual hypothesis and conditional. The expression *P* does not indicate that P is true, but only that it is supposed to be true. This reflects the mind's reservations about the truth of mere assumptions and conclusions drawn from them.

A finite state machine like any extensional system cannot contain a logically invalid transformation principle if it is to provide a plausible simulation of mind. By the intensionality of the *...* context, it is logically invalid to permit the machine to deduce *Q* from ~P, if (counterfactually) P then Q, and *P*. This is obvious from the consideration that if I assume hypothetically and counterfactually that Mark Twain wrote *Hard Times*, and that if Mark Twain wrote *Hard Times* then Samuel Clemens wrote *Hard Times*, it by no means follows that I assume or conclude hypothetically that Samuel Clemens wrote *Hard Times*. The *...* context is intensional, just as assumption and hypothesis are intentional, by virtue of expressing a referentially opaque linguistic quotation device that does not permit valid intersubstitution of extensionally codesignative terms or logically equivalent propositions *salva veritate* (Jacquette, 1986). The mechanical asterisk inference procedure is invalid and fails to preserve truth in all cases, converting at least some true propositions into false asterisk-annotated propositions. The proposed device cannot be used for deductively valid counterfactual inferences without sacrificing logical consistency.

3. Rescher's Logic of Hypothetical Reasoning

Nicholas Rescher, in *Hypothetical Reasoning*, proposes a logic for what might be called the standard belief-modification problem of hypothetical inference. He presents a number of alternative formulations, borrowing some from earlier discussions of counterfactuals by Roderick M. Chisholm, Nelson Goodman, and W.V.O. Quine. As a representative example of the standard problem, consider Quine's famous puzzle:

> It may be wondered, indeed, whether any really coherent theory of the contrafactual [*counterfactual*] conditional of ordinary usage is possible at all, particularly when we imagine trying to adjudicate between such examples as these: If Bizet and Verdi had been compatriots, Bizet would have been Italian; If Bizet and Verdi had been compatriots, Verdi would have been French. (1950, 14–5)[3]

The point is that the counterfactual 'Bizet and Verdi are compatriots' does not seem to select any particular prior belief as logically incompatible with the superadded belief-contravening assumption. Which belief should be discharged, that Bizet is French, that Verdi is Italian, or both? Logic alone does not determine the answer. Rescher reconstructs the structure of Quine's example in this way:

Beliefs: (1)   Bizet was of French nationality.
            (2)   Verdi was of Italian nationality.
            (3)   Compatriots are persons who share the same nationality.

Hypothesis: Assume Bizet and Verdi are compatriots.

---

[3] The argument has been eliminated from more recent editions of Quine's text.

He then concludes:

> In making the assumption we must thus either reject (1) or (2) – (3) is scarcely a
> suitable candidate. It being a matter of complete indifference whether (1) or (2) is
> to be rejected (due to the symmetry of cases) the paradoxical air of Quine's two
> mutually conflicting counterfactuals results (Rescher 1964, 29).

That the standard problem presupposes the necessity of rejecting at least
one prior belief inconsistent with the belief-contravening assumption or
hypothesis is again made clear in Rescher's preliminary analysis of hypothetical reasoning about a strong counterfactual concerning Napoleon's
defeat at Waterloo.

Beliefs: (1) Napoleon lost the battle of Waterloo.
              (2) Napoleon attempted to flee France on an American ship a
                   fortnight after the battle of Waterloo.
              (3) Napoleon was captured by the British and sent into
                   imprisonment on St. Helena about a month after the battle of
                   Waterloo.
              (4) Napoleon died in exile on St. Helena some six years after the
                   battle of Waterloo.

Supposition: Assume Napoleon won the battle of Waterloo. (1964, 15)

How are we to revise our beliefs in the face of this assumption? It is of course obvious that (1) must go; this again is a simple matter of logic. But what about (2)
and (3)? They plainly do not stand in any *logical* contradiction to the hypothesis
we are asked to make, but they accord so poorly with this supposition that it is
fairly obvious that they too must be jettisoned. And what of (4)? Here we can say
little; it is altogether unclear just what ought to be done about its retention or rejection (1964, 15–6).

The standard problem of hypothetical inference in this typical counterfactual reasoning scenario is the problem of which beliefs to modify in order
to preserve logical consistency within the set of prior beliefs and belief-
contravening assumptions. Rescher concludes that logic does not settle the

problem, so that in his terminology there is no 'mechanical' answer to the question of which beliefs should be discharged.[4]

To construct a framework for resolving the standard problem, Rescher advances a propositional logic of compatibility-restricted entailment under which inferences hold only if entailed by logically consistent assumptions. This he extends to a theory of compatible-subset entailment, according to which entailment is further limited to inferences from selected 'preferred' mutually compatible subsets of a given set of mutually incompatible assumptions. He devises a procedure for generating modal categories and families of modal categories of statement-sets to be hierarchically ordered by extralogical (ultimately epistemic) criteria, facilitating a selection procedure for implementing compatible-subset entailment from preferred mutually compatible subsets of statements within the original set of logically incompatible beliefs and belief-contravening assumptions. The preferred mutually compatible subsets are selected by the ordering principle of the hierarchy, and the hierarchy in turn determines which beliefs are to be rejected from inconsistent sets of beliefs and hypotheses or assumptions. The spurious beliefs identified for rejection are those that fall outside the preferred subsets of mutually compatible beliefs and assumptions minimally required for (compatible-subset) entailment of respective counterfactual conclusions. They turn out to be none other than the beliefs that fall outside the preferred selections of mutually compatible subsets topping off each preference hierarchy (1964, 28–67).

Rescher's formal system of hypothetical inference recognizes the problem of belief-contravening hypotheses as incapable of purely logical or mechanical resolution. He claims that extralogical resources must be brought to bear in choosing alternative revisions of beliefs in light of inconsistencies introduced by counterdoxastic assumptions, and he suggests in particular that epistemic values be imposed to order beliefs into hierarchical modal categories to decide which must be rejected and which retained when contradictory beliefs occur. Belief in laws according to usual doxastic commitment enjoys precedence over belief in particular proposi-

---

[4] Rescher (1964, 18): "It should further be recognized that not only is there no 'logical' way of arriving at an answer to the question of how our beliefs should be restructured in the face of a belief-contravening hypothesis, but also that there seems to be no mechanical or automatic procedure whatsoever for accomplishing this task."

tions, though Rescher considers and explores the consequences of alternative rankings of commitment to several modal categories of beliefs:

> A belief-contravening hypothesis requires revision of the family of related beliefs, but it does not entail any set of specific changes that go to make up a particular revision. This recasting is not only not a matter of logic (as held above), but cannot even be achieved by any automatic or mechanical methods ... Belief contravening suppositions lead us into a mire of ambiguity from which no road map of purely logical revision or mechanical manipulation can extricate us. (1964, 19)

The nonmechanical or extralogical features of hypothetical reasoning which Rescher identifies are not sufficiently comforting to antimechanism, since developments in artificial intelligence programming often require extralogical heuristics of path-finding searches through decision trees. A distinction must be drawn between nonmechanical methods that cannot be *derived* from logic alone, and unmechanizable methods that cannot be *mechanically simulated* by any finite state machine.

The fact that standard logic alone does not decide which beliefs to reject or retain in the problem of hypothetical inference shows only that reasoning from belief-contravening assumptions is not mechanical in Rescher's technical sense, but not that it is unmechanizable once the machine is provided with appropriate heuristics for choosing among alternative beliefs to reject or retain whenever inconsistencies arise. The epistemic-value principles Rescher mentions might be programmed into the mechanical simulation of hypothetical reasoning in order to enable it to model what Rescher takes to be the mind's solution to the belief-modification problem. If there is no hidden obstacle to outfitting the machine with heuristics of extralogical epistemic values for sorting out beliefs and assumptions into Rescher-style hierarchically-ordered modal categories, then the machine should equally be able to solve the belief-modification problem, potentially arriving at the same conclusions as any mind implementing the same set of values.

Rescher's logic of hypothetical reasoning, supplemented by his preference-heuristics for ordering sets of mutually compatible subsets of statements within sets of mutually incompatible beliefs and belief-contravening assumptions, could be programmed for mechanical implementation by a universal Turing machine, thereby mechanically solving the standard belief-modification problem of hypothetical inference. Nonetheless, Rescher's proposal cannot provide the basis for an adequate mechanical simulation of hypothetical reasoning in the context of certain nonstandard problems of assumption and hypothetical inference.

Consider the limitations of Rescher's theory to the standard problem in the opera composers and Napoleon examples. Rescher says, in passages quoted above: 'In making the assumption [*in the Bizet-Verdi case*] we must thus either reject (1) or (2)'; 'How are we to revise our beliefs in the face of this assumption? It is of course obvious that (1) [*in the Napoleon case*] must go; this again is a simple matter of logic.' But these conclusions are by no means obvious, nor are they dictated by logic. The very opposite is true in an effort to do justice to what might be called the phenomenology of hypothetical inference. When I entertain the belief-contravening assumption or hypothesis that Bizet and Verdi were compatriots or that Napoleon won the battle of Waterloo, I by no means reject my prior beliefs that Bizet and Verdi were not compatriots, that Bizet was French and Verdi Italian, nor do I for one minute suppose that in order to explore the consequences of the counterfactual I must discharge or even temporarily suspend my acceptance of the belief that Napoleon was defeated at Waterloo.

However illuminating Rescher's logic of hypothetical reasoning may be in solving the standard problem of belief-contravening inference, it does not help to formalize the mechanical simulation of hypothetical thinking in preserving a qualified unitary consciousness where beliefs are not rejected but upheld despite simultaneous consideration of belief-contravening assumptions (see also Doyle, 1979; de Kleer, 1986).

4. Extensionality Constraints on Mechanism

The picture beginning to emerge is that machines cannot adequately simulate hypothetical reasoning with counterfactual or belief-contravening assumptions except on pain of logical inconsistency. This conclusion should come as no surprise, since machines as abstract or concrete realizations of first order extensional logic are limited by extensionality constraints.

Machines cannot embody intensional operations; by definition they will invalidly substitute extensionally codesignative terms or logically equivalent propositions in referentially opaque semantically intensional contexts, transforming true input to false output, and producing syntactical inconsistency. Counterfactual inference is modal, and as such demonstrably nonextensional (Quine 1960, 196–7; 1961; 1976a, 158–64). This provides the most straightforward proof that finite state machines bound by semantic extensionality constraints cannot provide satisfactory cognitive simulations of internally consistent intensional performances of counterfactual assumption and hypothetical reasoning.

When assumptions contradict prior beliefs, something must go or the resulting logical inconsistencies will trivialize deductive inference. This is undoubtedly why Rescher is concerned about the belief-modification problem of hypothetical inference. The only interesting question for the extensionalist attempting to solve the standard problem is which particular beliefs should be expelled, and how they are to be selected. Rescher's logic of modal categories works effectively in achieving this purpose, restoring consistency by modifying the belief system. As a plausible cognitive simulation of hypothetical reasoning, on the other hand, the proposal fails to do justice to the fact that in the mind's counterfactual inference beliefs and belief-contravening assumptions are never in danger of formal inconsistency in the first place because counterfactual assumptions are so to speak *mentally bracketed* as merely that – *assumptions*.

There is no need to eliminate any propositions from the set to avoid trivializing deduction, since the *belief* that P is not logically inconsistent with the *assumption* that ~P. What is hard to appreciate from an extensionalist logical viewpoint is that phenomenologically the nontrivial deduction of the belief-contravening conclusion from a counterfactual conditional and a mere assumption is accomplished by the mind without elimination or suspension of any contrary or contradictory beliefs. Like the intensionality of modal constructions beyond the pure extensionality of recursive algorithmic methods, the phenomenological data of hypothetical reasoning escapes the mechanisms of purely extensional logic because it essentially involves referentially opaque intensional distinctions between the alternative intentional attitudes of believing a proposition and merely assuming a proposition that contradicts a belief in content, entertaining it in thought just as a hypothesis without accepting it.

Philosophers like Quine in the spirit of his 'flight from intension', who regard extensional logic as the only legitimate formalization of thought and discourse, declare both modality and intentional propositional attitudes as logically and conceptually suspect (Quine 1960, 191–232). Modal and propositional attitude contexts are derogated by extensionalist philosophy as outside its ken, beyond its range of application, simply because there is no extensional logic of modality or propositional attitude. From this it might be concluded that extensional logics are inadequate for representing the formal structure of thought and discourse. But the mainstream extensionalist traditions in analytic philosophy have instead exalted their limitations and attempted to downplay the intensionality and intentionality of language. The irony is that extensionalist constraints do indeed apply to machines; that is precisely what makes machines different from minds, determines their inadequacy as surrogate minds, and precludes the possibility of any purely extensional mechanical modeling or cognitive simulation of assumption and hypothetical reasoning, of mind generally.

Hypothetical inference from counterfactual or belief-contravening assumptions is either trivialized or obstructed in extensionalist logic and extensionalist cognitive modelings of mind. From a phenomenological perspective, the mind has these propositions and propositional attitudes to work with in hypothetical reasoning:

[Accept]:   'Grass is green.'
[Accept]:   'If grass is not green, then grass does not contain chlorophyll.'
[Accept]:   'Grass contains chlorophyll.'
[Assume]:   'Grass is not green.'

Consistency is preserved for the distinct propositional attitude contexts in which syntactically inconsistent propositions are embedded. Propositional attitude terms in brackets, beliefs and belief-contravening assumptions in single quotations, implement Quine's doctrine of semantic ascent (1960, 271–6).

The bracketing of attitude terms and colloquial sentence quotations accomplish the same thing as the asterisk or underlining quotation device considered above. This formulation calls attention to intensional features of the mind's logically consistent intentional framework for beliefs and counterfactuals or belief-contravening hypotheses. Propositional attitudes and indirect quotation contexts are intensional according to Quine's criti-que, and as such cannot enter into the purely extensional logical operations for the derivation of counterfactual or belief-contravening hypothetical conclusions (Quine 1960, 151–6; 1976b, 185–96).

The mind's preservation of logically consistency among beliefs and belief-contravening assumptions by mentally bracketing or otherwise maintaining distinct propositional attitudes toward propositions in the two categories can be modeled in extensional logic and mechanical simulations by an orthographic equivalent of the asterisk-convention. But then the ex-tensional system is rendered powerless validly to derive counterfactual or belief-contravening conclusions in mental episodes of hypothetical reasoning.

[Conclude hypothetically]:   'Grass does not contain chlorophyll.'

As in the asterisk-convention version, the inference does not carry through in extensional logic when propositional attitude terms are attached. When attitude flags are removed or added to other propositions to facilitate the deduction, extensional systems either reintroduce inconsistency, or else require invalid non-truth-preserving transformation principles that make the model logically inconsistent. In either case, the simulation of hypothetical or counterfactual inference is purchased at the price of syntactical inconsistency.

5. *The* Annahmen *Project*

An alternative strategy requires the rapid transfer of information from discrete memory locations during deductive processing. The machine receives as input facts, counterfactual assumptions and conditionals; the latter are either accepted with or instantly provided distinct orthographic markers to avoid inconsistency.

The information is duplicated and transferred to another memory location for processing. Orthographic flags are removed from or added to the assumptions or conditionals by the algorithms previously described, in effect producing a syntactically inconsistent set of propositions. These in turn are reduced to a consistent set by Rescher's logic of hypothetical reasoning, together with a programmer-supplied heuristic for preference-orderings among kinds of propositions by predetermined epistemic-values. From this refined set the counterfactual conclusion is deduced, orthographic flags reattached, and in this syntactical form it is transferred back to the first memory location, where, with the original input, beliefs and belief-contravening hypotheses, it can consistently enter into diagnostics, and from which source the machine can generate pronouncements about its beliefs, assumptions, and the deductions it has drawn from beliefs and belief-contravening assumptions, in response to questions addressed to it by an external Turing test interrogator (Turing 1950, 433–5).

The processing of inconsistent information is confined in this way to a scratchpad where it does not cause deductive havoc in the machine's reports about its hypotheses and beliefs. Formal simulation of hypothetical inference is executed on the scratchpad using Rescher's calculus of modal categories in a referentially transparent purely extensional sentence token transformation algorithm. When the valid inference of hypothetical conclusions is completed, the orthographic devices are reinstated, indicating that the conclusion is not believed, but merely follows from hypothetically entertained assumptions. In this form it is transferred back to the only location from which questions about the machine's beliefs or assumptions are answered, and in which, by virtue of the cognitive separation of scratchpad and belief register, no inconsistencies obtain, so that the distinction between beliefs and assumptions is recoverable.

The model has the information-control structure of a virtual machine represented by the following pseudocode algorithm (adapted from Schagrin, Rapaport, Dipert 1985, 27–32). It is designated 'ANNAHMEN', the German word for 'assumption', in honor of Alexius Meinong's (1910) study of intentionalist phenomenological psychology, *Über Annahmen* (*On Assumptions*). The functions RESCHER REDUCTION and LEWIS LOGIC call procedures for the Rescher-style reduction of an inconsistent input set to a logically consistent subset according to any desired extensionally definable set of recursive or partially recursive heuristics, and for any desired logically valid deductive procedure for detaching consequents from counterfactual conditionals, such as David Lewis's formal system in *Counterfactuals*. Lewis' notation '$\varphi \,\square\!\!\rightarrow \psi$' for counterfactual conditionals is adopted, and the Lewis Thesis that counterfactuals with logically impossible antecedents are trivially true is assumed (Lewis 1973, 1–4, 24–6).

ALGORITHM: ANNAHMEN 1.0

1. INPUT P, Q;
2. INPUT ~Q □→R;
3. INPUT *~Q*;
4. LET S = <P,Q,~Q □→R, *~Q*>
5. IF INPUT 'What do you believe?'
   THEN OUTPUT 'I believe: P,Q,~Q □→R.';
6. IF INPUT 'What do you assume?'
   THEN OUTPUT 'I assume: ~Q';
7. IF INPUT 'What are your combined beliefs and
   assumptions or hypothetical conclusions?'
   THEN OUTPUT 'My beliefs and (enclosed in *...*)
      assumptions or hypothetical conclusions are: S.';
8. IF *φ* ⊆ S
   THEN S ⊢ ~φ;
9. IF S ⊢ φ & ~φ
   THEN OUTPUT 'My beliefs and assumptions are
      logically inconsistent. Shall we try again?';
   STOP.
10. IF *LSR* ⊆ S
    THEN GO TO 14;
11. LET S = <P,Q,~Q □→R,~Q>;   [inconsistency!]
12. LET RESCHER-REDUCTION(S) = SR;
    LET LEWIS-LOGIC(SR) = LSR;
    LET S = <P,Q,~Q □→R,*~Q*, *LSR*>;
13. GO TO 5;
14. IF INPUT 'What do you deduce from your assumption?'
    THEN OUTPUT 'I deduce: LSR';
    GO TO 5;
15. STOP.

ALGORITHM: ANNAHMEN 1.0

FLOW-CONTROL DIAGRAM

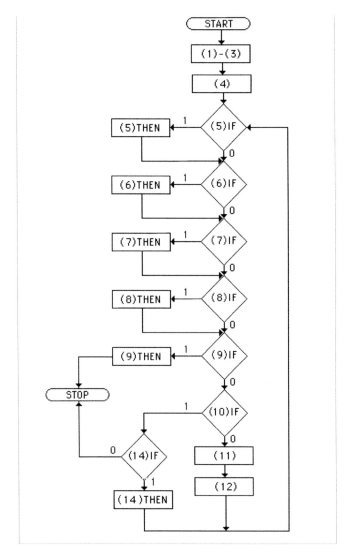

The simulation seems to account for introspective data of the mind's logical consistency and unity of consciousness during episodes of hypothetical

reasoning. The mind might be said to function in just the same or directly analogous way, processing belief-contravening assumptions and counter-factual conditionals in a subconscious scratchpad inaccessible to conscious phenomenological introspection. The reflective examination of hypo-thetical thinking would then be limited to information contained in accessible memory loci, where no inconsistency obtains and where beliefs and belief-contravening hypotheticals and their counterfactual conclusions are simultaneously represented.

The transfer of information can be expected to occur at such high speeds across complex neural networks or electronic circuitry that the conscious mind never notices the exchange, just as the eye cannot detect the rapid fluttering of still images visually interpreted as continuous movement in motion picture films. The brief occurrence of logical inconsistency in the scratchpad set of propositions stripped of their orthographic markers in the fleeting nanoseconds before Rescher's logic is implemented might even be exploited for psychological purposes in a more exacting mechanical explanation of the traditional Freudian faculty theory of the irrationality of the subconscious or id.

Logical inconsistency obtains, but only so innocuously on the scratchpad, and without falling under any deductive operation, that in a sense it is not worth mentioning. Deduction of hypothetical conclusions from assumptions and counterfactual conditionals is postponed until the subroutine involving Rescher's logic of hypothetical reasoning has reduced the inconsistent set to a consistent subset, so that no uncontrolled triviality of inference or flood of unwanted conclusions by the paradoxes of material implication is induced. The inconsistency flares only between discrete stages of the mechanical processing, and takes places entirely behind the scenes, beyond the reach of any machine counterpart of phenomenological introspection.

Questions addressed to the system by an external source, such as a Turing test interrogator, have no special input place in the program, and may be introduced at any time. The questions are held in memory and stack-processed when control loops back to step (5). Bad input can be shunted by batch processing to shield the program from illegitimate data entry, outputting appropriate error messages specifying required input content or format. Step (9) of the algorithm is a failsafe program exit. If the program works properly with legitimate input, the procedure is never tripped, and the inconsistency message never output.

6. Syntactical Consistency and Unity of Consciousness

We need to check the program to determine what it can and cannot do. A quick hand-simulation the machine with data for the grass is green example yields favorable results. There is logical inconsistency in the system in step (11) before the module for RESCHER REDUCTION is executed in step (12). But the inconsistency is momentary (nanosecondary), and insulated from the stack-processing of input questions by the external Turing test interrogator. Such queries can be asked at any time, but are answered only when the program loops back through steps (5)–(9), or skips ahead from (10) to (14), and then back to (5)–(9). By then the inconsistency in step (11) is reduced to a harmless consistency. The contradiction is (so to speak) subconscious, not open to inspection either to the interrogator or the machine's own diagnostics.

The machine programmed with ANNAHMEN takes facts, counterfactual assumptions in asterisks, and Lewis-style counterfactual conditionals. At any point after this input is received, the machine stacks questions in four possible stylized canonical forms about the contents of its beliefs, assumptions, and the deductions it has made from these assumptions. The machine then answers these questions without revealing a contradiction from information in the ('unitary consciousness') set S of its combined continuously updated beliefs, belief-contravening hypotheses, and the conclusions deduced from and added to these. The LEWIS LOGIC system of counterfactual inference is invoked to detach consequents from counterfactual conditionals when the antecedents are removed from asterisk contexts. Whenever questions about the contents of S are answered, S is logically consistent, and beliefs are distinguished from assumptions or hypothetical conclusions by the asterisks, syntactical equivalents of Quinean semantic ascent to belief-suspending propositional attitudes.

It may appear from unproblematic input of this kind that ANNAHMEN fully achieves its purpose. Things go haywire only when other counterfactual conditionals are introduced. Counterexamples to the method embodied in the program arise when R $=_{df}$ P and $\sim$Q $\Box\rightarrow$ R is trivially true because $\sim$Q is logically necessarily false.

Suppose we input:

P ($=_{df}$ '2+2=4')
Q ($=_{df}$ '2+2$\neq$5')
$\sim$Q $\Box\rightarrow$R ($=_{df}$ 'If (counterfactually) 2+2=5, then 2+2=4')
$\sim$Q ($=_{df}$ [Assume] '2+2=5')

The belief-input in the first three items is true. But the ANNAHMEN subprogram transforms this true input and counterfactual assumption into false conclusions and logical inconsistency. The algorithm detaches and adds to unity of consciousness set S the proposition *R*, which by step (8) becomes the false $\sim$P or 2+2$\neq$4. This, together with belief-input P or 2+2=4, implies P & $\sim$P, prompting the inconsistency announcement in step (9) and bringing the program to a halt. The counterexample input shows that the simulation is not adequate to contain inconsistency 'subconsciously' in step (11), but in some cases, unlike the mind's operations with the same beliefs and belief-contravening hypotheses and counterfactual conditionals, logical inconsistency infects unitary consciousness.

When should R rather than $\sim$R be added to S? Certainly, if R is necessarily true, then even if *R* is detached by LEWIS LOGIC, R rather than $\sim$R should be included. Further, if R implies either P or Q, then when *R* is detached, R rather than $\sim$R should go into S. We can build into a revised version of ANNAHMEN 1.1 a module that screens input for certain purely extensional syntactical features indicating potential consistency hazards. The counterexample might be avoided by a more sophisticated routine that recognizes potential sources of inconsistency and, more selectively than step (8), adds either R or $\sim$R to unity of consciousness simulation set S, in the manner of Lindenbaum's Lemma for Henkin-style consistency and completeness proofs, depending on whether or not the addition would preserve syntactical consistency (see Tarski 1956, 98, Theorem 56; Henkin 1950). Step (8) might be replaced by the more sensitive ANNAHMEN CONSISTENCY MODULE.

The module effectively avoids counterexamples of at least two kinds. It eliminates inconsistencies resulting from input where R $=_{df}$ P, R $=_{df}$ Q, or

R implies P or Q (at least when R itself implies no inconsistency). This it does by requiring that *R* added to S imply R rather than ~R when ~R contradicts beliefs previously input to S. The revision also shields unity of consciousness simulation set S from contradiction when R is logically necessary, for input such as P =$_{df}$ Grass is green; Q =$_{df}$ 2+2≠5; R =$_{df}$ 2+2=4; ~Q □→ R =$_{df}$ 2+2=5 □→ 2+2=4. Here the detachment of *R* should not imply 2+2≠4. But since ~R ⊢ R (as a test of R's logical necessity), *R* implies R when added to S rather than ~R.

Yet the revised version of the algorithm remains vulnerable to a complementary category of counterexamples. Consider the input:

P (=$_{df}$ 'Grass is green')
Q (=$_{df}$ '2+2=4')
R (=$_{df}$ '2+2=5')
~Q □→R (=$_{df}$ 'If (counterfactually) 2+2≠4, then 2+2=5')
~Q (=$_{df}$ [Assume] '2+2≠4')

ANNHAMEN CONSISTENCY MODULE

8. IF *R* ⊆ S
    THEN IF R ⊢ P v Q
        THEN S ⊢ R;
    IF ~R ⊢ R
        THEN S ⊢ R;
    S ⊢ ~R;

On this assignment, P, Q, and ~Q □→ R (by the Lewis Thesis) are all true. Further, R ⊢ P v Q, so THAT when *R* is deduced by ANNAHMEN 1.1, *R* is added to set S, where it implies R rather than ~R (in order to avoid the first group of counterexamples). This again floods the unity of consciousness simulation set S with logical inconsistency, halting the program via algorithm step (9). Difficulties ensue both when ~R ⊢ R and when R ⊢ ~R in counterexamples with true input that mechanically generate logically inconsistent output.

ANNAHMEN CONSISTENCY MODULE

FLOW-CONTROL DIAGRAM

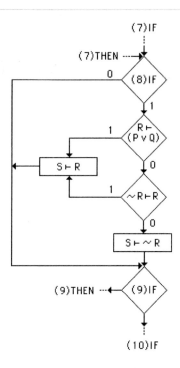

As a final consideration, ANNAHMEN 1.2 might be outfitted with an inconsistency filter even more directly in the spirit of Lindenbaum's Lemma (for logically consistent finite expansions of logically consistent sets). The idea of this module, again replacing step (8) in the original algorithm, is to require *R* to imply ~R in unity of consciousness set S if and only if R would be logically inconsistent with S. The simplified procedure can be represented as follows:

LINDENBAUM CONSISTENCY MODULE

8. IF *R* $\subseteq$ S

THEN IF $\varphi \subseteq$ S WHILE R $\vdash \sim\varphi$
     THEN S $\vdash \sim$R;
S $\vdash$ R;

Despite top-down design alterations to the original program, there are unavoidable counterexamples for which inconsistency cannot be contained even after RESCHER REDUCTION step (11), but spills over into the deduction operation of LEWIS LOGIC in step (12) and beyond, halting the program by failsafe step (9) when the program loops back through (5) after (12) or (14). Here is an obvious example:

P ($=_{df}$ 'R $\equiv$ Q')
Q ($=_{df}$ '2+2=4')
$\sim$Q □$\rightarrow$R [For any 'R'. true by Lewis Thesis]
$\sim$Q ($=_{df}$ [Assume] '2+2≠4')

Rescher-style reduction in step (11) reduces the inconsistent set that obtains when the asterisks are removed from *$\sim$Q* by eliminating Q. But the procedure cannot eliminate P even when P $=_{df}$ R $\equiv$ Q, since in some instances the counterfactual conditional might be formulated as (P & $\sim$Q) □$\rightarrow$ R, where, without belief P to work with, the program cannot validly deduce contrary-to-fact conclusion R. The reduced set in that case is <P, $\sim$Q □$\rightarrow$ R, $\sim$Q>, *sans* Q. But where P is R $\equiv$ Q, the inconsistency immediately reappears as soon as LEWIS LOGIC is implemented in step (12). The problem is that an outright logical inconsistency exists under a deduction operation. An easier and possibly less controversial route to the same difficulty occurs when R itself is logically inconsistent.

The difficulty ensues both when $\sim$R $\vdash$ R and when R $\vdash \sim$R, in counterexamples with true input that mechanically generate logically inconsistent output. There is therefore no general solution to the problem in a more complicated Borgesian labyrinth of specialized filter-conditions on the purely syntactical properties of machine input.

7. The Wages of Inconsistency: Artificial Intelligence
and the Intentionality of Mind

The significance of being able to force syntactical inconsistency under deduction in programs that purport to simulate hypothetical reasoning even after Rescher-style reduction of inconsistent input to a logically consistent subset can now be appreciated. The implications for mechanical belief-update systems implementing monotonic or nonmonotic logics are far-reaching in limiting the prospects of mentalistic artificial intelligence programming and cognitive simulation of psychological capabilities.

When a logically inconsistent data set is entered to be processed by RESCHER REDUCTION, it is in effect no more than an inactive list of propositions. By itself, such a list poses no more difficulty for a machine than the input to a word processing program of a short story in which contradictory properties are predicated of a character in fiction. Smoke starts pouring from the keyboard only when inconsistent propositions are subjected to logical deduction. Then there is no longer any satisfactory extensionally programmable algorithm or recursive mechanical procedure for recovering a plausible cognitive simulation of hypothetical reasoning. This is why it is important for the program to complete RESCHER REDUCTION before invoking LEWIS LOGIC.

Any mechanical filtering of the inconsistent set resulting under deduction must appeal to some conditional purely syntactical property C of at least some members of the set. That is the only way for a filter to recognize which members to include, and to distinguish them from those that need to be excluded from the logically consistent unity of consciousness simulation set S. After an inconsistency obtains under deduction, however, it is validly implied that any and all members of the set both have and do not have property C. The filter, including any variation of Rescher-style heuristic reduction, is thereby either completely disabled from eliminating any propositions from S, or trivially eliminates every proposition. The reconstruction of a plausible logically consistent unity of consciousness set for the computer simulation of hypothetical reasoning is precluded in either case – either an inconsistency inevitably remains, or else the simulation is inadequate because the final belief and hypothesis set is left empty.

Theoretically, the syntactically inconsistent set under deduction should contain every proposition and its negation. Sets are abstract entities, while computer memory holds only finite concrete strings of symbols that may represent the partial contents of an infinite logically inconsistent set. The program can by brute imposition limit the deduction of conclusions from an inconsistent pair of propositions, after any desired finite number of operations.[5] But this will not make possible the further Rescher-style reduction of the partially inconsistent set to a consistent subset in a plausible cognitive simulation of hypothetical reasoning. There is no way to guarantee that the expected conclusion of the contrary-to-fact conditional will be detached in deduction from a logically inconsistent set in any chosen finite number of steps. The inference procedure supports the derivation of infinitely many conclusions irreducible to equivalent forms, including the negation of the expected hypothetical consequent, equally validly deducible from the counterfactual conditional embedded in a context of logically inconsistent propositions. It will not avail to halt deduction after a stipulated number of steps, nor to continue through or several steps beyond the deduction of a conclusion or conclusions from the conditional, since there is no adequate method to select or exclude the conditional consequent or its negation.

It would be pointless to insert *R* rather than *~R* in the final, logically consistent unity of consciousness set S if the counterfactual conditional is ~Q □→ R rather than ~Q □→ ~R. This would amount to no more than implementation of the semantically invalid detachment sequent ~Q □→ R, *~Q* ⊢ *R*, which has already been eliminated on the basis of the intensionality of the assumption-hypothesis context *...*. If the purpose of the expert system for assumption and hypothetical reasoning is to simulate psychological processes, then the consequent of the counterfactual conditional must be detached by a genuine deduction. To attempt this in counterexample cases with problematic input leads to invalid procedures and logically inconsistent or cognitively implausible output. Any hope of success for the ANNAHMEN procedures must depend on the possibility of confining inconsistency to lists of input propositions free of any deduction operation, as in the prior consistent subset abstraction from an inconsistent input list

---

[5] The problem of inference control is addressed by Schank (1979). See also Joshi, Webber, and Weischedel (1984, 134–8).

by RESCHER REDUCTION, *before* the deductive machinery of LEWIS LOGIC or its equivalent is invoked. The counterexamples demonstrate that there is no effective method of preventing inconsistency from occurring under deduction even after Rescher-style reductions are accomplished, and that once deduction is applied to a logically inconsistent set, there is no satisfactory mechanical procedure for controlling inference from the inconsistency or again reducing an inconsistent set to a consistent subset.

It might be thought that a nonstandard relevance or dialethic paracon- sistent logic for counterfactual inference might avoid these difficulties by restricting the valid deduction of any and every proposition from a logical inconsistency. Such logics would nevertheless need to remain purely ex- tensional in order to be realizable by a finite state machine. But neither re- levance nor paraconsistent logic can prevent conjoining to P or Q as belief input some of the characteristic axioms of standard propositional logic that lead to the same difficulty. If the classical logical theorem $\vdash \varphi \supset (\sim\varphi \supset \psi)$ is introduced in this way, then inconsistency under LEWIS LOGIC even after RESCHER REDUCTION once again implies any and every propo- sition, despite the attempted restriction of inference to a nonstandard rele- vance logic for counterfactual deduction. If the machine's global logic is limited exclusively to a relevance or paraconsistent system, so that standard axioms cannot enter into any of its cognitive simulation input or be validly implemented when introduced, then the program cannot ade- quately model the beliefs of subjects who do accept and reason in terms of standard logic. It is relatively unproblematic for mathematically disciplined minds to accept relevance or dialethic logic while hypothetically conside- ring the standard paradoxes of material implication, or conversely. In- formation-processing simulations cannot make the required intentional dis- criminations mechanically, and so inevitably fall into the dilemma of logical inconsistency or cognitive implausibility.[6]

The inescapable conclusion, predictable both from the intentionality of propositional attitude contexts like 'believes that ____' and 'assumes that ____', and the intensionality of counterfactual modalities, is that there is

---

[6] For a survey of the widespread use of standard logics in artificial intelligence pro- gramming, see Wilks (1974). Nonstandard logics for cognitive research are described in Turner (1984). Also Parker-Rhodes (1978).

no satisfactory extensional, mechanical, algorithmic, or purely syntactical method of plausibly cognitively simulating the mind's natural ability to make assumptions and reason hypothetically from counterfactual conditionals (Brentano 1874, 88–94, 97–8, 180–1). The only promising extensional solutions in the end fail to preserve logical consistency despite heroic revisions and adjustments to screen out contradictions. Invalidity haunts even the most sophisticated proposals for mechanically mimicking hypothetical inference. The problems of artificial intelligence, cognitive psychology, philosophy of mind, and philosophy of language, converge on the problem of hypothetical reasoning and the limitations of extensional systems in modeling intentional psychological phenomena (Hintikka 1971; 1975).

If the most powerful conceivable artificial intelligence programs fail on their own terms adequately to model the intentionality of mind, then realistically there is no slippery slope from increasingly sophisticated mechanical simulations to actual replications of genuine psychological phenomena. There is no satisfactory extensional substitute for the mind's intentional adoption of distinct propositional attitudes toward beliefs and mere assumptions or hypotheses.

8. Counterfactuals and the Frame Problem

The frame problem in artificial intelligence is directly related to the inability of mechanical systems to simulate hypothetical reasoning. Frame selection conditionals are counterfactuals designed to eliminate irrelevant propositions from an evolving unmanageable database under belief update constraints that would otherwise accumulate to overwhelm a machine's real time processing in interactions with complex action fields (Ginsberg 1986). To enable machines to function outside of microworld environments with real world complications and changing contingencies, a script-type programming technique is proposed under which alternative scripts are prepared for machines to follow when particular conditions obtain (Schank 1972; Schank and Abelson 1977). Since not all anticipated conditions simultaneously occur, the mechanisms for engaging some of the scripts must be hypothetical or counterfactual.[7] The machine is instructed to do something *if* certain conditions obtain or were to obtain. The same counterfactual inference techniques are required for artificial intelligence modelings of hypothetical action-planning: *if* it rains, take an umbrella; *if* the sun shines, drive to the ocean (Ginsberg 1986, 35–8).

The frame problem is the problem of formulating conditionals to call down appropriate scripts for appropriate circumstances by identifying relevant and eliminating irrelevant information (Minsky 1980; Dennett 1984; Brown 1987). If relevant contingencies can be anticipated (itself an evident counterfactual involving indeterminate tree search combinatorics), then changes in situations will be met with proper mechanical responses by implementing the appropriate scripts. A frame regress is threatened, since for a machine to be programmed to engage the appropriate script, it is necessary to inscribe a frame around a more manageable relevant part of the unlimited available information, which requires selection principles to carve out only the circumstantially useful data. Choosing from among indeterminately many alternative selection principles presents yet another frame problem for the machine, where considerations about appropriate selection principles under anticipated circumstances requires further evaluation of the relevance or irrelevance of incoming information for the higher-level selection of more basic selection procedures for scripts. Script selection procedures require frame selection procedures, and so on indefinitely, against a shifting background of changing conditions for which there is no effective mechanical partitioning of vital from useless information at any level of the regressive hierarchy (Dreyfus 1979, 35–40, 57–61; 1982; Haugeland 1985, 203–11). The frame problem in its most general terms is the cognitive modeling analogue of the diallelus or problem of the criterion in epistemology.[8]

---

[7] Ginsberg (1986, 56): "Since maintaining database consistency in the face of new information is precisely the aim of the possible worlds construction, the counterfactual approach seems a more natural way to address this difficulty [*compiling frame axioms for a machine's primitive actions*]."

[8] Chisholm (1973; 1957, 30–9; 1977, 119–34). Michel de Montaigne in his *Essays* II, 12 ('The Defense of Raymond Sebond', 1580), sketches the most concise version of the problem: "To know whether things really are as they seem to be, we must have a *procedure* for distinguishing appearances that are true from appearances that are false.

If the frame problem cannot be solved, artificial intelligence can at best hope to imitate limited aspects of the external behavior of intelligent systems without replicating genuine intelligence. Nor is there reason to accept the most successful artificial intelligence modelings as scientific explanations of psychological processes if the solutions natural intelligence deploys to manage its frame problems inevitably elude simulation (Dreyfus 1979, 1–41). The need for counterfactual modes of inference in resolving the frame problem, and the inherent inadequacies of mechanical simulations of counterfactual reasoning imply that the frame problem will remain logically intractable even if counterfactually the frame regress could somehow be averted. The fact that minds unlike machines can reason hypothetically from counterfactual conditionals without database fragmentation or inconsistency explains how and why minds but not machines are able nonmechanically to frame relevant information and discard irrelevancies in the otherwise unmanageable flux of real world data, of how natural intelligence nonmechanically solves the frame problem. The machine's inherent inability to sort out and eliminate irrelevant information from real world environments has immediate implications for the dismal track record of robotics and artificial intelligence simulations of vision and natural language translation (Johnson 1986, 99–119, 143–51; Bar-Hillel 1964).

What is lost from a phenomenological viewpoint when Rescher-style belief-modification truth- or consistency-maintenance systems are used in the attempt to provide counterfactual conditional solutions to the frame problem is the qualified unity of consciousness under which consistency is maintained by natural intelligence without discharging prior beliefs, by entertaining distinct propositional attitudes toward beliefs and belief-contravening assumptions or counterfactual hypotheses. The objection is not just that mechanical models of assumption and hypothetical inference are inadequate in degenerate cases of philosophical interest only, and that therefore no mechanical substitute for counterfactual thinking can be used to solve the frame problem. The difficulty is rather that limitations in

---

But to know whether our procedure is a good procedure, we have to know whether it really *succeeds* in distinguishing appearances that are true from appearances that are false. And we cannot know whether it does really succeed unless we already know which appearances are *true* and which ones are *false*" (trans. paraphrase in Chisholm (1973, 3)).

machine models of counterfactual inference are so fundamental that they preclude any general mechanical simulation of hypothetical reasoning on pain of invalidity and syntactical inconsistency, without which there can be no solution to the frame problem.

If, as the previous argument implies, there is no mechanical model of counterfactual thinking that preserves unity of consciousness together with syntactical consistency of beliefs or database, then artificial intelligence efforts to solve the frame problem by means of counterfactual conditionals are doomed to failure not only as quixotic attempts to produce genuine artificial intelligence in machines, but even as highly implausible cognitive simulations of genuine natural intelligence. The Turing test in principle should always be able to discredit the best of these endeavors.

9. Church's Thesis

It is sometimes urged that antimechanist philosophy of mind runs afoul of Church's Thesis in mathematical logic. Judson C. Webb in his book *Mechanism, Mentalism, and Metamathematics* considers this argument:

> But does the psychology of computation comprehend *all* behavior? More specifically, is the main cybernetical claim
>   (C) Every 'precisely described' human behavior can be simulated by a suitably programmed computer.
> implied by (CT) [*Church's Thesis*]? Dennett speaks for many when he says that (C) 'is, or boils down to, some version of' (CT), say, Turing's
>   (T)' Every humanly effective computation procedure can be simulated by a Turing machine.
> which did *inspire* (C)... (Webb 1980, 220)

The implication for an antimechanist account of assumption and hypothetical reasoning seems to be that since minds are able effectively to compute counterfactual conclusions from hypotheses and contrary-to-fact conditionals, then by Turing's (T)' Thesis or Church's Thesis so interpreted, it follows that assumption and hypothetical reasoning must be mechanically simulable by a universal Turing machine (see Dennett 1978, 83). This does not automatically entail that the antimechanist understanding of counterfactual inference is false, but suggests a serious theoretical conflict, since

Church's Thesis though unproven is widely accepted by metamathematical logicians (Mendelson 1964, 227–8; Shoenfield 1967, 119–22). It is nevertheless unclear whether these efforts to apply Church's or Turing's Thesis are correct. Webb adds:

> ...Turing's argument for (T)' clearly does establish *something*. What? According to Gödel and Kreisel, it only established
>> (T)" Every *mechanically* effective computation procedure can be simulated by a Turing machine.
>
> What then is the implied difference between 'humanly' and 'mechanically' effecttive? According to Wang's formulation of Gödel's views, our 'intuitive notion does not require that a mechanical procedure should always terminate or succeed. A sometimes unsuccessful procedure, if sharply defined, still is a procedure, i.e. a well-determined manner of proceeding' ... In other words, Gödel believed that Turing's analysis only establishes Kleene's generalization (KT)' of Church's thesis for *partial* recursive functions. (1980, 223)

Church's Thesis implies only that every calculable or computable function is recursive (Church 1936). This in no way contradicts the antimechanist position concerning the unmechanizability of assumption and hypothetical reasoning, since the mind's inference from counterfactuals according to the antimechanist argument is neither calculable nor computable in the technical sense of providing an effective algorithmic procedure as required by Church's Thesis. Church offers the thesis in a definition of effective calculability: "... a function of positive integers shall be called effectively calculable if it is recursive ..." (1936, 346). Martin Davis accurately represents Church's Thesis as limited to functions computable by a finite procedure: "Church's thesis identifies the functions which can be computed by a finite procedure with the class of general recursive functions" (Davis 1967, 39).

It is important to distinguish Church's Thesis from what Webb designates as Turing's Thesis. The latter, whether or not historically attributable to Turing, implies that any procedure, calculable-computable or not, and including intentional-intensional procedures performed by the mind, is Turing-machine-simulable by algorithm, finite effective mechanical procedure, or recursive function. Church's Thesis is intuitively plausible, but properly interpreted does not contradict the antimechanist view of assumption and hypothetical reasoning. Turing's Thesis like the Main Cybernetical Claim contradicts antimechanism, but lacks the intuitive plausibility of Church's Thesis, and so has no pretheoretical presumption in its favor. When the limited significance of Church's Thesis is appreciated, it is evident that the definition identifying effectively computable-calculable functions with general or partial recursive functions has no interesting mechanist implications for artificial intelligence, cognitive psychology, or philosophy of mind.

10. *Gödel's Theorems and the Mind-Machine Distinction*

The fact that minds unlike machines are able to reason hypothetically from counterfactual assumptions explains why minds unlike machines can correctly judge the truth value of Gödel sentences and their negations.[9]

Suppose a Turing test interrogator were to supply imitation game participants with a Gödel sentence S of the form $\sim$Thm(n), meaning that sentence n is not a theorem, where Gödel number $g(^\ulcorner\sim\text{Thm}(n)^\urcorner) = n$. A properly trained mind given this information can in principle judge that S is a true Gödel sentence, and $\sim$S is a false Gödel sentence negation. The interrogator can substitute another unprovability predicate for '$\sim$Thm', such as 'Nthm' or even 'Thm'. If the interrogator also informs imitation game participants that 'Thm(n)' now means sentence n is *not* a theorem, then minds can conclude that the new sentence is also a true Gödel sentence, and $\sim$Thm(n) a false Gödel sentence negation. Machines on the other hand cannot validly draw this conclusion, because to do so mechanically requires the invalid, semantically unauthorized substitution of alternative unprovability predicate 'Thm' for '$\sim$Thm' in the referentially opaque intensional Gödel number quotation context '$g(^\ulcorner...^\urcorner)$' (Jacquette 1987, 4–10; 1993; 1994, 81–7; Auerbach 1985, 337–51). The mind is able to accomplish this task because minds unlike machines can entertain and validly draw conclusions from counterfactual hypotheses without lapsing into logical contradiction. The bracketed counterfactual assumption in question can be formulated as: '[Suppose] The Gödel number of substitution sentence Thm(n) is $g(^\ulcorner\text{Thm}(n)^\urcorner) = n$, where 'Thm' now means unprovable rather

---

[9] Lucas (1961; 1970, 121–72). Bronowski (1965, 78–80; 1966, 1–14). Jacquette (1987, 1–16; 1983; 1984, 81–7).

than provable.' The mind adopts a different, assumptive or hypothetical intentional attitude toward the new sentence, rather than toward the original sentence, which, under a fixed Gödel numbering system, in fact has Gödel number n. From this counterfactual supposition it follows, as minds unlike machines seem able to grasp, that the substitute sentence is also a true Gödel sentence, despite the exchange of unprovability predicates within the intensional Gödel number quotation context.

The ability to think hypothetically, and the inability of finite state machines adequately to simulate assumption and hypothetical reasoning, explains why minds unlike machines can pass the Gödel sentence Turing test with the same limited information input. The Gödel-Turing test distinguishes in principle between minds and machines. The limitations of extensional modelings of counterfactual inference provide the logical foundation for the criterion, that explains why minds in principle succeed where machines inevitably fail.

Gödel showed how to construct incompleteness-inconsistency dilemmas in systems of logic like the *Principia Mathematica*. Despite formally well-defined procedures for Gödel-numbering and diagonalization, Gödel's theorems establish an antimechanistic metamathematical criterion for the distinction between minds and machines. Webb denies this when he argues for the contrary view:

> ... Gödel's work ... puts mechanism back in the running: precisely by showing how to carry out the incompleteness argument *effectively*, he showed that a *machine* can carry it out. I shall argue ... that the essence of Gödel's work is nothing but the *mechanization of diagonalization* ... Since a machine can apply Gödel's purely mechanical routine of diagonalizing a formal system or machine, being able to do this to any machine no longer implies that you are not a machine. (1980, 151)

I think that Webb's analysis misconstrues the criterion for distinguishing between minds and machines in the Gödel sentence Turing test. The significant application of Gödel's first theorem in a Turing test or imitation game context is not to determine whether or not a machine could produce a Gödel-diagonalization. That possibility may be freely admitted. The interesting question is whether or not any finite state machine could match the mind's ability correctly to judge the truth value of Gödel sentences and their negations in any of their alternative formulations and transformations.

To do this requires a nonextensional nonmechanical procedure for substitution into referentially opaque Gödel-numbering quotation contexts. The intensionality of Gödel sentences once constructed, rather than the effective procedural mechanical constructability or nonconstructability of Gödel sentences, defeats the mechanical simulation of mind in the logically most formidable version of the Gödel-Turing test.[10]

11. Freedom of Assumption and the Will

The familiar expression of freedom of action is to say that an agent 'could have done otherwise' than the agent did in fact do. An agent's act is free, one for which the agent is responsible, if under the circumstances he or she could have done otherwise or refrained from acting. Challenges to free will based on physical or theological determinism attempt to establish that individuals in fact cannot do otherwise. But our firm conviction that we are ordinarily free to act and that other things being equal we are responsible for our actions can be seen to derive from our ability to entertain contrary-to-fact assumptions in episodes of hypothetical reasoning, in which we consider what would have happened if counterfactually we had not acted as we did. If it is true that machines unlike minds cannot make assumptions or adequately simulate the mind's ability to do so, and if an agent's free counterfactual assumption that he or she did otherwise than he or she in fact did provides the analysis at least of the belief that we typically act freely, then the intentional account of mind provides the basis for a philosophically sound distinction between the mind's freedom of will, and the unfree determined behavior of machines and nonhuman animals incapable of counterfactual assumption (Lucas 1970, 167–72).

The intentionality of thought in this way potentially restores to the concept of mind its freedom and dignity, without denying the (statistically) 'deterministic' model of macrophysical entities supported by modern science. Counterfactual assumption is also evidently a necessary precondition for the exercise of imagination, directly related to the intentionality of art, the problem of creativity, and the question whether it is possible for

---

[10] Lucas (1970, 140–5), anticipates Webb's objection, acknowledging the procedural constructability of Gödel sentences.

computers to be artistically creative.[11] It is by hypothetical reasoning that
an artist or myth-maker explores the consequences of combining a human
torso with a horse's legs and trunk to create the idea of a centaur, or exami-
nes what might follow if counterfactually there were a famous London de-
tective with a friend named Watson and an enemy named Moriarity.
Meinong refers to this as the mind's unrestricted freedom of assumption
(*unbeschränkte Annahmefreiheit*), which he identifies as the fountain of
imagination in original thought (1910, 346 and *passim*; 1915, 283). It is the
same irreducibly ineliminably intentional activity by which a mathematician freely assumes that Euclid's parallel postulate is false in order to
draw inferences from the assumption leading to the invention of non-
Euclidean geometries, or by which the natural scientist ponders the effect
of reducing the ozone layer of the Earth to predict what would happen if
contrary-to-current-fact it were drastically depleted, or describes the
implications of freely imagined nonexistent ideal gases, frictionless
surfaces, or unimpeded projectiles, in order to construct a new theory of
motion (1910, 110–16).

There are two main categories of freedom: freedom *to do* certain
things, to act; and freedom *from* various kinds of limitations. Some, though
arguably not all kinds of freedoms from limitations can also be described
as freedoms to act. It would be circular to conclude that the freedom to act
could be based on freedom of assumption if assumption is a mental act,
and if freedom of assumption is understood as the freedom to do something
in particular. But freedom *of* assumption, as the concept has been develop-
ped, is best interpreted as a semantic freedom *from* truth and belief in
counterfactual and counterdoxastic reasoning. This semantic freedom provides the conceptual and epistemic foundations for the freedom to act, including freedom to choose, will, and assume. The intentionality of thought
at the source of the semantic freedom of assumption is physically-mechanically-causally irreducible. This is true, among other reasons, as many philosophers have observed, because intentional states can only be adequately
expressed in a referentially opaque intensional idiom, whereas attempts to
give reductive physical-mechanical-causal explanations of intentional

---

[11] Dennett (1978, 71–89). Dennett generalizes on poet Paul Valéry's insight that invention involves careful selection by normative heuristics from among a random generation of ideas as a basis for an artificial intelligence modeling of creativity in the arts.

states can only be given in strictly extensional terms. Assumption and the intentionality of free assumption as a ground of the freedom of action and the will is therefore not physically-mechanically-causally reducible, and therefore cannot be physically-mechanically-causally determined.[12]

References

Auerbach, David R. 1985. "Intensionality and the Gödel Theorems", in: *Philosophical Studies* **68**, 337–51.

Bar-Hillel, Yehoshua 1964. *Language and Information: Selected Essays on Their Theory and Application*. Reading: Addison-Wesley.

Brentano, Franz 1874. *Psychologie vom empirischen Standpunkt*. Leipzig: Duncker und Humblot; *Psychology from an Empirical Standpoint*. A.C. Rancurello, D.B. Terrell, and L.L. McAlister (trans.) London: Routledge & Kegan Paul, 1973.

Bronowski, Jacob. 1965. *The Identity of Man*. New York: Natural History Press.

Bronowski, Jacob. 1966. "The Logic of Mind", in: *American Scientist* **54**, 1–14.

Brown, Frank M. (ed.) 1987. *The Frame Problem in Artificial Intelligence*. Los Altos: Morgan Kaufmann.

Chisholm, Roderick M. 1957. *Perceiving: A Philosophical Study*. Ithaca: Cornell University Press.

Chisholm, Roderick M. 1973. *The Problem of the Criterion*. Milwaukee: Marquette University.

Chisholm, Roderick M. 1977. *Theory of Knowledge*, 2nd ed. Engelwood Cliffs: Prentice-Hall.

Church, Alonzo 1936. "An Unsolvable Problem of Elementary Number Theory", in: *American Journal of Mathematics* **58**, 346, 356–8.

Davis, Martin (ed.) 1967. Editor's Introduction, in: *The Undecidable: Basic Papers on Undecidable Propositions, Unsolvable Problems, and Computable Functions*. New York: Raven Press.

Dennett, Daniel C. 1978. "Why the Law of Effect Will Not Go Away", in: *Brainstorms: Philosophical Essays on Mind and Psychology*. Montgomery: Bradford Books, 71–89.

Dennett, Daniel C. 1983. "Intentional Systems in Cognitive Ethology: The 'Panglossian Paradigm' Defended", *Brain and Behavioral Sciences* **6**, 343–90.

Dennett, Daniel C. 1984. "Cognitive Wheels: The Frame Problem of AI", in: *Minds, Machines, and Evolution*. Christopher Hookway (ed.) Cambridge: Cambridge University Press, 129–51.

---

[12] This project was supported by a Research Initiation Grant from The Pennsylvania State University.

Descartes, René 1975. *Meditations on First Philosophy, The Philosophical Works of Descartes*, Vol. I, E.S. Haldane and G.R.T. Ross (trans.), Cambridge: Cambridge University Press.

Doyle, Jon 1979. "A Truth Maintenance System", in: *Artificial Intelligence* 7, 231–72.

Dreyfus, Hubert L. 1979. *What Computers Can't Do: The Limits of Artificial Intelligence*, rev. ed. New York: Harper & Row.

Dreyfus, Hubert L. 1982. Editor's Introduction, in *Husserl, Intentionality, and Cognitive Science*. Cambridge: MIT Press, 1–27.

Ginsberg, Matthew L. 1986. "Counterfactuals", in: *Artificial Intelligence* 30, 35–79.

Haugeland, John 1985. *Artificial Intelligence: The Very Idea*. Cambridge: MIT Press.

Henkin, Leon 1950. "Completeness in the Theory of Types", in: *Journal of Symbolic Logic* 15, 81–91.

Hintikka, Jaakko 1971. "Semantics for Propositional Attitudes", in: Leonard Linsky, editor, *Reference and Modality*. London: Oxford University Press, 145–67.

Hintikka, Jaakko 1975. *The Intentions of Intentionality and Other New Models for Modalities*. Dordrecht-Boston: D. Reidel Publishing Company.

Jacquette, Dale 1986. "Intentionality and Intensionality: Quotation Contexts and the Modal Wedge", in: *The Monist* 69, 598–608.

Jacquette, Dale 1987. "Metamathematical Criteria for Minds and Machines", in: *Erkenntnis* 27, 1–19.

Jacquette, Dale 1993. "A Turing Test Conversation", in: *Philosophy* 68, 231–3.

Jacquette, Dale 1994. *Philosophy of Mind*. Englewood Cliffs: Prentice Hall, Inc.

Johnson, George 1986. *Machinery of the Mind: Inside the New Science of Artificial Intelligence*. Redmond: Tempus Books.

Joshi, A., Webber, B., and Weischedel, R.M. 1984. "Preventing False Inferences", in *Proceedings of the Tenth International Conference on Computational Linguistics*. Morristown: Association for Computational Linguistics.

Kant, Immanuel 1965. *Critique of Pure Reason* (second edition 1787), N. Kemp Smith (trans.), New York: St. Martin's Press.

Kleer, Johan de 1986. "An Assumption-Based TMS", in: *Artificial Intelligence* 28, 127–62.

Lewis, David 1973. *Counterfactuals*. Cambridge: Harvard University Press.

Lucas, J.R. 1961. "Minds, Machines, and Gödel", in: *Philosophy* 36, 112–27; rpt. in: A.R. Anderson (ed.) *Minds and Machines*, Englewood Cliffs: Prentice-Hall, 1964, 43–59.

Lucas, J.R. 1970. *The Freedom of the Will*. Oxford: Clarendon Press.

Marks, Charles 1980. *Commissurotomy, Consciousness and Unity of Mind*. Cambridge: MIT Press.

Meinong, Alexius 1910. *Über Annahmen*, 2nd ed. Leipzig: Johann Ambrosius Barth; rpt. in: *Gesamtausgabe*, R. Haller and R. Kindinger (eds) in collaboration with R.M. Chisholm, 1968–1978. Graz: Akademische Druck- und Verlagsanstalt, IV.

Meinong, Alexius 1915. *Über Möglichkeit und Wahrscheinlichkeit: Beiträge zur Gegenstandstheorie und Erkenntnistheorie*. Leipzig: Johann Ambrosius Barth; *Gesamtausgabe* VI.

Mendelson, Elliott 1964. *Introduction to Mathematical Logic*. New York: D. Van Nostrand Company.

Minsky, Marvin L. 1968. *Semantic Information Processing*. Cambridge: MIT Press.

Minsky, Marvin L. 1981. "A Framework for Representing Knowledge", in: *Mind Design: Philosophy, Psychology, Artificial Intelligence*. John Haugeland (ed.) Cambridge: MIT Press, 95–128.

Nagel, Thomas 1971. "Brain Bisection and the Unity of Consciousness", in: *Synthese* **22**, 396–413.

Parfit, Derek 1984. *Reasons and Persons*. Oxford: The Clarendon Press.

Parker-Rhodes, A.F. 1978. *Inferential Semantics*. Atlantic Highlands: Humanities Press.

Quine, W.V.O. 1950. *Methods of Logic*. New York: Henry Holt & Company.

Quine, W.V.O. 1960. *Word and Object*. Cambridge: MIT Press.

Quine, W.V.O. 1961. "Reference and Modality", in: *From a Logical Point of View*, 2nd rev. ed. Cambridge: Harvard University Press, 139–44.

Quine, W.V.O. 1976a. "Three Grades of Modal Involvement", in: *The Ways of Paradox and Other Essays*, rev. ed. Cambridge: Harvard University Press.

Quine, W.V.O. 1976b. "Quantifiers and Propositional Attitudes", in: *The Ways of Paradox and Other Essays*, rev. ed. Cambridge: Harvard University Press.

Rescher, Nicholas 1964. *Hypothetical Reasoning*. Amsterdam: North-Holland Publishing Company.

Schagrin, Morton L., William J. Rapaport, and Randall R. Dipert 1985. *Logic: A Computer Approach*. New York: McGraw-Hill Book Company.

Schank, Roger C. 1972. "Conceptual Dependency: A Theory of Natural Language Understanding", in: *Cognitive Psychology* **3**, 552–631.

Schank, Roger C. and Robert P. Abelson 1977. *Scripts, Plans, Goals, and Understanding: An Inquiry into Human Knowledge*. Hillsdale: Laurence Erlbaum Associates.

Schank, Roger C. 1979. "Interestingness: Controlling Inferences", in: *Artificial Intelligence* **12**, 273–97.

Shoenfield, Joseph R. 1967. *Mathematical Logic*. Reading: Addison-Wesley.

Tarski, Alfred. 1956. *Logic, Semantics, Metamathematics: Papers from 1923 to 1938*. J.H. Woodger (trans.) Oxford: Clarendon Press.

Turing, Alan M. 1950. "Computing Machinery and Intelligence", in: *Mind* **59**, 433–60.

Turner, Raymund. 1984. *Logics for Artificial Intelligence*. Chichester: Horwood.

Webb, Judson C. 1980. *Mechanism, Mentalism, and Metamathematics: An Essay on Finitism*. Dordrecht-Boston: D. Reidel Publishing Company.

Wilks, Y.A. 1974. *Natural Language Understanding Systems Within the AI Paradigm*. Stanford: Stanford AI Project, AIM-237.

Malum, Transcendentalia and Logic

JAN WOLEŃSKI

Brentano had a great respect for Aristotle and quite considerable sympathy for medieval philosophy. Yet it is controversial to what extent he was influenced by the Schoolmen.[1] Leaving this general problem without further comments, one point is clear: Brentano was completely insensitive to the theory of the *transcendentalia* (I will also use the term 'transcendentals') and, in particular, to its consequences for the understanding of good and evil (the negative theory of evil; NTE for brevity). As far as I know, his published writings do not mention the problem of transcendentals.[2] Of course, Brentano knew Thomas Aquinas' theory of goodness, but rather focused on the understanding of *bonum* as *propriae respicit appetitum*.[3] Later, guided by his reism, Brentano considered 'good' and 'bad' not as real predicates.

Brentano's reistic track is further developed by Oskar Kraus. In particular he points out unclarities in Aquinas' formula: *intellectus : veritas = appetitus : bonum*; he points out that only things are objects of thought or desire (cf. Kraus 1937, 50–2). Although Kraus attacks the analogy between truth and goodness, which is one of the main features of NTE, he does not mention the theory itself in his analysis. Georg Katkov, another Brentanist from Prague, implicitly rejects NTE when he considers the sentence 'if *A* is bad, then the existence of *A* is also bad', because it is clear that 'being bad' refers to a positive property (Katkov 1937, 34). This brief review shows that although NTE was not extensively discussed in the

---

[1] This matter is discussed in Windischer 1936, where the author argues that Brentano's philosophy is radically different from scholasticism on most points.

[2] Even in his history of medieval philosophy (see Brentano 1980). This thesis can be extended to Brentano's students as well. For example, Twardowski says nothing about transcendentals in Twardowski 1910. Note, however, that I do not pretend to be an expert in the texts of the Brentano school.

[3] F. Brentano 1874, 263; page-reference to English translation. This account of *bonum* will be commented later in this paper.

Phenomenology and Analysis: Essays on Central European Philosophy.
Arkadiusz Chrudzimski and Wolfgang Huemer (eds), Frankfurt: ontos, 2004, 359–70.

Brentano School, there is sufficient evidence to conclude that its members rejected this theory.

This paper intends to show that NTE is untenable, but I will not use arguments that come directly from the Brentanist camp.[4] After a short introduction to NTE, I shall sketch an argument against it. Then I shall outline various possibilities for the ontology of *malum*. NTE, unconditionally accepted by Thomists, has two aspects that must be sharply distinguished. It serves as a solution to the well known problem in theodicy concerning the (in)consistency between the reality of evil on one hand and God's attributes on the other. However, NTE may be also regarded as making a contribution to ontology, quite independently of its theological importance. Here I am only in NTE as an ontological conception. In Thomas Aquinas, NTE is closely connected with his theory of the transcendentals, which are supracategorial notions (*transcendentalia omnia genera transcendunt*). It is controversial how many transcendentals there are. Fortunately, we can leave this controversy aside and concentrate on three notions, namely: *ens* (being), *verum* (truth) and *bonum* (goodness).[5] Transcendentals are mutually co-extensional. This means that

(1)   if X and Y and are transcendentals, they are mutually convertible.

This general principle has its particular instances, which are usually expressed by Latin statements, for example:

(2)   (a)   *ens et verum convertuntur*
      (b)   *ens et bonum convertuntur*

---

[4] However, I must say that my thinking about the matter is considerably influenced by the rejection by Brentano and his followers of the ontological concept of truth in favour of the epistemological one. If this step is made, then the question of whether *bonum* and *malum* can be understood ontologically becomes open. Another more concrete point is worthy of mention in this context: Brentano (see 1889, section 23) argues that one always prefers something true to something false, but never something more true to less true. On the other hand, it is perfectly possible to prefer something more good to something less good.

[5] Their status as transcendentals was never disputed, contrary, for instance, to *pulchrum* (beauty). For the history of the concept of *transcendentalia*, see Knittermayer 1920, Schulemann 1929, Bärthlein 1972, Aertsen 1996.

The application of (2b) to the problem of evil (*malum*) is straightforward. *Malum* is of course opposed to *bonum*. Hence, if *ens et bonum convertuntur*, then *malum* is negative in its very nature. This means that evil, according to NTE, does not exist, because it is not a being at all. Now "the opposite" may be understood either as *negativum* or as *privativum*.

Consider the case of blindness. It is something we can ascribe to human beings but, for instance, not to stones or vegetables. If we regard vision as *positivum* with which human beings are naturally equipped, blindness appears as *privativum* in this case, and non-vision constitutes the respective *negativum*. We can also say that *privativa* consist in the lack of the respective *positiva*. It makes no sense, according to Thomas Aquinas, to say that stones or vegetables are blind, because they are, so to speak, beyond the scope of vision and blindness. At most, we can correctly say that stones or vegetables have no vision. Logically speaking, if X is a *positivum* and Y functions as its *negativum*, both are mutually contradictory. Related *positiva* and *privativa*, on the other hand, are contraries. The central thesis of NTE is captured in the following:

(3)   *Malum* is the *privativum* with respect to *bonum*.

Evil as well as goodness can be not only ethical, but also metaphysical or physical. If we consider being *qua* being and its attributes, (3) expresses how *malum* is metaphysically related to *bonum*. Assume, for example, that infinity is considered an essential metaphysical attribute of the perfect being. Since finiteness appears to be an unavoidable lack of this attribute, it is a *malum metaphysicum* of imperfect creatures. *Bonum* and *malum* also have a physical dimension, which is related to "the natural equipment" of various concrete beings. If vision is considered a natural attribute of human beings, being blind means that something is lacking. In this sense, blindness constitutes a certain physical evil of human beings, who usually have the natural ability of visual perception.

Thomas Aquinas also offered another, more ethical and psychological account of *bonum* and *malum*. It is based on the idea of proper (right) desire. The main idea is covered by the following equivalence:

(4)   X is good if and only if it is an object of proper desire.

This definition implies that *malum ethicum* is the lack of human desires that aim at what one should not do.[6]

We are now in position to state the following question: are *malum* in the sense of (3) and *malum* derived from (4) coextensive?[7] The affirmative answer to this question seems to be motivated by the following (or a similar) example focusing on some commonsensical aspects of metaphysical, physical and moral evil. Take the case of death: it certainly raises definite associations with non-being (*malum metaphysicum*). Furthermore, it could be thought of as a *malum physicum* (privativum of life) and also that it has unpleasant moral connotations (*malum ethicum*). However, we must examine whether there is a logical passage from metaphysical and physical evil to ethical evil.

In order to consider the problem we must come back to (1) as applied to *bonum* and *ens* (via (2b)). Now, the convertibility thesis with *ens* and *bonum* as its ingredients can be divided into two sub-theses:

(5)   if X is *bonum*, then X is *ens*[8]
(6)   if X is *ens*, then X is *bonum*

Being can be considered in its collective or distributive sense. The first understanding equates being with everything taken as a mereological whole (the sum of all beings), but the second with the set (in the set theoretical sense) of objects. So we have

(7)   if X is *bonum*, then X is everything (the collective interpretation of being)
(8)   if X is everything, then X is *bonum* (the collective interpretation of being)

---

[6] I will not here discuss the problem of what proper desire is. In general, my account of NTE is very rudimentary and can be found in any textbook of Neo-Thomistic philosophy.

[7] Of course, a similar question could be stated with respect to *bonum* as well.

[8] This thesis raises a problem, because, intuitively, we can attribute the qualification of being *bonum* to something that is only imaginary. Perhaps a good way to understand (5) is to adopt Brentano's view that being *ens* (an object) is to be an object of presentation. However, I do not enter into this problem.

(9)   if X is a *bonum*, then X is an object (the distributive interpretation of being)

(10) if X is an object, then X is a *bonum* (the distributive interpretation of being)

Now if we take being in the collective interpretation, (7) and (8) trivially imply that *malum* is negative in its nature. Yet (8) is disputable, because we do not know why being *qua* being has an ethical qualification *per se*. A similar remark applies to (10). Although both interpretations of *ens* could be further examined, the distributive interpretation of being seems to be clearly more appropriate for the analysis of (5) and I will take this line.

If being is understood distributively, (9) expresses an obvious but trivial truth: if something is good, it must be something. However, (10) as I have noted, is not so simple. Since this thesis is absolutely crucial for NTE, it requires attention. For example, one can argue that

(11) if X is an object, then X is good or bad

is more intuitive, because people are more inclined to say that some things or actions are bad. In what follows, I shall argue that there are also other possibilities.

Returning to the problem of the logical connection between sentences asserting that something is an object and that it has an ethical qualification, it is clear that

(12) every object is a *bonum metaphysicum*

does not imply

(13) every object is properly desirable

unless we stipulate otherwise. However, such a stipulation has no clear intuitive justification. On the other hand, common intuitions seem to support the following:

(14) X is properly desirable, if it should be desired

Now if we accept (14) and Hume's thesis that "is" does not entail "ought",
we are entitled to say that there is no logical connection between *bonum
metaphysicum* and *bonum ethicum*, because the sentence '*a* is an object'
does not entail '*a* is desired'. So any theory of *bonum* and *malum* based on
the convertibility thesis is either axiologically sterile (that is, does not
entail any moral consequences), or is committed to the naturalistic fallacy,
which consists in deriving *bonum ethicum* from *bonum metaphysicum.*[9]
This suffices to say that (3) and (4) (or rather the counterpart of this thesis
with respect to *malum*) are not equivalent. However, it also means that
malum in the sense derived from (3) and *malum* in the sense derived from
(4) are not convertible. Moreover, we can now see that it is irrelevant
whether we regard evil as a *privativum* or a *negativum* in this context.[10]

NTE is closely connected to (1) and the resulting theory of transcendentals as supra-categorial notions. However, this is not the only possible
solution. Another theory of transcendentals, which goes back to some ideas
of Duns Scotus, was proposed by Tadeusz Czeżowski.[11] He distinguishes
supra-categorial and modal transcendentals. *Ens* and its various equivalents
(e. g. existence, being an object, etc.) belong to the first group; supra-categorial transcendentals obey the convertibility thesis. Possibility, necessity
and values (ethical as well as aesthetic) are among the modal transcendentals. The nature of modal transcendentals is this:

> Necessity, possibility ... and value are not objects of presentations. They are asser-
> ted in propositions. They do not belong to descriptions of objects and thereby they

---

[9] *Bonum metaphysicum* is only a more complicated label for *ens* and has no ethical
connotations unless one decides that *ens qua ens* has an intristic ethical qualification.
Moore might say that the convertibility thesis expresses the naturalistic fallacy in its
metaphysical version. There is also no passage from desire to proper desire. Thus, the
consequent of (14) is closely related to 'properly' in the antecedent. This situation
suggests that any analysis of 'should be desired' or 'properly desirable' is subject to
Moore's open question argument and never reaches pure being, that is, objects
rectified of any ethical qualifications.

[10] I am disregarding various religious (more precisely, Christian) aspects of *ens et
bonum convertuntur*. See Hessen 1977 for a discussion of this dimension.

[11] See Czeżowski 1977, Woleński 1997. Tadeusz Czeżowski was a Polish philosopher
who studied with Twardowski and was very strongly influenced by Brentanism. Thus,
this analysis can be regarded as belonging to Austrian philosophy in a broad sense.

do not determine universals describing those objects. They denote, in contradistinction to properties which universals refer to, so-called *modi entis*, i.e. ways of being of objects. These ways of being determine whether objects have properties, because only existing objects have properties, as well as how objects have properties: necessarily, possibly, accidentally or in such a way that they are valuable, good or beautiful. (*Ibid.*, 55)

Modal transcendentals are asserted in related modal propositions. In particular, goodness is expressed by propositions of the type

(15) it is good that *A*

(*A* is a propositional metavariable, that is, it represents an arbitrary non-modal sentence.) By analogy, evil is asserted in propositions represented by

(16) it is bad that *A*

Czeżowski points out that the difference between indications of properties and transcendentals has a clear linguistic expression. In particular, modal sentences cannot be converted into categorical ones. Consider the following sentence

(17) John is sad

It does not make any sense to say

(18) sadly that John

On the other hand, the sentence

(19) telling the truth is good

in a natural way may be transformed into

(20) it is good that people tell the truth

The modal character of *bonum* and *malum* suggests the following logical diagram (D):[12]

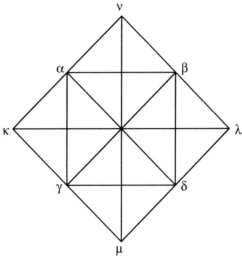

This diagram covers logical relations between the following sentences:

α   it is good that A,

β   it is bad that A,

γ   it is not bad that A,

δ   it is not good that A,

ν   it is good or bad that A,

μ   it is not good that A and it is not bad that A (i.e. it is neither good nor bad that A; it is indifferent that A),

κ A,

λ   not-A.

Good and bad are considered here as axiological modalities. The logic of these modalities is analogous to deontic logic. In particular, we have the following dependencies (I ignore here reductions *via* interdefinability, for

---

[12] This is a generalization of the well-known logical square for categorical sentences. See Woleński 1996 for a discussion of various possible interpretations of conceptual dependencies derived from (D).

example "it is bad that A" is equivalent to "it is not good that not-A").

(21) $\vdash \neg(\alpha \wedge \beta)$

(22) $\vdash (\alpha \Rightarrow \gamma)$

(23) $\vdash (\beta \Rightarrow \delta)$

(24) $\neg \vdash (\kappa \Rightarrow \alpha)$ (Hume's thesis for goodness)

(25) $\neg \vdash (\lambda \Rightarrow \beta)$ (Hume's thesis for evil)

(26) $\neg \vdash (\alpha \Rightarrow \kappa)$ (the converse of Hume's thesis for goodness)

(27) $\neg \vdash (\beta \Rightarrow \lambda)$ (the converse of Hume's thesis for evil)

(28) $\vdash (\alpha \Leftrightarrow \neg\delta)$

(29) $\vdash (\beta \Leftrightarrow \neg\gamma)$

(30) $\vdash (\nu \Leftrightarrow \neg\mu)$

(31) $\vdash (\mu \Rightarrow \gamma)$

(32) $\vdash (\mu \Rightarrow \delta)$

(33) $\vdash (\alpha \vee \beta \vee \mu)$

The relations noted in (21)–(33) have their paraphrases in the statements:[13]

(21') no object is simultaneously good and bad

(22') if an object is good, it is not bad

(23') if an object is bad, it is not good

(24') it is not the case (on logical grounds) that if an object is, it is good

(25') it is not the case (on logical grounds), that if an object is not, it is bad

(26') it is not the case (on logical grounds) that if an object is good, it is

(27') it is not the case (on logical grounds) that if an object is bad, it is not

(28') an object is good if and only if it is not bad

(29') an object is bad if and only if it is not good

(30') an object is indifferent if and only if it is neither good nor bad

(31') if an object is indifferent, it is not good

---

[13] In order to have formulations which are close to the previous considerations I speak about objects. Following the Brentanist tradition, I understand objects as objects of presentations. (25) and (26) are plausible only under this assumption. Note that translations of (21)–(31) into (21')–(31') admits the addition of universal quantifiers.

(32') if an object is indifferent, it is not bad
(33') every object is good or bad or indifferent

Accepting (D), each of (21)–(33) expresses a logical truth about ethical transcendentals. On the other hand, this is not true about the statements:

(34) every object is good; formally: $\forall x \alpha(x)$[14]
(35) every object is bad; formally: $\forall x \beta(x)$
(36) every object is good or bad; formally: $\forall x(\alpha(x) \vee \beta(x))$; or $\forall x \nu(x)$
(37) some objects are good, some bad and some indifferent;
       formally: $\exists x \alpha(x) \wedge \exists x \beta(x) \wedge \exists x \mu(x)$
(38) every object is indifferent; formally: $\forall x \mu(x)$

The formulas (34)–(38) express some possibilities of how *bonum* and *malum* are distributed over being in the distributive sense. Any theory which restricts itself to (21)–(33) can be regarded as a formal ontology of *bonum* and *malum*. If someone chooses one of (34)–(38) as the thesis about the world, one offers a *metaphysical* theory of values.[15] So we have the following possible metaphysical distributions of *bonum* and *malum* (some labels are ad hoc):

(I)   radical ontological ethicism (ontological panethicism) with three special instances:
       (a)   monism of *bonum* – (34)
       (b)   monism of *malum* – (35)
       (c)   dualism of *bonum* and *malum* – (36)
(II)   moderate ontological ethicism – (37)
(III) ethical ontological indifferentism – (38)

According to Panethicism, every object is ethically valuable. More specifically, (Ia) asserts that only goodness can exist (this is simply a version of

---

[14] I have changed slightly the notation in (34)–(37).

[15] This is a simplified version the ontology/metaphysics distinction as developed in phenomenology. In this account, formal ontology is an interpretation of a logical calculus, but metaphysics constitutes a realization of ontology in this understanding. The simplification consists in disregarding other grounds for formal ontology, regional ontologies and material ontologies.

NTE), (Ib) that only evil can exist (Schopenhauer's view) and (Ic) that both goodness and evil can exist (manicheism of *bonum* and *malum*).[16] Moderate ontological ethicism holds that there are valuable (good or bad) as well as indifferent objects. This view seems to be related to the common sense account of the distribution of ethical values over objects. Finally, ethical ontological indifferentism considers being as ethically indifferent. This entails that *bonum* and *malum* are ontologically indistinguishable (a typical positivistic view).

We can now see what – in addition to being committed to the naturalistic fallacy – is the second weak point of NTE: it confuses formal ontology and metaphysics, since it considers (Ia) a necessary statement. What I have tried to show is that this elevating of a pure ontological possibility to the rank of the only material necessity is illegitimate. Finally, NTE expresses ethical optimism; Schopenhauerianism provides an example of ethical pessimism; and moderate ontological ethicism is, as I noted earlier, close to common sense. NTE and Shopenhaurianism, however, are based on very general metaphysical assumptions, not on real human experiences.

One final comment is in order. The modal theory of transcendentals does not reduce axiological *modi entis* to existence or non-existence. It does, however, leave open the status of values, for it can be combined with the view that they are actual properties of objects, as well as with the position that *bonum* and *malum* are the results of valuations stemming from special (for example, emotive) human experiences. Speaking more specifically, the modal theory of transcendentals can be developed into naturalism, intuitionism, emotivism, subjectivism, objectivism, cognitivism, non-cognitivism, etc. In particular, it can also serve the Brentanist ethical theory in its conviction that *bonum* is grounded in correct love or emotion. This generality of the account based on (D) provides additional evidence for the need not only to distinguish between the level of formal ontology and the level of metaphysics in the analysis of values, but also to accommodate in our general scheme various proposals belonging to the so-called philosophy of value. This way of thinking about axiological matters, which originated with Hume and was continued by Kant, replaced the older purely ontological approach. The proposal discussed in this paper

---

[16] For the significance of why I say "can exist", see note 10.

partially returns to ontologism, but I have tried to embed it in a broader context, which is free of various *a priori* prejudices. I believe that it is also consistent with the style of doing axiology recommended by Brentano.

References

Aertsen, Jan 1996. *Medieval Philosophy and the Transcendentals. The Case of Thomas Aquinas*, Leiden: E. I. Brill.

Bärthlein, Karl 1972. *Die Transzendentalienlehre der alten Ontologie I: Die Transzendentalienlehre im Corpus Aristotelicum*, Berlin: De Grutyer.

Brentano, Franz 1874. *Psychologie vom empirischen Standpunkte*, Leipzig: Duncker & Humblot. (Engl. trans. by A. Rancurello, D. B. Terrell and L. L. McAllister: *Psychology from an Empirical Standpoint*, 2nd ed., London: Routledge, 1995).

Brentano, Franz 1889. *Vom Ursprung sittlicher Erkenntnis*, Leipzig: Duncker & Humblot. (Engl. trans. by R.M. Chisholm and E.H. Schneewind: *The Origin of Our Knowledge of Right and Wrong*. London: Routledge, 1969.)

Brentano, Franz 1980. *Geschichte der mittelalterlichen Philosophie*, Hamburg: Felix Meiner Verlag.

Czeżowski, Tadeusz 1977. "Transcendentalia – przyczynek do ontologii" [*Transcendentals – a Contribution to Ontology*]. In: *Ruch Filozoficzny* **35**, 54–6.

Hessen, J. 1977. "Omne est est bonum. Kritische Untersuchung eines alten Axioms", in: *Archiv für Philosophie* **8**, 317–29.

Katkov, Georg 1937. *Untersuchungen zur Werttheorie und Theodizee*, Brünn: Verlag Rudolf M. Rohrer.

Knittermeyer, Hinrich 1920. *Der Terminus 'transszendental' in seiner historischen Entwicklung bis zu Kant*, Marburg: Hamel Verlag.

Kraus, Oskar 1937. *Die Werttheorien. Geschichte und Kritik*, Brünn: Verlag Rudolf M. Rohrer.

Schulemann, Günther 1929. *Die Lehre von den Transzendentalien in der scholastischen Philosophie*, Leipzig: Felix Meiner Verlag.

Twardowski Kazimierz 1910. *Sześć wykładów o filozofii średniowiecznej* [*Six Lectures on Medieval Philosophy*]. Lwów: Nakładem H. Altenberga.

Windischer Hans 1936. *Franz Brentano und die Scholastik*, Innsbruck: Verlag von Felizian Rauch.

Woleński, Jan 1996. "Logical Squares: Generalizations and Interpretations", in: T. Childers, P. Kolař and V. Svoboda (eds), *Logica'95. Proceedings of the 9th International Symposium*, Praha: Filosofia, 67–76.

Woleński, Jan 1997. "Two Theories of Transcendentals", in: *Axiomathes* **8**, 367–80.

Contributors

Wilhelm Baumgartner teaches philosophy at the University of Würzburg. His main research interests are Philosophy of Mind and Early Phenomenology with specialization in Brentano. He is the editor-in-chief of *Brentano Studien* and currently president of the Internationale Franz Brentano-Gesellschaft.

Christian Beyer (* 1968) studied philosophy, linguistics and history of science in Hamburg and Bielefeld. Magister Artium in philosophy at the University of Hamburg (1994), visiting scholar at the Philosphy Department at Stanford University (1994–95), assistant at the University of Oslo (Feb./March 1996), PhD in philosophy at the University of Hamburg (1999), Temporary Lecturer in Philosophy at the University of Sheffield (2000). Since 2000 he teaches philosophy at the University of Erfurt, where he recently finished his *habilitation* dissertation on *Subjectivity, Intersubjectivity, Personhood*. He wrote *Von Bolzano zu Husserl* (Phaenomenologica 139), Dordrecht: Kluwer 1996, *Intentionalität und Referenz*, Paderborn: mentis 2000, and various articles.

Arkadiusz Chrudzimski, born 1967, obtained his Ph.D. 1997 at the University of Fribourg (Switzerland) and his *habilitation* 2002 at the same university, since 2000 research assistant at the University of Salzburg and assistant professor at the University of Zielona Góra (Poland), current research: Ontology, Epistemology, Theory of Intentionality, Austrian, German and Polish Philosophy, especially Meinong, Brentano, Ingarden, Husserl, main publications: *Die Erkenntnistheorie von Roman Ingarden* (Dordrecht: Kluwer 1999), *Intentionalitätstheorie beim frühen Brentano* (Dordrecht: Kluwer 2001) and *Die Ontologie Franz Brentanos* (Dordrecht: Kluwer 2004, to appear)

Dagfinn Føllesdal studied science and mathematics in Oslo and Göttingen before going to Harvard to study with Quine. After his Ph.D. in 1961 he taught at Harvard and then at Oslo (since 1967) and Stanford (since 1968). C.I. Lewis Professor of Philosophy at Stanford since 1976. Publications: *Husserl und Frege*, Oslo: Norw. Acad. of Science, 1958; *Argumentasjons-*

teori, språk og vitenskapsfilosofi (together with Lars Walløe and Jon Elster) 1977 and later editions, also in German, Danish and Swedish; *Referential Opacity and Modal Logic*, Routledge, 2003; and somewhat more than 100 articles, including "Husserl's notion of noema," 1969, "Indeterminacy and mental states," 1989 and "Triangulation," 1999. Editor, *The Journal of Symbolic Logic*, 1970–82.

Wolfgang Huemer teaches philosophy at the University of Erfurt. His research interests are philosophy of mind, epistemology and early phenomenology (from Brentano to Husserl), as well as philosophy of literature and Wittgenstein. He is co-editor of *Writing the Austrian Traditions. Relations between Philosophy and Literature* (with Marc-Oliver Schuster, forthcoming), and *The Literary Wittgenstein* (with John Gibson, Routledge, 2004) and author of *The Constitution of Consciousness: A Study in Analytic Phenomenology* (Routledge, 2004).

Dale Jacquette is Professor of Philosophy at The Pennsylvania State University. He is the author of *Philosophy of Mind* (1994), *Meinongian Logic: The Semantics of Existence and Nonexistence* (1996), *Wittgenstein's Thought in Transition* (1998), and *On Boole* (2002), and has recently edited *The Cambridge Companion to Brentano* (2004).

Edgar Morscher, born 1941, obtained his Ph.D. 1969 at the University of Innsbruck and has been Professor of Philosophy at the University of Salzburg since 1979. In 1984, he founded the Research Institute for Applied Ethics whose director he was until 2001. His research and teaching interests are in the areas of ethics, ontology, philosophical logic and in the Austrian philosophical tradition. His recent editions include *New Essays in Free Logic* (Dordrecht: Kluwer 2001; with Alexander Hieke); *Was wir Karl R. Popper und seiner Philosophie verdanken* (Sankt Augustin: Academia 2002); Franz Příhonský: *Neuer Anti-Kant* (Sankt Augustin: Academia 2003; with Christian Thiel).

Dieter Münch is apl. Professor at the Philosophy Department of the Technical University Berlin. His main reseach interests are the philosophy of artefacts, the philosophical psychology, the philosophy of signs, and the scientific tradition of Phenomenology. Publications: *Intention und Zeichen* (1993), *Zeichenphilosophie* (ed.) (2000), *Erleben und Repräsentation von Raum* (ed.) (1999), *Erleben und Repräsentation von Zeit* (ed.) (1996), *Kognitionswissenschaft* (ed.) (^{2}2000).

Tommaso Piazza, PhD at the Florence University, 2003. Author of *Esperienza esterna e sintesi passiva*, and of articles on Husserl and exponents of Logical Positivism. Strong interests in epistemology, he is now working on the a priori and the realism/antirealism debate.

Roberto Poli (born 1955; B.A. in sociology, with honors; PhD in Philosophy, Utrecht; now at Trento University) is editor-in-chief of *Axiomathes* (Kluwer), a peer-reviewed academic journal devoted to the study of ontology and cognitive systems. His research interests include ontology, in both its traditional philosophical understanding and the new, computer-oriented, understanding (*ALWIS. Ontology for Knowledge Engineers*, PhD Thesis, Utrecht, 2001), and the so-called Central-European philosophy interpreted as a repository of conceptual tools for the advancement of contemporary science (*The School of Franz Brentano*, Kluwer 1996, edited with Albertazzi and Libardi; *The School of Alexius Meinong*, Ashgate 2001, edited with Albertazzi and Jacquette). He is currently working on the elaboration of the general categorical framework for an ontology well suited for applications in the field of information sciences.

Robin D. Rollinger is a research editor at the Husserl Archives, Leuven. He has written two books, *Meinong and Husserl on Abstraction and Universals* and *Husserl's Position in the School of Brentano*, as well as numerous articles. He has also edited Volume 36 of the *Husserliana*.

Peter Simons studied Mathematics and Philosophy at Manchester. He worked at the University of Salzburg from 1980 to 1995, since when he has been Professor at the University of Leeds. Besides Austrian and Polish philosophy, he specializes in metaphysics and the philosophy and history of logic. He is Director of the Franz Brentano Foundation.

Barry Smith is the author of some 400 scientific publications, including 17 authored or edited books. He is also the editor of *The Monist: An International Quarterly Journal of General Philosophical Inquiry*. His current research is in the areas of ontology, and specifically on applications of ontology in the field of biomedical informatics. In 2001 he was awarded the Wolfgang Paul Prize of the Alexander von Humboldt Foundation.

Gianfranco Soldati teaches contemporary philosophy at Fribourg University. He has published articles in philosophy of mind, philosophy of language and on different topics within analytic phenomenology. Books: *Wittgenstein, Literat und Philosoph* (1989, with Manfred Frank*), Bedeutung und psychischer Gehalt* (1994). Since 2001, Soldati is editor of Dialectica.

Jan Woleński, born in 1940, obtained his Ph.D. 1968 at the Jagiellonian University (Kraków, Poland) and his *habilitation* 1972 at the same university, Professor of Philosophy at Jagiellonian University since 1990, current research: philosophical logic, epistemology, history of logic and philosophy, particularly in Poland. Books in English: *Logic and Philosophy in the Lvov-Warsaw School* (Dordrecht: Kluwer 1999), *Essays in the History of Logic and Logical Philosophy* (Kraków: Jagiellonian University). He is a member of Institut Internationale de Philosophie and the Polish Academy of Arts and Sciences.

Index

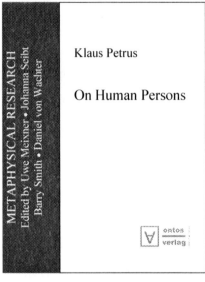